创优 经管核心课程系列

新编成本管理会计

Cost Management Accounting

主　编　王　悦　乐艳芬

复旦大学出版社

前　言

企业被新制度经济学视为市场交易的一种替代机制,在一定的生产范围内能够节约交易成本以获取市场交易所不具备的成本优势。因此,企业的生存和发展离不开成本管理。成本管理包括成本的核算、分析和控制。它的起源是为了实现对生产过程的会计控制,并减少材料和人工成本的浪费。随着记账技术的发展,人们对成本数据进行更为详细的记录,并分部门记录以确定各项活动的损益。随着西方工业革命的产生和发展,生产过程开始引入机器,产生劳动分工,促使企业不断找寻可以降低生产成本的方法。因此,成本分析成为成本管理的重要部分,也使人们认识到控制成本和降低成本之间的关系。随着现代企业代理问题的日益突出,控制作为公司治理的重要职能之一,对缓解代理问题、减少不必要浪费、提升企业价值具有重要的意义和作用,成本控制自然也成为成本管理的重要组成。成本管理通过核算和分析成本信息,不仅可以指导管理者进行有效决策,还能控制和考评管理者的行为和业绩,实现企业价值的最大化。

众所周知,中国经济近 40 年以来取得了令世人瞩目的成就,即便在新冠疫情肆虐以及国内外经济形势并不乐观的情况下也实现了经济的增长,但同时也存在经济结构不合理以及产能过剩等影响未来经济高速发展的问题。2019 年年底的中央经济工作会议强调了"三去一降一补"的重要性,其中的"一降"就是降成本。当前世界竞争加剧和中美关系进入复杂时期,成本管理必然是经济健康发展和企业价值提升的重中之重。

根据经济环境的变化需求及一线授课教师的信息反馈,我们再次对本教材进行修订。修订后的教材不仅注重体现知识的本原性和内容的可读性,而且更强调专栏资料的现实意义及成本管理方法的现实可行性,旨在帮助学生更好地了解成本管理会计在当代经济环境中的重要性及掌握成本管理会计的方法。

本教材具有如下四个特点。

1. 结构合理。教材在结构安排上注重成本管理会计的内在逻辑性,在语言的表述上力求简明扼要、深入浅出,有助于学生理解和消化。

2. 内容丰富。既保留了成本管理会计传统的精髓,又吸收了成本管理会计最新的理念和方法,并配有大量的案例和阅读资料,不仅有助于学生掌握所学的知识,而且有助于开拓学生的视野,培养其认识问题、分析问题和解决问题的能力。

3. 资料新颖。教材内容与经济发展相适应,不仅在相关业务的处理上严格遵循新会计准则的要求,而且在专栏中的阅读资料也尽可能反映企业近年来发生的真实事件,力求为学生提供与时俱进的知识。

4. 体系完整。配备题型多样的练习题及其参考答案,有助于学生消化理解。同时,为了便于教学,本教材还配有教学课件,凡使用本教材的教师均可以与复旦大学出版社官网上教学服务部门联系索取。

本书由王悦、乐艳芬任主编,并负责对全部初稿进行修改、补充和总纂。参加初稿编写的有乐艳芬、王悦、张娟、李琴、黄小君和林聪。

本教材专为大学本科及专科生编写,也可作为其他大中专、本科非会计专业学生的教学用书,还可用于会计人员的后续教育及 MBA 的教学等。

限于编者的水平,书中存在的错误及不当之处,敬请广大读者批评指正,以便据以作进一步的修正。

编 者

2021 年 1 月

目　　录

⇨ **第一章　成本管理会计概述** ………………………………………… 1

本章要点 / 1

第一节　成本的含义 / 1

第二节　成本管理会计的产生和发展 / 3

第三节　成本管理会计的职能及其信息质量要求 / 8

关键概念索引 / 12

复习思考题 / 12

练习题 / 12

案例题 / 14

练习题及案例题参考答案 / 14

⇨ **第二章　成本管理会计的理论基础** …………………………… 15

本章要点 / 15

第一节　成本术语及其用途 / 15

第二节　成本对象及成本分配 / 24

第三节　成本管理会计系统的设计 / 26

第四节　产品成本计算方法 / 31

关键概念索引 / 32

复习思考题 / 32

练习题 / 33

案例题 / 34

练习题及案例题参考答案 / 35

⇨ **第三章　制造业成本核算的基本原理** ……………………… 36

本章要点 / 36

第一节　制造业成本核算概述 / 36

第二节　生产经营管理费用的分类 / 37

第三节　制造业成本核算的要求 / 42

第四节　制造业成本核算的一般程序 / 44

第五节　完工产品与月末在产品成本的划分 / 49

关键概念索引 / 56

复习思考题 / 57

练习题 / 57

案例题 / 61

练习题及案例题参考答案 / 62

第四章　分批成本法 ·· 64

本章要点 / 64

第一节　分批成本法的基本原理 / 64

第二节　分批成本法的一般计算程序 / 66

第三节　制造费用的分配方法 / 67

第四节　一般分批成本法的应用 / 71

第五节　简化分批法及其应用 / 76

关键概念索引 / 78

复习思考题 / 78

练习题 / 78

案例题 / 81

练习题及案例题参考答案 / 82

第五章　分步成本法 ·· 84

本章要点 / 84

第一节　分步成本法的基本原理 / 84

第二节　逐步结转分步法 / 86

第三节　平行结转分步法 / 91

第四节　成本计算方法的比较 / 96

关键概念索引 / 97

复习思考题 / 97

练习题 / 98

案例题 / 102

练习题及案例题参考答案 / 103

第六章　废品、返工品及残料 ·································· 105

本章要点 / 105

第一节　废品、返工品和残料的核算意义 / 105

第二节　废品、返工品和残料的核算原理 / 107

第三节　分步法与废品 / 112

关键概念索引 / 115

复习思考题 / 116

练习题 / 116

案例题 / 119

练习题及案例题参考答案 / 120

第七章　分类成本法及联合成本的分配 ………………………………… 122

本章要点 / 122

第一节　分类成本法 / 122

第二节　联合成本的分配 / 129

第三节　副产品的成本计算 / 131

第四节　等级产品的成本计算 / 135

关键概念索引 / 136

复习思考题 / 137

练习题 / 137

案例题 / 141

练习题及案例题参考答案 / 142

第八章　服务部门费用的分配 ………………………………………… 145

本章要点 / 145

第一节　服务部门费用的归集和分配 / 145

第二节　直接分配法 / 150

第三节　顺序分配法 / 152

第四节　交互分配法 / 153

关键概念索引 / 160

复习思考题 / 160

练习题 / 161

案例题 / 163

练习题及案例题参考答案 / 163

第九章　成本性态和本量利分析 ……………………………………… 165

本章要点 / 165

第一节　成本性态 / 165

第二节　本量利分析概述 / 174

第三节　保本点分析 / 176

第四节　本量利分析的应用 / 185

第五节　本量利的概率分析和敏感分析 / 188

关键概念索引 / 192

复习思考题 / 192

练习题 / 192

案例题 / 196

练习题及案例题参考答案 / 197

第十章　变动成本计算法 …………………………………………… 199

本章要点 / 199

第一节　变动成本计算法与完全成本计算法 / 199

第二节　变动成本计算法的特点 / 201

第三节　变动成本计算法和完全成本计算法对利润的影响 / 204

第四节　对变动成本计算法的评价 / 208

关键概念索引 / 213

复习思考题 / 213

练习题 / 213

案例题 / 216

练习题及案例题参考答案 / 216

第十一章　作业成本法 …………………………………………… 219

本章要点 / 219

第一节　作业成本法的理论基础 / 219

第二节　作业成本计算法的程序及应用 / 221

第三节　作业成本管理的基本原理 / 228

关键概念索引 / 235

复习思考题 / 235

练习题 / 235

案例题 / 238

练习题及案例题参考答案 / 239

第十二章　标准成本制度 …………………………………………… 241

本章要点 / 241

第一节　标准成本制度及其作用 / 241

第二节　标准成本的制定 / 243

第三节　成本差异分析 / 244

第四节　标准成本制度的运用 / 250

关键概念索引 / 254

复习思考题 / 255

练习题 / 255

案例题 / 257

练习题及案例题参考答案 / 258

第十三章　预算管理 ………………………………………………… 261

本章要点 / 261

第一节　预算概述 / 261

第二节　全面预算的编制原理 / 265

第三节　编制全面预算例释 / 269

第四节　预算管理的方法 / 276

关键概念索引 / 282

复习思考题 / 282

练习题 / 283

案例题 / 285

练习题及案例题参考答案 / 285

第十四章　短期经营决策 ………………………………………………… 288

本章要点 / 288

第一节　短期经营决策概述 / 288

第二节　定价决策 / 291

第三节　生产决策 / 303

第四节　存货决策 / 313

关键概念索引 / 329

复习思考题 / 329

练习题 / 329

案例题 / 333

练习题及案例题参考答案 / 334

第十五章　长期投资决策 ………………………………………………… 336

本章要点 / 336

第一节　长期投资决策的特点 / 336

第二节　长期投资决策的理论基础 / 337

第三节　长期投资决策的基本方法 / 343

第四节　投资方案的对比和优选 / 351

第五节　影响投资决策的若干问题 / 356

关键概念索引 / 360

复习思考题 / 360

练习题 / 361

案例题 / 363

练习题及案例题参考答案 / 364

第十六章　分权管理和责任会计 …………………………………………………… 366

本章要点 / 366

第一节　分权管理和责任会计概述 / 366

第二节　责任会计制度 / 368

第三节　责任中心 / 371

第四节　内部转移价格 / 375

关键概念索引 / 382

复习思考题 / 382

练习题 / 382

案例题 / 384

练习题及案例题参考答案 / 385

第十七章　业绩评价 …………………………………………………………………… 386

本章要点 / 386

第一节　成本中心的业绩评价 / 386

第二节　收入中心的业绩评价 / 387

第三节　利润中心的业绩评价 / 388

第四节　投资中心的业绩评价 / 391

第五节　平衡计分卡 / 397

关键概念索引 / 402

复习思考题 / 402

练习题 / 403

案例题 / 405

练习题及案例题参考答案 / 406

附录　复利系数表 …………………………………………………………………… 409

参考书目 ……………………………………………………………………………… 416

第一章
成本管理会计概述

【本章要点】

- 成本的内涵和特点
- 成本管理会计产生和发展的历程
- 区分成本与费用
- 成本管理会计与财务会计的区别
- 现代成本管理会计的基本职能
- 成本管理会计信息的类型
- 成本管理会计信息的质量要求

　　成本管理会计是为了适应特定的经济发展的要求而产生的,并在与外部环境的相互作用中不断发展。在过去几十年中发展起来的产品成本计算方法和成本管理实践,对特定类型的决策环境和特定类型的生产技术是适用的。但是,在 20 世纪 80 年代,伴随着日益白热化的国际竞争而出现的利润空间的急剧缩小,使精确计算产品成本和加强成本控制在管理决策中占据了关键的地位。在当今的经济环境中,信息的产生和使用,尤其是成本管理信息的产生和使用是管理者有效进行管理、提升竞争地位的重要因素。如今,任何一个企业的成功——小到社区的便利商店,大到跨国公司——都离不开成本管理会计。

第一节　成本的含义

一、成本的含义

　　成本是商品经济的产物,是商品经济中的一个经济范畴,是商品价值的主要组成部分。

　　长期以来,我们主要以马克思在《资本论》中的有关论述来论证成本的含义。马克思指出,产品的价值(W)由三个部分组成,即生产中消耗的生产资料的价值(C)、劳动者为自己所创造的价值(V)以及劳动者为社会创造的价值(M),其中,产品成本由 $C+V$ 构成。因此,从理论上说,产品成本是企业在生产过程中已经耗费的、用货币表现的生产资料的价值与相当于工资的劳动者为自己所创造的价值的总和。由于过分强调 $C+V$ 的普遍意义,因此人们将马克思所界定的产品成本当作一般的成本概念,即将 $C+V$ 当作成本的全部,却忽略了成本的内涵是随着经济的发展而发展的事实。

　　事实上,产品成本属于成本,但成本并不等于产品成本。由于成本与管理相结合,因此成本的内涵往往要服从于管理的需要。此外,由于从事经济活动的内容不同,成本的含义也不同。

美国会计学会(The American Accounting Association,简称 AAA)下属的成本概念与标准委员会将成本定义为:成本是指为达到特定目的而发生或应发生的价值牺牲,它可以用货币单位加以衡量。

会计学对成本的一般定义是:特定的会计主体为了达到一定的目的而发生的可以用货币计量的代价。

会计人员将成本定义为:为了取得某些财产(如材料)或接受劳务(如人力资源)而牺牲的经济资源。

经济学对成本的定义则较为宏观:凡是经济资源的牺牲都是成本。换言之,成本可以是有形的或无形的,可以是主观认定的或客观认定的,可以是货币性的或非货币性的,也可以包括社会成本(如因噪音和污染)所引起的成本。

综上所述,根据不同的经济环境和不同的行业特点,对成本的内涵有不同的理解。但是,成本的经济内容归纳起来有两点是共同的。一是成本的形成是以某种目标为对象的。目标可以是有形的产品或无形的产品,如新技术、新工艺;也可以是某种服务,如教育、卫生系统的服务。二是成本是为实现一定的目标而发生的耗费,没有目标的支出则是一种损失,不能称作成本。

二、成本与费用

成本(cost)与费用(expense)是一组既有紧密联系又有一定区别的概念。区分成本与费用是非常重要的。成本是指生产某种产品、完成某个项目或者说做成某件事情的代价,也即发生的耗费总和,是对象化的费用。费用是指企业在获取当期收入的过程中,对企业所拥有或控制的资产的耗费,是会计期间与收入相配比的成本。成本代表经济资源的牺牲,而费用是会计期间为获得收益而发生的成本。

在财务会计中,成本分为未耗成本与已耗成本两大类。未耗成本是指可以在未来的会计期间产生收益的支出,此类成本在资产负债表上列为资产项目,如设备、存货及应收账款等。已耗成本是指本会计期间内已经消耗且在未来会计期间不会创造收益的支出。这类成本又可分为费用和损失:前者在利润表上列为当期收益的减项,如已销产品的生产成本及各项期间费用等;后者则因无相应利益的产生而在利润表上列为营业外支出等项目,如火灾、水灾等自然灾害造成的损失。

典型的成本是产品成本,其实质就是各项生产耗费的价值凝结,同时它也被用作存货资产价值的计量。在产品没有被售出之前,产品成本始终作为资产的一个组成部分。一旦产品售出,其成本就转化为出售当期的销售成本,并与当期发生的其他费用一起,由当期营业收入予以补偿。由此可以得出以下结论:第一,费用是成本的基础,没有发生费用就不会形成成本。第二,按对象归集的费用构成成本,其发生期与补偿期并非完全一致;不予对象化的费用可按发生期间归集,由同期收入补偿。成本与费用的关系可表述如图 1-1 所示。

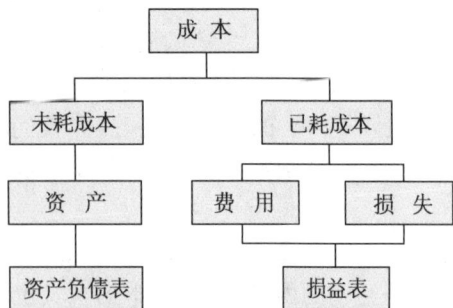

图 1-1 成本与费用的关系图

成本管理会计关注的是成本而不是费用。成

本的两种主要类型是支出成本和机会成本。支出成本是过去、现在或未来的现金流出。机会成本是指因选取一个最优方案而放弃的次优方案上的收益。当然，在任何时刻，没有人能知道可利用的所有可能机会，因此无疑会忽略一些机会成本。尽管会计系统的特征是记录支出成本而不记录机会成本，但是为了保证所作的决策是最优的，在进行决策时应考虑机会成本。

第二节　成本管理会计的产生和发展

成本管理会计是为了适应特定的经济发展的要求而产生，并在与外部环境的相互作用中不断发展。

一、成本管理会计的产生和发展

成本管理会计先后经历了早期成本管理会计、近代成本管理会计和现代成本管理会计三个阶段。成本管理会计的方式和理论体系，随着发展阶段的不同而有所不同。

（一）早期成本管理会计阶段（1880—1920 年）

如果说中世纪城市的兴起以及商业和银行业的发展是产生复式记账的温床，中世纪发展起来的手工工场则是产生成本管理会计的摇篮。随着英国产业革命的完成，用机器代替了手工劳动，用工厂代替了手工工场，会计人员为了满足企业管理上的需要，起初是在会计账簿之外，用统计的方法来计算成本，此时成本管理会计出现了萌芽。随着企业规模的逐渐扩大，企业之间出现了竞争，生产成本得到了普遍重视。为了满足有关各方对成本信息资料的需要，提高成本计算的准确性，成本计算由统计核算逐步纳入复式账簿系统，将成本计算与会计核算结合起来，使成本记录与会计账簿一体化，从而形成了真正的成本管理会计。可见，成本管理会计体系产生的直接动因实际上是产业革命及随之而来的大生产方式和工厂制度。

早期研究成本管理会计的专家劳伦斯（W. B. Lawrence）对成本管理会计作过如下的定义：“成本管理会计就是应用普通会计的原理、原则，系统地记录某一工厂生产和销售产品时所发生的一切费用，并确定各种产品或服务的单位成本和总成本，以供工厂管理当局决定经济的、有效的和有利的产销政策时参考。”从成本管理会计的方式来看，在早期成本管理会计阶段，主要是采用分批法或分步法等成本会计制度；从成本管理会计的目的来看，计算产品成本以确定存货成本及销售成本。所以，初创阶段的成本管理会计也称为记录型的成本会计。

（二）近代成本管理会计阶段（1921—1945 年）

科学技术的飞速发展和日趋复杂的外部环境对企业管理提出了越来越高的要求，从而促使成本管理会计不断发展。19 世纪末 20 世纪初，在制造业中发展起来的以泰勒为代表的科学管理，对成本管理会计的发展产生了深刻的影响。于是，美国会计学家提出的标准成本制度脱离实验阶段而进入实施阶段，为生产过程成本控制提供了条件。在此之前，企业不重视有效的成本控制,对生产中的实际耗费情况,只有事后通过计算实际成本才知道。实施标准成本制度后,成本管理会计不只是事后计算产品的生产成本和销售成本,还要事前制定标准成本,并据以控制日常的生产耗费与定期分析成本。此时,成本管理会计的职能,发展成为管理成本和降低成本的手段,从而使成本管理会计的理论和方法有了进一步的完善和发展,它标志着成本管理会计已进入一个新的阶段——近代成本管理会计阶段,并形成了独立的学科。

这一时期的成本管理会计的定义,可引用英国会计学家杰·贝蒂(J. Batty)的表述:"成本管理会计是用来详细地描述企业在预算和控制它的资源(指资产、设备、人员及所耗的各种材料和劳动)利用情况方面的原理、惯例、技术和制度的一种综合术语。"因此,近代成本管理会计主要采用标准成本制度,为生产过程的成本控制提供条件。以标准成本系统为基础的责任成本控制系统的形成和发展,是成本管理会计的第二次革命。

(三)现代成本管理会计阶段(1945 年以后)

自 20 世纪 40 年代起,西方国家的社会经济进入了新的发展时期。一方面,社会资本高度集中,跨国公司大量出现,企业规模日益扩大,生产经营日趋多元化;另一方面,在战争中发展起来的军用科学技术向民用工业转移,新产品开发日新月异,市场竞争日趋激烈。随着管理现代化,运筹学、系统工程和电子计算机等各种科学技术成就在成本管理会计中得到广泛应用,成本管理会计也发展到一个新的阶段,即成本管理会计的发展重点已由如何对成本进行事中控制、事后计算和分析转移到如何预测、决策和规划成本,形成了新型的以管理为主的现代成本管理会计,这是成本管理会计的一个重大变革。

现代成本管理会计更重视成本发生的前因后果,通过作业基础成本计算和有效控制,使成本计算与成本管理有机地结合。现代成本管理会计系统的形成和发展是成本管理会计的第三次革命,是一场真正的成本管理会计革命。

综上所述,现代成本管理会计是成本核算与管理的直接结合,它根据成本核算和其他资料,采用现代数学和数理统计的原理和方法,建立起数量化的管理技术,用来帮助人们按照成本最优化的要求,对企业的生产经营活动进行预测、决策、控制、分析、考核,促使企业生产经营实现最优化运转,以提高企业的市场适应和竞争能力。因此,现代成本管理会计是一种以成本为重心的管理工具,也就是以成本为重心的管理会计。

专栏 1-1

罗伯特·卡普兰:管理会计帮助企业应对新挑战

2013 年 11 月 23 日,在上海国家会计学院联合皇家特许管理会计师公会(CIMA)举行的管理会计专题论坛上,哈佛商学院教授罗伯特·卡普兰和与会的中国企业家分享了他在管理会计塑造竞争力方面的研究成果和专业观点。

"企业的价值体现在哪儿?"CIMA 全球执行总裁 Andrew Harding 先生在论坛开始提示大家回顾历史。在 1975 年,83%的企业价值体现在资产方面,此后这一比例持续降低,在 1985 年、1995 年、2010 年分别只占到 64%、62%、19%,剩下的真正构成企业价值的是客户关系、人力资本、知识产权、战略愿景、供应链管理、制度流程等无形资产。

然而,这正是卡普兰教授谈到的企业在未来面临的第一大挑战。

"如果你不测量它,你就不能管理它。如果你不能管理它,你就不能改进它。"像客户关系、创新、客户的忠诚等这些因素都是没有办法用传统的财务手段和财务报表衡量和体现的,而这些因素恰恰又是很重要的。如果企业不知道自身在这些方面做得怎么样,就没有办法管理它们,而只有管理会计才能够提供这些信息给企业的高管,让他们能够看到这些信息。

卡普兰教授谈到与此并列的其他三大挑战包括:战略执行成为竞争优势的源泉,企业需要更有效的执行战略;生产方式由大规模生产转向定制化生产,要求企业必须制定相应的新战略和采用新的管控方法;外部环境的不确定性风险要求企业提升控制风险的能力。

对于这些挑战,"管理会计能够兵来将挡,一一化解",卡普兰教授自信地说。

"平衡计分卡能够对员工、企业文化、企业创新以及客户关系进行准确的计量,并且和财务成功地关联起来。另外,在执行战略的过程当中,我们可以用战略地图和平衡计分卡来提升新的战略执行的成功率。传统的成本制度扭曲了产品、服务和客户的成本以及利润率,所以我们必须把时间驱动的成本作业法运用到产品的管理和计量以及客户收益率方面。"

尽管中国企业已经意识到管理会计的重要性,但在实践中管理会计实际运用的状况和管理会计的重要性并不相称,有很多方法运用得不到位。

卡普兰教授希望随着时间的推移,有更多的中国企业和组织能够积累起更多的关于平衡计分卡、作业成本法等管理会计工具的成功实践经验。

(资料来源:管理会计网,2013 年 11 月 26 日)

二、成本管理会计的特点

会计系统是任何企业组织取得财务和管理信息不可缺少的工具。现代会计系统可分为财务会计和成本管理会计两类。与财务会计相比,成本管理会计有着许多显著的特点。

(一)成本管理会计侧重于为企业内部管理服务

成本管理会计的重点在于内部管理决策和业绩考核,成本管理会计的服务对象是企业内部各级管理人员,这是成本管理会计区别于财务会计的一个重要标志。成本管理会计主要应用一系列特定的理论和专门的技术方法(包括会计的、统计的和数学的方法,其中用得最多的是运筹学和数理统计的方法),对包括财务会计、统计和业务等在内的各种有关数据进行加工,向企业内部不同层次的管理者提供信息,以帮助他们正确地确定经营目标、制定经营决策、编制计划预算和实施控制考核,从而不断提高企业的管理水平和经济效益。总之,成本管理会计主要是为满足企业内部管理的需要,所以它也被称为"内部会计"。

财务会计的重点在于提供信息和反映情况。财务会计是通过对企业日常经济业务进行记录、整理、汇总和定期编制财务会计报表,向企业的投资者、债权人和政府管理部门等企业外部的有关人员提供企业的资金、成本、利润等主要财务信息,使他们能及时、准确地了解企业的财务状况和经营成果,以保障其切身的经济利益。总之,财务会计主要是向有关信息使用者提供相关信息,所以它也被称为"外部会计"。

(二)成本管理会计的重点在于规划未来

成本管理会计的内容可以概括为规划未来、控制现在和评价过去,其重点在于规划未来。成本管理会计在决策和计划中以尚未发生的事项作为处理的对象,事先进行科学的预测和分析,为选取最优方案提供客观依据。因此,规划未来是成本管理会计的一项重要内容。虽然成本管理会计也要利用某些历史资料对企业过去的经营情况进行分析与评价,但其目的并不在于说明过去,而是为了将这些资料作为预测、分析的参考,使企业的未来能与过去相衔接,以便更正确有效地规划未来。成本管理会计这种面向未来的特点,大大提高了企业经济活动的预见性和计划性,也大大增强了成本管理会计参与企业的决策、控制和业绩评价的功能。

财务会计一般是对企业已经发生的经济业务进行事后的记录和汇总,对过去的经营活动进行客观的核算和监督。所以,如实地反映过去和提供信息,是财务会计的一个重要特点。虽然财务会计的某些记录有时也会涉及对未来情况的估计,如固定资产使用年限的估计及坏账损失率的预计等,但这并未改变财务会计专为有关使用者提供经营活动历史资料这一基本特征。

(三)成本管理会计兼顾企业经营活动的整体与局部

成本管理会计为了更好地服务于企业的经营管理,既要根据企业的经营目标对未来的经营活动进行总体规划和控制,又要从企业的各个局部出发考虑和处理有关业务部门、职能部门、基层单位以至职工个人的各种问题,两者不可偏废。因此,成本管理会计的核算对象既可以是整个企业,也可以是企业内部的各责任中心,如车间、部门、班组,甚至责任人。因此,成本管理会计可按需要确定其核算对象或进行调整。

财务会计是以整个企业作为工作主体,通过定期编制财务报表和计算有关的财务指标来全面、系统、连续和综合地反映整个企业在一定时期的经营成果和财务状况,提供概括性的资料。因此,财务会计是以整个企业的经营活动为对象的。

(四)成本管理会计不受会计制度(或会计准则)的制约

成本管理会计主要是为企业内部经营管理提供各种信息,其信息正确与否,只影响管理的科学性和有效性,从而影响经济效益,而无须承担法律责任。成本管理会计工作的进行,完全取决于管理者规划及经营活动的实际需要,服从于企业内部管理的特定要求。因此,成本管理会计不像财务会计必须遵守公认会计准则的要求,而可以根据管理的要求,以其认为最适当的方式获取资料。此外,成本管理会计不需要按照规定的格式、内容、时间编制会计报表,不需要按照规定的成本项目进行产品成本的预计和考核。

财务会计要如实地反映一个企业的财务状况和经营成果,要对其信息的正确性承担法律责任。为此,财务会计必须以企业会计制度(或企业会计准则)为准绳,严格按照会计原则和会计程序处理日常经济业务,而且核算方法在前后各期要保持一致和相对稳定,不得随意变更。如确有必要变更,应当将变更的情况、变更的原因及其对企业财务状况和经营成果的影响及时、充分地在财务报告中加以说明和披露。这是使财务会计资料能取信于企业外部的投资人、债权人以及有关政府机构并保障它们的经济利益所必需的。财务会计所采用的方法主要是会计的方法。

(五) 成本管理会计提供的信息具有特殊性

由于成本管理会计侧重于预测未来,它在预测和规划未来、参与决策(尤其是风险决策)时,往往遇到的是一些不确定因素和不确定事项,而作为管理决策支持系统的成本管理会计,要求它及时地向企业管理决策者提供有用的信息,以便企业管理决策者能够审时度势,迅速地作出正确的决策,所以对其提供的会计信息强调及时和相关。成本管理会计在应用实际数据之外,还应用大量的估计数、近似数、趋势值等。此外,由于有些非货币性的资料甚至于比货币指标对经营管理更为有利,因此非货币性的资料常常受到成本管理会计的极大重视。

财务会计由于主要反映的是过去已经发生的确定事项,加之凭证、账簿和报表之间以及各种财务报表之间存在勾稽和平衡关系,要求财务会计提供的信息和数据要准确可靠,注重信息和数据的真实性和精确度。为了如实地反映企业在生产经营中发生的每一笔经济业务,正确核算和监督企业在一定期间的财务状况和经营成果,财务会计对数据的要求是严格的、精确的,具有唯一性。

(六) 成本管理会计报告不具备法律责任

成本管理会计报告不是正式报告,不具备法律责任。成本管理会计完全可根据自身工作的需要,自行选择和确定其所编制的内部报告的种类、格式、内容和编制方法,并且成本管理会计编制的各种内部报告在时间上是不定期的,它所涉及的期间可长可短,可以是过去的某个特定时期,也可以是未来的某个时期。

财务会计工作的目的,是为了向企业外部的投资者、债权人和政府有关部门公开提供全面的、系统的、连续的和综合的财务信息。因此,需要按统一规定的报表种类、格式和内容以及指标体系和填列方法编制财务报告,并按月度、季度和年度定期对外报送。财务会计报告是正式报告,具有法律责任。

(七) 成本管理会计更多地应用现代数学方法

随着科学技术的不断进步,生产经营日趋复杂,企业规模也不断扩大。为了提高管理水平,现代化企业管理正朝着定量化方向发展。成本管理会计为了在现代化管理中能更好地发挥其积极作用,越来越广泛地应用现代数学方法,如一般代数模型、数学分析模型、数学规划模型、矩阵代数模型及概率模型等。这些经济数学模型可以把复杂的经济活动简明而精确地表达出来,以揭示有关对象之间的内在联系和最优数量关系,使管理人员掌握有关变量在一定条件下的最优数量关系或其相互变化的客观规律,从而为正确地进行经营决策、选择最优方案和有效地改善经营活动提供客观依据。

财务会计虽然也要应用一些数学方法,但范围比较小,一般只涉及初等数学的某些运算,远不及成本管理会计之深入和广泛。

由此可见,成本管理会计与财务会计有着明显的区别,但这些区别并不是绝对的。从广泛意义上讲,财务会计所提供的会计信息,如产品成本、资产、负债、利润等数据资料,同样是为了满足企业管理的需要;而成本管理会计有关项目投资的可行性分析报告等也常常向相关信息使用者披露。因此,成本管理会计与财务会计很难截然划分,两者有着密切的联系,它们相互补充,相互配合,共同提供会计信息。此外,成本管理会计对经济活动进行预测、决策的结果是否正确,最后还是要通过财务会计进行检验。因此,成本管理会计不可能离开财务会计单独存在。

第三节　成市管理会计的职能及其信息质量要求

一、成本管理会计的职能

成本管理会计的职能是指成本管理会计作为一种管理经济的活动在生产经营过程中所能发挥的作用。由于现代成本管理会计与管理紧密结合,因此它实际上包括成本管理的事前、事中和事后的各个环节。现代成本管理会计的主要职能有成本预测、成本决策、成本计划、成本控制、成本核算、成本分析和成本考核。

(一) 成本预测

成本预测是指根据与成本有关的各种数据及其各种技术经济因素的依存关系,采用一定的程序、方法和模型,对未来的成本水平及其变化趋势作出科学的推测。通过成本预测,可以减少经营活动的盲目性,有利于选择最优方案,挖掘降低成本、费用的潜力。

(二) 成本决策

成本决策是指在成本预测的基础上,按照既定的目标,运用专门的方法,在若干个与生产经营和成本有关的方案中,选择最优方案,据以制定目标成本。成本决策对促进企业正确地制定成本计划,提高企业竞争能力具有十分重要的意义。

(三) 成本计划

成本计划是根据成本决策所制定的目标成本,具体规定在计划期内为完成经营活动所需支出的成本、费用,确定各种对象的成本水平,并提出为达到目标成本水平所应采用的各种措施。成本计划是降低成本、费用的具体目标,也是进行成本控制、成本分析和成本考核的依据。

(四) 成本控制

成本控制是指在经营过程中,根据成本计划具体制定原材料、燃料、动力和工时等消耗标准和各项费用标准,对各项实际发生的成本、费用进行审核、控制并及时反馈实际费用与标准之间的差异及其原因,进而采取措施,以保证成本计划的执行。

（五）成本核算

成本核算是对经营活动过程中实际发生的成本、费用按照一定的对象和标准进行归集和分配,并采用适当的成本计算方法,计算出各对象的总成本和单位成本。成本核算是对成本计划的执行结果(也即成本控制结果)的事后反映,成本核算还可以为制定产品价格提供依据。

（六）成本分析

成本分析是根据成本核算所提供的成本数据和其他有关资料,通过与本期计划成本、上年同期实际成本、本企业历史先进成本水平以及国内外先进企业的成本水平等进行比较,分析成本水平与构成的变动情况,研究成本变动的因素和影响程度,挖掘降低成本的潜力。通过成本分析,可以为成本考核提供依据,并为未来成本的预测和决策以及编制新的成本计划提供资料。

（七）成本考核

成本考核是指企业将计划成本或目标成本指标进行分解,制定企业内部的成本考核指标,分别下达给各内部责任单位,明确它们在完成成本指标时的经济责任,并定期对成本计划的执行结果进行评定和考核。成本考核应当与奖惩制度相结合,根据成本考核的结果进行奖惩,以便充分调动企业职工执行成本计划、提高经济效益的积极性。

在成本管理会计的各个职能中,成本核算是最基本的职能,它提供企业管理所需的成本信息资料。没有成本核算,成本的预测、决策、计划、控制、分析和考核都无法进行;同时,成本核算也是对成本计划预期目标是否实现的最后检验,因此没有成本核算就没有成本管理会计。成本管理会计的其他职能,正是在成本核算的基础上,随着企业经营管理要求的提高和管理科学的发展,随着成本管理会计与管理科学相结合而逐步发展形成的。成本预测是成本管理会计的第一个环节,它是成本决策的前提;成本决策既是成本预测的结果,又是制定成本计划的依据,在成本管理会计中居于中心地位;成本计划是成本决策的具体化;成本控制是对成本计划的实施进行监督,是实现成本决策既定目标的保证;成本分析和成本考核是实现成本决策和成本计划目标的有效手段。

综上所述,成本管理会计的各个职能是相互联系、互为条件的,并贯穿于企业经营活动的全过程。

专栏 1-2

中国企业为什么需要管理会计

高顿财经相关负责人 Chris 在第六届 IMA 校园管理会计案例大赛即将开启之前接受媒体采访时谈到:

中国企业为什么需要管理会计? 这和中国经济发展的阶段有着密不可分的关系。改革开放之后,中国经济经历了高速发展的 30 年,取得了全球瞩目的成就。但是,这 30 年的高速发展也暴露出中国经济的很多短板,经济效益很大程度得益于经济规模而非企业的管理水平,在很多企业,尤其是在制造业的企业中,管理低效、成本高企、管理思维落后、经营方式非常粗放、管理模式家族化、企业内腐败严重等已经成为常态。

在一些国有企业里,企业的经营决策仍然不是以经营和企业数据作为导向,而是以行政命令作为导向,这些企业可能规模很大、营收利润很可观,但企业盈利能力非常有限,行政强制、血缘关系、意识形态、投资或人力资源部门等多目标导向的管控系统偏离了企业创造价值的根本。最近,央企补贴的新闻曝光后,其中一些每年纳税高达数千亿元的"霸主"型企业,利润率普遍低于国外。如果在管理方面能得到提升,能创造的价值不可估量、能焕发的青春也不可估量。

中国企业以财务数据作为管理依据比国外晚了很久,这样导致非常严重的后果。管理和企业数据割裂开来导致孤岛式、碎片化的信息技术应用将本应一体化的各层级、各部门、各单位、各成员被机械地撕裂开来,严重地毁坏企业价值,目前,因为转型而导致的经济下行压力就是最明显的间接后果。企业只知道一股脑地生产、生产、再生产,最终走上了产能过剩的道路。

所以,更新企业价值的信息系统和管控系统,从管理方式上激活企业的创新能力和再生能力,成为企业管理转型乃至中国经济再度腾飞的关键。

(资料来源:中国管理会计网,2015年11月16日)

二、成本管理会计信息及其质量要求

(一)成本管理会计提供信息的类型

如前所述,管理上对信息的需求范围很大,覆盖财务、研究与开发、生产、市场和环境等问题。一般来说,企业越大,管理对信息的需求也就越大。成本管理会计是服务并参与企业内部管理的会计,其目标就是提供管理信息以满足实施各项管理职能的需要。成本管理会计信息系统主要为企业管理人员提供下列四类信息。

1. 制定决策和计划的信息

企业决策的制定在很大程度上依赖成本管理会计信息。为了保证企业各项决策的正确性,成本管理会计通过收集和分析同该项决策相关的信息,及时为企业各方面的决策提供参考依据。例如,某企业拟投资一条新生产线,企业管理人员在制定生产线的经营计划时就需要依赖成本管理会计资料。这些计划中最主要的内容是详细列示新生产线上马后的预计现金流入和流出。虽然关于生产线的最终决策由企业管理者来决定,但成本管理会计人员不仅要提供有关资料,而且要对备选方案进行分析,并参与决策。

2. 指导和控制经营活动的信息

对日常经营活动的指导和控制需要各种有关经营成本费用的资料。成本管理会计通过追踪企业经营活动的预算执行过程,归集实际经营活动中的各项数据资料,并通过预算数据和实际数据的比较,揭示和分析差异,发现问题并调查分析其原因,帮助管理当局对预算实施过程进行控制,指导经营活动按既定的目标运行。例如,在指导企业的经营活动时,管理人员需要了解产品的成本,以便制定产品销售价格;在对经营的控制中,管理人员需要对实际成本和预算中的数据加以比较,并分析差异产生的原因。

3. 业绩评价和激励的信息

尽管企业有明确的目标,但是每个企业成员自身的目标各不相同,并且并不总是与企业的目标相一致。成本管理会计的一个重要目标就是激励管理人员和其他员工努力完成企业的目标。激励员工达到企业目标的方式之一,是在实现这些目标的过程中计量他们的绩效,这种计量能够帮助员工了解其自身所能取得的最高绩效水平,同时通过预算与实际执行情况的比较,对企业各部门和员工的业绩加以客观评价,运用激励机制产生激励效果,以调动员工的积极性。

4. 评价企业竞争地位的信息

日益加剧的竞争要求企业了解自身的市场和产品,致力于不断地改善产品的设计、制造和销售。成本管理会计的一个主要职能就是不断评价企业的竞争力,帮助管理者确定问题之所在,从而塑造企业的核心能力,实现企业的战略目标。成本管理会计提供评价企业竞争地位的信息,以便企业有效地维护自己在行业内的竞争优势。

(二) 成本管理会计信息的质量要求

成本管理会计的信息应具备一定的质量要求,主要有准确性、相关性、可理解性、及时性和效益性。

1. 准确性

准确性也称可靠性,是指所提供的信息在一定的范围内是正确的。不正确的信息对管理是无用的,甚至会导致决策的失误,从而影响企业的经营业绩。成本管理会计是面对未来的,许多信息建立在估计和预测的基础上,主观因素不免要影响信息的准确性。因此,成本管理会计的目的是在一定的环境和条件下,尽可能地提供正确和可靠的信息。

2. 相关性

相关性是指成本管理会计所提供的信息必须与决策有关系。现代成本管理会计的重要特征之一是面向未来决策,因此是否有助于管理者正确决策是衡量成本管理会计信息质量高低的重要标志。与决策相关的信息有助于管理者进行决策。相关性只是与特定决策目的相关,与某一决策相关的信息与其他决策不一定相关。成本管理会计服务于企业的管理决策、内部规划和控制,其信息不受对外报告规范的约束,可以大量地使用预测、估计未来事项等信息。对成本管理会计而言,信息的相关性价值要高于信息的客观性和可验证性。

3. 可理解性

可理解性也就是简明易懂。如果提供的信息不为使用者所理解,就难以发挥其预期的作用,甚至无法为决策者所用。因此,成本管理会计所提供的信息应以使用者容易理解为准

11

则,以使用者容易接受的形式及表达方式提供。提高可理解性的途径是:成本管理会计师应与信息的使用者加强沟通和协商,在成本管理会计报告的形式和内容上进行讨论。

4. 及时性

及时性要求规范成本管理会计信息的提供时间,讲求时效,在尽可能短的时间内迅速完成数据收集、处理和信息传递,确保有用的信息得以及时利用。及时性和准确性往往难以两全其美,因此应根据具体情况权衡利害得失,在及时性和准确性之间进行折中,以满足决策者的需要。成本管理会计强调的及时性,其重要程度不亚于财务会计所强调的真实性和准确性。

5. 效益性

效益性是指成本管理会计在对信息的收集和处理时应考虑其发生的成本和产生的效益。效益性包括两层含义:第一,信息质量应有助于成本管理会计总体目标的实现,即成本管理会计提供的信息必须能够体现成本管理会计为提高企业竞争优势服务的要求;第二,坚持成本—效益原则,即成本管理会计提供信息所获得的收益必须大于为取得或处理该信息所花费的信息成本。成本管理会计对信息资源的获取和利用应建立在效益性的基础上。

关键概念索引

成本　费用　未耗成本　已耗成本　成本管理会计　成本预测　成本决策　成本计划
成本控制　成本核算　成本分析　成本考核

复习思考题

1. 成本的含义是什么? 为什么成本是一个发展的概念?
2. 试述成本与费用的关系。
3. 成本管理会计发展经历哪几个阶段? 成本管理会计的发展有什么特点?
4. 为什么说现代成本管理会计是一种以成本为重心的管理工具?
5. 试述成本管理会计与财务会计的关系。
6. 现代成本管理会计的职能有哪些? 它们之间的关系如何?
7. 成本管理会计提供的信息有哪些?
8. 成本管理会计的信息质量要求有哪些?

练习题

一、单项选择题

1. 在成本管理会计的各种职能中,(　　　)是基础。

A. 成本预测　　　　B. 成本控制　　　　C. 成本核算　　　　D. 成本考核

2. 与传统成本管理会计相比,现代成本管理会计的重点已转移到(　　)。

A. 事中控制　　　　B. 事后计算　　　　C. 事后分析　　　　D. 事前规划

3. 下列各项中,不属于成本管理会计信息质量要求的是(　　)。

A. 相关性　　　　B. 可理解性　　　　C. 真实性　　　　D. 效益性

4. 为了保证所作的决策是最优的,在进行决策时应考虑(　　)。

A. 已耗成本　　　　B. 未耗成本　　　　C. 支出成本　　　　D. 机会成本

5. 下列各项中,不是成本管理会计特点的是(　　)。

A. 注重于为企业内部管理服务　　　　B. 注重信息和数据的真实性和精确度

C. 兼顾企业生产经营的整体与局部　　　　D. 重点在于规划未来

二、多项选择题

1. 现代成本管理会计的主要职能包括(　　)。

A. 成本预测　　　　　　　　　　B. 成本决策

C. 成本计划和成本控制　　　　　　D. 成本核算

2. (　　)是成本事前规划的具体手段。

A. 成本预测　　　　B. 成本决策　　　　C. 成本计划　　　　D. 成本分析

3. 现代成本管理会计具有的特征是(　　)。

A. 成本管理会计与管理的直接结合　　　B. 建立数量化的管理技术

C. 按照成本最优化的要求　　　　　　　D. 促使企业经营活动实现最优化运转

4. 尽管不同的经济环境和不同的行业特点对成本的内涵有不同的理解,但是,成本的经济内容的共同点表现为(　　)。

A. 成本的形成是以某种目标为对象的

B. 成本是指企业的各项支出

C. 成本是为实现一定的目标而发生的耗费

D. 成本是会计期间为获得收益而发生的支出

5. 下列各项中,属于成本管理会计提供的信息是(　　)。

A. 制定决策和计划的信息

B. 指导和控制经营活动的信息

C. 反映财务状况和经营成果的信息

D. 业绩评价和激励的信息

三、判断题

1. 成本是为了取得某些财产或劳务而牺牲的经济资源,因此成本都是有形的。(　　)

2. 会计系统的特征是记录支出成本而不是记录机会成本。但是,在决策时应考虑机会成本。(　　)

3. 成本管理会计应尽可能地提供正确和可靠的信息。(　　)

4. 即使所从事的经济活动的内容不同,其成本的内涵是一致的。(　　)

5. 计算产品成本以确定存货成本及销售成本是成本管理会计的主要目的。(　　)

案例题

Prescott 制造公司经营着几家工厂,每家工厂都生产一种不同的产品。今年年初,约翰被选为 Meadowbrooke 工厂的新经理。年末,所有工厂的经理都被要求在公司董事会上总结其所管理工厂的经营状况。约翰在作陈述时用图表表示了下列信息。

项　　目	今　　年		上　　年	
	数量(件)	金额(美元)	数量(件)	金额(美元)
年初产成品存货	30 000	255 000	10 000	85 000
年末产成品存货	20 000	202 000	30 000	255 000
生产完工成品的成本	?	909 000	?	1 020 000

约翰对董事会作了如下陈述:"正如你们看到的,Meadowbrooke 工厂的销售量保持不变。今年和去年我们的销售量都是 100 000 件。但是,我们在成本控制方面取得了实质性的进步。通过高效的工厂经营,我们已经较大幅度地降低了产品成本,其表现为:已售产品的单位成本从去年的 10.20 美元(1 020 000 美元/100 000 件)下降到今年的 9.09 美元(909 000 美元/100 000 件)。"

卡特是圣玛丽大学的校长,同时也是 Prescott 制造公司董事会的董事。他对 Prescott 制造公司的会计处理知之甚少,他要求你帮助他评估约翰的陈述。

研讨问题:

评价约翰的陈述(具体评价约翰关于所出售产品的成本计算过程是否正确;是否通过更有效率的经营管理使得所出售产品的成本降低了)。

练习题及案例题参考答案

练习题

一、单项选择题

1. C   2. D   3. C   4. D   5. B

二、多项选择题

1. ABCD   2. ABC   3. ABCD   4. AC   5. ABD

三、判断题

1. ×   2. √   3. √   4. ×   5. ×

案例题

约翰的评述是错误的。今年产品的总成本下降是由于今年产量减少的缘故。实际上,由于今年的产量减少了 30 000 件,产品的单位成本从去年的 8.5 美元上升到今年的 10.10 美元。此外,约翰还将产品的生产量和销售量混为一谈,因而得出错误的结论。

第二章
成本管理会计的理论基础

【本章要点】

- 成本分类的必要性
- 财务成本与管理成本的特点
- 成本对象的特点及其构成要素
- 成本分配的重要性
- 成本分配的三种方法
- 成本管理会计系统设计的原理
- 成本计算的基本方法和辅助方法

成本管理过去被认为仅适用于制造业,然而在当今的经济社会里,任何类型的组织都能从运用成本管理的相关技术中获得利益。成本是一个引起企业内外各有关方面关切和重视的重要问题,不仅编制财务报表需要它,而且进行成本控制和成本计划更离不开它。因此,成本管理会计人员必须以通过一定的方法进行成本计算所取得的成本数据为基础,进行加工、改制和延伸,为不同的目标提供不同的成本资料。

第一节　成本术语及其用途

为了适应企业经营管理的需要,寻求企业的成本优势,首先必须了解和掌握成本的分类。

一、按经营目标的不同分类

根据社会分工对各类企业的划分,除了制造企业之外,还有交通运输企业、建筑施工企业、商品流通企业、邮电通讯企业、种植养殖企业、饮食宾馆旅游服务企业、金融保险企业等各类企业。这些实行独立经济核算的企业,都需要按照企业自身的经营特点,组织成本核算。因此,按各类企业经营目标的不同,可以将企业成本划分为生产性成本和服务性成本两大类。

(一) 生产性成本

生产性成本是指制造企业为生产一定质量和数量的产品,在生产要素上个别耗费的物化劳动 C、生产者必要的活劳动 V 的补偿价值。制造企业是指那些通过一系列生产工艺过程,采用一定的技术方法,将投入的生产要素有机结合起来,生产出具有某种使用价值、具有实物形态产品的企业。生产性企业包括工业企业、建筑施工企业、种植养殖企业等。这类企业的劳动成果都有特定的实物形态,能够以产品产出的地点和时间确定成本计算对象,归集生产费用,计算产品成本。

在制造企业中,成本按其经济用途可进一步划分为制造成本和非制造成本两大类。

1. 制造成本

制造成本(manufacturing cost)通常由直接材料、直接人工和制造费用构成,是在产品制造过程中所发生的成本。

直接材料是指加工后直接构成产品实体或主要部分的材料成本。直接人工又称直接工资,是指在产品制造过程中对材料进行直接加工制成产品所发生的生产工人的工资薪酬,包括工资、奖金和津贴等各种形式的报酬以及其他相关支出。制造费用是指在产品制造过程中所发生的除了直接材料及直接人工以外的各种费用,通常由间接材料、间接人工和其他制造费用三个部分构成。

在制造成本中,直接材料和直接人工之和一般称为主要成本(prime cost);而直接人工与制造费用之和则称为加工成本(conversion cost)(见图2-1)。

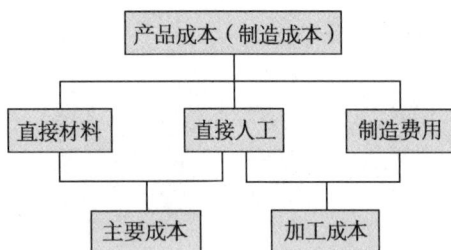

图2-1 制造业产品成本图

制造成本应否全额作为产品成本处理须视成本计算方法而定。在完全成本计算法下,制造成本全额作为产品成本处理;在变动成本计算法下,只将制造成本中的直接材料、直接人工和变动制造费用作为产品成本,固定制造费用则作为期间成本处理。

2. 非制造成本

对生产企业而言,非制造成本应视为期间成本,主要包括管理费用、财务费用和销售费用,因此非制造成本又称经营管理费用。

(二)服务性成本

服务性成本是指服务企业为提供某种劳务在生产要素上个别耗费的物化劳动C、提供劳动者必要活劳动V的补偿价值。服务企业是指那些以具有某种服务功能的设施满足某方面需要的企业,包括交通运输企业、邮电通讯企业、饮食宾馆旅游企业、金融保险企业等。这类企业的劳动成果一般不具有实物形态,只能按照提供劳务的性质、数量和质量,归集所发生的经营费用,计算成本。

服务企业也有其"产品"成本,其成本通常包含直接材料、直接人工及营业费用三大类。以饮食业为例,采购食品的价款为直接材料成本,厨师的工资薪酬为直接人工成本,餐馆的租金及水电费等则为营业费用。

二、按成本与特定对象的关系分类

成本按与特定对象的关系可分为直接成本与间接成本。

(一)直接成本

直接成本(direct cost)是指与某一特定对象(产品、劳务、加工步骤或部门)之间具有直接联系,可按特定标准将其直接归属该对象的成本。由于直接成本可直接归属于某一特定对象,故又称可追溯成本。

(二) 间接成本

间接成本(indirect cost)是指与某一特定对象之间没有直接联系,无法按某一特定标准直接归属有关对象的成本。由于间接成本的发生与许多对象都有联系,必须选择适当的标准在各对象之间进行分配后,才能归属于某一特定对象,故又可称其为共同成本。

将成本划分为直接成本与间接成本,对正确计算各该对象的成本是十分重要的。凡是直接成本,必须根据原始凭证直接计入该成本计算对象;凡是间接成本,则要选择合理的分配标准分配给相关的成本计算对象。分配标准是否恰当,将直接影响成本计算的正确性。

三、按成本与业务量的关系分类

成本按其与业务量(可以是产量、也可以是直接人工小时、机器小时或其他作业量)之间的依存关系(即成本性态),可划分为变动成本、固定成本与混合成本三类。

(一) 变动成本

变动成本(variable cost)是指其发生总额会随业务量的变动而正比例增减变动的成本。但就单位变动成本而言,则是固定的,如直接材料、直接人工中的计件工资等。

(二) 固定成本

固定成本(fixed cost)是指其发生总额不随业务量的增减变动而变动的成本。但是,就单位固定成本而言,则是随着业务量的增减变化而成反比例变动。根据固定成本形成的原因,固定成本可以进一步划分为约束性固定成本和酌量性固定成本两类。约束性固定成本主要是经营能力成本,它是和整个企业经营能力的形成及其正常维护直接相联系的,如厂房、机器设备的折旧费、保险费、财产税等。企业的经营能力一经形成,在短期内难以作重大改变,因此与其相联系的成本也将在较长时期内继续存在。酌量性固定成本则是企业根据经营方针由高层管理者确定一定期间的预算额而形成的固定成本,如研究开发费、广告宣传费和职工培训费等。

必须指出,变动成本和固定成本与业务量的关系是有一定范围的,超过一定范围,变动成本和固定成本同业务量的关系可能会改变。

(三) 混合成本

混合成本(mixed cost)是指其发生总额虽受业务量变动的影响,但其变动幅度并不同业务量的变动保持严格的比例。也就是说,混合成本同时兼有变动成本和固定成本的特征,可视其具体情况不同,进一步分为半变动成本和半固定成本。为了便于管理上的应用,应该对混合成本采用适当的方法进行分解,将其分解为变动成本和固定成本两部分。所以,按成本的性态分类,从根本上说,应该只有变动成本和固定成本两大类。

将成本划分为变动成本与固定成本两类,对于成本的预测、决策和分析,特别是控制和降低成本具有重要的作用。

四、按成本在经济工作中的作用分类

成本在经济工作中的作用,除了满足正确计算企业损益、编制财务报表的需要之外,还必须为企业的经营管理提供相关信息。为此,按成本在经济工作中的作用,可以将成本划分为财务成本和管理成本两大类。

(一) 财务成本

财务成本(financial cost)是指根据国家统一的财务和会计法规及制度核算出来的,用于编制财务报表和企业内部成本管理的成本。财务成本也称法定成本或制度成本,目前我国会计核算都是按这种成本入账的。正确计算企业的财务成本,对保证合理的价值补偿、正确计算企业期末存货价值和盈利、考核企业成本费用水平、按照税法规定计算利润及缴纳各项税费具有重要意义。

财务成本在企业中有多种多样的表现形式。例如,在制造企业中,财务成本还可进一步分为购储成本、生产成本和期间成本(又称经营管理费用)等。

购储成本是指企业的原材料、辅助材料、包装物、低值易耗品、燃料等生产要素的采购及储备成本,它由买价、运输费和定额内的损耗等构成。

生产成本是指生产过程中发生的、与生产工艺过程直接相关的各种费用,包括产品生产耗费的原材料、燃料,生产工人工资薪酬以及各项用于生产经营活动的制造费用。

期间成本是指按一定会计期间归集的、与生产工艺过程没有直接关系的各种费用,包括管理费用、财务费用和销售费用,这些费用应当作为当期营业收入的抵减项,全部冲减当期损益。

(二) 管理成本

管理成本(managerial cost)是用于企业内部经营管理的各种成本的总称,是根据财务成本和其他有关资料进行不同的归类、分析和调整后计算出来的,是对财务成本的进一步深化和发展。管理成本着重为企业管理部门的预测、决策、控制和业绩评价等职能服务。在实际工作中,为适应经营管理上的不同需要,运用着不同的成本概念。

1. 付现成本和沉入成本

付现成本和沉入成本是按费用的发生是否需支付现金等流动资产来划分的成本。

付现成本是指由于某项决策引起的、需要在将来动用现金等流动资产的成本,付现成本是一种未来成本。企业在短期经营决策中,付现成本的大小往往会决定企业最终方案的选择,企业在决策方案取舍时,特别是当企业的资金处于紧张状态且向市场筹措资金比较困难时,往往宁可放弃付现成本低而选择总成本相对较高的方案。只有符合企业目前实际支付能力的方案,才算是最优方案。付现成本往往是制定决策时需要考虑的一种成本。

【例 2-1】 某公司拟购置一套设备,现有两家供应商供应该设备。A 供应商的价款为 120 000 元,货款需在交货时一次付清。B 供应商的价款为 135 000 元,交货时只需支付

35 000 元的货款,其余的货款分 4 年付清。从总成本来考虑,A 供应商的较低,应该选择 A 供应商。但是,在公司近期资金紧缺的情况下,公司会考虑付现成本较低的 B 供应商。

沉入成本是指由于过去决策所引起的并已经支出、现在的决策不能改变的成本,该成本的发生不需要动用本期现金等流动资产,它所涉及的是以前的付现成本,如固定资产的折旧费用、无形资产的摊销费用等。从广义上说,凡是过去已经发生、不是目前决策所能改变的成本,都是沉入成本。从狭义上说,沉入成本是指过去发生的、在一定情况下无法补偿的成本。沉入成本往往是一种与决策无关的成本。

从决策的角度看,不同时期发生的成本对决策会产生不同的影响,因此区分付现成本与沉入成本有助于正确判断成本的时效性,避免决策失误。

2. 原始成本与重置成本

原始成本与重置成本是按资产不同时期的价值作为计量依据来划分的成本。

原始成本是指根据实际已经发生的支出而计算的成本。例如,购买的材料就按购入时的买价、运费及其他采购费用作为其原始成本;自制的设备就按生产该设备所消耗的料、工、费的价值作为该设备的原始成本。原始成本是财务会计中的一个重要概念。由于原始成本是已发生的实际成本,有较客观的参考价值,所以在计算资产的价值和企业的收益时,一般都用原始成本作为确定销售成本的依据。由于原始成本已经发生或支出,因此对未来的决策不存在影响力。

重置成本也称现行成本,是指按照现在的市场价格购买与目前所持有的某项资产相同或相似的资产所需支付的成本,它带有现时估计的性质。与财务会计不同,管理会计立足现在、面向未来,强调信息的相关性。因此,在有关的决策中,侧重考虑的是重置成本信息,而不是历史成本信息。

【例 2-2】 某产品生产所耗料、工、费的原始成本为 200 元,而目前它们的重置成本为 250 元,如果该产品按 20% 的加成率采用成本加成法来定价,则按原始成本为基础所确定的售价为 240 元。虽然从表面上看,销售该产品有 40 元毛利,但其收入还不足补偿再生产所需的成本。如果按重置成本为基础来定价,该产品的售价为 300 元,这样,在补偿了生产所需的料、工、费成本后,还有毛利 50 元。

由于通货膨胀、技术进步等因素,某项资产的重置成本与原始成本的差异较大,在进行管理决策时,应该以重置成本为依据。

3. 专属成本与共同成本

专属成本与共同成本是按照费用的发生是否可直接追溯至某个成本对象进行的分类。

专属成本是指可以明确归属于某种、某批产品或某个部门的成本,专属成本是特定决策的相关成本。例如,某种设备专门生产某一种产品,这种设备的折旧就是该种产品的专属成本。

共同成本是指那些需要由几种、几批产品或有关部门共同负担的成本,共同成本不是某项特定决策的相关成本。例如,某种通用设备生产甲、乙、丙等多种产品,该设备的折旧就是这几种产品的共同成本。

区分专属成本与共同成本的目的在于明确某项决策所发生的成本,从而作出正确的决策。

4. 可控成本和不可控成本

可控成本与不可控成本是按费用的发生能否为考核对象(即责任中心)所控制来划分的成本。

可控成本是指考核对象对成本的发生能予控制的成本。例如,生产部门对材料的消耗是可以控制的,所以材料的耗用成本(按标准成本计算)是生产部门的可控成本,而材料的价格由供应部门所控制,所以是供应部门的可控成本。又如,企业生产过程中所消耗的由辅助生产部门所提供的水、电、气时,这些水、电、气的成本的高低对辅助生产部门来说是可以控制的,因而是可控成本,但对生产部门来说,则是不可控制的,所以必须按标准成本来结转其成本。由于可控成本对各责任中心来说是可控制的,因此必须对其负责。

不可控成本是指考核对象对成本的发生不能予以控制、因而也不予负责的成本。例如,上面所说的材料的采购成本,生产部门是无法控制的,因此对生产部门来说是不可控成本,又如,水、电、气的供应成本对生产部门来说也是不可控成本。

可控成本与不可控成本都是相对的,不是绝对的,对一个部门来说是可控的,对另一部门来说就可能是不可控的。但是从整个企业来考察,所发生的一切费用都是可控的,只是这种可控性需分解落实到确切的部门。所以,从整体上看,所有的成本都是可控成本。

区分可控成本与不可控成本的目的在于明确各个责任中心的经济责任,便于评价和考核其工作业绩,促使可控成本的不断降低。

专栏 2-1

IMA 主席专访:中国需要培养更多优秀的管理会计师

自 2014 年 1 月 1 日起,由财政部印发的《企业产品成本核算制度(试行)》将在除保险业以外的大中型企业范围内正式施行。该制度的发布实施是财政部门全面推进我国管理会计体系建设的重要探索。管理会计起源于美国,20 世纪 70—80 年代传入中国。随着经济结构调整的深化,管理会计在经济转型和企业升级中的巨大潜力被越来越多的国人所认识、所强调,财政部已将管理会计列为今后会计改革的重点方向。

日前,美国管理会计师协会(IMA)全球董事会主席威廉·肯尼西访问中国,与财政部和中国注册会计师协会的有关领导举行会谈。肯尼西先生在接受人民网记者专访时表示,中国要培养更多的管理会计师,打造升级版的企业财务管理团队,增强企业核心竞争力和价值创造力。

肯尼西先生指出,传统的观念认为财务人员就是"账房先生",在美国我们也有类似的说法,叫"数豆子的"。但是随着管理会计理念的推广和实践的应用,企业越来越意识到财务人员是价值创造者,管理会计师是企业的战略伙伴,首席财务官或者总会计师在企业中的地位仅次于首席执行官。中国正在经历这样的转变。

肯尼西先生表示:"此次中国之行让我很兴奋,我们拜访了财政部、中国注册会计师协会、外国专家局、企业和高校,大家都在谈论管理会计,对管理会计很有激情。中国正在大力推进经济结构转型和企业管理升级,管理会计被寄予厚望。作为一名从业30多年的管理会计师,我相信管理会计具备这样的潜力。"

(资料来源:中国管理会计网,2014年1月2日)

5. 可避免成本和不可避免成本

可避免成本与不可避免成本是按决策方案变动时某项支出是否可避免来划分的成本。

可避免成本是指当决策方案改变时某些可免予发生的成本,或者在有几种方案可供选择的情况下,当选定其中一种方案时,所选方案不须支出而其他方案须支出的成本。例如,在机械化生产的情况下,产品零部件的传送须用人工来搬运,而改用自动流水线进行生产时,就可自动传送,对于自动流水线生产方案来说,机械化生产情况下搬运零部件所需的人工费用、设备费用就是该方案的可避免成本。由于可避免成本是与决策的某一备选方案直接联系的成本,因此可避免成本常常是与决策相关的成本。

不可避免成本是指无论决策是否改变或选用哪一种方案都需发生的成本,也即在任何情况下都需发生的成本。例如,无论是机械化生产方案还是自动化生产方案,都须占用厂房,厂房的折旧费用对任何方案来说都须发生,因而是不可避免成本。同样,构成产品实体的材料成本无论哪一种方案都要发生,因而也是不可避免成本。由于不可避免成本与特定的决策方案没有直接的联系,因此不可避免成本常常是与决策无关的成本。

区分可避免成本与不可避免成本对企业亏损产品决策、特殊订货决策以及零部件自制或外购决策都具有重要的意义。

6. 可延缓成本与不可延缓成本

决策成本按其可递延性可以分为可延缓成本与不可延缓成本。

可延缓成本是指与已经选定但可以延期实施而不会影响大局的某方案相关联的成本。例如,某企业的办公条件较差,原来打算在计划年度改善办公条件,在办公室安装空调,现在因计划年度资金比较紧张,经过讨论决定将改善办公条件、安装空调的方案推迟到下个计划期执行。那么,与安装空调相关的成本就属于可延缓成本。因为是否在当期安装空调,对企业的全局不会产生重要的影响。

不可延缓成本是指对已经选定的某方案必须立即实施,否则将会对企业的全局产生重要影响的成本。例如,企业某项关键设备出现严重的故障,需要立即进行大修理,否则将影响企业的正常生产经营活动,致使企业遭受重大损失。这时,即使企业资金再紧张,也必须想方设法地立即修复该项关键设备,尽快投入运行。因此,与关键设备大修理相关的成本就属于不可延缓成本。

区分可延缓成本与不可延缓成本,有助于企业在资源稀缺的约束条件下,根据轻重缓急安排方案的实施时间,从而提高企业资源的配置效益和使用效益。

7. 差量成本和边际成本

差量成本与边际成本的特点与上述成本概念的特点不同,它们不是相对称的成本概念。

差量成本有广义和狭义之分。广义的差量成本是指两个备选方案之间预计成本的差异;狭义的差量成本是指由于生产能力利用程度的不同而形成的成本差异。在企业的经营决策中,差量成本是一个广泛应用的、重要的成本概念,诸如零部件外购或自制决策以及应否接受特殊订货决策等都要利用差量成本进行决策。

【例 2-3】 某公司的产品需用到甲零件,这种零件既可自制,也可外购。若自制,每个零件的生产成本为 10 元;若外购,每个零件的采购成本为 11 元。

如果共需 10 000 个零件,则自制方案与外购方案的差量成本为 10 000[10 000×(11-10)]元。在各方案的成本比较中,当选定某一方案为基本方案,然后将其他方案与之相比较时,增加的成本也称为增量成本,所以增量成本是差量成本的一种表现形式。在产品售价或销售收入相同的情况下,差量成本是进行决策的重要依据。

根据经济学的一般理论,边际成本是指成本对业务量无限小变化的部分。在数学上,它可用成本函数的一阶导数来表现。在现实的经济活动中,边际成本是指业务量每增加一个单位所需增加的成本。

在大批量生产的情况下,由于在一定的生产能力范围内,每增加一个单位产品只增加变动成本,所以边际成本常表现为变动成本。但是,在单件小批生产的情况下,增加一个单位产品常需增加生产能力,即需增添机器设备等,这时边际成本就包括由增加这一单位产品所发生的所有变动成本和固定成本。严格地说,边际成本是指增加一个单位产品所增加的成本。在会计实务中,人们常常也将增加一批产量所增加的成本看作边际成本,这时的边际成本实际上是边际成本总额。

在经营决策中,边际成本可以用来判断业务量的增减在经济上是否合算。

8. 相关成本和非相关成本

相关成本和非相关成本是按费用的发生是否与所决策的问题相关来划分的成本。

相关成本是指与特定决策相关的、决策时必须加以考虑的未来成本。例如,当决定是否接受一批订货时,生产该批订货所需发生的各种成本即为相关成本。相关成本通常随决策的产生而产生,随决策的改变而改变,从根本上影响着决策方案的取舍。属于相关成本的有差量成本、边际成本、机会成本、付现成本、专属成本、重置成本和可避免成本等。

非相关成本是指与特定决策不相关的、决策时可不予考虑的成本。例如,接受特殊订货时,原有的固定成本就属无关成本,因为即使不接受这批特殊订货,这些固定成本也照样发生。非相关成本不随决策的产生而产生,也不随决策的改变而改变,对决策不具影响力。属于非相关成本的有原始成本、沉入成本、共同成本和不可避免成本等。

区分相关成本与非相关成本,可以使企业在决策中避免把精力耗费在收集那些无关紧要的信息和资料上,减少得不偿失的劳动。

9. 目标成本和标准成本

目标成本是企业在一定时期内经营活动追求实现的成本期望值,它是产品成本应该达到的水平,也是考核企业经营成果的基础。目标成本是根据最有利于产品推销的最低价格减去税金和企业必须保证的利润后所确定的各项费用支出。目标成本是成本控制的标准,目标成本的制定是实现目标成本管理的关键。

标准成本是目标成本的具体表现形式之一。标准成本是根据企业目前的生产技术水平,在有效的经营条件下可能达到的成本。企业总的目标成本一旦确定,就要结合企业实际生产经营情况,层层分解,为各个环节制定具体控制标准,即标准成本。标准成本在成本管理工作中能充分发挥其应有的积极作用。

10. 机会成本

机会成本是指由于从多个可供选择的方案中选取一种最优方案而放弃的次优方案上的收益。机会成本是企业在作出最优决策时必须考虑的一种成本。

由于资源的稀缺性,资源用于某一方案就不能同时用于另一方案。为了保证经济资源得到最佳利用,即选择资源利用的最优方案,在分析所选方案(机会)的收益时,就要求将放弃的次优方案中的收益额视作选定该方案所付出的代价,这种被放弃的次优方案上的收益额即为所选方案的机会成本。在选择方案时,如果考虑了机会成本,所选方案的收益仍为正数,该方案即为最优方案;所选方案的收益为负数,该方案就不是最优方案。

【例2-4】　某企业现有设备既可以生产甲产品,也可以生产乙产品。但由于生产能力有限,只能选择生产其中的一种产品。假定该设备用来生产甲产品可以获利 50 000 元,用来生产乙产品可以获利 60 000 元。为了保证经济资源的最佳利用,企业选择生产乙产品。此时,放弃的生产甲产品可获利的 50 000 元即为生产乙产品的机会成本。

机会成本不是实际所需支付的成本,也不记入账册,有时甚至是难以计量的。但是,为了保证所作的决策是最优的,就要将机会成本作为一个现实的重要因素加以考虑。

11. 质量成本

质量成本是指企业为了保证和提高产品或服务的质量而支出的一切费用,以及因未达到既定质量标准而发生的一切损失之和。它一般由预防成本、检验成本、内部缺陷成本、外部缺陷成本以及外部质量保证成本等几个部分组成。

预防成本是为了防止产生不合格品与质量故障而发生的各项费用;检验成本是为检查和评定产品质量、工作质量、工序质量、管理质量是否满足规定要求和标准所发生的费用;内部缺陷成本是指产品交用户前由于自身的缺陷造成的损失以及处理故障所支出的费用之和;外部缺陷成本是指在产品交用户后,因产品质量缺陷引起的一切损失费用;外部质量保证成本是指为提供用户要求的客观证据所支付的费用。

此外,对于低质量所发生的机会成本(如由于低质量而导致的销售下降)通常并不在会计系统中进行计量。但是,企业由于产品或服务的质量缺陷,可能导致失去现有的和潜在的顾客,甚至会丧失市场份额,由此带来的损失是无法估量的,因此在分析时也应加以考虑。

12. 责任成本

责任成本是一种以责任中心为对象计算的成本,它是考核评价各责任中心经营业绩和职责履行情况的一个重要依据。

责任成本大部分是可控成本,因为只有责任中心能控制的成本,才能作为考核评价其业绩的依据。如果以不可控成本来衡量各责任中心的经营业绩,就会产生许多不合理的结果,从而挫伤各责任中心的积极性。责任成本是成本管理会计核算的一个重要内容。

第二节　成本对象及成本分配

一、成本对象

(一) 成本计算的对象

成本计算是在汇集一定时期发生的费用的基础上,运用一定的计算程序和方法,将费用按照确定的成本计算对象进行归集和分配,最终计算出各个成本计算对象的总成本和单位成本的一种方法。

成本计算的主要目的在于计量各项成本,并将之分配到每个成本对象(cost objects),因此确认及选择成本对象是成本管理工作的基础。成本对象是指需要对其进行成本计量和分配的项目,如产品、服务、客户、部门、项目或作业等。例如,如果想知道生产一辆家庭轿车得花多少钱,成本对象就是家庭轿车;如果想知道一条从上海飞往纽约的航线的成本,成本对象就是该条航线的服务;如果想知道某一通信设备的开发成本,成本对象就是该通信设备的开发项目。因此,成本计算对象是为了计算各项经营成本而确定的归集经营费用的各个对象,也是成本的承担者。成本对象可以是一种产品、一项服务、一位顾客、一张订单、一纸合同、一个作业或是一个部门。

近年来,作业也开始成为重要的成本对象。作业是一个组织内部分工的基本单元。作业还可以定义为组织内行动的集合,它将有助于管理人员进行计划、控制和决策。在成本管理中,作业扮演着重要的角色,成为现代成本管理系统的必要组成部分。

不仅在制造行业要计算成本,在其他行业也要计算成本。例如,施工企业要核算工程成本及管理费用和财务费用;商品流通企业要核算商品的采购成本、销售成本以及商品流通费用;旅游、饮食服务企业要核算营业成本、营业费用、管理费用和财务费用。这些行业的商品流通费用、销售费用、管理费用和财务费用也可以统称为经营管理费用。所以,成本计算的对象可以概括为各行业企业经营活动的成本和有关的经营管理费用,简称成本或费用。

(二) 成本对象的特点

成本管理的一个中心目标是计算产品成本,为编制对外财务报告服务。

由于管理目标不同,产品成本的定义也不一样,因此产品成本的具体含义取决于其所服务的管理目标。产品分有形产品和无形产品两种。制造企业生产有形产品,服务企业提供无形产品(即服务)。有形产品是指通过耗用人工以及工厂、土地和机器等资本投入将原材料加工而成的产品。电视机、计算机、家具、服装和饮料等都是有形产品。无形产品是指为顾客开展的各项业务或作业,或是顾客使用组织的产品或设施自行开展的作业,即为顾客提供服务。服务也需要耗用材料、人工和投入资本。保险服务、旅游服务、咨询服务等都是向顾客提供的服务;汽车租赁、电话出租和保龄球等都是由顾客使用组织的产品或设施。

服务与有形产品相比,主要有四大方面的差别,即无形性、瞬时性、不可分割性和多样性。无形性是指某项服务的购买者在购买之前无法直接感觉到该项服务的存在;瞬时性是指顾客只能即时享受服务,而不能储存到未来;不可分割性是指服务的提供者与购买者通常有直接的接触,以使交换得以发生;多样性是指服务的提供比产品的生产有更大的差异性,提供服务的员工会受到所从事工作、工作伙伴、教育程度、工作经验、个人因素等的影响。

(三) 成本对象的构成要素

成本对象是指以一定时期和空间范围为条件而存在的成本承担者。企业的任何经营成果都是依存于一定的时空范围而产生的。确定成本对象,不仅要认定计算什么产品的成本,而且要认定是什么地点、什么时期生产出来的产品。因此,确定成本对象一定要有"时空概念"。

通常,成本对象由以下三个要素构成。

(1) 成本承担者。成本承担者是指承担各项费用的具体对象。对制造企业而言,成本对象可以是某种产品、某批产品或某类产品的完工产品或在产品;对服务企业而言,往往不存在有形的成本计算实体,而只能根据服务的性质确定成本对象。例如,运输企业可以按照货运和客运业务确定成本对象,商贸企业可以按照批发和零售业务确定成本对象。

(2) 成本计算期。成本计算期是指归集费用、计算某个成本对象成本所规定的起讫日期,也就是每次计算成本的期间。制造企业按其生产特点可以以产品的生产周期或会计期间为成本计算期;服务企业一般均以会计期间为成本计算期。

(3) 成本计算空间。成本计算空间是指费用发生并能组织企业成本计算的地点。制造企业的成本计算空间可分为全厂和各车间或各生产步骤等;服务企业的成本计算空间可分为各部门和各单位等。

二、成本分配

把成本准确地分配到各成本对象上去是很关键的。歪曲的成本分配会导致错误的决策和评价。成本分配(cost allocation)的方法主要有以下三种。

(一) 直接追溯法

直接追溯法是根据成本的可追溯性分配成本的方法。

成本的发生与成本对象有着直接或间接的关系。直接成本是指能够容易和准确地归属到成本对象的成本。"容易归属"是指成本能够以一种经济上可行的方式分配;"准确归属"则意味着成本分配中要遵循因果联系。间接成本是指不能容易地或准确地归属于成本对象的成本。因此,可追溯性是指采用某一经济、可行的方法并遵循因果关系将成本分配至各成本对象的可能性。成本的可追溯性越强,成本分配的准确性就越高。所以,建立成本的可追溯性是提高成本分配准确性的关键一环。

(二) 动因追溯法

动因追溯法是指根据成本发生的动因将成本分配至各成本对象的方法。

尽管动因追溯法不如直接追溯法准确,但如果因果关系建立合理的话,成本归属仍有可能达到较高的准确性。

动因追溯法使用两种动因类型来追溯成本:资源动因和作业动因。资源动因计量各作业对资源的需要,用以将资源分配到各个作业上。作业动因计量各成本对象对作业的需求,并被用来分配作业成本。

(三) 分摊法

分摊法是分配间接成本的方法。把间接成本分配至各成本对象的过程称为分摊。

间接成本不能追溯至成本对象,也就是说,间接成本与成本对象之间没有因果关系,或追溯不具有经济可行性。由于不存在因果关系,分摊间接成本就建立在简便原则或假定联系的基础上。在将某项间接成本分配计入各成本对象时,所选择的分配标准应满足"受益"原则。选择分配标准时,一般要考虑以下四个方面。

(1) 科学性。这个分配标准项目要具有各个成本对象共有的特征,有典型的代表性;它与成本对象物化劳动或活劳动的消耗有直接的联系或表现为正比例关系。

(2) 先进性。选为分配标准的项目,要有助于企业加强成本管理。如选定某个指标作为分配标准,通过标准与实际的比较,可以促使企业不断改善成本活动。

(3) 现实可能性。选为分配标准的项目,要有取得现有资料的实际可能性。也就是说,各受益对象所耗用分配标准的资料应该是比较容易取得的,并且可以进行客观的计量。

(4) 相对的稳定性。任何一种分配标准都不可能完全与间接成本保持正比例或反比例关系,所以任何分配标准都具有主观性,选择不同的分配标准将产生不同的分配结果。为了便于各期间接成本间的比较分析,分配标准不宜经常改变,应该保持相对的稳定。

在一般情况下,分配间接成本的标准主要有三类:① 成果类。如产品的重量、体积、产量、产值等;② 消耗类。如生产工时、生产工资、机器工时、原材料消耗量或原材料费用等;③ 定额类。如定额消耗量、定额费用等。

分配间接成本的一般计算公式可以表述如下:

$$间接成本分配率 = 待分配的间接成本总额 / 分配标准总额$$
$$某成本对象应负担的间接成本 = 该成本对象的分配标准额 \times 间接成本分配率$$

综上所述,成本追溯是把直接成本分配给相关的成本对象;成本分摊是把间接成本分配给相关的成本对象。在上述三种成本分配方法中,直接追溯法依赖于可实际观察的因果关系,其结果最准确;动因追溯法依赖于成本动因将成本分配至各个成本对象,其准确性次之;分摊法尽管有简便性和操作的低成本等优点,但它是三种方法中最不准确的,应尽可能避免使用。实际上,在很多情况下,提高成本分配准确性所带来的收益在价值上超过与动因追溯相关的额外计量成本。

第三节 成本管理会计系统的设计

成本管理会计系统的设计,既要满足企业编制对外财务报表的需要,又要满足企业内部经营管理的需要。因此,成本管理会计系统应该设置成本会计信息系统和经营控制信息系统两个子系统。

一、成本会计信息系统

成本会计信息系统作为一个成本管理子系统,主要是用来计算产品、服务等成本对象的成本。成本会计信息系统计算的是财务成本,主要用于编制企业的财务报表。财务报告的编制要求将影响成本会计信息系统的设计。

成本在利润表中列为营业成本,在资产负债表中列为存货。

我们知道,存货计价和收益计量是编制财务报表中的两个重要问题。这两个问题都和成本计算有着密切的联系。正确计算成本是正确划分本期已销成本和期末存货成本的基础:本期已销产品成本应列入利润表,使之同本期实现的营业收入相配比,据以确定本期的利润;期末未销售产品成本则列入资产负债表,作为存货结转至下期。所以,成本计算是否正确,直接关系到本期已销售产品成本和期末未销售产品成本的划分是否正确,也就意味着存货计价和收益确定是否正确,最终表现为据以编制的财务报表能否如实地反映企业的财务状况和经营成果。

在编制利润表和资产负债表时,首先要区分资本化成本与非资本化成本。资本化成本是指发生时首先被记为资产,它被预期能为企业带来未来的收益,如购买机器设备和材料等的成本。这些成本在资产提供有效服务的使用期间逐期地或一次性地转变为费用。非资本化成本是指不经过资产阶段即作为费用被扣减的成本,其在发生时即计入费用,如支付给营销经理的薪金和管理办公用房的租金等。

(一)服务型企业

服务型企业为其顾客提供劳务或无形产品,如法律咨询或审计,这类企业在会计期末没有有形的存货。这类企业的人工成本是最主要的成本,大约占总成本的70%。服务型企业的经营成本包括价值链所有环节的各种成本。服务型企业的资本化成本与非资本化成本之间的关系如图2-2所示。

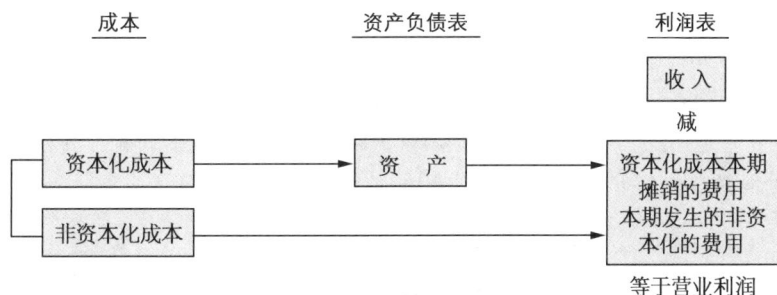

图 2-2 服务型企业的成本关系图

(二)商业和制造型企业

商业和制造型企业与服务型企业在资产负债表上对于存货的列报有所不同。

商业企业从供货商处购进商品,再原样销售给顾客。会计期末还未卖出的商品即为存货。制造型企业从供货商处购进的材料,经过加工制造而成为产品。在会计期末,制造型企业的存货包括直接材料、在产品和产成品。

商业和制造型企业的资本化成本还可以进一步分为可计入存货的资本化成本和不可计入存货的资本化成本两种。可计入存货的资本化成本(也称可计入存货的成本)是指购进存货的成本或者是生产存货发生的其他新增加的成本。不可计入存货的资本化成本是指那些与存货无关的资本化成本。可计入存货的资本化成本将成为产品销售成本的一部分。

商业和制造型企业为了取得商品销售收入,除了发生的可与商品销售收入直接配比的商品销售成本之外,还会发生经营管理费用,包括不可计入存货的资本化成本在本期的摊销费用和非资本化成本等。

商业企业资本化与非资本化成本之间的关系如图 2-3 所示。

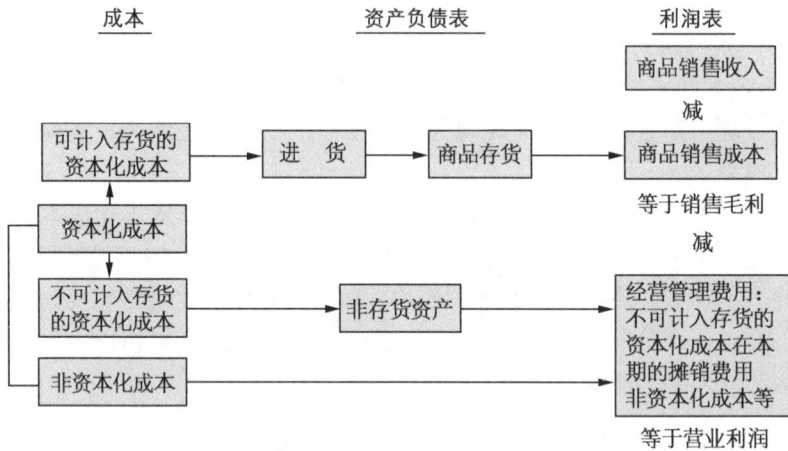

图 2-3　商业企业的成本关系图

与商业企业不同,制造型企业向供应商购入原材料,经过加工才销售给消费者。因此,它有三种类型的存货。

(1) 材料存货。为制造产品而储备的直接材料和间接材料。

(2) 在产品存货。尚未全部完工的产品,也称在制品。

(3) 产成品存货。全部完工、验收合格、等待销售的产品。

制造型企业的资本化成本包括上述各种存货成本,也包括制造过程中使用的设备成本。非资本化成本主要是指经营管理费用,包括不计入存货的资本化成本的摊销额和各项期间费用。

制造型企业资本化与非资本化成本之间的关系如图 2-4 所示。

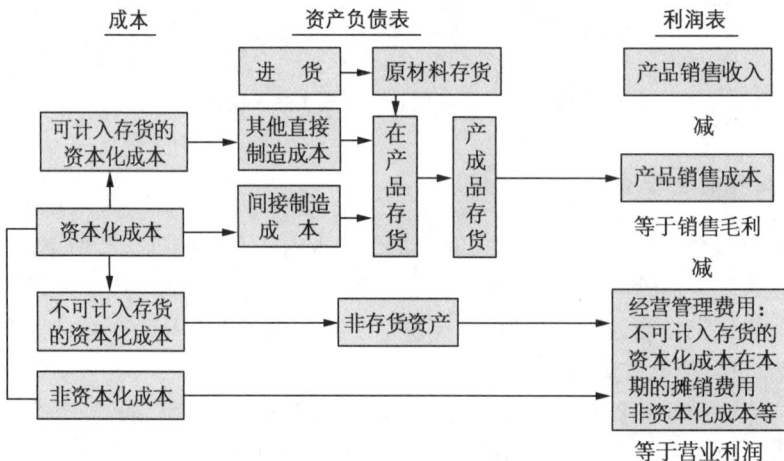

图 2-4　制造型企业的成本关系图

二、经营控制信息系统

经营控制信息系统作为另一个成本管理子系统，主要是为了准确、及时地提供与管理人员和其他人员的业绩相关的反馈信息而设计的，这些业绩与他们对活动的计划和控制相关。经营控制信息系统提供的是管理成本，主要关注的是应实施哪些作业并评价实施的效果如何，着重判断改进机会并帮助发现改进的方法。一个理想的经营控制信息系统能够提供充足的管理信息，以帮助管理人员持续不断地改进经营流程。

在设计经营控制信息系统时，往往要考虑如下问题：管理人员如何利用成本会计所提供的信息？利用成本信息可以制定哪类政策？等等。因此，从经营控制的角度看，成本计算是为企业正确地进行最优决策、有效经营和严格进行成本控制服务的。

众所周知，成本是综合反映企业经营活动过程的质量和效果的一个重要指标，企业管理部门为了实现有效经营，正确进行经营决策，往往要从许多方案中选取最优方案，"优"的标准主要是经济效果，而各种形式的"成本"又是经济效果的重要表现形式。

在设计经营控制信息系统时，应考虑以下三个基本要点。

（1）成本信息应是一个决策重心。经营控制信息系统必须满足决策制定者的需要，因此，成本计算不能只为计算而计算，而要着重于把成本计算和成本管理很好地结合起来。

（2）不同的成本信息用于不同的目的。对某一目的有效的成本信息未必对其他目的也有效。例如，财务报告编制需要利用过去的成本信息，管理决策制定者需要的则是有关未来的信息。成本信息又经常被用于预测部门的盈利能力和顾客的盈利能力。

（3）用于管理的成本信息必须符合成本效益原则。成本信息总是可以被用来改进成本管理的，然而改进带来的效益必须超过进行改进所发生的成本。例如，如果顾客的盈利能力分析仅用于介绍情况，而不能向管理者提供制定更好的决策所需的附加信息，收集该信息的成本可能会超过收益；如果管理者利用该信息决定哪些方面是营销努力的重点，并加以改进，收益可能会超过成本。经营控制信息系统的运行成本很高，所以在建立一种新制度前应先考虑一个基本问题：收益会否超过成本？

专栏 2-2

产品成本核算对象

第八条　企业应当根据生产经营特点和管理要求，确定成本核算对象，归集成本费用，计算产品的生产成本。

第九条　制造企业一般按照产品品种、批次订单或生产步骤等确定产品成本核算对象。

（一）大量大批单步骤生产产品或管理上不要求提供有关生产步骤成本信息的，一般按照产品品种确定成本核算对象。

（二）小批单件生产产品的，一般按照每批或每件产品确定成本核算对象。

（三）多步骤连续加工产品且管理上要求提供有关生产步骤成本信息的，一般按照每种（批）产品及各生产步骤确定成本核算对象。

产品规格繁多的，可以将产品结构、耗用原材料和工艺过程基本相同的产品，适当合并作为成本核算对象。

第十条 农业企业一般按照生物资产的品种、成长期、批别(群别、批次)、与农业生产相关的劳务作业等确定成本核算对象。

第十一条 批发零售企业一般按照商品的品种、批次、订单、类别等确定成本核算对象。

第十二条 建筑企业一般按照订立的单项合同确定成本核算对象。单项合同包括建造多项资产的,企业应当按照企业会计准则规定的合同分立原则,确定建造合同的成本核算对象。为建造一项或数项资产而签订一组合同的,按合同合并的原则,确定建造合同的成本核算对象。

第十三条 房地产企业一般按照开发项目、综合开发期数并兼顾产品类型等确定成本核算对象。

第十四条 采矿企业一般按照所采掘的产品确定成本核算对象。

第十五条 交通运输企业以运输工具从事货物、旅客运输的,一般按照航线、航次、单船(机)、基层站段等确定成本核算对象;从事货物等装卸业务的,可以按照货物、成本责任部门、作业场所等确定成本核算对象;从事仓储、堆存、港务管理业务的,一般按照码头、仓库、堆场、油罐、筒仓、货棚或主要货物的种类、成本责任部门等确定成本核算对象。

第十六条 信息传输企业一般按照基础电信业务、电信增值业务和其他信息传输业务等确定成本核算对象。

第十七条 软件及信息技术服务企业的科研设计与软件开发等人工成本比重较高的,一般按照科研课题、承接的单项合同项目、开发项目、技术服务客户等确定成本核算对象。合同项目规模较大、开发期较长的,可以分段确定成本核算对象。

第十八条 文化企业一般按照制作产品的种类、批次、印次、刊次等确定成本核算对象。

第十九条 除本制度已明确规定的以外,其他行业企业应当比照以上类似行业的企业确定产品成本核算对象。

第二十条 企业应当按照第八条至第十九条规定确定产品成本核算对象,进行产品成本核算。企业内部管理有相关要求的,还可以按照现代企业多维度、多层次的管理需要,确定多元化的产品成本核算对象。

多维度,是指以产品的最小生产步骤或作业为基础,按照企业有关部门的生产流程及其相应的成本管理要求,利用现代信息技术,组合出产品维度、工序维度、车间班组维度、生产设备维度、客户订单维度、变动成本维度和固定成本维度等不同的成本核算对象。

多层次,是指根据企业成本管理需要,划分为企业管理部门、工厂、车间和班组等成本管控层次。

(资料来源:《企业成本核算制度(试行)》财会[2013]17号)

第四节 产品成本计算方法

为了适应各种类型企业的经营特点及其管理要求,通常可采用以下三种基本方法来计算产品或服务的成本。

(一) 品种法

品种法是以产品品种为成本计算对象的成本计算方法。品种法适用于大量大批的单步骤生产(如发电、采掘等生产)以及大量大批多步骤、管理上不要求按步骤计算成本的生产(如铸造熔铸和玻璃制品的熔铸等生产)。此外,辅助生产的供水、供气、供电等单步骤的大量生产也采用品种法计算成本。

产品成本计算的品种法的主要特点有以下四个方面。

(1) 按产品品种设置产品成本计算单,并按成本项目设立专栏或专行,归集发生的各项生产费用。

(2) 如果只生产一种产品,发生的生产费用全部为直接计入费用,可以直接计入产品成本计算单;如果生产多种产品,发生的直接计入费用应直接计入各产品成本计算单,间接计入费用则要采用适当的分配方法,在各产品成本对象之间进行分配,然后计入各产品成本计算单。

(3) 月末计算产品成本时,如果没有在产品或者在产品数量很少,则不需要计算月末在产品成本。这样,产品成本计算单上所归集的生产费用全部是各该产品的产成品成本;除以产品产量,就是各该产品的单位成本。如果有在产品且数量较多,产品成本计算单上所归集的生产费用,就要采用适当的分配方法,在产成品与月末在产品之间进行分配,从而计算出完工产品成本与月末在产品成本。

(4) 在生产组织是大量大批生产、工艺过程是单步骤生产的企业或车间中,如果产品单一,没有在产品或者在产品很少,可以不计算在产品成本,其所采用的品种法也称单一法、简单法或简化的品种法。

无论什么类型的企业,无论经营什么类型的产品,也无论管理要求如何,最终都必须按照产品品种计算出产品成本。这就是说,按照产品品种计算产品成本是产品成本计算的最一般、最起码的要求,品种法是最基本的成本计算方法。因此,对品种法的计算程序不再另行详述。

(二) 分批成本法

分批成本法是按照产品的明确件数或批别来计算产品成本的一种成本计算方法,简称分批法。分批法的成本计算对象是产品的批别(或订单)。采用分批法核算的产品或服务往往有很大的差异。例如,会计师事务所的审计会随着客户的变化而完全不一样,因此通常将每一个审计项目作为一个批别。又如,飞机制造企业所生产的飞机会因每一特定客户的不同要求而有所不同。分批法适用于单件小批生产的产品成本的计算。

31

（三）分步成本法

分步成本法是通过将成本分配于众多相似的产品或服务，然后计算平均单位成本的一种成本计算方法，简称分步法。分步法的成本计算对象是产品的生产步骤。当企业的产品是单步骤生产时，其成本计算对象就是产品的品种。采用分步法核算的产品或服务是为大量销售而生产的，因而向不同客户提供的是相同的产品或服务，其单位成本是相同的。例如，纺织厂生产产品的步骤是一样的，因此通常将产品的每一个生产步骤作为成本计算对象。又如，银行向客户提供存款的服务过程是一样的。分步法适用于大量大批生产的产品成本的计算。

综上所述，在产品成本计算工作中有着三种不同的产品成本计算对象，品种法、分批法和分步法即是以产品成本计算对象为标志的三种不同的产品成本计算的基本方法。

应该注意的是，很多企业所采用的成本计算制度既非分批法，也非分步法，而是分批法与分步法的结合。本教材着重对分批法和分步法的基本形式进行介绍。

在实际工作中，除了上述三种基本方法之外，还采用一些其他的成本计算方法。在产品品种、规格繁多的企业中，为了简化成本计算工作，还采用一种简化的产品成本计算方法——分类法；为了提高成本计算结果的准确性，还采用一种将间接生产费用按成本动因进行分配的产品成本计算方法——作业基础成本法；为了加强企业内部成本控制和分析，还采用一种只计算产品的标准成本，而将成本差异直接计入当期损益的标准成本法；为了满足企业经营决策的需要，还采用一种只将变动制造成本计入产品成本，而将固定制造费用作为期间费用处理的变动成本计算法。从计算产品实际成本的角度来说，分类法、作业基础成本法、标准成本法和变动成本计算法都不是必不可少的，因此通称它们为产品成本计算的辅助方法。

关键概念索引

生产性成本　服务性成本　制造成本　非制造成本　主要成本　加工成本　直接成本
间接成本　变动成本　固定成本　混合成本　财务成本　购储成本　生产成本　期间成本
管理成本　付现成本　沉入成本　原始成本　重置成本　专属成本　共同成本　可控成本
不可控成本　可避免成本　不可避免成本　可延缓成本　不可延缓成本　差量成本　边际
成本　相关成本　非相关成本　目标成本　标准成本　机会成本　质量成本　责任成本
资本化成本　非资本化成本　可计入存货的资本化成本　不可计入存货的资本化成本
成本对象　直接追溯法　动因追溯法　分摊法　成本会计信息系统　经营控制信息系统

复习思考题

1. 为什么要进行成本的分类？成本可按哪些方法进行分类？
2. 财务成本的具体表现形式有哪些？

3. 管理成本的具体表现形式有哪些？财务成本与管理成本有什么区别？

4. 什么是成本对象？成本对象有什么特点？成本对象的构成要素有哪些？

5. 成本分配方法有哪些？各有什么特点？

6. 分配间接成本时应考虑哪些问题？分配间接成本的标准有哪些？

7. 如何设计经营控制信息系统？

8. 产品成本计算的方法有哪些？

练习题

一、单项选择题

1. 生产性成本和服务性成本是成本按（　　）的分类。
   A. 成本与特定对象关系
   B. 成本与业务量关系
   C. 经营目标不同
   D. 成本在经济工作中的作用

2. 成本管理会计的对象可以概括为（　　）。
   A. 产品的生产成本
   B. 商品的采购成本
   C. 经营管理费用
   D. 各行业企业经营活动的成本和经营管理费用

3. 下列各项中构成制造费用的是（　　）。
   A. 直接材料、直接人工和管理费用
   B. 除直接人工之外的所有制造成本
   C. 除直接材料和直接人工之外的所有制造成本
   D. 所有的营销和管理费用

4. 成本分配方法中，其结果最准确的是（　　）。
   A. 直接追溯法　　　B. 动因追溯法　　　C. 分摊法　　　D. 配比法

5. 洁云制造公司的直接人工占加工成本的30%。上年度发生的制造费用为49 000元，直接材料成本为20 000元。上年度发生的直接人工成本是（　　）元。
   A. 6 000　　　　B. 14 700　　　　C. 21 000　　　　D. 34 300

二、多项选择题

1. 财务成本在企业中有多种多样的表现形式。在生产型企业中，财务成本还可进一步分为（　　）。
   A. 购储成本　　　B. 生产成本　　　C. 期间成本　　　D. 定额成本

2. 相关成本是指与特定决策相关的、决策时必须加以考虑的未来成本。下列各项中，属于相关成本的有（　　）。
   A. 可避免成本　　　B. 边际成本　　　C. 沉没成本　　　D. 差量成本

3. 成本计算对象可以是（　　）。
   A. 一种产品　　　B. 一项服务　　　C. 一张订单　　　D. 一个作业

4. 通常,成本对象由(　　)等要素构成。

    A. 成本归集方法   B. 成本计算实体   C. 成本计算期   D. 成本计算空间

5. 下列各项中属于产品成本计算基本方法的是(　　)。

    A. 分批成本法   B. 分类法   C. 分步成本法   D. 标准成本法

三、判断题

1. 服务型企业的劳务成果一般不具有实物形态,只能按照劳务的性质、数量和质量归集所发生的经营费用,计算成本。(　　)

2. 从成本管理的角度看,成本计算是为企业正确地进行最优决策、有效经营和严格进行成本控制服务的。(　　)

3. 机会成本并非实际支出,因此在进行决策时,不应将其作为一个现实的因素加以考虑。(　　)

4. 由于成本的结果将被用于公司的财务报表,因此财务报告的要求将影响成本会计系统的设计。(　　)

5. 无论什么类型的企业,无论经营什么类型的产品,也无论管理要求如何,最终都必须按照产品品种算出产品成本。(　　)

案例题

下列 10 个成本项目中,3 个属于服务型企业,3 个属于商业企业,4 个属于制造型企业。

服务型企业(会计师事务所)
1. 50 000 元——购买办公电脑 2. 45 000 元——办公室的月租金 3. 135 000 元——秘书的薪金
商业企业(建材零售商店)
4. 7 680 元——销售佣金 5. 234 000 元——购买商品成本 6. 3 859 元——展览大厅照明用电费用
制造型企业(钢铁厂)
7. 234 900 元——高炉折旧费 8. 584 000 元——炼钢工人工资 9. 130 490 元——管理部门房屋折旧费 10. 354 800 元——为销售人员添置车辆

研讨问题:

(1) 为了编制资产负债表和利润表,将以上 10 个成本项目划分为资本化成本与非资本化成本。

(2) 将要求(1)中的资本化成本划分为可计入存货的资本化成本与不可计入存货的资本化成本。

练习题及案例题参考答案

练习题

一、单项选择题

1. C   2. D   3. C   4. A   5. C

二、多项选择题

1. ABC   2. ABD   3. ABCD   4. BCD   5. AC

三、判断题

1. √   2. √   3. ×   4. √   5. √

案例题

(1) 划分资本化成本与非资本化成本。

	资本化成本	非资本化成本
服务型企业		
1. 购买办公电脑	√	
2. 办公室的月租金		√
3. 秘书的薪金		√
商业企业		
4. 销售佣金		√
5. 购买商品成本	√	
6. 展览大厅照明用电费用		√
制造型企业		
7. 高炉折旧费	√	
8. 炼钢工人工资	√	
9. 管理部门房屋折旧费		√
10. 为销售人员添置车辆	√	

(2) 划分可计入存货的资本化成本与不可计入存货的资本化成本。

	可计入存货的资本化成本	不可计入存货的资本化成本
服务型企业		
1. 购买办公电脑		√
商业企业		
5. 购买商品成本	√	
制造型企业		
7. 高炉折旧费	√	
8. 炼钢工人工资	√	
10. 为销售人员添置车辆		√

第三章
制造业成本核算的基本原理

📖 【本章要点】

- 生产费用和产品成本的联系与区别
- 成本核算账户的设置
- 制造业成本核算的要求
- 制造业成本核算的一般流程
- 在产品的含义
- 生产费用在完工产品和在产品之间的分配方法
- 先进先出法与加权平均法的区别

在传统的成本管理环境中,企业建立的是反映经营流程的成本管理系统。根据经营流程建立的成本管理系统可以使管理者更好地对企业的经济业绩进行监控。一个经营流程提供的可能是一项有形的产品,也可能是一项无形的服务。与其他行业相比,制造业的成本核算体系最完整,方法最典型。为了避免重复,突出重点,本教材将阐述以制造业为主的成本核算方法。

第一节　制造业成本核算概述

制造业的成本核算是对生产经营过程中发生的生产经营管理费用,按经济用途进行分类,并按一定对象和标准进行归集和分配,以计算确定各该对象的总成本和单位成本。成本核算所提供的实际成本资料与计划成本等目标成本比较,可以了解成本计划的完成情况。这些成本资料是制定产品价格的依据,也是进行成本分析和成本考核的依据。

一、生产费用和产品成本

制造业产品的生产过程,同时也是生产的耗费过程。在生产经营活动中,会发生各种耗费,如原材料、燃料、辅助材料、动力、机器设备的耗费,还要支付工人和管理人员的劳动报酬以及各项经营管理费用等。制造业在一定时期内(如一个月、一年)发生的、能够用货币表现的生产经营管理过程中的耗费,称作生产经营管理费用。生产经营管理费用包括生产费用(应计入产品成本)和经营管理费用(包括管理费用、财务费用和销售费用等不计入产品成本的费用)。为生产一定种类、一定数量的产品所支出的各种生产费用的总和,称作产品成本。

生产费用和产品成本是一对既有区别又有联系的概念。首先,产品成本是对象化的生产费用,产品成本是相对于一定的产品而言所发生的费用,它是按照品种等成本计算对象对当期发生的生产费用进行归集所形成的。因此,生产费用的发生过程同时也是产品成本的形成过程。其次,生产费用是指某一期间为进行产品生产而发生的费用,它与一定的期间相联系;产品成本是指为生产一种或几种产品而消耗的生产费用,它与一定种类和数量的产品相联系。

二、成本核算的内容

制造业的成本核算包括生产费用汇总的核算和产品成本的计算两部分内容。生产费用的汇总,首先必须根据成本开支范围,对生产费用进行审核和控制,然后采用一定的程序将生产费用按其发生的地点和用途进行记录归集,并采用一定的标准在各成本计算对象间进行分配。成本计算就是计算出各个成本对象的总成本和单位成本。在制造业中,由于一个企业往往生产多种产品,而且月末通常存在一部分尚未完工的产品,因此就要将发生的生产费用在各种产品之间、完工产品和在产品之间进行分配,以求得各种完工产品的总成本和单位成本。

三、产品成本计算方法

产品成本计算按其所包括的范围可分为制造成本计算和变动成本计算两种方法。

制造成本计算法是指在计算产品成本时,将产品生产中所发生的直接材料、直接人工和制造费用全部计入产品成本的一种成本计算方法。制造成本计算法也称完全成本计算法,这是一种国际通用的产品成本计算方法。制造成本计算法的主要目的是为估价存货、确定损益和制定价格提供可靠的依据。自1993年7月1日起,我国制造业统一采用制造成本计算法。

变动成本计算法也称直接成本计算法,是指在计算产品成本时,只将产品在生产过程中发生的变动费用(如直接材料、直接人工和变动制造费用)计入产品成本,而把固定制造费用作为期间成本直接计入当期损益的一种成本计算方法。采用变动成本计算法,必须将制造费用划分为变动制造费用和固定制造费用,采用制造成本计算法则无此要求。

第二节　生产经营管理费用的分类

生产经营管理费用的分类是正确计算产品成本的重要条件。制造企业在生产经营过程中发生的耗费是多种多样的,为了正确地进行产品成本核算,满足企业成本管理的要求,应该对种类繁多的生产经营管理费用按照一定的标准进行分类。

一、生产经营管理费用按经济内容的分类

生产经营管理费用按经济内容(性质)划分,可分为劳动对象、劳动手段和活劳动方面的耗费,统称为制造企业费用的三大要素。具体可分为以下七项费用要素。

(1) 外购材料、燃料。这是指企业为进行生产而耗用的一切从外部购入的原料、主要材料、辅助材料、半成品、包装物、修理用备件、低值易耗品以及各种燃料,包括液体燃料、气体燃料和固体燃料等。

(2) 外购动力。这是指企业为进行生产而耗用的一切从外单位购入的各种动力,如电

力、热力等。

（3）工资薪酬。这是指企业所有应计入制造成本和期间费用的各项职工薪酬，包括工资奖金津贴、职工福利费、各类社会保险费用以及辞退福利等其他与薪酬相关的支出。

（4）折旧费与摊销费。这是指企业按照规定方法计提的固定资产折旧费用以及无形资产、递延资产的摊销费，但不包括出租固定资产的折旧费。

（5）利息支出。这是指企业按规定计入生产经营管理费用的借款利息支出减去利息收入后的净额。

（6）税金。这是指企业应缴纳并计入生产经营管理费用的各种税金，如房产税、印花税、土地使用税、车船使用税等。

（7）其他支出。这是指不属于以上各要素的费用支出，如差旅费、办公费、邮电费、租赁费、保险费及诉讼费等。

生产经营管理费用按经济内容（性质）划分，可以反映企业在一定时期内耗费了哪些经济资源以及数额各是多少，进而有利于分析和考核各个时期生产经营管理费用的结构和支出水平，为企业编制材料采购计划提供资料，也为企业和国家计算工业净产值及国民收入提供依据。但是，这种分类只能反映各费用要素的支出形态，说明企业在生产活动中发生了哪些费用，不能说明各种费用的经济用途，也不能说明费用的发生与企业成本之间的关系，不利于成本的分析和考核。因此，制造企业的生产经营管理费用还必须按其经济用途进行分类。

二、生产经营管理费用按其经济用途的分类

生产经营管理费用按其经济用途划分，可分为制造成本（生产费用）和非制造成本（经营管理费用，也即期间成本）。

（一）制造成本

制造成本也称生产成本，是指企业为生产一定种类、一定数量的产品所支出的各种生产费用之和。生产费用按其具体用途，可进一步划分为若干项目，用以反映产品成本的构成。这些项目通常称为产品成本项目。

成本项目的划分，要根据管理上的要求来确定。一般可设置"直接材料""直接人工""制造费用"等成本项目。

（1）直接材料。这是指企业在产品生产过程中直接耗用的、并构成产品实体的原料及主要材料、辅助材料等。

（2）直接人工。这是指企业直接从事产品生产人员的工资薪酬。

（3）制造费用。这是指企业内部各生产单位为组织生产和管理生产所发生的各项费用。如车间固定资产折旧费、保险费、机物料消耗、车间管理人员工资薪酬、水电费、办公费等。

除了上述成本项目外，企业还可以根据其生产特点和管理要求，增设成本项目。例如，在废品较多且废品损失在产品成本中所占比重较大的情况下，企业可增设"废品损失"成本项目；在采用逐步结转分步法计算产品成本的企业，为了计算和考核半成品的成本，可增设"自制半成品"成本项目等。

产品成本的计算过程，是以产品为最终对象归集和分配生产费用的过程。产品成本的计算既要遵守财务制度，又要遵守公认的会计原则。产品成本不仅是资产计量的依据，也是

计算利润的必要条件。

（二）非制造成本

非制造成本也称经营管理费用或期间成本,是指产品在营销和管理过程中发生的各项费用,是与企业的销售、经营和管理活动相关的成本,主要包括销售费用、管理费用和财务费用等。

（1）销售费用。这是指企业在销售产品、自制半成品和提供劳务等过程中发生的各项费用,以及为销售本企业产品而专设销售机构的各项费用,也就是指与企业销售活动有关的成本,如广告费、运输费、装卸费、包装费、展览费、销售佣金、销售部门人员工资薪酬、折旧费、办公费等。

随着商品经济的发展,企业间的竞争日益激烈,为了将产品推向市场,销售活动逐渐扩大,销售费用也不断上升,为了降低销售费用,企业应按年、季、月和费用项目编制预算,分析和考核其预算执行情况,力求以最少的销售费用获取最大的经济效益。

（2）管理费用。这是指企业行政管理部门为组织和管理生产经营活动所发生的各项费用,主要包括企业行政管理人员的工资薪酬、工会经费、诉讼费、排污费、保险费、技术转让费、业务招待费等。

管理费用是企业经营管理所必需的费用,虽然它并不计入产品制造成本,但它是计算企业营业利润的一个重要因素,同样会影响企业的经济效益。为了降低管理费用,企业也应按年、季、月和费用项目编制预算并进行控制。

（3）财务费用。这是指企业为筹集资金而发生的各项费用,主要包括企业生产经营期间发生的利息支出（减利息收入）、汇兑净损失、金融机构手续费及筹资发生的其他费用等。

要指出的是,对于为购建固定资产而筹集资金所发生费用的处理,按现行制度规定,应以固定资产是否达到预定使用状态为时间界限。在固定资产尚未达到预定使用状态之前发生的借款费用,满足资本化条件的应计入有关固定资产价值内,达到预定使用状态之后发生的应计入当期损益。

为了降低财务费用,提高企业经济效益,财务费用应按年、季、月和费用项目编制费用预算并加以控制和考核。同时,还必须加强对资金筹措和使用的核算与分析,以促使企业花费较少的财务费用,保证资金的正常运转。

由于非制造成本与产品的生产无直接关系,而与生产经营期直接有关,因此这些费用不计入产品成本,只须按一定的期间进行汇总,然后直接计入当期损益。

我国现行会计制度将产品成本分为直接材料、直接人工和制造费用等项目,基本上也是按经济用途的分类。这种分类方法是制造成本计算法的基础,也是正确计算产品成本的关键。它能清楚地反映产品成本的构成,有利于成本分析和考核,也有利于企业进行成本预测和决策。

三、生产费用的其他分类方法

计入产品成本的生产费用还可以按其与工艺过程的关系及其计入产品成本的方法进行分类。

（一）生产费用按其与工艺过程的关系分类

生产费用按其与工艺过程的关系，可以分为直接生产费用和间接生产费用。直接生产费用是指其发生与产品的生产工艺过程直接相关的生产费用，如产品生产过程中直接耗用的原材料、生产工人的工资薪酬和机器设备的折旧费用等。间接生产费用是指其发生与产品的生产工艺过程没有直接关系的生产费用，如机物料消耗、辅助生产工人工资薪酬和车间厂房的折旧费用等。

（二）生产费用按其计入产品成本方法的分类

生产费用按其计入产品成本的方法，可分为直接计入费用和间接计入费用。

直接计入费用是指费用发生时就能明确归属于某一成本计算对象，并能直接计入该成本计算对象的费用，如某种产品生产中单独领用的材料，生产工人的计件工资等。

间接计入费用简称间接费用，是指费用发生时无法归属于某一成本计算对象，必须先按地点或用途进行归集，然后通过分配间接计入各成本计算对象的费用(一般称为分配计入费用)，如制造费用应先按车间归集，然后采用一定的标准分配给本车间生产的各种产品负担。

生产费用按其计入产品成本方法的分类，符合费用分配的受益原则，即谁受益谁负担费用，而且负担费用的多少与受益程度的大小成正比。具体来讲，就是凡属能够分清哪种产品所耗用的直接费用，都应直接计入受益产品的成本。只有那些不能分清哪种产品所耗用的间接费用，才能采用合理的标准分配计入各受益产品的成本。因此，这种分类对正确计算产品成本具有十分重要的意义。

直接生产费用大多是直接计入费用，如原材料费用大多能够直接计入某种产品成本；间接生产费用大多是间接计入费用，如机物料大多只能按照一定的标准分配计入有关的产品成本。但也不都如此。例如，在只生产一种产品或提供一种劳务的企业或车间中，直接生产费用和间接生产费用都可以直接计入该种产品成本，都是直接计入费用；在用同一种原材料、经过同一个生产过程、同时生产出来几种产品的联合产品生产企业中，直接生产费用和间接生产费用都不能直接计入某种产品成本，都是间接计入费用。

专栏 3-1

产品成本核算项目和范围(一)

第二十一条 企业应当根据生产经营特点和管理要求，按照成本的经济用途和生产要素内容相结合的原则或者成本性态等设置成本项目。

第二十二条 制造企业一般设置直接材料、燃料和动力、直接人工和制造费用等成本项目。

直接材料，是指构成产品实体的原材料以及有助于产品形成的主要材料和辅助材料。

燃料和动力，是指直接用于产品生产的燃料和动力。

直接人工，是指直接从事产品生产的工人的职工薪酬。

制造费用，是指企业为生产产品和提供劳务而发生的各项间接费用，包括企业生产

部门(如生产车间)发生的水电费、固定资产折旧、无形资产摊销、管理人员的职工薪酬、劳动保护费、国家规定的有关环保费用、季节性和修理期间的停工损失等。

第二十三条 农业企业一般设置直接材料、直接人工、机械作业费、其他直接费用、间接费用等成本项目。

直接材料,是指种植业生产中耗用的自产或外购的种子、种苗、饲料、肥料、农药、燃料和动力、修理用材料和零件、原材料以及其他材料等;养殖业生产中直接用于养殖生产的苗种、饲料、肥料、燃料、动力、畜禽医药费等。

直接人工,是指直接从事农业生产人员的职工薪酬。

机械作业费,是指种植业生产过程中农用机械进行耕耙、播种、施肥、除草、喷药、收割、脱粒等机械作业所发生的费用。

其他直接费用,是指除直接材料、直接人工和机械作业费以外的畜力作业费等直接费用。

间接费用,是指应摊销、分配计入成本核算对象的运输费、灌溉费、固定资产折旧、租赁费、保养费等费用。

第二十四条 批发零售企业一般设置进货成本、相关税费、采购费等成本项目。

进货成本,是指商品的采购价款。

相关税费,是指购买商品发生的进口关税、资源税和不能抵扣的增值税等。

采购费,是指运杂费、装卸费、保险费、仓储费、整理费、合理损耗以及其他可归属于商品采购成本的费用。采购费金额较小的,可以在发生时直接计入当期销售费用。

第二十五条 建筑企业一般设置直接人工、直接材料、机械使用费、其他直接费用和间接费用等成本项目。建筑企业将部分工程分包的,还可以设置分包成本项目。

直接人工,是指按照国家规定支付给施工过程中直接从事建筑安装工程施工的工人以及在施工现场直接为工程制作构件和运料、配料等工人的职工薪酬。

直接材料,是指在施工过程中所耗用的、构成工程实体的材料、结构件、机械配件和有助于工程形成的其他材料以及周转材料的租赁费和摊销等。

机械使用费,是指施工过程中使用自有施工机械所发生的机械使用费,使用外单位施工机械的租赁费,以及按照规定支付的施工机械进出场费等。

其他直接费用,是指施工过程中发生的材料搬运费、材料装卸保管费、燃料动力费、临时设施摊销、生产工具用具使用费、检验试验费、工程定位复测费、工程点交费、场地清理费,以及能够单独区分和可靠计量的为订立建造承包合同而发生的差旅费、投标费等费用。

间接费用,是指企业各施工单位为组织和管理工程施工所发生的费用。

分包成本,是指按照国家规定开展分包,支付给分包单位的工程价款。

第二十六条 房地产企业一般设置土地征用及拆迁补偿费、前期工程费、建筑安装工程费、基础设施建设费、公共配套设施费、开发间接费、借款费用等成本项目。

土地征用及拆迁补偿费,是指为取得土地开发使用权(或开发权)而发生的各项费用,包括土地买价或出让金、大市政配套费、契税、耕地占用税、土地使用费、土地闲置费、农作物补偿费、危房补偿费、土地变更用途和超面积补交的地价及相关税费、拆迁补偿费用、安置及动迁费用、回迁房建造费用等。

前期工程费,是指项目开发前期发生的政府许可规费、招标代理费、临时设施费以及水文地质勘查、测绘、规划、设计、可行性研究、咨询论证费、筹建、场地通平等前期费用。

建筑安装工程费,是指开发项目开发过程中发生的各项主体建筑的建筑工程费、安装工程费及精装修费等。

基础设施建设费,是指开发项目在开发过程中发生的道路、供水、供电、供气、供暖、排污、排洪、消防、通讯、照明、有线电视、宽带网络、智能化等社区管网工程费和环境卫生、园林绿化等园林、景观环境工程费用等。

公共配套设施费,是指开发项目内发生的、独立的、非营利性的且产权属于全体业主的,或无偿赠与地方政府、政府公共事业单位的公共配套设施费用等。

开发间接费,指企业为直接组织和管理开发项目所发生的,且不能将其直接归属于成本核算对象的工程监理费、造价审核费、结算审核费、工程保险费等。为业主代扣代缴的公共维修基金等不得计入产品成本。

借款费用,是指符合资本化条件的借款费用。

房地产企业自行进行基础设施、建筑安装等工程建设的,可以比照建筑企业设置有关成本项目。

(资料来源:《企业成本核算制度(试行)》财会[2013]17号)

第三节　制造业成本核算的要求

为了做好成本核算工作,充分发挥成本核算的作用,在成本核算中,应遵循以下三项要求。

一、严格执行国家规定的成本开支范围和费用开支标准

成本开支范围是根据企业在生产经营过程中所发生的生产经营管理费用的不同性质,并根据成本的内容以及加强经济核算的要求,由国家统一制定的。企业进行成本核算,首先要根据国家有关的法规和制度,以及企业的成本计划和相应的消耗定额,对企业的各项费用进行审核,看应不应该开支;已经开支的,看应不应该计入产品成本。例如,企业为生产产品所发生的各项生产费用应列入产品成本,企业为进行基本建设、购建固定资产及与企业正常生产经营活动无关的营业外支出等费用的支出,不能列入产品成本。企业应严格遵守国家规定的成本开支范围和费用开支标准,既能保证产品成本的真实性,使同类企业以及企业本身不同时期之间的产品成本内容一致,具有分析对比的可能,又能正确计算企业的利润。

二、正确划分各种费用支出的界限

企业发生的各项费用支出,有的可以计入产品成本,有的不能计入产品成本。为了正确计算产品成本,反映企业真实的盈利水平,必须正确划分以下五个方面的界限。

1. 正确划分生产经营管理费用支出与其他支出的界限

企业的经济活动是多方面的,企业发生的支出也是多方面的。企业的支出并不都是生产经营管理费用支出。例如,企业购置和建造固定资产、购买无形资产以及进行对外投资等活动都不是企业日常的生产经营活动,其支出都属于资本性支出;又如,被没收的财物,支付的滞纳金、罚款、违约金、赔偿金以及企业赞助、捐赠支出等都属于营业外支出。

划清生产经营管理费用支出与其他支出的界限的目的是为了正确计算资产的价值和正确计算各期的产品成本及损益。如果把资本性支出列作费用支出或损失,将会少计资产价值,多计当期费用,导致当期利润减少。反之,则可能多计资产价值,少计当期费用,导致当期利润增加。其结果是,所提供的会计信息都未能反映客观实际,不利于正确进行产品成本计算和企业的成本管理工作。

2. 正确划分产品制造成本和期间成本的界限

在制造业中,生产一定种类和数量的产品而发生的材料、工资等生产费用最终形成产品成本。产品成本在产品出售、收入实现以后转化为费用,计入企业的损益。

为销售产品而发生的销售费用、为管理和组织企业生产经营活动而发生的管理费用,以及为筹集资金而发生的财务费用均是在生产经营过程中发生的,但与产品生产无直接关系,因而作为期间成本直接计入当期损益,从当期利润中扣除。为了正确计算产品成本,必须分清哪些支出属于应计入产品成本的生产费用,哪些应作为期间成本,应防止混淆两者的界限,借以调节各期产品成本和各期利润的错误做法。

3. 正确划分各个会计期间的产品成本的界限

企业发生的生产费用,有的应计入当期产品成本,有的应计入以后各期产品的成本。为了按月分析和考核产品成本,正确计算各期的损益,必须将已经发生的生产费用在各个月份之间进行正确划分。对于所发生的费用,应按时入账,不能延后,也不能未到时间就提前结账。同时,还应根据权责发生制原则,正确核算待摊费用和预提费用。对那些已经在本期支付、应由本期及以后各期负担的费用,应采用分期摊销的方法,分期计入成本费用。对那些本期尚未支付而应由本期负担的费用,应预提计入本期产品成本。企业应严格把握待摊费用和预提费用的摊提标准,防止任意摊提,人为地调节各个期间的成本、费用和人为地调节各期损益的错误做法。

4. 正确划分不同产品的费用界限

为了便于分析和考核不同产品的成本计划执行情况,对计入当期产品成本的生产费用,必须划清不同产品之间所应负担的费用界限。属于某种产品单独耗用的直接费用,应直接计入该产品的成本;属于应由几种产品共同负担的间接费用,应选择合理的分配方法分配后,分别计入这几种产品的成本,以正确反映各种产品的成本水平。同时,还应特别注意划清盈利产品与亏损产品、可比产品与不可比产品之间的费用界限,防止在盈利产品与亏损产品、可比产品与不可比产品之间任意调节成本费用、虚报产品成本、掩盖利润的错误做法。

5. 正确划分完工产品与在产品的费用界限

通过以上费用界限的划分,确定了各成本对象本期应负担的成本费用。期末,如果某种产品都已完工,其各项成本费用之和就是该产品的完工成本;如果某种产品都未完工,其各项成本费用之和就是该产品的期末未完工成本;如果某种产品部分完工,部分未完工,就需要采用适当的分配方法,将该成本对象应负担的成本费用在完工产品与在产品之间进行分配,分别计算出该产品的完工产品成本与在产品成本。

期初在产品成本、本期生产费用、本期完工产品成本和期末在产品成本四者之间的关系,如下式所示:

期初在产品成本＋本期成本费用＝完工产品成本＋期末在产品成本

以上五个方面费用界限的划分,都应贯彻受益原则,即何者受益何者负担费用,何时受益何时负担费用;负担费用多少应与受益程度大小成正比。这五个方面界限的划分过程也是产品成本的计算过程。

三、选择适当的成本计算方法

在进行成本核算时,应根据本企业的具体情况,选择适合企业特点的成本计算方法进行成本核算。成本计算方法应根据企业的生产特点和管理要求来选择。产品成本是在生产过程中形成的,生产组织和工艺过程不同的产品,应该采用不同的成本计算方法。企业生产的特点按其组织方式,有大量生产、成批生产和单件生产;按工艺过程,有连续式生产和装配式生产。企业采用何种成本计算方法,在很大程度上取决于产品的生产特点。同时,为了满足企业成本管理的需要,对管理要求不同的产品,也应该采用不同的成本计算方法。在同一个企业里,既可以采用一种成本计算方法,也可以采用多种成本计算方法,即多种成本计算方法同时使用或多种成本计算方法结合使用。

第四节　制造业成本核算的一般程序

成本核算的一般程序,就是将生产经营过程中发生的各项要素费用按经济用途归类反映的过程。为了计算出各成本计算对象的制造成本,有必要建立一个完整的账户体系。

一、成本核算账户的设置

为了核算产品成本,要设置"生产成本"一级账户。为了分别核算基本生产成本和辅助生产成本,还应在该一级账户下分别设置"基本生产成本"和"辅助生产成本"两个二级账户。企业根据需要,也可以将"生产成本"账户分设为"基本生产成本"和"辅助生产成本"两个一级账户。本教材按分设"基本生产成本"和"辅助生产成本"两个一级账户进行阐述。

1."基本生产成本"账户

基本生产是指为完成企业主要生产目的而进行的产品生产。"基本生产成本"账户核算生产各种产成品、自制半成品、自制材料、自制工具、自制设备等所发生的各项费用。企业生产中发生的直接材料、直接工资等直接计入费用,应直接记入该账户的借方及其有关明细账户。间接计入费用应先通过"制造费用"账户归集,月终,按一定标准分配,记入该账户的借方及其有关明细账户。已完工并验收入库的产成品、自制半成品,应从"基本生产成本"账户的贷方转入"库存商品""自制半成品"等账户的借方。"基本生产成本"账户的月末余额,就是基本生产在产品的成本,也就是基本生产在产品占用的资金。该账户应按产品品种等成本计算对象分设基本生产成本明细账,也称产品成本计算单或产品成本明细账。账中应按成本项目分设专栏或专行,登记各该产品、各该成本项目的月初在产品成本、本月发生的生产费用、本月完工产品成本和月末在产品成本。其一般格式如表 3-1 所示。

表 3-1 产品成本计算单

(基本生产明细账)

车间: 产品:

| 月 | 日 | 摘　要 | 产量 | 成　本　项　目 | | | 成本合计 |
				直接材料	直接人工	制造费用	
		月初在产品成本					
		本月生产费用					
		生产费用合计					
		本月完工产品成本					
		完工产品单位成本					
		月末在产品成本					

2."辅助生产成本"账户

辅助生产是指为基本生产服务而进行的产品生产和劳务供应。"辅助生产成本"账户核算为基本生产车间及其他部门提供产品、劳务所发生的各项费用。辅助生产车间发生的直接材料、直接工资等直接计入费用应直接记入"辅助生产成本"账户的借方及其有关明细账户。间接计入费用可以先通过"制造费用"账户归集,然后再分配转入"辅助生产成本"账户的借方,或者直接记入"辅助生产成本"账户的借方。月终,完工验收入库产品的成本或分配转出的劳务费用,记入"辅助生产成本"账户的贷方,并按各受益部门应负担的费用记入有关账户的借方。该账户月末一般没有余额,如果有余额,就是辅助生产在产品的成本,也就是辅助生产在产品占用的资金。该账户应按辅助生产车间和生产的产品、劳务种类分设辅助生产成本明细账。

3."制造费用"账户

"制造费用"账户用来核算企业在生产产品和提供劳务过程中发生的各项间接计入费用。费用发生时,记入"制造费用"账户的借方及其有关明细账。月终,按一定的标准分配计入有关成本计算对象,从"制造费用"账户的贷方转入"基本生产成本"账户的借方及其有关明细账户。"制造费用"账户应按不同车间、部门设置明细账。除采用年度计划分配率和累计分配率法分配制造费用外,该账户月末一般无余额。

为了贯彻权责发生制原则,归集和分配待摊费用和预提费用,应该分别设立"待摊费用"和"预计负债"等账户。为了核算期间费用,还可分别设立"销售费用""管理费用""财务费用"账户。企业若需单独核算废品损失和停工损失,还可增设"废品损失"和"停工损失"账户。

二、成本流程

成本流程就是对生产过程中发生的各项要素费用,按经济用途归类计入产品成本的过程,也就是成本核算的一般程序。

产品成本核算的一般程序如下。

(1)根据成本开支范围规定,对各项费用支出进行严格审核,确定应计入产品成本的生产费用和不应计入产品成本的期间费用。

(2)编制要素费用分配表。对生产中所耗用的材料,可以根据领料凭证编制材料费用分配表;发生的人工费用,可根据产量通知单等产量工时记录凭证编制工资费用分配表等。凡是能直接计入成本计算对象的生产费用,根据各要素费用分配表可直接记入"基本生产成本""辅助生产成本"账户及有关明细账户。不能直接计入成本计算对象的生产费用,先进行归集,记入"制造费用"账户及其有关明细账户。

(3)编制待摊费用和预提费用分配表。本月发生的待摊费用归集后,应将本月摊销额按用途进行分配,编制待摊费用分配表。对尚未发生但应计入本月产品成本的预提费用,也应编制预提费用分配表。根据所编制的这两张分配表的数据资料,记入"辅助生产成本""制造费用"等账户及其明细账户。

(4)辅助生产费用的归集和分配。归集在"辅助生产成本"账户及其明细账户的费用,除对完工入库的自制工具等产品的成本转为存货成本外,应按受益对象和所耗用的劳务数量编制辅助生产费用分配表,据以登记"基本生产成本""制造费用"等账户及有关明细账户。

(5)制造费用的归集和分配。各基本生产车间的制造费用归集后,应分别不同车间,于月终编制制造费用分配表,分配计入各车间的产品成本中,记入"基本生产成本"账户及其明细账户。

(6)完工产品成本的确定和结转。经过以上费用分配,各成本计算对象应负担的生产费用已全部记入有关的产品成本明细账。如果当月产品全部完工,所归集的生产费用即为完工产品成本。如果全部未完工,则为期末在产品成本。如果只有部分完工,就须采用一定的方法在完工产品与期末在产品之间进行分配,以确定本期完工产品成本,并将完工验收入库的产成品成本从"基本生产成本"账户及其明细账户结转至"库存商品"账户及有关明细账户。

(7)已销售产品成本结转。已销售产品的成本要从"库存商品"账户及其明细账户转到"主营业务成本"账户及其明细账户。

成本流转的一般程序如图 3-1 所示。

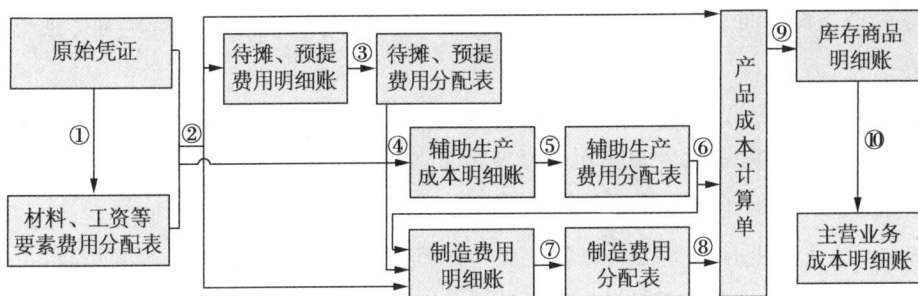

图 3-1 成本流转的一般程序

说明：①根据原始凭证编制材料、工资等要素费用分配表。②根据原始凭证及各要素费用分配表登记有关明细账。③编制待摊费用和预提费用分配表。④根据待摊费用和预计费用分配表登记有关明细账。⑤编制辅助生产费用分配表。⑥根据辅助生产费用分配表登记有关明细账。⑦编制制造费用分配表。⑧根据制造费用分配表登记有关产品成本计算单。⑨将完工产品成本转入库存商品明细账。⑩将已销售产品成本结转至主营业务成本明细账。

专栏 3-2

产品成本核算项目和范围(二)

第二十七条 采矿企业一般设置直接材料、燃料和动力、直接人工、间接费用等成本项目。

直接材料,是指采掘生产过程中直接耗用的添加剂、催化剂、引发剂、助剂、触媒以及净化材料、包装物等。

燃料和动力,是指采掘生产过程中直接耗用的各种固体、液体、气体燃料,以及水、电、汽、风、氮气、氧气等动力。

直接人工,是指直接从事采矿生产人员的职工薪酬。

间接费用,是指为组织和管理厂(矿)采掘生产所发生的职工薪酬、劳动保护费、固定资产折旧、无形资产摊销、保险费、办公费、环保费用、化(检)验计量费、设计制图费、停工损失、洗车费、转输费、科研试验费、信息系统维护费等。

第二十八条 交通运输企业一般设置营运费用、运输工具固定费用与非营运期间的费用等成本项目。

营运费用,是指企业在货物或旅客运输、装卸、堆存过程中发生的营运费用,包括货物费、港口费、起降及停机费、中转费、过桥过路费、燃料和动力、航次租船费、安全救生费、护航费、装卸整理费、堆存费等。铁路运输企业的营运费用还包括线路等相关设施的维护费等。

运输工具固定费用,是指运输工具的固定费用和共同费用等,包括检验检疫费、车船使用税、劳动保护费、固定资产折旧、租赁费、备件配件、保险费、驾驶及相关操作人员薪酬及其伙食费等。

非营运期间费用,是指受不可抗力制约或行业惯例等原因暂停营运期间发生的有关费用等。

第二十九条 信息传输企业一般设置直接人工、固定资产折旧、无形资产摊销、低值易耗品摊销、业务费、电路及网元租赁费等成本项目。

直接人工,是指直接从事信息传输服务的人员的职工薪酬。

业务费,是指支付通信生产的各种业务费用,包括频率占用费、卫星测控费、安全保卫费、码号资源费、设备耗用的外购电力费、自有电源设备耗用的燃料和润料费等。

电路及网元租赁费,是指支付给其他信息传输企业的电路及网元等传输系统及设备的租赁费等。

第三十条 软件及信息技术服务企业一般设置直接人工、外购软件与服务费、场地租赁费、固定资产折旧、无形资产摊销、差旅费、培训费、转包成本、水电费、办公费等成本项目。

直接人工,是指直接从事软件及信息技术服务的人员的职工薪酬。

外购软件与服务费,是指企业为开发特定项目而必须从外部购进的辅助软件或服务所发生的费用。

场地租赁费,是指企业为开发软件或提供信息技术服务租赁场地支付的费用等。

转包成本,是指企业将有关项目部分分包给其他单位支付的费用。

第三十一条 文化企业一般设置开发成本和制作成本等成本项目。

开发成本,是指从选题策划开始到正式生产制作所经历的一系列过程,包括信息收集、策划、市场调研、选题论证、立项等阶段所发生的信息搜集费、调研交通费、通信费、组稿费、专题会议费、参与开发的职工薪酬等。

制作成本,是指产品内容制作成本和物质形态的制作成本,包括稿费、审稿费、校对费、录入费、编辑加工费、直接材料费、印刷费、固定资产折旧、参与制作的职工薪酬等。电影企业的制作成本,是指企业在影片制片、译制、洗印等生产过程所发生的各项费用,包括剧本费、演职员的薪酬、胶片及磁片磁带费、化妆费、道具费、布景费、场租费、剪接费、洗印费等。

第三十二条 除本制度已明确规定的以外,其他行业的企业应当比照以上类似行业的企业确定成本项目。

第三十三条 企业应当按照第二十一条至第三十二条的规定确定产品成本核算项目,进行产品成本核算。企业内部管理有相关要求的,还可以按照现代企业多维度、多层次的成本管理要求,利用现代信息技术对有关成本项目进行组合,输出有关成本信息。

(资料来源:《企业成本核算制度(试行)》财会[2013]17号)

第五节　完工产品与月末在产品成本的划分

生产经营管理费用经过一系列的分配、汇总后,应计入产品成本的各项生产费用已按成本项目全部归集在"基本生产成本"账户及其所属明细账中。如果产品全部完工,所归集的生产费用就是该种完工产品的成本;如果期末既有完工产品,又有在产品,就须将期初在产品成本与本期发生的生产费用之和,在本期完工产品与期末在产品之间进行分配。

一、在产品及其数量的核算

企业的在产品是指没有完成全部生产过程、不能作为商品销售的产品。在产品有狭义和广义之分。狭义在产品是就某个车间(或步骤)而言的,包括正在生产车间内加工的在制品、正在返修的废品以及已完成本车间生产但尚未验收入库的产品;广义在产品不仅包括狭义在产品,还包括已经完成部分加工阶段、已由中间仓库验收、但还须继续加工的半成品以及等待返修的废品。对不准备在本企业继续加工、等待对外销售的自制半成品,应作为商品产品,不应列入在产品之内。本节述及的在产品为狭义在产品。

生产费用在完工产品与在产品之间的分配方法,从在产品成本确定的先后顺序上看,主要有两种类型:一是先确定月末在产品成本,然后确定完工产品成本;二是完工产品成本与在产品成本同时确定,也就是将本月生产费用与月初在产品成本之和按一定比例在完工产品与月末在产品之间进行分配,不分先后地计算出完工产品成本和月末在产品成本。无论采用哪种方法,都必须先取得有关在产品实物数量的核算资料。

对在产品实物数量的核算,主要包括在产品收发结存的日常核算和在产品的清查两项工作。做好这两项工作,不仅可以从账面上随时掌握在产品的动态,还可以查清在产品的实际数量。这对于正确计算产品成本、加强生产资金管理和保护企业财产的安全都具有十分重要的意义。

为进行在产品收发结存的日常核算,应分别车间按在产品的名称(如零件、部件的名称)设立"在产品收发结存账",以便用来反映各种在产品的收入、发出和结存的数量。在实际工作中,这种账簿也叫在产品台账。根据生产工艺特点与管理需要,在按生产车间设置在产品台账的情况下,可在各台账中按每一道工序分设栏目,反映各工序在产品的收发结存数量。简化的在产品台账格式如表3-2所示。

表3-2　在产品台账

零件名称:　　　　　　　　　　　　　　车间名称:

日　期	摘　要	收　入		发　出		结　存	
		凭证号	数　量	合格品	废品	完　工	未完工
1/10 2/10		97 115 ⋮	80 50 ⋮	65 40 ⋮	1 ⋮	 18 ⋮	14 6 ⋮
	合　计		400	330	6	25	39

为了正确确定在产品的实物数量,在进行在产品收发结存数量核算的同时,还必须对在产品定期或不定期地进行清查盘点,及时发现在产品的盈亏情况,以确保在产品账面数量与实物数量相符合。清查后,应根据盘点结果,编制在产品盈亏报告,查明盈亏原因并及时进行处理。

在产品发生盘盈时,应借记"基本生产成本"账户,贷记"待处理财产损溢"账户;报经批准核销时,借记"待处理财产损溢"账户,贷记"制造费用"账户。

在产品发生盘亏或毁损时,应借记"待处理财产损溢"账户,贷记"基本生产成本"账户。报经批准核销时,应根据不同原因和责任,分别予以处理,从"待处理财产损溢"账户的贷方转入各有关账户的借方,其中,由于意外灾害造成的非常损失,转入"营业外支出"账户的借方;应由过失人员或保险公司赔偿的损失,转入"其他应收款"账户的借方;属于车间正常的生产损耗,转入"制造费用"账户的借方。

二、生产费用在完工产品与在产品之间的分配

生产费用在完工产品与在产品之间的分配,是产品成本计算工作中又一个重要而复杂的问题。企业应根据月末结存在产品数量的多少、月末在产品数量变化的大小、月末在产品价值的大小、在产品成本中各项费用比重的大小,以及企业定额管理基础工作的扎实与否等方面的因素,采用适当的分配方法划分完工产品成本与月末在产品成本。常用的分配方法有以下五种。

(一)在产品不计价法

这是一种不计算月末在产品成本的方法。在各月末在产品数量很少、价值很低,且各月在产品数量比较稳定的情况下,为简化成本计算工作,可以不计算月末在产品成本,即某种产品每月发生的生产费用,全部由该种产品的完工产品负担。自来水生产企业、发电企业、采掘企业等都可采用这种方法。

(二)在产品按固定成本计价法

这是一种月末在产品成本按年初在产品成本固定计价的方法。在各月末在产品数量较少,或者虽然在产品数量较多,但各月末在产品数量变化不大的情况下,月初、月末在产品成本的差额对完工产品成本影响不大。为简化成本计算工作,各月末在产品可按年初在产品成本固定计价。这样,各月月末在产品成本不变,月初与月末在产品成本相等,本月发生的各项生产费用全部由完工产品负担,也就是本月完工产品的成本。

应该注意的是,采用在产品按固定成本计价法,每年年末应根据实际盘点的在产品数量,计算12月末在产品的实际成本,并将算出的年末在产品成本作为下一年度各月固定的在产品成本。在冶炼企业和化工企业中,由于高炉和化学反应装置的容积固定,可以采用这种方法计算在产品成本。

(三)在产品按定额成本计价法

这是一种月末在产品以定额成本计价的方法。采用这种方法时,可根据实际结存的在产品数量、投料和加工程度以及单位产品定额成本计算出月末在产品的定额成本,将其从月初在产品定额成本与本月生产费用之和中扣除,余额即为本月完工产品成本。每月实际生

产费用脱离定额的差异,全部计入当月完工产品成本。

在产品按定额成本计价法,适用于定额管理基础较好、各项消耗定额比较准确、稳定且各月末在产品结存数量比较稳定的企业。

【例3-1】 某企业生产甲产品,2020年2月初在产品成本和当月生产费用合计为656 000元,其中,直接材料成本为480 000元,直接人工成本为56 000元,制造费用为120 000元。该月完工甲产品1 000件,月末在产品盘存200件。甲产品所耗的直接材料是在生产开始时一次投入的,月末在产品完成定额工时500小时。甲产品定额资料为:单位产品直接材料费用定额为300元,每小时直接人工定额为20元,每小时制造费用定额为32元。甲产品本月完工产品与在产品成本分配计算如表3-3所示。

表3-3 产品成本计算单

产品名称:甲产品　　　　　　　　　　2020年2月　　　　　　　　　　单位:元

	直接材料	直接人工	制造费用	合 计
生产费用合计	480 000	56 000	120 000	656 000
月末在产品成本(定额成本)	200×300=60 000	500×20=10 000	500×32=16 000	86 000
完工产品成本	420 000	46 000	104 000	570 000
完工产品单位成本	420	46	104	570

(四)定额比例法

定额比例法是按完工产品与在产品的定额耗用量(或定额成本)的比例分配生产费用的方法。采用定额比例法,应分别成本项目分配生产费用。对于直接材料成本项目,如果产品只耗用一种材料,可按直接材料的定额耗用量或定额成本比例进行分配,但如果产品耗用的直接材料不止一种时,由于各种直接材料的单位成本不可能完全相符,就必须按定额成本的比例进行分配。对于直接人工与制造费用成本项目,按定额耗用量和定额成本比例进行分配的结果是相同的,由于定额耗用量资料容易取得,所以一般均按定额耗用量比例进行分配。各成本项目费用分配率和分配额的计算公式如下:

$$\text{费用分配率} = \frac{\text{月初在产品成本 + 本月生产费用}}{\text{完工产品定额耗用量(成本) + 月末在产品定额耗用量(成本)}}$$

$$\text{完工产品某项目实际成本} = \text{该项目费用分配率} \times \text{完工产品该项目定额耗用量(成本)}$$

$$\text{月末在产品某项目实际成本} = \text{该项目费用分配率} \times \text{月末在产品该项目定额耗用量(成本)}$$

定额比例法适用于定额管理基础较好,各项消耗定额比较健全、稳定,各月末在产品数量变动较大的企业。

【例3-2】 某企业2020年4月份生产完工乙产品600件,月末结存在产品100件,加工程度达80%。乙产品的有关定额资料如下:

单位产品直接材料消耗定额:20千克,材料在生产开始时一次投入;

单位产品直接人工消耗定额:15小时;单位产品制造费用消耗定额:15元。

4月初在产品实际成本和本月发生的生产费用如表3-4所示。

表3-4 乙产品月初在产品实际成本和本月生产费用

单位：元

	直接材料	直接人工	制造费用	合　计
月初在产品成本	361 600	41 000	64 800	467 400
本月生产费用	1 178 400	183 400	282 000	1 643 800

根据以上资料，完工产品与在产品成本的分配如表3-5所示。

表3-5 产品成本计算单

产品名称：乙产品　　　　　　　　　2020年4月　　　　　　　　　单位：元

摘　　要	直接材料	直接人工	制造费用	合　计
月初在产品成本	361 600	41 000	64 800	467 400
本月生产费用	1 178 400	183 400	282 000	1 643 800
合计	1 540 000	224 400	346 800	2 111 200
完工产品定额耗用量	12 000	9 000	9 000	
月末在产品定额耗用量	2 000	1 200	1 200	
小计	14 000	10 200	10 200	
分配率	110①	22②	34③	
完工产品成本	1 320 000	198 000	306 000	1 824 000
完工产品单位成本	2 200	330	510	3 040
月末在产品成本	220 000	26 400	40 800	287 200

注：① 直接材料分配率 $= \dfrac{1\,540\,000}{600\times20+100\times20} = \dfrac{1\,540\,000}{12\,000+2\,000} = 110$；

② 直接人工分配率 $= \dfrac{224\,400}{600\times15+100\times80\%\times15} = \dfrac{224\,400}{9\,000+1\,200} = 22$；

③ 制造费用分配率 $= \dfrac{346\,800}{600\times15+100\times80\%\times15} = \dfrac{346\,800}{9\,000+1\,200} = 34$。

（五）约当产量比例法

约当产量比例法是指生产费用按照完工产品数量与月末在产品约当产量的比例分配计算完工产品成本与月末在产品成本的一种方法。所谓约当产量，是指将月末在产品数量按其投料程度和加工程度折算为相当于完工产品的数量（也就是完工程度为100%的约当产量），本月完工产品产量与月末在产品约当产量之和，称为约当总产量，简称约当产量。约当产量比例法适用范围较广泛，当月末在产品数量较大、变化也大且不宜采用其他分配方法时，采用此种方法尤为合适。

在约当产量比例法下，具体还可采用加权平均法和先进先出法划分完工产品与在产品成本。

1. 加权平均法

加权平均法是对月初在产品成本和本月发生的生产费用之和，以完工产品产量与月末在产品的约当产量之和为权数,求得约当产量的加权平均单位成本,然后再据以计算出本月完工产品成本和月末在产品成本的生产费用分配方法。其计算公式为:

$$月末在产品约当产量＝月末在产品结存数量×在产品加工程度(或投料程度)$$

$$约当产量单位成本＝\frac{月初在产品成本＋本月生产费用}{完工产品产量＋月末在产品约当产量}$$

$$完工产品成本＝完工产品产量×费用分配率$$

$$月末在产品成本＝月末在产品约当产量×费用分配率$$

【例3-3】　新宇工厂生产丙产品,2020年3月初结存在产品40件,加工程度为60%。本月投产360件,本月完工产量为300件,月末在产品100件,加工程度为50%。丙产品所耗直接材料在生产开始时投入全部材料的70%,当加工程度达到80%时,再投入其余30%。丙产品月初在产品成本为:直接材料768.40元,直接人工73元,制造费用165.10元;本月生产费用为:直接材料8 481.60元,直接人工1 467元,制造费用2 004.90元。根据上述资料,采用加权平均法计算丙产品成本(如表3-6所示)。

表3-6　产品成本计算单

产品名称:丙产品　　　　　　　　　　2020年3月　　　　　　　　　　单位:元

摘　　要	直接材料	直接人工	制造费用	合　　计
月初在产品成本	768.40	73	165.10	1 006.50
本月生产费用	8 481.60	1 467	2 004.90	11 953.50
合计	9 250	1 540	2 170	12 960
约当总产量	370①	350②	350③	
分配率	25	4.40	6.20	
完工产品成本	7 500	1 320	1 860	10 680
完工产品单位成本	25	4.40	6.20	35.60
月末在产品成本	1 750	220	310	2 280

注:① 直接材料的约当产量＝300＋100×70%＝370(件);
　　② 直接人工的约当产量＝300＋100×50%＝350(件);
　　③ 制造费用的约当产量＝300＋100×50%＝350(件)。

加权平均法的优点是手续比较简化,缺点是所确定的单位成本是一种"混合"成本,不能如实地反映本期的实际成本水平。尤其是当上月与本月成本水平差异较大时,由于约当产量单位成本是加权平均成本,上月产品成本水平就会对本月月末在产品成本产生一定的影响。

2. 先进先出法

先进先出法是假设生产的产品是按投入生产的时间先后顺序完工的,月初在产品应先于本月投产产品完工。在产品生产周期小于一个月的情况下,月初在产品将在本月全部完工,这样,月初在产品成本应全部计入本月完工产品成本,而本月发生的生产费用只在本月投产本月完工产品与月末在产品之间进行分配。采用先进先出法,月末在产品成本不再受上月成本水平影响,也就客观地反映了本月的成本水平。

在先进先出法下,约当产量只包括本月实际加工或投料的生产量,不包括月初在产品在上月加工或投料的生产量。也就是说,约当产量只与本月发生的生产费用有关,而与月初在产品成本无关。其具体计算公式如下:

$$\underset{\text{约当产量}}{\text{本月完工产品}} = \underset{\text{加工(或投料)的约当产量}}{\text{月初在产品在本月}} + \underset{\text{完工产品数量}}{\text{本月投产本月}}$$

其中:

$$\underset{\text{加工(或投料)的约当产量}}{\text{月初在产品在本月}} = \underset{\text{数量}}{\text{月初在产品}} \times \left(1 - \underset{\text{(或投料)程度}}{\text{上月加工}}\right)$$

$$\underset{\text{完工产品数量}}{\text{本月投产本月}} = \underset{\text{数量}}{\text{本月投产}} - \underset{\text{数量}}{\text{月末在产品}}$$

或

$$= \underset{\text{产品数量}}{\text{本月完工}} - \underset{\text{数量}}{\text{月初在产品}}$$

$$\underset{\text{约当产量}}{\text{月末在产品}} = \underset{\text{数量}}{\text{月末在产品}} \times \underset{\text{(或投料)程度}}{\text{月末在产品加工}}$$

$$\underset{\text{单位成本}}{\text{约当产量}} = \frac{\text{本月发生的生产费用}}{\text{本月完工产品约当产量} + \text{月末在产品约当产量}}$$

$$\underset{\text{产品成本}}{\text{本月完工}} = \underset{\text{成本}}{\text{月初在产品}} + \underset{\text{费用}}{\text{本月生产}} - \underset{\text{成本}}{\text{月末在产品}}$$

或

$$= \underset{\text{成本}}{\text{月初在产品}} + \underset{\text{单位成本}}{\text{约当产量}} \times \underset{\text{约当产量}}{\text{本月完工产品}}$$

$$\underset{\text{成本}}{\text{月末在产品}} = \underset{\text{单位成本}}{\text{约当产量}} \times \underset{\text{约当产量}}{\text{月末在产品}}$$

【例3-4】 以【例3-3】丙产品为例,采用先进先出法计算丙产品成本(如表3-7所示)。

表3-7 产品成本计算单

产品名称:丙产品 　　　　　　　2020年3月 　　　　　　　单位:元

摘　要	直接材料	直接人工	制造费用	合　计
月初在产品成本	768.40	73	165.10	1 006.50
本月生产费用	8 481.60	1 467	2 004.90	11 953.50
合计	9 250	1 540	2 170	12 960
约当总产量	342①	326②	326③	
分配率	24.80	4.50	6.15	
完工产品成本	7 514	1 315	1 862.50	10 691.50
完工产品单位成本	25.05	4.38	6.21	35.64
月末在产品成本	1 736	225	307.50	2 268.50

注:① 直接材料的约当产量=40×(1-70%)+(360-100)+100×70%=342(件);
　　② 直接人工的约当产量=40×(1-60%)+(360-100)+100×50%=326(件);
　　③ 制造费用的约当产量=40×(1-60%)+(360-100)+100×50%=326(件)。

从以上例子可以发现,采用先进先出法与加权平均法的计算结果存在一定的差异。当上月成本水平与本月成本水平差异较大时,为了如实地反映本月的实际成本水平,按先进先出法计算更为合理。

3. 在产品投料程度和完工程度的测定

采用约当产量比例法计算完工产品成本与在产品成本时,在产品的投料程度和完工程度的测定对费用分配的正确性影响很大。在实际工作中,材料投入和产品加工情况千差万别,需要根据具体情况分别计算投料程度和完工程度。下面介绍投料程度和完工程度的确定方法。

(1) 投料程度的确定。

① 如果原材料在生产开始时一次投入,每件在产品与每件完工产品的原材料消耗相同,其在产品投料程度也为100%,直接材料成本项目不需要计算月末在产品约当产量,可按照完工产品数量与在产品数量的比例进行分配。

② 如果原材料在生产过程中随生产加工进度陆续投入,在产品的投料程度与完工程度的计算方法相同,参见以下述及的加工程度的计算方法。

③ 如果原材料分工序投入,并在每道工序开始时一次投入。其计算公式如下:

$$某道工序上的在产品投料程度 = \frac{到本工序止的累计材料消耗定额}{完工产品材料消耗定额}$$

【例3-5】 戊产品由两道工序制成,其原材料分工序在每道工序开始时一次投入。戊产品的原材料消耗定额和在产品数量资料以及投料程度和约当产量的计算如表3-8所示。

表3-8 分工序投料程度和约当产量计算表

工序	原材料消耗定额 (千克)	月末在产品数量 (件)	在产品投料程度	在产品约当产量 (件)
1 2	350 150	1 600 800	350/500×100%=70% (350+150)/500×100%=100%	1 600×70%=1 120 800×100%=800
合计	500	2 400		1 920

如果戊产品本月完工5 120件,月初在产品直接材料成本和本月发生的直接材料费用合计为36 608元。假设月末在产品按加权平均法计价,则直接材料成本分配计算如下:

直接材料约当产量单位成本=36 608÷(5 120+19 20)=5.20(元)

完工产品应负担的直接材料成本=5.20×5 120=26 624(元)

月末在产品应负担的直接材料成本=5.20×1 920=9 984(元)

(2) 完工程度的确定。

① 如果企业生产进度比较均衡,月末在产品在各工序上的加工数量相差不多,由于后面各工序在产品多加工的程度可以抵补前面各工序少加工的程度,因此,为简化核算,月末在产品的完工程度均可按50%计算。

② 如果月末在产品各工序加工数量不均衡,必须根据各工序在产品的累计工时定额占完工产品工时定额数的比例,分别计算各工序在产品的完工程度。其计算公式如下:

$$某道工序在产品\atop完工程度 = \frac{前面各道工序累计工时定额 + 本道工序工时定额 \times 50\%}{产品工时定额} \times 100\%$$

上述公式中的"本道工序工时定额"均按 50% 计算,是因为该工序中各件在产品的加工程度虽然不同,但为简化起见,对本工序的加工程度一般不逐一测定,都按平均加工 50% 计算。对于从上一道工序转入下一道工序的在产品,因其上一道工序已加工完成,前面各道工序的工时定额都以 100% 计入。

【例 3-6】 某企业生产丁产品,单件工时定额为 20 小时,经两道工序制成,各工序工时定额分别为 8 小时和 12 小时。2 月份丁产品完工 4 000 件,各工序在产品数量为:第 1 工序 1 000 件,第 2 工序 800 件。月初在产品和本月发生的制造费用合计为 166 600 元。其制造费用分配计算如下:

第 1 工序完工程度:$(8 \times 50\%) \div 20 \times 100\% = 20\%$

第 2 工序完工程度:$(8 + 12 \times 50\%) \div 20 \times 100\% = 70\%$

第 1 工序在产品约当产量 $= 1\,000 \times 20\% = 200$(件)

第 2 工序在产品约当产量 $= 800 \times 70\% = 560$(件)

月末在产品约当产量总数 $= 200 + 560 = 760$(件)

制造费用约当产量单位成本 $= 166\,600 \div (4\,000 + 760) = 35$(元)

完工丁产品负担的制造费用 $= 35 \times 4\,000 = 140\,000$(元)

月末在产品负担的制造费用 $= 35 \times 760 = 26\,600$(元)

三、完工产品成本的结转

制造企业发生的生产费用,采用前述方法在各成本计算对象之间以及完工产品与月末在产品之间分配后,就可以计算出各种完工产品的实际成本,为完工产品成本的结转提供了可靠的依据。

制造业的完工产品包括产成品、自制材料、自制工具和模具等。根据产品成本计算单所提供的完工产品的实际成本,从"基本生产成本"账户的贷方转入各有关账户的借方,其中,完工入库产成品的成本,应转入"库存商品"账户的借方;完工入库自制半成品、自制材料、自制工具和模具的成本,应分别转入"自制半成品""原材料"和"低值易耗品"等账户的借方。"基本生产成本"账户的期末余额就是基本生产车间尚未加工完成的各项在产品的成本。

⸬ 关键概念索引

生产经营管理费用 生产费用 产品成本 成本核算 制造成本计算法 费用要素 成本项目 制造成本 非制造成本 直接生产费用 间接生产费用 直接计入费用 间接计入费用 成本流程 狭义在产品 广义在产品 在产品 不计价法 在产品按固定成本计价法 在产品按定额成本计价法 定额比例法 约当产量比例法 加权平均法 先进先出法

复习思考题

1. 简述制造业成本核算的内容。
2. 简述产品成本与生产费用之间的区别和联系。
3. 什么是费用要素？什么是成本项目？它们具体包括哪些内容？
4. 什么是直接计入费用？什么是间接计入费用？
5. 在产品成本核算过程中,应该划清哪些费用界限？为什么要划清这些费用界限？
6. 制造业成本核算应设置哪些账户？
7. 制造业成本核算的一般程序是怎样的？
8. 划分完工产品与在产品成本的方法有哪些？简述各种方法的特点及其适用性。

练习题

一、单项选择题

1. 制造企业产品成本核算中各项费用的划分都应贯彻(　　)原则,以期正确核算产品成本和经营管理费用。
   A. 配比　　　　　　　　B. 权责发生制　　　　C. 谨慎　　　　　　　　D. 受益

2. 制造企业为遵守成本开支范围,应制止(　　)的错误做法。
   A. 在各种产品之间任意调剂成本
   B. 在完工产品与月末在产品之间不按规定分配成本
   C. 乱计成本和少计成本
   D. 在各个月份之间任意调剂成本

3. 基本生产明细账应该按(　　)分设专栏或专行进行登记。
   A. 产品名称　　　　B. 成本项目　　　　C. 费用要素　　　　D. 费用项目

4. 下列各项属于生产经营管理费用范围的有(　　)。
   A. 购买无形资产的费用　　　　　　　　B. 报废固定资产清理的损失
   C. 利息费用　　　　　　　　　　　　　　D. 水灾造成的生产损失

5. 洁云制造公司在 2020 年年初预付三年保险费计 3 000 元。其中的 75% 是用于车间财产物资的保险,其余的用于企业管理部门财产物资的保险。第一年的保险费中应计入产品成本和期间成本的分别是(　　)元。

	产品成本	期间成本
A.	750	250
B.	1 500	500
C.	2 250	750
D.	3 000	0

二、多项选择题

1. 下列各项中属于费用要素的有( )。

    A. 直接材料   B. 工资薪酬   C. 折旧费   D. 外购动力

2. 为了正确计算产品成本,必须划分( )的界限。

    A. 生产经营管理费用支出与其他支出   B. 各个会计期间的产品成本

    C. 完工产品成本与在产品成本   D. 产品制造成本与期间成本

3. 下列各项中属于产品成本项目的是( )。

    A. 直接材料   B. 直接人工   C. 制造费用   D. 废品损失

4. 为了既较合理又较简便地分配生产费用,企业在选择完工产品和月末在产品成本的划分方法时应该考虑的因素有( )。

    A. 在产品数量的多少   B. 各月在产品数量变化的大小

    C. 各项费用比重的大小   D. 定额管理基础的好坏

5. 约当产量比例法适用于( )产品。

    A. 月末在产品数量很大的

    B. 各月末在产品数量变化较大的

    C. 月末在产品数量较小的

    D. 产品成本中原材料费用和工资费用等加工费用的比重相差不多的

三、判断题

1. 制造企业经营活动过程中发生的各项支出都是生产经营管理费用。( )

2. 产品成本的计算过程也就是各种支出、费用界限的划分过程。( )

3. 直接生产费用不一定直接计入费用,间接生产费用大多间接计入费用。( )

4. 每月末,产品成本明细账中按照成本项目归集的生产费用就是完工产品成本。( )

5. 某工序在产品完工率为至该工序止累计的工时定额与完工产品工时定额的比率。( )

四、业务题

习题一

1. 目的:了解制造业产品成本计算的流程。

2. 资料:某制造公司 2020 年有关的成本费用如下表所示(单位:千万元)。

年初(末)余额		本年发生额	
年初直接材料存货	15	直接材料采购	325
年初在产品存货	10	直接人工成本	100
年初产成品存货	70	厂房和设备折旧	80
年末直接材料存货	20	公司管理人员薪金	5
年末在产品存货	5	车间办公费支出	35
年末产成品存货	35	营销、分销和售后成本	240
		机器设备保养成本	10
		动力费用	30
		车间管理人员薪金	60

3. 要求：计算完工产品的制造成本。

习题二

1. 目的：进一步熟悉制造业产品成本计算的程序。

2. 资料：某制造企业今年的制造成本流转状况见下面有关的 T 形账户。

原材料

期初余额	64 500	本期发生额	?
本期发生额	585 000		
期末余额	58 500		

生产成本

期初余额	33 000	本期发生额	1 333 500
本期发生额	?		
期末余额	40 500		

应付职工薪酬

本期发生额	324 750	本期发生额	324 750
		期末余额	0

库存商品

期初余额	142 500	本期发生额	?
本期发生额	1 333 500		
期末余额	180 000		

制造费用

本期发生额	441 000	本期发生额	?
期末余额	0		

主营业务成本

本期发生额	?		

3. 要求：根据以上资料,计算下列各项数据：

(1) 原材料的采购成本；

(2) 生产耗用的直接材料(假定耗用的材料全部用于生产)；

(3) 当年发生的生产费用总额；

(4) 生产中发生的直接人工；

(5) 完工产品成本；

(6) 主营业务成本；

(7) 年末资产负债表中的存货总额。

习题三

1. 目的：练习完工产品与在产品成本划分的计算。

2. 资料：某企业生产 E 产品,原材料在生产开始时一次投入。5 月初在产品费用为：直接材料 28 000 元,直接工资 12 000 元,制造费用 4 000 元。5 月份发生的生产费用为：直接材料 164 000 元,直接工资 60 000 元,制造费用 20 000 元。5 月份完工产品 8 000 件,月末在产品 2 000 件,完工程度为 80%。该企业库存商品的定额如下：单件直接材料耗用量为 5 千克,每千克计划成本为 4 元；单件工时定额为 2.50 小时,每小时直接工资定额为 3.20 元,每小时制造费用定额为 1.10 元。

3. 要求：

(1) 采用在产品按定额成本计价法分配完工产品成本和在产品成本。

(2) 采用定额比例法分配完工产品成本和在产品成本。

习题四

1. 目的：练习约当产量比例法。

2. 资料：某企业生产丁产品，需经过三道工序加工，各道工序的工时定额依次为 24 小时、30 小时和 6 小时。该企业的月初在产品成本为：直接材料 4 500 元，直接工资 2 070 元，制造费用 1 242 元。本月发生的生产费用为：直接材料 37 590 元，直接工资 12 930 元，制造费用 8 758 元。月末，丁产品完工 2 086 件，各道工序的在产品分别为 200 件、400 件和 120 件。丁产品的原材料是在生产开始时一次投入的。

3. 要求：

(1) 计算各道工序在产品的完工率。

(2) 计算在产品的约当产量。

(3) 采用约当产量比例法分配完工产品成本和在产品成本。

习题五

1. 目的：练习约当产量比例法。

2. 资料：某企业甲产品的原材料随着生产进度陆续投入，其完工产品和各工序的消耗定额以及月末在产品数量如下：

工 序	本工序原材料消耗定额（千克）	月末在产品数量（件）
1	120	2 800
2	80	1 800
完工产品合计	200	×

在产品在本工序的消耗定额按 50% 计算。

该月初在产品原材料费用为 5 220 元，本月原材料费用为 9 780 元。该月完工产品 3 720 件。

3. 要求：

(1) 按原材料投入的程度计算各工序在产品的投料程度和该产品的月末在产品约当产量。

(2) 采用约当产量比例法，分配计算完工甲产品和月末在产品的原材料费用。

习题六

1. 目的：熟悉加权平均法和先进先出法。

2. 资料：某企业 2020 年 8 月有关甲产品基本生产成本汇总如下：

单位：元

	直接材料	直接工资	制造费用
月初在产品成本	5 000	416	176
本月生产耗费	29 800	6 084	3 744

甲产品 8 月份投入产出情况如下表所示：

	数量(件)	在产品加工程度
月初结存在产品	40	40%
本月投入生产	250	
本月完工产成品	210	
月末结存在产品	80	50%

甲产品所耗直接材料在生产开始时一次投入。

该企业采用约当产量比例法划分完工产品与在产品成本。

3. 要求:

(1) 采用加权平均法计算月末在产品成本和本月完工产品总成本及单位成本。

(2) 采用先进先出法计算月末在产品成本和本月完工产品总成本及单位成本。

案例题

约翰于 2020 年年初成立一家约翰工程公司,专门生产其自己设计的一种阀门。年末,公司的会计因病无法完成年末的财务报表,但该会计已经正确地计算了年末存货的数据。

原材料成本	230 000 元
在产品成本	157 500 元
产成品(3 000 个)成本	442 500 元

由于这是第一年生产,因而年初没有存货。

为了能够及时地了解公司的经营结果,约翰自己计算了当年的经营成果。其结果如下:

销售净额		3 053 000 元
已销售产品的成本:		
购买原材料	905 000 元	
生产工人工资	550 000 元	
发生的制造费用	850 000 元	
销售费用	353 000 元	
管理费用	660 000 元	3 318 000 元
净亏损		265 000 元

约翰对公司的经营成果非常不满意。他说:"今年我们不但亏损了 26 万多元,而且单位成本也太高。我们销售了 10 000 个阀门,总成本为 3 318 000 元,平均单位成本为 331.80 元。然而,有些竞争对手的单位成本只有 175 元。不用会计我也知道今年的经营结果糟透了。"

研讨问题:

你是否同意约翰关于公司没有盈利以及单位成本远高于竞争对手的说法? 如果你不同意约翰的说法,请解释其在计算过程中所犯的错误并予以更正。假设该公司的所得税税率为 30%。

练习题及案例题参考答案

练习题

一、单项选择题

1. D   2. C   3. B   4. C   5. A

二、多项选择题

1. BCD   2. ABCD   3. ABCD   4. ABCD   5. ABD

三、判断题

1. ×   2. √   3. √   4. ×   5. √

四、业务题

习题一

完工产品的制造成本＝640(千万元)

习题二

(1) 原材料的采购成本＝585 000(元)

(2) 生产耗用的直接材料＝591 000(元)

(3) 当年发生的生产费用总额＝1 341 000(元)

(4) 生产中发生的直接人工＝309 000(元)

(5) 完工产品成本＝1 333 500(元)

(6) 主营业务成本＝1 296 000(元)

(7) 年末资产负债表中的存货总额＝279 000(元)

习题三

(1) 完工产品成本＝230 800(元)   月末在产品成本＝57 200(元)

(2) 完工产品成本＝233 600(元)   月末在产品成本＝54 400(元)

习题四

(1) 第一道工序完工率＝20%   第二道工序完工率＝65%

  第三道工序完工率＝95%

(2) 在产品约当产量＝414(件)

(3) 完工产品成本＝52 150(元)   月末在产品成本＝14 940(元)

习题五

(1) 第一道工序投料程度＝30%   第二道工序投料程度＝80%

  月末在产品约当产量＝2 280(件)

(2) 完工产品原材料费用＝9 300(元)   月末在产品原材料费用＝5 700(元)

习题六

(1) 完工产品总成本＝33 952.80(元)   完工产品单位成本＝161.68(元)

  月末在产品成本＝11 267.20(元)

(2) 完工产品总成本＝34 004(元)   完工产品单位成本＝161.92(元)

  月末在产品成本＝11 216(元)

案例题

完工产品成本＝1 917 500(元)

单位产品成本＝147.50(元)

利润＝395 500(元)

从上述计算结果可以看出,约翰关于公司没有盈利以及单位成本远高于竞争对手的说法是错误的。约翰在计算过程中有三个错误:

(1) 将销售费用和管理费用等期间成本作为产品成本;

(2) 混淆了当期生产费用与完工产品成本之间的关系;

(3) 按销售数量而非按生产数量计算产品的单位成本。

第四章
分批成本法

【本章要点】

- 分批成本法的特点及其适用性
- 分批成本法的成本计算程序
- 制造费用的实际分配率法
- 制造费用的预定分配率法
- 简化分批法的特点及应用

　　电影制片厂的片子是按批别制作的,其中不乏不成功的,应该如何处理那些失败影片的成本呢? 如果将失败片子的成本分配给成功片子,就会减少与成功片子有关的演员、导演等应获得的收益。可见,掌握分批成本法的知识,并正确计算各批产品的成本,对企业管理者而言是至关重要的。管理者们利用他们掌握的分批成本法的知识来正确预计未来各批产品的成本,有助于他们制定正确的竞价策略,也有助于企业控制成本,以获取更大的利润。

第一节　分批成本法的基本原理

一、分批成本法的含义

　　分批成本法(job-order costing)简称分批法或订单法,它是按照产品的批别来归集生产费用,并计算该批产品成本的一种方法。它主要适用于单件、小批生产的机械、船舶、服装等制造企业,也适用于咨询公司、会计师事务所等服务性企业。

　　在单件、小批生产的企业里,生产一般是根据购买单位的订单来组织的。由于各张订单所订购的产品往往种类不同或者规格不一,所用的材料和加工程序也各不相同,因此各张订单产品的成本必须分别计算。尤其对订货合同价格需根据成本决定并向订货者报告该批订货的成本时,就更应按订单计算成本。有些小批量生产企业,根据其事先规定的产品组织生产,各批产品种类、规格不同,也必须分批计算成本。

　　在单件、小批生产企业中,产品通常不重复生产,即使重复,也是不定期的,因此生产通常是根据购买者的订单组织的。如果购买者所订购的是一件大型产品,且价值较大、生产周期很长,可按产品的组成部分开立生产通知单,分别组织生产。如果购买者的一张订单包括几种不同规格的产品,为了便于分析和考核各种产品成本计划的执行情况,并适应生产管理的需要,可按不同规格的产品开立生产通知单,分别组织生产。如果同一时期内,几个外来订单订购的是相同产品,且交货期相近,也可将相同产品合并起来,开立一张生产通知单组织生产。有的企业并不是直接按外来订单而是按照本企业规定的产品批别组织生产,但各批产品生产的特殊性较明显,同样应开立生产通知单分批组织生产。

二、分批成本法的特点

在分批成本法下,制造企业按照产品批别组织生产时,应由生产计划部门签发生产通知单(也称内部订单),通知车间组织生产。生产通知单按生产任务编号,即为产品批号。财务部门以生产通知单的产品批别作为成本计算对象,设置产品成本计算单,归集生产费用,计算每批产品成本。

分批法的主要特点是所有的生产费用都要按照产品的批别进行归集,成本计算对象是产品的批别。对于能够明确产品批次的直接计入费用,须在费用原始凭证上注明产品批号,这样既可防止串工串料,也便于据此直接计入各批产品成本计算单的有关成本项目;对于不能明确产品批次的间接计入费用,先按发生地点归集,然后按一定的标准在各受益对象之间进行分配。

在分批成本法下,批内产品一般都能同时完工,产品成本要在订单完工后才计算。因此,产品成本计算是不定期的,也就是产品成本计算的起讫日期是从订单的开工日到订单的完工日,其成本计算期与生产周期是一致的,而与会计核算的报告期不一致。

在分批成本法下,产品完工前,成本计算单上所归集的生产费用就是在产品成本;产品完工时,成本计算单上所归集的生产费用就是完工产品成本。因而,从理论上讲,分批成本法一般不存在生产费用在完工产品与月末在产品之间的划分问题。但是,在批内产品有跨月陆续完工、分批出货的情况下,月末计算成本时,一部分产品已完工,另一部分产品尚未完工,这时就须将生产费用在完工产品与月末在产品之间进行分配,以便计算完工产品成本与月末在产品成本。有关分批出货的成本计算问题将在下一节中详述。

专栏 4-1

制造业浪费为何高居不下?

过去十年,中国工人的薪水持续普遍上涨,土地、混凝土,甚至砖瓦的价格都随着房地产行业的发展而水涨船高,至于设备、原材料等的价格高企,无不在吞噬着中国制造业的利润率。

令人费解的是,中国制造一面抱怨成本高企,一面又在不经意间浪费,这其中既有天灾,也有人祸。天灾指的是技术革新、政策变更,人祸则来源于管理中的浪费,以及因迁就人性而导致的浪费,这种浪费常常不容易让人察觉,但经年累月之下,数字却惊为天人。

首先,短视的企业比较容易在决策时摇摆不定,但消费市场天然带有不确定性,真正等到订单姗姗迟来之时,留给制造企业准备的时间已经非常少。在这种状态下,因工期紧张,只能打擦边球,而且品质也会因此受到比较大的影响,一旦出现品质异常,工厂常常需要付出4倍的成本进行返工。

其次,由于缺乏长期的战略规划,中国制造业在购买关键设备、构建关键车间时,常常只顾眼前的需求,像一场赌博,随着科技在发展,这种博弈输的机会越来越大。例如,某企业在遣散员工时,库存依旧积压着大量的"手机按键"。显然,他们坚信,诺基亚永远是最棒的手机,却想不到世界上还会有触摸屏这种东西。这种库存的浪费,可以让一个企业直接倒闭,也大大消耗了社会的元气。

另外,工时的浪费也是中国制造业比较突出的问题之一。在劳动密集型企业里,人头从来不是问题,稍微复杂点的组装制程都需要几百甚至上千人,这种企业的规模非常容易让管理者产生官僚思想,信息传递的中转节点就会成倍增加,消息的有效性和准确性也会因层层盘剥而大打折扣。于是,在制度、政策、大环境不好的情况下,中国管理者又陷入另外一个误区,他们天真地认为,自己主动关灯、关掉水龙头会省掉好多钱。但谁都知道,管理者的工时常常最贵,他们却心安理得地浪费。

库存高企、设备老化、厂房的重复施工,都不足以彻底摧毁中国制造,相比之下,中国制造对人才、对创意的浪费才是最致命的。中国制造的人才以及培养体系都有点营养不良,我们没有把机器变得智能化,没能让它们越来越像人,反倒是,把人类变得单调、无趣,让他们变得越来越像机器。

（资料来源：最佳管理智囊,2016 年 5 月 26 日）

第二节　分批成本法的一般计算程序

如前所述,在分批成本法下,由于产品批量较小,批内产品一般都能同时完工,因而月末不存在完工产品与在产品之间分配费用的问题,但其成本计算仍需按一定的程序进行。

采用分批法计算产品成本时,一般可按照以下四个步骤进行。

(1) 在产品投产时,会计部门根据生产计划部门签发的生产通知单(内部订单)为每批产品开设一张成本计算单。为加强车间成本管理,考核各车间的业绩,除会计部门设置的成本计算单外,各车间也可按每一批产品开设一张成本计算单,用以记录并计算每批产品在本车间发生的生产费用。

(2) 在分批成本法下,要求有关的原始凭证上都应填明生产通知单号,以便将各批产品的直接计入费用直接追溯到各成本计算单内。间接计入费用则先按其用途和发生地点归集于辅助生产成本和制造费用明细账内,然后再按一定的标准进行分配,计入有关各批产品成本计算单内。

(3) 单件、小批生产一般不单独计算废品和返工品的损失。若要计算的话,返工品的返修费用可根据费用分配表记入废品损失明细账。废品成本从各有关成本计算单的成本项目中扣除,转入废品损失明细账,同时将废品残料价值、责任者赔偿款等从废品损失中扣除,计算出废品净损失。在分批成本法下,废品损失一般能直接归属于各批产品,这样就可以将废品净损失转入各批产品的成本计算单内。

(4) 当某批产品完工、检验合格后,应由车间填写完工通知单,一份送会计部门,会计部门收到车间送来的完工通知单,即可进行产品成本计算。将成本计算单上所归集的生产费用加总,求得完工产品实际总成本,除以完工数量,就是完工产品的单位成本。月末未完工批别的成本计算单内所归集的生产费用即为月末在产品成本。在批内产品有跨月陆续分批出货的情况下,须将生产费用在完工产品与月末在产品之间进行划分,从而计算出完工产品成本与月末在产品成本。

在分批出货的情况下,部分完工产品的成本可按以下三种方法计算。

(1) 以计划成本或定额成本作为实际成本,从产品成本计算单转出。

(2) 以估计成本代替实际成本。估计成本是根据近期生产同类产品的实际成本,考虑到产品结构、生产条件等变化因素,并结合本批产品实际生产情况,加以适当调整作为实际成本,从产品成本计算单转出。

(3) 按约当产量计算。对尚未完工产品,其直接材料成本按照已投料数量和还需要投料的估计数计算,直接工资和制造费用等成本项目则按照完工程度折算约当产量分配。

【例4-1】 惠普公司A408订单生产甲仪器20台,其中,14台已完工,6台尚未完工,完工程度为60%,已投料30 000元,还有6 000元材料尚未投入,发生的直接人工为14 080元,制造费用为10 560元。可计算如下:

每台甲仪器的直接材料成本=(30 000+6 000)/20=1 800(元)

每台甲仪器的直接人工成本=14 080/(14+6×60%)=800(元)

每台甲仪器的制造费用=10 560/(14+6×60%)=600(元)

完工14台甲仪器的成本=1 800×14+800×14+600×14

=25 200+11 200+8 400=44 800(元)

6台在产品的成本=(30 000−25 200)+(14 080−11 200)+(10 560−8 400)

= 4 800+2 880+2 160=9 840(元)

不论采用上述哪种方法计算部分完工产品的成本,都带有估计性质,因此当该批别产品全部完工时,还应重新计算全部产品的实际总成本和单位成本。但是,对已经转账的完工产品成本,可以不作账面调整。为了使同一批产品尽量同时完工,减少分批出货计算成本的困难,在合理组织生产的前提下,应适当缩小产品的批量,以较小的批量分批投产,使一张产品成本计算单中的产品在同一个月内完工,以避免出现跨月陆续完工的情况。

第三节 制造费用的分配方法

采用分批成本计算法计算产品成本时,直接材料和直接人工等可以直接计入各批产品成本,而制造费用等间接计入费用因有多个受益对象,所发生的间接计入费用经归集后,应采用适当的方法进行分配,分别计入各批受益产品的制造成本中。由于制造费用等间接计入费用分配的结果对产品成本的正确计算影响较大,因此合理选择间接计入费用的分配方法是分批成本法的关键。

制造费用(manufacturing overhead)是产品生产成本的重要组成部分,它是指企业各个生产单位(事业部、分厂、车间)为生产产品或提供劳务而发生的各项间接费用和没有专设成本项目的直接生产费用(如机器设备的折旧费、动力费、保险费以及工具模具的摊销费等)。当生产车间生产不止一种产品时,制造费用发生时一般无法直接判断它所归属的成本计算对象,因而不能直接计入所生产的产品成本中去,必须按费用发生的地点先行归集,月终再采用一定的方法在各种成本计算对象间进行分配,计入各种成本计算对象的成本中。

制造费用是通过设立费用项目进行归集的。制造费用的明细项目既可按费用的经济性质分类,也可按费用的经济用途设置,但为了便于各企业之间以及企业不同时期之间进行制造费用的分析和考核,应根据制造费用发生的内容,规定统一的明细项目。制造费用的明细项目主要包括:职工薪酬,机物料消耗,折旧费,动力费,经常性租赁费,保险费,照明费,取暖费,水电费,办公费,劳动保护费,差旅费,设计制图费,试验检验费,在产品盘亏、毁损和报废(减盘盈)以及季节性和修理期间的停工损失等。

为了总括地反映企业在一定时期内发生的制造费用及其分配情况,应设置"制造费用"总分类账户,其借方归集企业在一定时期内发生的全部制造费用,贷方反映制造费用的分配,月末一般无余额。制造费用还应按不同的车间、部门设立明细账,账内按照费用的明细项目设立专栏或专户,分别反映各车间、部门各项制造费用的支出情况,以便各车间、部门的管理者能对其车间、部门的间接成本负责,也便于高层管理者评价车间、部门管理者控制成本的业绩。

无论是基本生产车间还是辅助生产车间所发生的制造费用,月末都必须分配计入产品制造成本中。

合理分配制造费用的关键在于正确选择分配标准,在选择分配标准时,应遵循分配标准的资料必须比较容易取得,并且与制造费用之间存在客观的因果比例关系的原则。

制造费用的分配方法可分为实际分配率法、预定分配率法和累计分配率法三大类。

一、实际分配率法

采用实际分配率法,应先根据各车间和分厂归集的制造费用和耗用分配标准总量,分别计算出各车间和分厂的制造费用分配率,然后根据制造费用分配率和各产品耗用的分配标准量计算出各产品应负担的制造费用。其分配的计算公式如下:

$$制造费用分配率 = \frac{该生产单位本期归集的制造费用总额}{该生产单位本期分配标准总量}$$

$$\begin{array}{l}某种(批、类)产品\\应负担的制造费用\end{array} = \begin{array}{l}该生产单位的\\制造费用分配率\end{array} \times \begin{array}{l}该种(批、类)产品\\耗用的分配标准\end{array}$$

按实际分配率法分配制造费用,通常以生产工人工时、生产工人工资和机器工时为分配标准。

(一)生产工人工时比例法

生产工人工时比例法简称生产工时比例法,是按照各种产品耗用生产工人实际工时的比例分配费用的方法。

【例4-2】 三洋公司2020年3月第一车间发生的制造费用为390 000元,该车间当月生产甲、乙两种产品,甲产品的生产工时为8 000小时,乙产品的生产工时为5 000小时,以生产工人工时为标准分配制造费用。第一车间的制造费用分配如表4-1所示。

表 4-1 制造费用分配表

生产车间：第一车间　　　　　　　　　　2020 年 3 月　　　　　　　　　单位：小时,元

对方账户	生产工人工时	分配率	分配金额
基本生产成本			
甲产品	8 000	30	240 000
乙产品	5 000	30	150 000
合　计	13 000		390 000

根据上述制造费用分配表,可作如下会计分录：

借：基本生产成本——甲产品　　　　　　　　　　　　　　　　　240 000

　　　　　　　　　——乙产品　　　　　　　　　　　　　　　　　150 000

　　贷：制造费用　　　　　　　　　　　　　　　　　　　　　　　　390 000

按照生产工人工时比例分配制造费用,能将劳动生产率与产品负担的费用水平联系起来,使分配的结果比较合理,同时该分配标准的资料容易取得,从而使分配计算的工作较为简便。但是,如果固定资产折旧费、动力费在制造费用中占的比重较大,且各种产品的机械化程度不同,按此标准分配制造费用,就会使机械化程度较高的产品少负担固定资产折旧费、动力费等,以致使分配结果与制造费用的实际情况不相符合,因此生产工人工时比例法适用于各产品生产的机械化程度大致相同的情况。

如果产品的工时定额比较准确,制造费用也可以按生产工人定额工时的比例分配。

（二）直接工资比例法

直接工资比例法是按照直接计入各种产品成本的生产工人实际工资的比例分配制造费用的方法。

由于产品成本计算单中有现成的生产工人工资的资料,分配标准容易取得,分配计算工作比较简便。采用这种方法时,各种产品生产的机械化程度或者产品加工的技术等级不能相差太悬殊,否则机械化程度高、加工技术等级低的产品,由于工资费用少,分配负担的制造费用也少,影响费用分配的合理性,从而影响产品成本计算的正确性。因此,这种方法适用于各产品机械化程度和产品加工技术等级大致相同的情况。

（三）机器工时比例法

机器工时比例法是按照各种产品生产所耗用机器设备运转时间的比例分配制造费用的方法。

采用这种方法时,如果生产车间中机器设备的类型大小不一,应将机器设备划分为若干类别,按照不同类别归集和分配制造费用,也可以对不同机器设备按系数折成标准工时进行分配,以提高分配结果的合理性。这种方法适用于机械化、自动化程度较高的生产车间,因为在这种车间所发生的制造费用中,折旧费和动力费等费用所占比重较大,而且这些费用的发生又与机器设备的使用密切相关,因此按机器工时分配制造费用是较为合理的。应予以指出的是,分厂制造费用与车间的机器工时没有直接关系,因此分厂制造费用分配不应采用此种方法。

二、预定分配率法

预定分配率法也称年度计划分配率法,是按照各生产单位年度的制造费用预算和计划产量的定额工时及事先确定的预定分配率分配制造费用的方法。其计算公式如下:

$$\text{某生产单位的制造费用预定分配率} = \frac{\text{该生产单位年度制造费用预算总额}}{\text{该生产单位计划产量的定额工时总数}}$$

$$\text{某种(批、类)产品应负担的制造费用} = \text{该生产单位的制造费用预定分配率} \times \text{该种(批、类)产品当月实际产量的定额工时数}$$

采用预定分配率法时,不论各月实际发生的制造费用多少,每月计入各产品制造成本的制造费用都是按预定分配率分配的。对各月按预定分配率分配的制造费用与实际发生的制造费用之间的差额,月末不进行调整分配,这样,年内各月末"制造费用"账户就会有余额,余额可能在借方,也可能在贷方。借方余额表示超过计划的预付费用,贷方余额表示按照计划应付而未付的费用。月末编制资产负债表时,应将借方余额列入"待摊费用"项目内,将贷方余额列入"预计负债"等项目内。年终,制造费用全年实际发生数与分配数的差额,除其中属于为下一年开工生产作准备的可留待下一年分配外,其余部分实际发生额与分配额的差额,按已分配的比例一次分配计入12月份的各产品制造成本中,调增或调减当年产品的成本。如果实际发生额大于分配额的差额,用蓝字金额借记"基本生产成本"科目,贷记"制造费用"科目;如果实际发生额小于分配额的差额,用红字金额借记"基本生产成本"科目,贷记"制造专用"科目。

【例4-3】 三洋公司第一基本生产车间全年制造费用预算额为1 154 600元,全年各种产品的计划产量为:甲产品2 200件,乙产品1 500件;单件产品的工时定额为:甲产品8小时,乙产品5小时。假定第一基本生产车间4月份的实际产量为:甲产品180件,乙产品120件。4月份制造费用分配计算如下:

预定分配率=1 154 600÷(2 200×8+1 500×5)=46

4月份甲产品应负担的制造费用=46×(180×8)=66 240(元)

4月份乙产品应负担的制造费用=46×(120×5)=27 600(元)

该车间4月份应分配转出的制造费用=66 240+27 600=93 840(元)

假定4月份"制造费用"账户借方实际发生额为92 000元,贷方根据预定分配率转出制造费用93 840元,贷方余额1 840元,即多分配数平时不予调整。

续上例,假定到本年年末,采用预定分配率法已分配制造费用1 160 000元,其中,甲产品已分配760 000元,乙产品已分配400 000元。全年实际发生制造费用1 146 080元,多分配13 920元。如果该企业为非季节性生产企业,年末应进行调整冲回,具体计算如下:

调整分配率=−13 920÷1 160 000=−0.012

甲产品多分配的制造费用=(−0.012)×760 000=−9 120(元)

乙产品多分配的制造费用=(−0.012)×400 000=−4 800(元)

调整分配会计分录如下:

借:基本生产成本——甲产品 9 120

　　　　　　——乙产品 4 800

　贷:制造费用——第一基本生产车间 13 920

采用预定分配率法时,制造费用可以不用等到会计期末就能分配到各种(批、类)产品成本中,在一定程度上简化了分配手续,便于及时计算产品成本。这种方法特别适用于季节性生产的企业,因为在这种制造企业中,生产旺季和淡季的产量悬殊,各月制造费用却相差不多,如果按实际费用分配,会导致各月产品制造成本水平波动太大,使淡季单位成本水平偏高,旺季则偏低,从而不利于成本分析工作的进行。

由于预定分配率是在制造费用实际发生前确定的,因此要求企业必须有较高的计划工作和定额管理的水平,否则年度制造费用的计划数脱离实际太远,就会影响成本计算的正确性。

三、累计分配率法

累计分配率法是将发生的各项制造费用先分别累计起来,到产品完工时,再按累计分配率和完工产品的累计工时数(或其他分配标准)分配给完工批别的一种方法。对尚未完工的各产品批别应负担的制造费用,仍然留在原成本费用账中,待产品完工后,与新发生的费用一起累计后再分配。假定制造费用按工时进行分配,其计算公式如下:

$$某生产单位制造费用累计分配率=\frac{制造费用期初余额+制造费用本期发生额}{期初分配标准累计数+本期发生的分配标准量}$$

$$\begin{array}{l}某批已完工产品应\\负担的制造费用\end{array}=该生产单位制造费用累计分配率×该批完工产品分配标准的累计数$$

如果企业生产周期较长(一个月以上),产品生产批次较多,每月完工产品批次只占全部产品批次的一部分,为了简化制造费用的分配计算和登账工作,可采用制造费用累计分配率法分配制造费用。累计分配率法的具体方法将在本章第五节进一步阐述。

对于制造费用的分配计算,应按照生产单位分别编制制造费用分配明细表,根据该表的分配结果,登记各产品成本计算单,以反映各产品成本应承担的制造费用,同时还应根据制造费用明细表,汇总编制企业制造费用分配汇总表,据以进行制造费用分配的总分类核算。

应该注意的是,上述制造费用的分配方法都假定数量是唯一的成本动因,因而过分地简化了成本的产生过程。在过去高度人工密集型的企业里,对成本动因所作的这种假定不会严重地歪曲产品的成本。因为在生产中涉及的主要成本是材料和人工,两者均可直接追溯至生产的单位数,制造费用作为生产成本中的"杂项集合体"则并不重要(仅有极少的机器需要折旧和极低的服务成本)。然而,随着新制造环境的出现,情况与以前大大不同。由于自动化意味着更高的折旧费用、动力和其他同机器有关的费用,大多数制造成本均落入制造费用的范畴。在这种情况下再假定人工"驱动"制造费用将导致不准确的产品成本计算。

第四节 一般分批成本法的应用

如前所述,由于产品生产周期长短的不同,间接计入费用的分配可采用当月分配法(实际分配率法和预定分配率法)和累计分配法(累计分配率法)两种,由此产生了人们惯称的分批成本法和简化分批法两种不同的分批成本法。为了加以区分,通常将前者称为一般分批法。本节主要说明一般分批法在制造业与服务业中的具体应用。

一、一般分批成本法在制造业中的应用

【例 4-4】　明光工厂属于单件、小批生产类型的企业,根据购买单位的订单组织生产,采用分批法计算产品成本。该厂设有一个基本生产车间,辅助生产车间从略。2020 年 7 月有三批产品同时生产,要求按批号归集生产费用,计算各批产品成本。有关生产和费用支出情况的资料如下:

(1) 本月份生产产品的批号:7 月份投产甲产品 10 台,批号为 701,本月全部完工;6 月份投产乙产品 5 台,批号为 601,本月没有完工;6 月份投产丙产品 12 台,批号为 602,本月完工 6 台,其余未完工。因此,开设 701、601、602 三张成本计算单。

(2) 制造费用按生产工时比例在各批产品之间进行分配。

该厂设有直接材料、直接人工、制造费用等成本项目,费用是按月汇总的,但产品成本则在一批产品全部完工后才进行计算,如有分批出货情况,则按计划成本转出。

该厂 2020 年 7 月编制材料费用分配汇总表、工资费用分配汇总表的有关资料如表 4-2、表 4-3 所示。

表 4-2　材料费用分配表

2020 年 7 月

单位:元

应借账户	原料及主要材料	辅助材料	合　计
基本生产成本			
701	92 000	8 000	100 000
601	64 000	6 000	70 000
602	56 000	4 000	60 000
小　计	212 000	18 000	230 000
制造费用			
物料消耗		72 000	72 000
小　计		72 000	72 000
合　计	212 000	90 000	302 000

表 4-3　工资费用分配表

2020 年 7 月

单位:小时,元

应借账户	生产工时	分配率	金　额
基本生产成本			
701	10 000	15	150 000
601	6 000	15	90 000
602	8 000	15	120 000
小　计	24 000		360 000
制造费用			90 000
合　计			450 000

制造费用明细账如表4-4所示。

表4-4 制造费用明细账

基本生产车间 　　　　　　　　　　　　2020 年 7 月 　　　　　　　　　　　　单位：元

日期	摘 要	物料消耗	工资	折旧费	水电费	办公费	修理费	其他费用	合 计
7/31	材料费用分配表	72 000							72 000
7/31	工资费用分配表		90 000						90 000
7/31	有关费用分配表			120 000	80 000	50 000	56 000	144 000	450 000
	合 计	72 000	90 000	120 000	80 000	50 000	56 000	144 000	612 000

编制制造费用分配表如表4-5所示。

表4-5 制造费用分配表

2020 年 7 月

单位：小时,元

应借账户	生产工时	分配率	分配金额
生产成本			
701	10 000	25.50	255 000
601	6 000	25.50	153 000
602	8 000	25.50	204 000
合 计	24 000		612 000

根据材料费用分配表、工资费用分配表、制造费用分配表等资料,登记各批产品成本计算单,并计算完工产品总成本和单位成本。各批产品成本计算单如表4-6、表4-7、表4-8所示。

表4-6 产品成本计算单

开工日期：2020 年 7 月
完工日期：2020 年 7 月

产品批号：701
产品名称：甲产品 　　　　　　　产量：10 台 　　　　　　　单位：元

月 份	摘 要	直接材料	直接人工	制造费用	合 计
7 月	本月生产费用	100 000	150 000	255 000	505 000
	合 计	100 000	150 000	255 000	505 000
	产成品总成本	100 000	150 000	255 000	505 000
	单位成本	10 000	15 000	25 500	50 500

表4-7 产品成本计算单

开工日期：2020 年 6 月
完工日期：

产品批号：601
产品名称：乙产品 　　　　　　　产量：5 台 　　　　　　　单位：元

月 份	摘 要	直接材料	直接人工	制造费用	合 计
6 月	已累计成本	46 000	6 700	9 000	61 700
7 月	本月生产费用	70 000	90 000	153 000	313 000
	合 计	116 000	96 700	162 000	374 700

表 4-8　产品成本计算单

开工日期：2020 年 6 月
完工日期：
（本月完工 6 台）

产品批号：602
产品名称：丙产品　　　　　　　　产量：12 台　　　　　　　　单位：元

月　份	摘　要	直接材料	直接人工	制造费用	合　计
6 月 7 月	已累计成本 本月生产费用	120 000 60 000	27 000 120 000	42 600 204 000	189 600 384 000
	合计 单位计划成本 完工 6 台按计划成本转出	180 000 18 000 −108 000	147 000 14 000 −84 000	246 600 23 000 −138 000	573 600 55 000 −330 000

二、一般分批成本法在服务业中的应用

服务型企业为客户提供的是无形产品。在服务业中，各个批别在耗用的资源、花费的时间以及所用技术的复杂性等方面往往有着较大的差异，如法律咨询、审计、冰箱维修等服务。

与制造型企业不同，服务型企业一般耗用的直接材料少，有的甚至不消耗直接材料。但是，一般分批成本法在服务型企业中的运用程序与在制造型企业中的运用程序基本上相同。

【例 4-5】　2020 年 2 月，江中会计师事务所的专业审计人员对雷明公司的 2019 年度报表提供审计服务，江中会计师事务所采用分批法计算各审计项目的成本，具体成本分配计算步骤如下。

（1）确定成本计算对象。

江中会计师事务所是以各公司年度报表审计业务为工作批次（可称作一项委托或项目），在本例中，成本计算对象是雷明公司年度报表的审计业务。

（2）确定直接成本项目。

江中会计师事务所是以每个审计批次的专业人工成本作为直接成本的。每个专业审计人员将其为公司审计的工作时间记录在册，并分别归属于各个审计批次。根据记录，专业审计人员为雷明公司的审计业务耗用 600 小时。如果按照专业审计人员的工资总额与实际工作小时计算的实际直接人工分配率为每小时 40 元，则分配给雷明公司审计批次的直接人工成本为 24 000（40×600）元。

（3）确定间接成本总额——审计服务成本。

假设江中会计师事务所的间接成本项目只有一个审计服务成本，事务所的审计服务部门所发生的间接成本都包括在内。根据记录，本期应负担的水电费、折旧费、保险费等间接成本总额为 480 000 元。

（4）选择成本分配标准。

江中会计师事务所选择专业人工小时为审计服务成本的分配标准。根据记录，本期实际工作的专业人工小时为 16 000 小时。

（5）计算间接成本与分配率。

$$间接成本实际分配率 = \frac{本期间接成本实际发生额}{本期实际分配标准总数} = \frac{480\,000}{16\,000} = 30（元/小时）$$

根据间接成本实际分配率 30 元/小时,可计算出分配给雷明公司审计批次的间接成本为 18 000(30×600)元。

(6)汇总计算各成本项目的总成本。

根据以上各步骤的数据资料汇总,计算雷明公司审计业务的成本如下:

直接成本——专业人工	24 000 元
间接成本——审计服务	18 000 元
总成本	42 000 元

从以上江中会计师事务所对雷明公司审计业务的成本计算程序中可以发现,服务型企业的分批成本计算与制造型企业基本相同,只要将成本分配结果列示到各审计批次的成本计算单中,就可以反映出各审计批次的总成本。

专栏 4-2

CMA:由"管家"到"战略家"

纽约大学教授达摩达兰曾经说过:"企业的任何一项经济活动都有其财务意义。"毋庸置疑,任何企业都是为盈利而生,而任何一个对企业财务状况产生影响的决定就是该企业的财务决策。因此,从广义上讲,企业的一切活动都是理财活动。企业内部管理的核心就在于财务管理。

当前,中国经济正在进行一次大转型,财务管理除了转型之外,还要持续创新,提升财务管理在整个企业管理中的地位和作用,通过运用财务管理使企业适应整个经济转型与国内经济的形势。这就要求财务管理者的定位要从主要做财务分析和提供事后数据转向为决策管理提供支持、管理风险、创造价值,从"管家"转型为"战略家"。

如今,财务人员不再是坐在办公室里敲击算盘的"账房先生",也不是埋头只顾做报表的"表哥表姐",只懂得做会计报告的财务会计终将被社会所淘汰,财务管理者必须时刻关注动荡的外部市场,掌握市场的最新动态,随时根据市场波动调整企业的战略布局,预测未来,规避风险。CMA(美国注册管理会计师)认证已逐步成为财务管理者向更高职能迈进的重要保障。据 IMA 全球总裁兼首席执行官 Jeffrey C. Thomson 先生介绍,1970 年代,正值石油危机引发的经济危机在全球蔓延,市场上的商业组织在内部管理上除了财务会计,出现了管理会计人才严重匮乏的局面,对于应该给予人才什么样的课程培训和指导,市场上并没有一个可以信赖的过硬标准。当时,IMA 就决心开发出一个专业的认证资格,促进商业界财务专业从业人员的技能升级,使他们能够具备专业和领先的财务知识来应对变化的世界经济发展。CMA 资格所侧重的是预算预测、内部控制、决策分析、风险管理这类的升级内容,用最实用的知识体系培养管理会计精英,用最严格的测评标准保证认证的权威性。

(资料来源:中国管理会计网,2013 年 3 月 29 日)

第五节　简化分批法及其应用

在有些单件、小批生产的企业里,同一月份投产的产品批别很多,实际每月完工的批别不多,为了简化成本核算工作,对所发生的间接计入费用,可采用累计分配率法,这种方法可称为简化的分批法或累计间接计入费用分配率法,也就是不分批计算在产品成本的分批法。

一、简化分批法的特点

在简化的分批法下,每月发生的间接计入费用(包括计时工资和制造费用),不是按月在各批产品之间进行分配,而是将工资和制造费用先分别累计起来,到产品完工时,再按照完工产品累计生产工时的比例,在各批完工产品之间进行分配。对未完工产品应负担的工资和制造费用,仍然留在原成本费用账中,逐月累计起来,直到有完工产品的月份,才计算累计的工费分配率进行分配。其计算公式如下:

$$\frac{某项间接计入费用}{累计分配率} = \frac{各批产品该项累计间接费用总额}{各批产品累计生产工时总数}$$

$$\frac{某批完工产品应负}{担的某项间接费用} = \frac{该批完工产品}{累计生产工时数} \times \frac{该项累计}{间接费用分配率}$$

采用这种方法,除了应按产品批别设立产品成本计算单外,还必须设立基本生产成本二级账,以便按月提供企业全部产品的累计间接计入费用和累计生产工时资料。在各批产品完工之前,产品成本计算单内只需按月登记直接计入费用和生产工时或其他分配标准,不需按月登记间接计入费用,也不必按月分配间接计入费用和计算各批在产品成本。只有在有完工产品的那个月份,才根据基本生产成本二级账提供的资料,按上列公式计算、登记各批完工产品成本。

二、简化分批法的具体应用

【例4-6】　开利工厂属于单件、小批生产,产品批数多,生产周期长,月末经常有大量未完工的在产品,为了简化核算工作,间接计入费用采用累计分配率法。该厂2020年3月的产品批号有:

501	A产品10件	1月投产	本月全部完工
502	B产品8件	2月投产	本月完工3件
503	C产品12件	2月投产	本月尚未完工
504	D产品5件	3月投产	本月尚未完工

B产品的材料是在生产开始时一次投入的,本月完工的B产品已经加工了480个工时。

该厂基本生产成本二级账和各批产品成本计算单如表4-9、表4-10、表4-11、表4-12、表4-13所示。

表 4-9 基本生产成本二级账

2020 年 3 月   单位：元

月份	摘 要	直接材料	工时（小时）	直接人工	制造费用	合 计
2	已累计成本和工时	135 740	1 720	9 300	9 720	154 760
3	本月发生成本和工时	60 260	2 280	10 700	12 680	83 640
	合 计	196 000	4 000	20 000	22 400	238 400
	累计分配率			5[①]	5.60[②]	
	本月完工产品转出	76 100	1 960	9 800	10 976	96 876
3	已累计成本和工时	119 900	2 040	10 200	11 424	141 524

注：① 直接人工累计分配率＝20 000/4 000＝5；

    ② 制造费用累计分配率＝22 400/4 000＝5.60。

表 4-10 产品成本计算单

开工日期：2020 年 1 月

完工日期：2020 年 3 月

产品批号：501

产品名称：A 产品   产量：10 件   单位：元

月份	摘 要	直接材料	工时（小时）	直接人工	制造费用	合 计
1	本月发生成本和工时	20 640	180			
2	本月发生成本和工时	42 900	840			
3	本月发生成本和工时	4 460	460			
	累计数及累计分配率	68 000	1 480	5	5.60	
	本月完工产品成本转出	68 000	1 480	7 400	8 288	83 688
	完工产品单位成本	6 800		740	828.80	8 368.80

表 4-11 产品成本计算单

开工日期：2020 年 2 月

完工日期：

产品批号：502

产品名称：B 产品   产量：8 件   （本月完工 3 件）   单位：元

月份	摘 要	直接材料	工时（小时）	直接人工	制造费用	合 计
2	本月发生成本和工时	21 600	240			
3	本月发生成本和工时		700			
	累计数及累计分配率	21 600	940	5	5.60	
	本月完工产品转出	8 100	480	2 400	2 688	13 188
	完工产品单位成本	2 700		800	896	4 396
	月末在产品成本和工时	13 500	460			

表 4-12 产品成本计算单

开工日期：2020 年 2 月

完工日期：

产品批号：503

产品名称：C 产品   产量：12 件   单位：元

月份	摘 要	直接材料	工时（小时）	直接人工	制造费用	合 计
2	本月发生成本和工时	50 600	460			
3	本月发生成本和工时	21 400	800			

表 4-13 产品成本计算单

产品批号：504
产品名称：D产品　　　　　　　　产量：5 件

开工日期：2020 年 3 月
完工日期：

单位：元

月份	摘　要	直接材料	工时(小时)	直接人工	制造费用	合计
3	本月发生成本和工时	34 400	320			

三、简化分批法的优缺点及适用范围

采用简化的分批法，可以减少间接计入费用分配和登记的工作量，月末未完工产品的批别越多，核算工作就越简化。但是，由于各批未完工产品成本明细账不反映间接计入费用，也就不能完整地反映各批在产品成本。同时，由于累计分配率实际是一种加权平均分配率，如果各月间接计入费用水平相差悬殊，分配的间接计入费用将与实际情况不符，必然会影响各月产品成本的正确性。这种方法适用于投产批数繁多、完工批数较少、各月间接计入费用水平及其分配标准大致均衡的企业。

关键概念索引

分批成本法　分批出货　实际分配率法　预定分配率法　累计分配率法　简化分批法

复习思考题

1. 什么是分批成本法？分批成本法有哪些特点？
2. 分批成本法下的产品批别是如何确定的？
3. 简述分批法的成本计算程序。
4. 在分批法下如果发生分批出货情况，怎样计算产品成本？
5. 为什么说分批成本法下的制造费用分配是至关重要的？
6. 制造费用的实际分配率法有哪些特点？
7. 制造费用的预定分配率法有哪些特点？
8. 如何采用简化分批法计算产品成本？

练习题

一、单项选择题

1. 分批法的主要特点是( )。

A. 批内产品都能同时完工，不存在完工产品与在产品之间分配费用的问题

B. 以产品批别为成本计算对象

C. 费用归集和分配比较简便

D. 定期计算成本

2. 制造费用按预定分配率分配特别适用于(　　)。

A. 各项消耗和费用定额较为准确的企业　　B. 各项消耗和费用定额较为稳定的企业

C. 季节性的生产企业　　　　　　　　　　D. 辅助生产较大的企业

3. 在简化的分批法下,累计间接计入费用分配率(　　)。

A. 只是在各批完工产品之间分配间接计入费用的依据

B. 只是在各批在产品之间分配间接计入费用的依据

C. 只是在完工产品与在产品之间分配间接计入费用的依据

D. 既是各批产品之间,也是完工产品与在产品之间分配间接费用的依据

4. 采用分批法计算产品成本时,如果批内跨月完工产品的数量较多,且月末批内完工产品数量占全部批量的比重较大,完工产品成本可按(　　)计算。

A. 计划单位成本　　　　　　　　　　　　B. 约当产量比例分配

C. 近期同种产品的实际单位成本　　　　　D. 定额单位成本

5. 简化的分批法与一般分批成本法的主要区别是(　　)。

A. 不分配间接费用　　　　　　　　　　　B. 分批计算直接材料成本

C. 不分批计算在产品成本　　　　　　　　D. 不分批计算完工产品成本

二、多项选择题

1. 在分批成本法下,企业可以按照(　　)组织生产,计算成本。

A. 客户订单分批　　　　　　　　　　　　B. 产品的组成部分分批

C. 一张订单中不同规格的产品分批　　　　D. 将几张订单中相同的产品合为一批

2. 制造费用的分配方法主要有(　　)。

A. 交互分配率法　　　　　　　　　　　　B. 预定分配率法

C. 累计分配率法　　　　　　　　　　　　D. 实际分配率法

3. 采用简化的分批法,在各批产品成本明细账中,对于没有完工产品的月份,只登记(　　)。

A. 生产工时　　　　B. 直接材料　　　　C. 制造费用　　　　D. 间接计入费用

4. 采用简化的分批法,必须具备的条件是(　　)。

A. 各个月份的间接计入费用的水平相差悬殊

B. 各个月份的间接计入费用的水平相差不多

C. 月末完工产品批数比较多

D. 月末完工产品批数比较少

5. 在简化的分批法下,(　　)。

A. 在产品完工之前,产品成本计算单只登记直接材料费用和生产工时

B. 在基本生产成本二级账中,既要登记直接计入费用,又要登记间接计入费用

C. 只在有完工产品的那个月份,才计算完工产品成本

D. 不分批计算在产品成本

三、判断题

1. 在单件小批生产的企业中,按照产品批别计算产品成本,往往也就是按照订单计算产品成本,因此,产品成本计算的分批法也称订单法。( )

2. 采用分批法计算产品成本时,一般不存在完工产品与月末在产品之间分配费用的问题。( )

3. 按年度计划分配率分配制造费用时,每月各种产品负担的制造费用与各月实际发生的制造费用无关。( )

4. 月末,制造费用分配以后,"制造费用"账户应该无余额。( )

5. 为了使同一批产品同时完工,避免跨月陆续完工,减少在完工产品与月末在产品之间分配费用的工作,产品的批量越小越好。( )

四、业务题

习题一

1. 目的:熟悉制造费用的分配。

2. 资料:春光公司 8 月份生产甲产品的实际产量为 200 件,乙产品为 100 件,甲产品全年计划产量为 1 800 件,乙产品为 1 200 件。甲产品的工时定额为 5 小时,乙产品的工时定额为 4 小时,该月份发生的制造费用为 4 480 元。该企业全年计划制造费用为 62 100 元。

3. 要求:

(1) 按定额工时比例分配该月份的制造费用。

(2) 按预定分配率分配该月份的制造费用。

习题二

1. 目的:练习产品成本计算的分批法。

2. 资料:长城工厂产品成本计算采用分批法,2020 年 3 月份同时生产三批产品,批号 ♯101A 产品,1 月份投产,产量 20 台,2 月份已完工 8 台,本月完工 12 台;批号 ♯201B 产品,2 月份投产,产量 30 台,本月完工 30 台;批号 ♯301C 产品,本月投产,产量 45 台,本月尚未完工。3 月份有关成本资料如下。

(1) 月初在产品成本如下(单位:元):

产品批号及名称	月份	摘 要	直接材料	直接人工	制造费用
♯101A 产品	1		12 000	2 200	1 980
	2		38 000	8 800	6 020
	2	减完工 8 台计划成本	−27 600	−7 100	−6 160
♯201B 产品	2		9 300	1 060	1 100

(2) 本月耗用原材料及生产工时如下:

产品批号	产品名称	直接材料	生产工时
♯101	A 产品	20 000	1 240
♯201	B 产品	15 000	1 660
♯301	C 产品	9 800	500

(3) 本月发生的直接人工 18 700 元,制造费用 20 400 元。

3. 要求:

(1) 编制人工费用及制造费用分配表,按生产工时比例分配直接人工和制造费用。

(2) 编制产品成本计算单,计算各批次完工产品的总成本和单位成本。

(3) 编制完工产品入库的会计分录。

习题三

1. 目的:练习产品成本计算的简化的分批法。

2. 资料:新益工厂的生产组织属于小批生产,产品批数多,每月末完工不多,为简化核算,采用简化的分批法计算产品成本。2020 年 7 月、8 月有关成本资料如下:

(1) 产品批号及完工情况如下:

批　号	产品类别	投产日期	完工情况
#701	甲产品 12 件	7 月 12 日投产	8 月 15 日完工
#702	乙产品 8 件	7 月 28 日投产	8 月 30 日完工 3 件
#703	丙产品 6 件	8 月 15 日投产	尚未完工

(2) 各批号各月份发生的原材料费用及生产工时如下:

批　号	原材料(元)		生产工时(小时)	
#701	7 月份	12 400	7 月份	1 020
	8 月份	10 600	8 月份	1 780
#702	7 月份	30 800	7 月份	4 140
	8 月份	0	8 月份	5 560
#703	8 月份	25 000	8 月份	1 200

注:#702 产品的原材料在生产开始时一次投入,其完工 3 件产品的生产工时为 6 800 小时。

(3) 7 月该厂全部在产品的工资薪酬为 24 800 元,制造费用为 27 920 元。

(4) 8 月该厂全部产品的工资薪酬为 36 850 元,制造费用为 48 800 元。

3. 要求:采用简化分批法,计算完工产品总成本和单位成本。

✂️ 案例题

Taylor 公司是一家咨询公司,仅有一个直接成本项目(专业人工)和一个间接成本项目(客户服务)。Taylor 公司 2021 年的预算如下:

营业收入		20 000 000
营业成本:		
直接成本(专业人工)	5 000 000	
间接成本(客户服务)	13 000 000	18 000 000
营业利润		2 000 000

Taylor 公司的间接成本以专业人工成本为基础进行分配。

研讨问题：

1. 计算 Taylor 公司 2021 年预算间接成本分配率。

2. Taylor 公司通过成本加成来实现 10% 的毛利率，计算以专业人工成本为基础的成本加成率。

3. Taylor 公司正在竞投 Rooster 公司的一项咨询业务，Rooster 公司是一家快餐连锁店。该业务相关预算如下：

专业人工项目	预算分配率	预算小时
主　管	200	3
合伙人	100	16
一般咨询人员	50	40
其他人员	30	160

请计算这一业务的预算成本。如果要达到 10% 的毛利率，Taylor 公司应要价多少？

练习题及案例题参考答案

练习题

一、单项选择题

1. B　　　2. C　　　3. D　　　4. B　　　5. C

二、多项选择题

1. ABCD　　2. BCD　　3. AB　　4. BD　　5. ABCD

三、判断题

1. √　　　2. √　　　3. √　　　4. ×　　　5. ×

四、业务题

习题一

(1) 甲产品＝3 200(元)　乙产品＝1 280(元)

(2) 甲产品＝4 500(元)　乙产品＝1 800(元)

习题二

(1) 直接人工分配率＝5.50　制造费用分配率＝6

(2) ♯101A 本月完工产品成本＝62 400(元)　整批完工产品实际总成本＝103 260(元)

　　单位成本＝5 163(元)

　　♯201B 本月完工产品成本＝45 550(元)

(3) 略。

习题三

直接人工累计分配率＝4.50　制造费用累计分配率＝5.60

♯701 甲产品完工产品成本＝51 280(元)　♯702 乙产品完工产品成本＝80 230(元)

单位成本略。

案例题

如果要达到 10％的毛利率,Taylor 公司应要价＝32 400/90％＝36 000(元)

第五章
分步成本法

【本章要点】

- 分步成本法的特点及适用性
- 逐步结转分步法的特点及成本计算程序
- 成本还原的意义及其基本方法
- 平行结转分步法的特点及成本计算程序
- 逐步结转分步法与平行结转分步法的比较
- 分步成本法与分批成本法的比较

正如生产椰奶那样的制造企业,其生产通常分三个步骤进行。第一个生产步骤是将椰子肉汁与糖浆混合制成可装罐的液体,在这一步骤中,需要计算椰子肉汁和糖浆等材料的成本。第二个生产步骤是将空罐送往工厂,经过清洗和检测,装入第一个生产步骤制成的液体,这一步骤仅发生加工成本。第三个生产步骤在罐上加盖,然后将已装罐的椰奶包装成箱,被运往仓库成为待销的产成品存货。在分步骤加工产品的制造企业,须计算每一步骤的生产成本,而不须按产品批次计算成本。

第一节　分步成本法的基本原理

一、分步成本法的含义

分步成本法(process costing)简称分步法,是按照产品的生产步骤归集生产费用,计算各步骤半成品和最后完工产品成本的一种成本计算方法。它主要适用于大量大批的多步骤生产的企业或车间,如纺织、冶金、化工制品、肉类加工、造纸等制造企业。在这些企业里,生产的工艺过程由一系列连续加工步骤所构成,从原材料投入生产,每经过一个加工步骤,就产生一种半成品,这些半成品是下一步骤的加工对象,直到最后一步骤生产出完工产成品。例如,棉纺织印染厂除了花布或色布为产成品外,纺纱车间的棉纱、织布车间的坯布等均为半成品。为了加强各生产步骤的成本管理,不仅要求按照产品品种计算成本,还要求按照生产步骤计算成本,以便为考核和分析各生产步骤半成品和产成品成本计划的执行情况提供资料。

二、分步成本法的特点

在分步成本法下,成本计算对象是各个生产步骤的各种产品,产品成本计算单是按每个生产步骤的各种产品来设置的。对于生产过程中所发生的原材料等直接计入费用,应直接计入各成本计算对象。至于每一步骤发生的间接计入费用,应先按各个步骤归集,然后按一定标准,在该步骤的各种产品之间进行分配。

要指出的是,产品成本计算的分步与实际的生产步骤不一定完全一致。各企业根据成本管理的需要,有时候一个生产步骤就是一个车间,可按车间计算成本;有时候一个车间分为若干个生产步骤,则按每个生产步骤分别计算成本;有时候也可以将几个车间合为一个步骤计算成本。因此,分步计算成本不一定就是分车间计算成本。

分步成本计算工作是定期进行的。因为在大量大批生产的企业里,原材料连续投入,产品连续不断顺序加工,生产过程中始终有一定数量的在产品,成本计算只能在每月月底进行,所以成本计算是定期的。分步成本法的成本计算期与生产周期不一致,而与会计核算期一致。

分步成本法须分步确定在产品成本,并分别计算各步骤完工半成品和产成品成本。由于多步骤连续加工式的生产过程较长,但又可以间断,各步骤一般都有在产品存在,因此要采用适当的分配方法在完工产成品(或半成品)与月末在产品之间进行生产费用的分配。对于在产品的计价方法,可根据产品生产特点,采用约当产量比例法、定额比例法、在产品按定额成本计价法等不同的方法。

这类企业的半成品,有的对外出售,有的虽不出售但成本管理需要成本核算提供各个生产步骤的半成品成本资料,所以应采用逐步结转分步法计算各生产步骤半成品或产成品的成本。如果半成品不对外出售或很少出售,则采用平行结转分步法,不计算各步骤半成品成本,只要计算最后完工产品的成本。因此,根据成本管理对各生产步骤成本资料的不同要求和出于对简化成本计算工作的考虑,各生产步骤成本的计算和结转有逐步结转和平行结转两种方法。

专栏 5-1

竞争力下降,中国制造业如何突围?(一)

中国制造业面临的形势不容乐观。老牌制造业强国(美、德、日)受益于成熟的创新机制和持续的技术投资,竞争力明显上升;"金砖五国"(巴西、俄罗斯、印度、中国、南非)或凭借廉价生产要素(能源和劳动力),或以牺牲生态环境为代价所获得的竞争力优势式微;而"强力五国"(马来西亚、印度、泰国、印度尼西亚和越南)正在凭借着低廉的劳动力成本和市场增长的优势,成为制造业的后起之秀。在前有"强国",后有"追兵"的形势下,中国制造业的竞争力整体下降,中国公司应该如何突围?

在回答这个问题之前,我们要先了解中国公司高管对于中国内需疲弱和劳动力供给的担忧。

1. 中国市场吸引力下降。2015 年,中国经济增长 6.9%,创二十多年来的新低,预计 2016 年经济增速为 6.7%,2017 年低至 6%。经济放缓导致内需持续疲弱,中国作为诸多制造业产品主要销售市场的吸引力下降,制造业外资吸引力下降。据联合国统计,美国 2015 年的外资吸引力超越中国,吸收的外资总额是中国的 2.5 倍。

2. 产能过剩难以短期消化。需求下降、出口下滑、"4 万亿后遗症"等因素引起制造业活动下滑,导致工厂产能过剩。汽车产业的产能利用率已经从 2009 年的 100% 降至 70%。

3. 劳动力成本和结构的困扰。2005 年以来,中国劳动力成本已经上升 5 倍,比 1995

年涨了 15 倍。中国 20 年来第一次出现劳动力人口(15—64 岁年龄段)增长为负。到 2030 年,年轻人口(15—39 岁的群体)的比例有可能从 2013 年的 38% 下降到 28%。另外,尽管中国的理工科高校毕业生为数不少,但是具备实践经验和复合型人才的缺口依然很大。

4. 核心技术之殇。核心、基础、关键零部件对外依赖度高一直是中国制造产业之痛。中国专利总数全球第一,但是专利技术转让实施率(即全国专利技术转让合同数量与全国专利授权数量之比)约为 0.3%,这与发达国家的 5% 仍然有不小差距。

尽管中国目前仍然是制造业竞争力排名第一的国家,但是调查指出,中国的宝座地位将在 2020 年之前被美国超越,竞争力下滑至第二名。

(资料来源:财富中文网,2016 年 8 月 9 日)

第二节　逐步结转分步法

逐步结转分步法是需要计算各个生产步骤半成品成本的计算方法。在这种方法下,各步骤所耗用的上一步骤半成品的成本,要随着半成品实物的转移,从上一步骤的产品成本计算单转入下一步骤的产品成本计算单中。按照半成品成本在下一步骤成本计算单中的反映方法,又可分为综合结转和分项结转两种方法。在采用综合结转法时,需要将产成品所耗用以前步骤半成品的成本进行成本还原。

一、逐步结转分步法的特点

逐步结转分步法也称顺序结转分步法,它是按照产品加工顺序逐步计算并结转各步骤半成品的成本,直至最后生产步骤计算出产成品成本的一种成本计算方法。在逐步结转分步法下,先计算第一个生产步骤的半成品成本,随着半成品转移到第二个步骤继续加工,其成本也随同转移到第二个步骤。下一步骤将上一步骤转来的半成品成本,加上本步骤耗用的材料和加工费,计算出本步骤的半成品成本,这样顺序结转,产品成本也随同半成品成本逐步积累,直到最后一个步骤,计算出产成品成本。逐步结转分步法的成本计算程序可用图 5-1 列示。

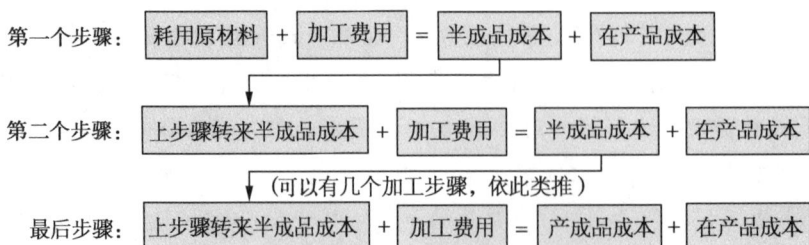

图 5-1　逐步结转分步法成本计算程序

逐步结转分步法的成本计算程序如下。

（1）以最终产成品的品种及其各步骤的半成品作为成本计算对象，分别设立产品成本计算单，并按照成本项目登记所发生的生产费用。直接费用可根据直接材料和直接人工的发生额直接计入各成本计算单；每个步骤发生的间接费用应先归集，然后按一定标准分配计入各步骤的产品成本计算单。

（2）对各步骤完工的半成品，应该将其成本从各步骤的成本计算单中转出。如果半成品不是通过自制半成品库收发，而为下一步骤直接领用，半成品成本就在各步骤的产品成本计算单之间直接结转，不必编制结转半成品成本的会计分录。如果半成品完工后，通过半成品库收发，应增设"自制半成品"账户，编制结转半成品成本的会计分录。在验收入库时，借记"自制半成品"账户，贷记"基本生产成本"账户；在下一步骤领用时再编制相反的会计分录。

（3）各步骤生产费用总额需要在各该步骤的完工半成品（产成品）和狭义在产品之间进行分配。在大量大批、多步骤生产中，由于生产过程较长而且可以间断，在月末计算产品成本时，各步骤一般都有在产品，因此需要采用适当的分配方法，将生产费用在各该步骤的完工半成品（产成品）与在产品之间进行分配。一般可采用在产品按定额成本计价法、定额比例法和约当产量比例法等方法进行分配。在按约当产量比例分配完工产品与在产品成本时，对在产品成本的计价，既可按加权平均法计算，又可按先进先出法计算。除以上述及的方法外，有的企业由于产品已接近完工，在产品成本就与完工半成品或产成品一样计价。有些企业的原材料成本在产品成本中所占比重较大，为简化核算，第一个步骤在产品可以按原材料成本计价，以后各步骤在产品则按上一步骤的半成品成本计价。

（4）各步骤完工半成品实物移交下一步骤加工，半成品成本跟着结转到下一步骤产品成本计算单。随着半成品实物的逐步移转加工，半成品成本也逐步结转，逐渐累积到最后一个步骤，在最后步骤的产品成本计算单上所归集的生产费用合计数扣除月末在产品成本，即可计算出产成品成本。

综上所述，逐步结转分步法就是为了计算半成品成本而采用的一种分步法，因此又称计列半成品成本分步法。逐步结转分步法实际上是品种法的多次连接应用。

按照半成品成本在下一步骤成本计算单中的反映方法，逐步结转分步法又可分为综合结转和分项结转两种方法。

二、综合结转法和分项结转法

（一）综合结转法

综合结转法的特点是将各步骤所耗用的上一步骤半成品成本，综合记入各该步骤产品成本计算单的"直接材料"或专设的"半成品"成本项目中。半成品成本的综合结转既可以按实际成本结转，也可以按计划成本结转。因此，综合结转法又有按实际成本综合结转法与按计划成本综合结转法两种方法。本书主要阐述实际成本的综合结转法。

采用按实际成本综合结转半成品成本时，各步骤所耗上一步骤的半成品成本，应根据所耗半成品的实际数量乘以半成品的实际单位成本计算。由于各月所产半成品的实际单位成本不同，因而可以采用先进先出法、加权平均法或个别计价法确定发出半成品的实际成本。

（二）分项结转法

分项结转法的特点是将各生产步骤所耗用的上一步骤半成品成本,按照成本项目分项转入各该步骤产品成本计算单的各个成本项目中。如果半成品通过半成品库收发,在自制半成品明细账中登记半成品成本时,也要按照成本项目分别登记。

分项结转既可以按照半成品的实际成本结转,也可以按照半成品的计划成本结转,然后按成本项目分项调整成本差异。由于后一种做法的计算工作量较大,因此一般采用按实际成本分项结转的方法。

三、加权平均法的计算程序

当采用逐步结转分步法的企业既有期初在产品又有期末在产品时,可采用加权平均法或先进先出法将成本分配给完工产品和期末在产品。加权平均成本法不考虑产品在何时加工制造,也就是不需要知道哪些完工产品是来自期初在产品,哪些是在本期投入本期完成的,而只要将期初在产品成本与本期发生的成本加在一起计算加权平均单位成本,然后将截至本期末所有产品的平均约当产量单位成本分配到本期完工产品和月末在产品中去。

【例 5-1】 长江工厂生产的甲产品经过第一、第二两个生产车间,第一车间生产甲半成品,第二车间对甲半成品加工,生产出甲产品。该企业采用逐步结转分步法计算成本,并按约当产量比例划分完工产品与月末在产品成本,在产品成本按加权平均法计价。假定长江工厂的原材料是在生产开始时一次投入的,且月初没有半成品存货。

2020 年 10 月份各车间有关产量和成本资料如表 5-1 所示。

表 5-1 产量记录

计量单位:件

	第一车间	第二车间
月初在产品	400(完工 40%)	500(完工 60%)
本月投入	2 000	1 800
本月完工	1 800	2 000
月末在产品	600(完工 50%)	300(完工 30%)

根据本例,其成本计算程序简述如下。

(1) 根据本月各种费用分配表、月初在产品成本资料和产量记录,登记第一车间产品成本计算单,并按约当产量比例法划分完工甲半成品与月末在产品成本。如表 5-2 所示。

表 5-2 产品成本计算单

（加权平均法）

第一车间   2020 年 10 月   产品名称:甲半成品

项目 \ 成本项目	直接材料	直接人工	制造费用	合 计
月初在产品成本	1 120	838	870	2 828
本月生产费用	5 000	2 522	2 910	10 432
合计	6 120	3 360	3 780	13 260

续表

项目＼成本项目	直接材料	直接人工	制造费用	合　计
约当总产量	2 400①	2 100②	2 100	
约当产量单位成本	2.55	1.60	1.80	5.95
完工半成品成本	4 590	2 880	3 240	10 710
月末在产品成本	1 530	480	540	2 550

注：① 直接材料约当总产量＝1 800＋600＝2 400；
②工费约当总产量＝1 800＋600×50％＝2 100。

（2）根据本月各种费用分配表、月初在产品成本资料、甲半成品领用单和产量记录，登记第二车间产品成本计算单，并按约当产量比例划分甲产成品成本和月末在产品成本。如表5-3所示。

表5-3 产品成本计算单

（加权平均法）

第二车间 　　　　　　　　　　2020年10月 　　　　　　　　　　产品名称：甲产成品

项目＼成本项目	自制半成品	直接人工	制造费用	合　计
月初在产品成本	4 010	959	1 378	6 347
本月生产费用	10 710	4 475	5 728	20 913
合计	14 720	5 434	7 106	27 260
约当总产量	2 300①	2 090②	2 090	
约当产量单位成本	6.40	2.60	3.40	12.40
完工产成品成本	12 800	5 200	6 800	24 800
月末在产品成本	1 920	234	306	2 460

注：① 自制半成品约当总产量＝2 000＋300＝2 300；
②工费约当总产量＝2 000＋300×30％＝2 090。

（3）根据第二车间产成品交库单，编制结转产成品成本的会计分录：

借：库存商品——甲产品 　　　　　　　　　　　　　　　　　　24 800

　　贷：基本生产成本——第二车间 　　　　　　　　　　　　　　　24 800

采用加权平均法时，由于约当产量单位成本是加权平均成本，所以当上月与本月成本水平差异较大时，上月产品成本水平就会对本月月末在产品成本产生一定的影响。尽管加权平均法具有手续比较简化的优点，但由于其所确定的单位成本是一种"混合"成本，因而不能如实地反映本期的实际成本水平。

四、先进先出法的计算程序

先进先出法假设生产的产品按投入生产的时间先后顺序完工，月初在产品应先于本月投产产品完工。因此，在进行成本计算时，应将期初在产品成本和本月投入生产的成本分开计算。在产品生产周期小于一个月的情况下，月初在产品将在本月全部完工，这样，月初在产品成本应全部计入本月完工产品成本，而本期投入的生产费用先用于完成期初在产品，然后用于本期投产的产品，因此本期发生的生产费用需要在本期投入本期完工产品与期末在产品之间划分。由于月末在产品成本不再受上月成本水平影响,因此当上月成本水平与本月成本水平差异较大时,为了如实地反映本月的实际成本水平,在产品成本按先进先出法计算更为合理。

【例5-2】 仍以长江工厂的数据资料为例,按先进先出法计算在产品成本。具体计算如表5-4和表5-5所示。

表5-4 产品成本计算单

（先进先出法）

第一车间　　　　　　　　　　　　　　2020年10月　　　　　　　　　　产品名称:甲半成品

项目 \ 成本项目	直接材料	直接人工	制造费用	合　计
月初在产品成本	1 120	838	870	2 828
本月生产费用	5 000	2 522	2 910	10 432
合计	6 120	3 360	3 780	13 260
约当总产量	2 000①	1 940②	1 940	
约当产量单位成本	2.50③	1.30④	1.50⑤	5.30
完工半成品成本	4 620	2 970	3 330	10 920
月末在产品成本	1 500	390	450	2 340

注:① 直接材料约当总产量＝1 800－400＋600＝2 000;
　　② 工费约当总产量＝1 800－400＋400×(1－40%)＋600×50%＝1 940;
　　③ 直接材料约当产量单位成本＝5 000÷2 000＝2.50;
　　④ 直接人工约当产量单位成本＝2 522÷1 940＝1.30;
　　⑤ 制造费用约当产量单位成本＝2 910÷1 940＝1.50。

表5-5 产品成本计算单

（先进先出法）

第二车间　　　　　　　　　　　　　　2020年10月　　　　　　　　　　产品名称:甲产成品

项目 \ 成本项目	自制半成品	直接人工	制造费用	合　计
月初在产品成本	4 010	959	1 378	6 347
本月生产费用	10 920	4 475	5 728	21 123
合计	14 930	5 434	7 106	27 470
约当总产量	1 800①	1 790②	1 790	
约当产量单位成本	6.067③	2.50④	3.20⑤	11.767
完工产成品成本	13 110	5 209	6 818	25 137
月末在产品成本	1 820	225	288	2 333

注:① 自制半成品约当总产量＝2 000－500＋300＝1 800;
　　② 工费约当总产量＝2 000－500＋500×(1－60%)＋300×30%＝1 790;
　　③ 自制半成品约当产量单位成本＝10 920÷1 800＝6.067;
　　④ 直接人工约当产量单位成本＝4 475÷1 790＝2.50;
　　⑤ 制造费用约当产量单位成本＝5 728÷1 790＝3.20。

尽管先进先出法计算比较复杂,但它能分别计算出由期初在产品加工完成的半成品(或产成品)单位成本和由本月投产完工产品的单位成本,就能保证管理人员评估当期业绩所使用的信息不受前期的影响,有利于成本分析,因为只有本期的工作才对本期的规划和控制最有意义;又由于它能使当期成本的波动与当期生产量迅速联系起来,因此也有利于成本控制。

五、综合结转法的成本还原

采用综合结转法结转半成品成本,各步骤所耗半成品的成本是以"半成品"或"直接材料"项目综合反映的,因此表现在产成品成本中的绝大部分费用是最后一个步骤所耗半成品的费用,而其他加工费用仅仅是最后步骤的加工费用,这样计算出来的产成品成本,不能提供按原始成本项目反映的成本构成资料,也不利于成本分析和考核。

为了便于成本分析,寻找降低产品成本的途径,必须将产成品成本中的半成品成本项目进行还原。还原的方法是采用倒顺序法,就是从最后一个步骤起,把各步骤所耗上一步骤半成品的综合成本,按本月所产该种半成品的成本结构进行还原。换言之,进行成本还原必须计算还原分配率,其计算公式如下:

$$还原分配率=\frac{本月产成品所耗上一步骤半成品成本合计}{本月所产该种半成品成本合计}$$

以还原分配率分别乘以本月所产该种半成品各个成本项目的费用,即可求得本月产成品所耗上一步骤半成品按原始成本项目反映的各项费用,然后与最后步骤相同成本项目的费用相加,就能得到按原始成本项目反映的产成品成本。

【例 5-3】 以例 5-1 长江工厂的数据资料为例进行成本还原。

长江工厂第二车间甲产品成本计算单中列示的本月产成品所耗半成品费用为 12 800 元,按照第一车间产品成本计算单中反映的本月所产半成品成本 10 710 元的各项费用的比例关系进行分解、还原,求出按原始成本项目反映的甲产品成本。为此,编制产成品成本还原计算表,如表 5-6 所示。

表 5-6 产品成本还原计算表

2020 年 10 月

单位:元

行次	项 目	还原分配率	半成品	直接材料	直接人工	制造费用	合 计
①	还原前产成品成本		12 800		5 200	6 800	24 800
②	本月所产半成品成本			4 590	2 880	3 240	10 710
③	半成品成本还原	12 800/10 710 =1.195	−12 800	5 486	3 442	3 872	0
④	还原后产成品成本			5 486	8 642	10 672	24 800

从以上的还原结果可以看出,成本还原只是改变产成品的成本构成,并没有改变产成品的总成本。

为了简化成本还原的工作,有些企业将产成品所耗的自制半成品成本按其计划成本的构成比例一次还原为按原始成本项目反映的成本。

第三节 平行结转分步法

平行结转分步法是不需要计算各个生产步骤半成品成本的计算方法。在这种方法下,半成品成本并不随着半成品实物的转移而结转。这是平行结转分步法与逐步结转分步法的主要区别。

一、平行结转分步法的特点

在有些连续加工式生产的企业里,各步骤生产出来的半成品只供本企业下一步骤继续加工使用,并不对外销售,管理上也不要求提供半成品成本资料,因此无须计算半成品成本,只须计算各步骤生产费用中应计入最后完工产成品成本的"份额",然后按成本项目平行汇总,就能计算出产成品成本。平行结转分步法也称不计列半成品成本分步法。

平行结转分步法的成本计算程序可用图 5-2 列示。

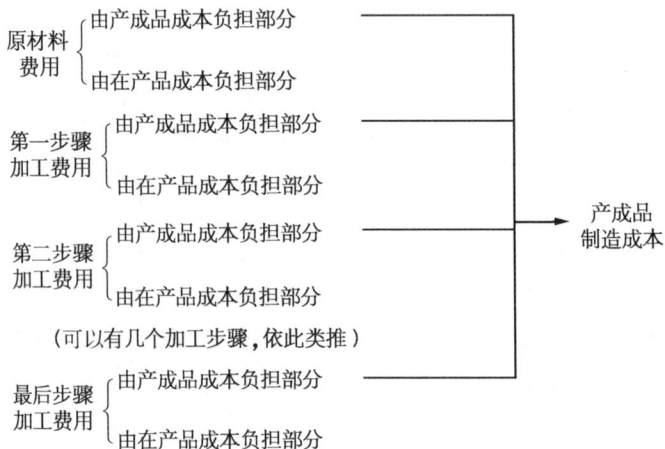

图 5-2 平行结转分步法成本计算程序

平行结转分步法有以下三个特点。

（1）以最终生产步骤的产品品种作为成本计算对象,并按生产步骤和产品品种设立产品成本计算单。各步骤只归集本步骤发生的费用,不计算完工半成品成本。在这种方式下,半成品成本不随着加工步骤转移,各步骤只要计算出本步骤费用中应计入产成品成本的份额,平行地计入产成品成本中。各步骤发生的直接计入费用,可根据直接材料和直接人工的发生额直接计入各成本计算单;间接计入费用应先按发生地点归集,然后再按一定标准分配,计入有关的产品成本计算单。

（2）不通过"自制半成品"账户进行总分类核算。在平行结转分步法下,各生产步骤不计算、也不逐步结转半成品成本,只是在企业的产成品入库时,才将各步骤费用中应计入产成品成本的份额从各步骤产品成本计算单中转出,从"基本生产成本"账户的贷方转入"库存商品"账户的借方。因此,采用这一方法,不论半成品在各生产步骤之间直接转移,还是通过半成品库收发,都不通过"自制半成品"账户进行总分类核算。

（3）各步骤生产费用总额需要在产成品和广义在产品之间进行分配。采用平行结转分步法,每一生产步骤的生产费用也要在产成品与月末在产品之间进行分配。必须指出,这里的在产品与逐步结转分步法的在产品不同,它不仅包括各步骤正在加工的在产品,还包括本步骤已经加工完成,并转入下一步骤进一步加工,或已由半成品库验收,还要进一步加工的自制半成品,这是就整个企业而言的广义在产品。

【例5-4】 申谊工厂设有三个基本生产车间,第一车间生产甲半成品,第二车间将甲半成品加工成乙半成品,第三车间将乙半成品加工成丙产成品。该企业采用平行结转分步法计算产品成本,原材料在生产开始时一次投入,各车间生产费用在完工产品与在产品之间的分配采用约当产量比例法。第一、第二和第三车间的产量记录列示如表5-7。

表5-7 产量记录

单位:件

	第一车间	第二车间	第三车间
月初在产品	200(完工40%)	160(完工30%)	240(完工90%)
本月投入	1 000	900	1 000
本月完工	960	1 000	1 100
月末在产品	240(完工50%)	60(完工30%)	140(完工100%)

根据表5-7的产量记录,可计算约当产量如下:

(1) 第一车间直接材料、工费的约当产量为:

直接材料的约当总产量＝240＋60＋140＋60＋1 100＝1 600(件)

工费的约当总产量＝240×50%＋60＋140＋60＋1 100＝1 480(件)

(2) 第二车间直接材料、工费的约当产量为:

工费的约当总产量＝60×30%＋140＋1 100＝1 258(件)

(3) 第三车间直接材料、工费的约当产量为:

工费的约当总产量＝140×100%＋1 100＝1 240(件)

由于在平行结转分步法下,半成品成本并不随着半成品实物的转移而结转,而是在什么步骤发生,就保留在该步骤的成本明细账内,直到最后加工成产成品才将其成本从各步骤的成本明细账里转出来。这样,各步骤产品成本明细账上反映的月末在产品成本,包括正在本步骤加工的在产品在本步骤所发生的费用,以及已在本步骤加工完成、移转到以后步骤但尚未最后制成产成品的那些半成品在本步骤发生的费用。

二、平行结转分步法的具体应用

【例5-5】 力生工厂设有两个生产车间,第一车间生产A半成品,第二车间将A半成品加工成A产成品。原材料在生产开始时一次投入,各车间生产费用在完工产品与在产品之间的分配采用约当产量比例法。该企业2020年5月份各车间有关产量资料如表5-8所示。

表5-8 产量记录

单位:件

	第一车间	第二车间
月初在产品	500	600
本月投入	1 000	1 300
本月完工	1 300	1 500
月末在产品	200(完工60%)	400(完工50%)

本例的成本计算程序简述如下。

（1）根据本月各费用分配表、月初在产品成本资料和产量记录，登记第一车间产品成本计算单，并按约当产量比例划分应计入产成品成本份额和月末在产品成本。如表 5-9 所示。

表 5-9　产品成本计算单

2020 年 5 月

第一车间　　　　　　　　　　　　　产品名称：A 产品　　　　　　　　　　　单位：元

项目＼成本项目	直接材料	直接人工	制造费用	合　计
月初在产品成本	10 000	4 120	6 000	20 120
本月生产费用	32 000	8 000	10 160	50 160
合计	42 000	12 120	16 160	70 280
约当总产量	2 100①	2 020②	2 020	
单位成本	20	6	8	34
应计入产成品成本份额	30 000	9 000	12 000	51 000
月末在产品成本	12 000	3 120	4 160	19 280

注：① 直接材料约当总产量＝1 500＋200＋400＝2 100；

　　② 工费约当总产量＝1 500＋200×60％＋400＝2 020。

（2）根据本月各费用分配表、月初在产品成本资料和产量记录，登记第二车间产品成本计算单，并按约当产量比例划分应计入产成品成本份额和月末在产品成本。如表 5-10 所示。

表 5-10　产品成本计算单

2020 年 5 月

第二车间　　　　　　　　　　　　　产品名称：A 产品　　　　　　　　　　　单位：元

项目＼成本项目	直接材料	直接人工	制造费用	合　计
月初在产品成本		2 000	3 000	5 000
本月生产费用		6 500	8 900	15 400
合计		8 500	11 900	20 400
约当总产量		1 700①	1 700	
单位成本		5	7	
应计入产成品成本份额		7 500	10 500	18 000
月末在产品成本		1 000	1 400	2 400

注：① 工费约当总产量＝1 500＋400×50％＝1 700。

从以上计算可以看出，在平行结转分步法下，生产费用按约当产量比例划分完工产品与在产品成本时，最后步骤的在产品与逐步结转分步法一样，也是狭义在产品。

（3）编制产成品成本汇总表。根据第一、第二车间产品成本计算单中的应计入产成品成本份额，平行汇总产成品成本，编制产成品成本汇总表。如表 5-11 所示。

表 5-11　产成品成本汇总表

2020 年 5 月

项目＼成本项目	产量(件)	直接材料(元)	直接人工(元)	制造费用(元)	合计(元)
第一车间	1 500	30 000	9 000	12 000	51 000
第二车间	1 500		7 500	10 500	18 000
合　计		30 000	16 500	22 500	69 000
单位成本		20	11	15	46

根据第二车间产品成本汇总表,编制结转产成品成本的会计分录:

借:库存商品——A 产品　　　　　　　　　　　　　　　　　69 000

　　贷:基本生产成本——第一车间　　　　　　　　　　　　　　51 000

　　　　　　　　　　——第二车间　　　　　　　　　　　　　　18 000

专栏 5-2

竞争力下降,中国制造业如何突围?(二)

为了应对这些挑战,企业必须围绕上述关键因素,努力打造竞争力。

1. 确保人才是"重中之重"。实施差异化的人才招募、发展和保留策略,努力识别和建立新的合作模式,充分利用企业外部人才。通用电气在中国强调员工的培训和发展机会,建立中国领导力发展中心,体现其对人才的承诺;在美国和西欧则通过协助在校学生攻读高等学位和聘请培训军队老兵等项目来应对婴儿潮人口退休的挑战。

2. 借助新兴技术将先进的硬件与软件、传感器以及大数据等技术应用于智能生产,并且连接客户、供应商和生产商。车联网的发展和人们出行习惯的改变促使汽车制造商们主动或者被动地引入新兴技术。福特以 1.8 亿美元投资软件公司 Pivotal,共同开发消费者体验平台 FordPass,为消费者提供新的服务项目,例如,通过手机应用程序远程连接汽车,以及包括停车位预定、汽车共享在内的移动出行解决方案。

3. 拥抱生态系统。随着工业领域硬件与软件的深度融合,企业对于外部资源的依赖程度会越来越大。企业需要拥抱更广阔的生态系统,整合并且利用制造业集群、技术集群和合作伙伴的优势。海尔的开放创新生态系统集合一些优秀设计能力的小公司,此类公司可以参与前端设计,和海尔一起研发产品,并且成为海尔的供应商,这种模式使新产品开发时间缩短 70%,并且实现了各方利益分享。

4. 找到全球化发展的平衡之道。制造企业全球化可以通过产品出口、国际收购和直接投资三种方式。根据德勤经验,对于欧美等成熟市场,收购成本较高但可以迅速获得技术、产能和渠道,前提是需要充分调研收购对象、时机、价格以及双方整合难度。而对于巴西、印度、南非这样潜力巨大的新兴市场,除了出口以外,在当地直接投资建厂也是很好的补充方式,决定成败的关键在于本土化,涉及合作伙伴选择、销售渠道布局、销售策略调整和产品结构的调整等。

5. 培养巧妙的、战略性的公私合作伙伴关系。在中国,机器人产业兴起的重要推手便是政府和社会资本的合作。政府通过补贴、合作基金、网络平台等方式支持企业发展,另外,国家也正在努力改善执行不利的或者过于官僚的制造业政策,加强制造业基础设施,并且寻求以更加有效的方式与企业合作。毫无疑问,中国和中国企业都在全球竞争领域里经历着一次重要的转型。

(资料来源:财富中文网,2016 年 8 月 9 日)

第四节　成本计算方法的比较

一、平行结转分步法与逐步结转分步法的比较

在分步成本法下,由于各生产步骤成本的计算和结转方式不同,形成平行结转和逐步结转两种成本计算方法,它们的主要区别表现在以下四个方面。

(一) 半成品成本结转方式不同

在平行结转分步法下,半成品实物移转到下一步骤加工,其成本仍然保留在发生地的产品成本计算单内,一般不计算半成品成本,只计算各生产步骤生产费用中应计入产成品成本的份额。因此,不能提供各步骤半成品成本资料,也不便于半成品资金的管理。在逐步结转分步法下,每月都要计算半成品成本,各生产步骤半成品的成本随实物移转而逐步结转,因而能够提供各生产步骤的半成品成本资料,便于半成品资金的管理。

(二) 产成品成本计算方法不同

在平行结转分步法下,产成品成本是由原材料费用和各步骤应计入产成品成本的加工费用组成,因而没有成本还原问题。在逐步结转分步法下,产成品成本是由最后加工步骤耗用上步骤半成品成本和最后步骤加工费用组成,因而需将半成品成本还原,才能取得按规定成本项目反映的产成品成本。

(三) 在产品的含义不同

在平行结转分步法下,在产品是广义的,它不仅包括正在本步骤加工的在产品,还包括经过本步骤加工完毕,但还没有最后制成产成品的一切半成品,它的成本按发生地反映,即保留在成本发生地的产品成本计算单内。在逐步结转分步法下,在产品是狭义的,仅指本步骤正在加工的在产品,它的成本是按所在地反映的,即各生产步骤产品成本计算单上按成本项目列示的在产品成本即为各该步骤加工中在产品的成本。

(四) 适用性不同

平行结转分步法一般适用于半成品种类较多、逐步结转半成品成本的工作量较大、管理上

不要求提供各步骤半成品成本资料的生产企业。逐步结转分步法一般适用于半成品种类不多、逐步结转半成品成本的工作量不大、管理上要求提供各生产步骤半成品成本资料的生产企业。

二、分步成本法和分批成本法的比较

分步成本法和分批成本法相比较,有下列四个不同点。

(一)成本计算对象不同

分步成本法是按产品的生产步骤(分步、不分批)归集生产费用,计算产品成本的一种方法,其成本计算对象是各个生产步骤的各种产品。分批成本法则是按产品的批别(分批、不分步)归集生产费用,计算产品成本的一种方法,其成本计算对象是产品的批别。

(二)成本计算期不同

分步成本法的产品成本计算工作是在每月末定期进行的,其成本计算期与生产周期不一致,而与会计报告期一致。分批成本法的产品成本计算工作则是不定期的,其成本计算期与生产周期一致,与会计报告期不一致。

(三)在产品计价不同

在分步成本法下,其产品的生产过程较长,但可以间断,月终计算成本时,各步骤内都有在产品,因此需将成本费用在完工产品与月末在产品之间进行分配,也就是有在产品的计价问题。在分批法下,其产品是按批分别投产并计算成本的,批内产品一般都能同时完工,产品完工前,产品计算单上归集的成本费用就是在产品的成本;产品完工后,成本计算单上所归集的成本费用就是完工产品的成本。因此,从理论上讲,这种方法一般不存在成本费用在完工产品与在产品之间的分配问题,即没有在产品的计价问题。

(四)适用性不同

分步成本法适用于大量大批多步骤生产的企业,分批成本法适用于单件、小批生产的企业。

关键概念索引

分步成本法　逐步结转分步法　平行结转分步法　综合结转法　分项结转法　成本还原　狭义在产品　广义在产品

复习思考题

1. 简述分步成本法的特点和适用范围。
2. 简述逐步结转分步法成本计算的具体程序。
3. 在逐步结转和平行结转两种方式下,在产品的含义有何不同?

4. 简述平行结转分步法成本计算的具体程序。

5. 简述综合结转法和分项结转法的优缺点。

6. 什么叫成本还原？如何进行成本还原？

7. 比较简述逐步结转分步法和平行结转分步法的异同。

8. 比较简述分步法与分批法的不同点。

练习题

一、单项选择题

1. 下列各种分步法中,半成品成本不随实物转移而结转的方法是( )。

    A. 按计划成本综合结转分步法　　　　B. 按实际成本综合结转分步法

    C. 分项结转分步法　　　　　　　　　D. 平行结转分步法

2. 采用平行结转分步法,第二个生产步骤的广义在产品不包括( )。

    A. 第一个生产步骤正在加工的在产品　　B. 第二个生产步骤正在加工的在产品

    C. 第二个生产步骤完工入库的半成品　　D. 第三个生产步骤正在加工的在产品

3. 需要进行成本还原的分步法是( )。

    A. 综合结转分步法　　　　　　　　　B. 平行结转分步法

    C. 分项结转分步法　　　　　　　　　D. 逐步结转分步法

4. 按照半成品成本在下一步骤成本明细账中的反映方法,逐步结转分步法可以分为( )。

    A. 综合结转分步法和平行结转分步法

    B. 平行结转分步法和分项结转分步法

    C. 实际成本结转分步法和计划成本结转分步法

    D. 综合结转分步法和分项结转分步法

5. 在平行结转分步法下,在完工产品与在产品之间分配费用,是指( )。

    A. 产成品与广义在产品

    B. 前面步骤的完工半成品与加工中的在产品

    C. 产成品与月末在产品

    D. 完工半成品与月末加工中的在产品

二、多项选择题

1. 采用平行结转分步法,不能提供( )。

    A. 所耗上一步骤半成品成本的资料

    B. 按原始成本项目反映的产成品成本资料

    C. 本步骤应计入产成品成本份额的资料

    D. 各步骤完工半成品成本的资料

2. 在分步法中,相互对称的结转方法有( )。

    A. 综合结转与平行结转　　　　　　　B. 逐步结转与平行结转

    C. 逐步结转与分项结转　　　　　　　D. 综合结转与分项结转

3. 采用综合结转分步法,可以按照( )计算结转半成品的实际成本。

    A. 先进先出法   B. 个别计价法

    C. 当月加权平均单价   D. 上月末的加权平均单价

4. 在逐步结转分步法下,产成品成本中的半成品费用可以按( )还原。

    A. 本月所耗半成品成本的结构

    B. 本月所产产成品成本的结构

    C. 本月所产半成品成本的结构

    D. 半成品的计划成本的构成比例

5. 平行结转分步法适宜在( )的情况下采用。

    A. 半成品种类较多

    B. 管理上不要求提供各步骤半成品成本资料

    C. 管理上要求提供各步骤半成品成本资料

    D. 计算和结转半成品成本工作量大

三、判断题

1. 平行结转分步法实际上就是品种法的多次连接应用。( )

2. 大量大批的多步骤生产企业都应按分步法计算成本。( )

3. 在逐步结转分步法下,半成品的收发都应通过"自制半成品"账户核算。( )

4. 在逐步结转分步法下,不论是综合结转法还是分项结转法,半成品成本都是随着半成品实物的转移而结转的。( )

5. 在平行结转分步法下,在产品成本不按其发生地点反映,而按其所在地反映。( )

四、业务题

习题一

1. 目的:练习逐步结转分步法。

2. 资料:某企业生产甲产品需经过两个加工步骤:第一个步骤生产出甲半成品;第二个步骤对甲半成品加工,生产出甲产成品。该企业采用逐步结转分步法计算产品成本,设有"直接材料""自制半成品""直接人工"和"制造费用"四个成本项目。

该企业 2020 年 7 月有关成本资料如下。

(1) 产量记录。

	第一步骤	第二步骤
月初在产品	120 件(完工 60%)	20 件(完工 70%)
本月投入	480 件	500 件
本月完工	500 件	400 件
月末在产品	100 件(完工 40%)	120 件(完工 50%)

原材料在生产开始时一次投入。

（2）各步骤月初在产品成本资料（金额单位：元）。

	直接材料	自制半成品	直接人工	制造费用
第一个步骤	5 340		480	1 000
第二个步骤		1 950	82	184

（3）本月各步骤发生的生产费用（金额单位：元）

	直接材料	直接人工	制造费用
第一个步骤	42 960	4 920	9 800
第二个步骤		3 506	7 222

3. 要求：根据以上资料,采用逐步结转分步法计算完工甲产品成本。

（1）各步骤在产品成本按加权平均法计算；

（2）各步骤在产品成本按先进先出法计算。

习题二

1. 目的：练习成本还原方法。

2. 资料：某企业生产的乙产品需经过第一、第二车间连续加工完成,采用逐步结转分步法计算产品成本,并设"自制半成品"成本项目。2020 年 6 月有关成本资料如下（金额单位：元）：

项 目	直接材料（或自制半成品）	直接人工	制造费用	总 计
第一车间半成品成本	16 000	5 000	9 000	30 000
第二车间成品成本	36 000	8 000	12 000	56 000

3. 要求：根据以上资料将第二车间的产成品成本进行成本还原。

习题三

1. 目的：练习平行结转分步法。

2. 资料：某企业生产的甲产成品需经两个加工步骤完成。第一个步骤生产甲半成品,交第二个步骤加工制造成甲产成品,原材料在生产开始时一次投入。

该企业 2020 年 10 月有关成本资料如下：

（1）产量记录。

	计量单位	第一步骤	第二步骤
月初在产品	吨	20	20
本月投产	吨	240	220
本月完工	吨	220	180
月末在产品	吨	40	60
月末在产品加工程度		50%	60%

（2）成本资料（金额单位：元）。

	直接材料	直接人工	制造费用
月初在产品成本			
第一个步骤	200 000	6 000	9 000
第二个步骤		5 120	800
本月费用			
第一个步骤	1 200 000	46 000	69 000
第二个步骤		98 560	53 200

3. 要求：按平行结转分步法计算甲产成品总成本和单位成本，并编制各步骤产品成本计算单和产成品成本汇总表。

习题四

1. 目的：练习产品成本计算的分步法。

2. 资料：某企业生产 A 产品需经过三个连续加工步骤：第一个步骤投入原材料生产出甲半成品；第二个步骤对甲半成品加工，生产出乙半成品；第三个步骤对乙半成品加工，生产出 A 产成品。该企业采用逐步结转分步法计算产品成本。自制半成品均由半成品仓库收发，设有"自制半成品"账户，自制半成品的计价采用加权平均法。

（1）各步骤投入产出资料（单位：件）。

	月初在产品	本月投入	本月完工	月末在产品
第一步	50	200	220	30
第二步	40	160	140	60
第三步	20	180	172	28

原材料在第一步开工时一次投入，工费随加工程度逐步发生，月末在产品完工程度均为 50%。

（2）月初自制半成品资料。

	数量（件）	单位成本（元）	金额（元）
甲半成品	20	22.40	448
乙半成品	80	26.75	2 140

（3）月初各步骤在产品部分成本资料（单位：元）。

	直接材料	自制半成品	直接工资	制造费用
第一步	750	—	140	50
第二步	—	—	41	20
第三步	—	—	25	15.60

(4) 本月各步骤发生的生产费用(单位:元)。

	直接材料	自制半成品	直接工资	制造费用
第一步	3 000	—	800	185
第二步	—	—	350	160.20
第三步	—	—	440	189

3. 要求:

(1) 设置 A 产品成本计算单和自制半成品明细账,采用逐步结转分步法计算成本,并按约当产量比例法划分完工产品成本和月末在产品成本(在产品成本按加权平均法计算)。

(2) 根据本题各步骤投入产出资料以及自制半成品资料,按平行结转分步法计算各步骤直接材料和工费的约当产量。

案例题

格里格·鲁是底特律部件工厂(DCW)的部门经理,他不停地抱怨:"我被吓坏了,因为我丢失了 2020 年 7 月份的成本记录。我将要参加的部门会议上必须对比 6 月份评价 7 月份的工作业绩。现在我手头只有加权平均数字。这对我要回答的问题基本没什么帮助。从我的角度来看,我们的效率应有所提高,而且直接材料价格下调,所以我应该报告一些好消息。我现在就需要 7 月份的数据!"DCW 公司通过机械车间和装配车间生产复杂的飞机机械部件。

2020 年 7 月份装配车间的产量记录如下:

项 目	实物量	投料率	完工率
7 月初在产品	120	0%	62.5%
7 月份投入	200		
7 月份完工	220		
7 月末在产品	100	0%	80%

7 月份装配车间的有关成本数据如下:

项 目	自制半成品	直接材料	加工成本
7 月初在产品成本	16 800	0	9 000
7 月份加权平均约当单位成本	131.25	20	114

研讨问题:

1. 采用先进先出法计算装配车间 7 月份完工产品的单位成本,这也是格里格·鲁想要的数据。

2. 先进先出法下计算的装配车间 7 月份完工产品成本比加权平均法下的是高还是低？为什么？

练习题及案例题参考答案

练习题

一、单项选择题

1. D   2. A   3. A   4. D   5. A

二、多项选择题

1. AD   2. BD   3. ABCD   4. CD   5. ABD

三、判断题

1. ×   2. ×   3. ×   4. √   5. ×

四、业务题

习题一

(1) 第一个步骤：

完工半成品成本＝55 250(元)　　月末在产品成本＝9 250(元)

第二个步骤：

完工产成品成本＝53 560(元)　　月末在产品成本＝14 634(元)

(2) 第一个步骤：

完工半成品成本＝54 290.67(元)　　月末在产品成本＝10 209.33(元)

第二个步骤：

完工产成品成本＝52 762.07(元)　　月末在产品成本＝14 472.60(元)

习题二

还原后产成品成本构成如下：直接材料为 19 200 元，直接人工为 14 000 元，制造费用为 22 800元。

习题三

第一个步骤：

完工产品负担份额＝990 000(元)　　月末在产品成本＝540 000(元)

第二个步骤：

完工产品负担份额＝131 400(元)　　月末在产品成本＝26 280(元)

完工产成品总成本＝1 121 400(元)

习题四

(1) A 产品本月领用甲半成品的成本为 3 232 元；乙半成品的成本为 4 500 元。

第一个步骤完工半成品成本＝4 400(元)

第一个步骤月末在产品成本＝525(元)

第二个步骤完工半成品成本＝3 360(元)

第二个步骤月末在产品成本＝1 339.20(元)

第三个步骤完工产成品成本＝4 949.30(元)

第三个步骤月末在产品成本＝755.30(元)

(2) 第一个步骤：原材料约当产量＝410　工费约当产量＝395

第二个步骤：工费约当产量＝270

第三个步骤：工费约当产量＝186

案例题

1. 完工产品的单位成本为 268.37(元)。

2. 采用先进先出法计算的完工产品成本要比采用加权平均法的高。这是因为，与本期相比，上期投入的自制半成品成本与加工成本的单位成本都较高，而采用先进先出法时，较高的期初在产品成本全部由完工产品负担。

第六章
废品、返工品及残料

【本章要点】

- 废品、返工品与残料核算的意义
- 废品、返工品与残料的区别
- 正常废品和非正常废品的核算方法
- 返工品的核算方法
- 残料成本的核算方法
- 质量检验时间的确定对废品成本计算的影响

不论是制造业还是服务业,都不可避免地会出现废品、返工品和残料。由于废品、返工品和残料的产生会导致高额的成本,企业为了生存,管理人员必须对这些成本加以关注,以减少废品、返工品和残料的发生。正如摩托罗拉前任首席执行总裁乔治·费希尔(George Fisher)所说的那样:"我们将以两年前的 10 倍、4 年前的 100 倍……的努力来改善产品的质量,不管是在打字、制造还是顾客服务方面,哪怕百万分之一的差错都是不允许的。"

第一节 废品、返工品和残料的核算意义

废品(spoiled goods)是指由于生产原因而造成的不符合规定技术标准的、不能按原定用途使用的产品。由于这些产品技术上已不存在修复的可能性,或者技术上虽然可以修复,但所需支付的修复费用在经济上是不合算的,只能被废弃或作为残料出售,因而又可称其为不可修复废品。例如,在电脑芯片等高新技术产品的生产过程中,由于其生产的复杂性和精密性,在生产过程中出现废品在所难免,而且这些废品往往是不可返工处理的。废品可能是在生产过程中发现的,也可能是在完成全部生产过程后才发现。废品率是一个常用的质量评价指标,废品率一般在某个检验点进行统计记录。

返工品(reworked units)是指在生产过程中,由于不合格而需返工修理后才能作为合格品出售的产品。与废品不同,返工品往往是技术上可修复的,并且所需修复费用在经济上是合算的,因而又可称其为可修复废品。例如,生产过程中发生的不合格的电脑磁盘驱动器,通过返工修理后又能作为合格产品出售。

残料(salvage)是指与主产品或联产品相比只有很低经济价值的产品,如在大宗材料切割过程中产生的边角料等。

对于许多制造型企业来说,废品、返工品和残料的出现是难以避免的,但是企业可以通

过重新设计产品、改进加工流程、培训和激励工人等减少废品、返工品和残料的产生。企业可以通过采取一定的措施来减少它们的数量。

当今激烈的全球竞争使高品质成为企业管理的焦点。企业管理者已经意识到减少或消灭不合格品不仅能降低产品成本，而且能增加销售量，从而增加企业的竞争能力。

为了核算生产过程中发生的废品及返工品带来的损失，应设置"废品损失"账户进行废品损失的归集和分配。该账户借方登记废品已耗的生产成本、返工品的返修费用以及退回废品而支付的运杂费等，贷方登记废品的残值和责任人的赔偿款。该账户借贷双方上述内容相抵后的差额，即为本月发生的废品净损失。对于正常原因产生的废品损失，应由本期完工的产品成本负担，月终将正常废品净损失从"废品损失"账户的贷方转至"基本生产成本"账户的借方，并由当月完工产品成本负担。对于非正常原因产生的废品损失，应作为损失冲减当月的损益。"废品损失"账户月末一般无余额。在废品损失账户下可按正常废品和非正常废品设置二级科目进行明细核算。

应予以注意的是，不需返修可降价出售的不合格品的降价损失，应在计算销售损益时体现，不应作为废品损失处理。产成品入库后，由于保管不善等原因而损坏变质的损失属管理上的问题，应作为管理费用处理，也不作为废品损失处理。出售后发现的废品，由于退回废品所支付的运杂费应包括在废品损失内。如果企业对产品提供质量担保的，在产品出售后发现的质量问题所发生的一切损失，应通过"预计负债"科目核算，不作为废品损失处理。

专栏 6-1

以卓越绩效模式为基础的世界三大质量奖项

全世界目前有 60 多个国家和地区设置了质量奖，而以卓越绩效模式为标准的质量奖项无论从数量还是影响力上均占比颇重。其中，以美国波多里奇国家质量奖、EFQM卓越奖以及中国的全国质量奖为典型代表，无论从奖项知名度、美誉度、社会认可度等方面，均成为宣贯与推广优秀质量管理理念、方式的典范。

美国波多里奇国家质量奖

波多里奇质量奖始于 1988 年，分为企业、健康卫生和教育机构三类，每年度在每个领域颁发三个奖项。奖项评审依据卓越绩效评价准则，为机构业绩管理提供一种可验证的先进管理模式以及系统的评估、观察方法，对照它，一个机构可以衡量自己是属于国内还是国际水平的优秀业绩模式，它不仅是评定美国国家质量奖的主要依据，也是评定美国总统质量奖、州颁奖项以及军队机构业绩改进的主要准则。波多里奇国家质量奖的评定和颁发，已促使许多美国企业达到了优秀业绩水平，并帮助整个美国经济实现竞争力的恢复与提升。

EFQM 卓越奖

在欧洲，越来越多的组织认识到质量管理活动是提高效率、减少成本、提高满意程度，满足顾客、员工、投资人、其他受益者需要，给组织带来更高绩效的有效途径。1988年，欧洲 14 家大公司发起成立了欧洲质量管理基金会（EFQM）。在欧洲质量组织和欧盟委员会的支持下,欧洲质量基金会开始筹划欧洲质量奖。于1991年正式设立欧洲质量奖,2006年更名为 EFQM 卓越奖。EFQM 卓越奖是欧洲几十个国家和地区质量奖领域的最高奖项,申请者通常应已经获得所在地区和国家的质量奖。

全国质量奖

2001年,全国质量奖(China Quality Award)正式设立,由中国质量协会负责承办,是与美国波多里奇国家质量奖、欧洲 EFQM 质量奖和日本戴明奖齐名的全球四大质量奖项。

全国质量奖由组织奖(全国质量奖)、项目奖(全国质量奖卓越项目奖)、个人奖(中国杰出质量人)和单项奖(全国质量奖管理特色奖)四部分组成。

全国质量奖卓越项目奖是对运用卓越绩效模式的理念在质量管理、技术创新等方面取得突出成效的重点工程和项目授予的在质量方面的最高荣誉。

中国杰出质量人是对积极践行质量强国战略、推行先进的质量管理理念、模式、工具和方法并为质量事业作出突出贡献的企业家、质量专家及质量工作者授予的在质量方面的最高荣誉。

全国质量奖管理特色奖是表彰在实施卓越绩效模式过程中践行卓越绩效模式理念并形成具有自身特色管理过程和方法的组织授予的荣誉。

(资料来源:中国质量新闻网,2016年5月28日)

第二节 废品、返工品和残料的核算原理

一、废品的核算

为了通过改善产品质量和生产流程达到控制和降低成本的目的,在进行废品核算时,应区分正常废品和非正常废品。

正常废品是指在有效的经营条件下所产生的废品,它是特定的生产流程中不可避免的结果。由于正常废品都被视为不可避免和不可控制的,因此当废品伴随着合格产品的产出而产生时,正常废品的成本被视为完工合格品成本的一部分。为了进行有效的成本控制,管理人员往往会根据工艺过程的特点规定正常废品的比例。一般而言,正常废品率是以完工合格品数量为基础计算的,而不是以实际投入的数量为基础计算的。

非正常废品是指在正常有效的生产条件下不应该产生的废品,它不是特定生产流程中固有的结果。由于大多数的非正常废品都被视为可避免和可控制的,因此非正常废品的成本在产品成本计算单上应作为一个单独的项目(如非正常废品损失)列示,并作为发现当期的损失转销。

归集非正常废品损失时,编制如下的会计分录:

借:废品损失——非正常废品损失(废品)

　　贷:基本生产成本

残值入库时,编制如下的会计分录:

借:原材料

    贷:废品损失——非正常废品损失(废品)

确认应收的赔款时,编制如下的会计分录:

借:其他应收款

    贷:废品损失——非正常废品损失(废品)

月末,非正常废品的净损失全部作为损失冲减当月的利润,应编制如下的会计分录:

借:本年利润

    贷:废品损失——非正常废品损失(废品)

应该注意的是,在实施全面质量管理的企业中,由于其管理的目标就是追求零缺陷,因此所有的废品,不论是正常的还是非正常的,都按非正常废品进行处理。

(一)分步法下正常废品的核算

在分步法下,对于正常废品的处理有两种方法:一是单独计算废品成本;二是不单独计算废品成本。

【例6-1】 汉新公司为电脑生产芯片,所有材料均在生产开始时一次投入。2020年5月,投入原材料2 160 000元,投入生产数量为10 000单位,月末完工产品6 000单位,其中,合格品5 000单位,废品1 000单位(全部为正常废品),期末在产品4 000单位。假定没有期初在产品。为简化起见,本例只考虑原材料成本。

我们用表6-1来表示采用方法一和方法二计算产品成本结果的差异。

表6-1 废品计算方法比较表

单位:元

项 目	方法一	方法二
生产费用	2 160 000	2 160 000
约当产量	10 000	9 000
约当产量单位成本	216	240
合格品成本	1 080 000	1 200 000
加:正常废品成本	216 000	0
完工产品成本	1 296 000	1 200 000
期末在产品成本	864 000	960 000

从表6-1的计算结果可以看出,由于方法二不单独计算废品成本,因而忽略了废品的约当产量,降低了约当总产量。其结果是完工产品成本被低估(是1 200 000元,而不是1 296 000元),而期末在产品成本中又包含96 000元的废品成本(1 296 000—1 200 000),实际上,这些废品成本与在产品无关,应属于完工产品。因为期末在产品在下一个会计期间还要继续加工,还会产生新的废品,这样,采用方法二,4 000单位的在产品就承担了两次废品成本,这个结果显然是不合理的。方法一由于是单独计算废品成本,并且在计算约当产量时也考虑了废品的约当产量,因此成本扭曲的情况就不会出现。此外,方法一还有助于向管理当局报告废品成本,从而使管理当局将降低成本的重点放在减少废品数量上。

要指出的是,如果企业在生产过程中经常发生废品,且废品成本在产品成本中所占的比重较大,对产品成本的影响也较大,废品成本就须单独进行核算,即可通过"废品损失——正常废品损失(废品)"账户单独归集正常废品成本,必要时还可设置"正常废品成本"的成本项目,在产品成本组成中单独列示。为了满足管理当局的需要,一般应按方法一进行废品的会计处理,也即单独计算废品成本。

在单独计算废品损失的情况下,根据所计算的废品成本,应编制如下的会计分录:

借:废品损失——正常废品损失(废品)   216 000

    贷:基本生产成本   216 000

月末,将正常废品损失转入生产成本时,应编制如下的会计分录:

借:基本生产成本   216 000

    贷:废品损失——正常废品损失(废品)   216 000

要注意的是,当废品有残值和应收的赔款时,应将所归集的废品损失扣除残值后的净值结转至"基本生产成本"账户。

(二)分批法下正常废品的核算

在单独计算正常废品损失的情况下,将所归集的废品净损失结转至特定批次产品成本时,应编制如下的会计分录:

借:基本生产成本——××批次

    贷:废品损失——正常废品损失(废品)

在不单独计算正常废品损失的情况下,只须在残值入库或确认赔款时编制如下的会计分录:

借:原材料

    其他应收款

    贷:基本生产成本——××批次

要指出的是,采用分批法时,一般不须划分完工产品与在产品成本,因此对与特定批次有关的正常废品,可采用不单独计算废品成本的方法。

如果正常废品的发生是与所有批次有关的,由于这时的废品损失不是专属的,从而也不应该归入某一特定的批次中去,因此应先将正常废品净损失结转至"制造费用"账户,然后通过制造费用的分配计入所有批次的产品成本中。例如,生产设备可能周期性地发生故障,在这种情况下,废品损失应分配给在设备故障期间的所有批别而不是特定的批别。此时,应编制如下的会计分录:

借:制造费用

    贷:废品损失——正常废品损失(废品)

在分批法下的废品损失处理方法也可运用于服务企业中。会计师事务所、广告代理公司和交通运输企业等都面临着同样的问题:废品成本应该与特定批别联系在一起还是与提供服务的基本过程联系在一起?

二、返工品的核算

对那些没有通过质量检验而随后被重新加工的返工品,会计上要解决的问题是如何计量返工品的追加成本。

(一) 分步法下返工品的核算

在分步法下,对返工品的核算仅要求区分正常返工品和非正常返工品。对正常返工品和非正常返工品所发生的返修成本,都应先通过"废品损失"账户归集,正常返工品所发生的返修成本最终与正常废品成本一起作为正常废品损失转入"基本生产成本"账户,并由当月完工产品成本负担,非正常返工品所发生的返修成本最终与非正常废品成本一起作为非正常废品损失冲减当月利润。

发生返工品返修成本时,应编制如下的会计分录:

借:废品损失——正常废品损失(返工品)
　　　　　　——非正常废品损失(返工品)
　　贷:原材料
　　　　应付职工薪酬
　　　　制造费用

月末,结转正常返工品的返修成本时,应编制如下的会计分录:

借:基本生产成本
　　贷:废品损失——正常废品损失(返工品)

结转非正常废品的返修成本时,应编制如下的会计分录:

借:本年利润
　　贷:废品损失——非正常废品损失(返工品)

(二) 分批法下返工品的核算

在分批法下,非正常返工品的核算与分步法相似。正常返工品的核算还要区分是与特定批次有关的还是与所有批次有关的。对于正常返工品所发生的成本,如果是与特定批次有关的,可将这些成本直接追溯到该批次中去,不须通过"废品损失"账户核算。其会计分录为:

借:基本生产成本——××批次
　　贷:原材料
　　　　应付职工薪酬
　　　　制造费用

对于与所有批次有关的正常返工品的返修成本,先通过"废品损失"账户核算,月末结转至"制造费用"账户,通过制造费用的分摊分配到所有批次中。归集返修成本时,其会计分录为:

借:废品损失——正常废品损失(返工品)
　　贷:原材料
　　　　应付职工薪酬
　　　　制造费用

月末,结转正常返工品返修成本时,编制如下的会计分录:

借:制造费用
　　贷:废品损失——正常废品损失(返工品)

在实务中,要将返工成本追溯到特定批次的产品可能要耗费大量的时间,甚至是不可能的。因此,返工成本经常被计入制造费用,并通过制造费用的分配由所有批次的产品负担。

要指出的是,返工品损失的归集是指当月实际发生的修复费用,它与返工品发现的时间无关。

三、残料的核算

尽管残料是只有很低经济价值的产品,但其核算方法的选择也会影响存货成本的核算和营业利润等的计量。因此,进行残料成本的核算应考虑以下两个方面的问题。

(1) 残料确认的时间。残料的确认有两种可供选择的时间:生产时确认或销售时确认。

(2) 残料确认的方法。残料的确认也有两种可供选择的方法:作为收入确认或作为产品成本的冲减。

将这两个问题和选择结合起来考虑,可以得到三种可能的残料的会计处理方法,如表 6-2 所示。

表 6-2 残料会计处理方法比较

残料会计处理方法	残料确认的时间	残料确认的方法	会计核算
方法 A	销 售	作为收入(残料退库时不作会计分录)	借:库存现金或其他应收款 贷:其他业务收入
方法 B	销 售	冲减成本(残料退库时不作会计分录)	借:库存现金或其他应收款 贷:制造费用 基本生产成本
方法 C	生 产	冲减成本(残料退库时按估计价格入账)	借:原材料 贷:制造费用 基本生产成本

如果生产中产生的残料的市场价值很小,且很快地被销售或者是被处理掉,可以采用 A 和 B 两种方法进行会计处理。如果残料的市场价值较高,且存储时间较长,可以采用 C 法对残料进行估价,冲减生产成本。

应该注意采用分步法与采用分批法对残料处理的不同之处。采用分步法时,残料成本一律冲减"制造费用"账户。采用分批法时,残料成本应区别情况处理:如果残料是与特定批次有关的,应冲减该批次产品的成本,即贷记"基本生产成本"账户;如果残料是与所有批次有关的,应贷记"制造费用"账户。

专栏 6-2

全面质量管理与卓越绩效模式素描

全面质量管理是全世界为了实现卓越的组织绩效而对组织的系统进行综合、全面和持续改进的方法论。可以这样认为,全面质量管理是一种以全面质量(TQ)为特征的管理方式(M)。

全面质量管理带给了中国人什么?

第一次让国人明白质量不仅是符合标准,而是要符合顾客的要求、让顾客满意,卖不出去的产品就不是好产品;

第一次帮助企业了解质量不是检验出来的,而是设计和制造出来的,通过预防管理可以充分减少残次品的浪费;

第一次让质量管理人员意识到,质量问题是可预防的,只要影响质量的因素——人、机、料、法和环境处在可控状态下,产品质量就会处于稳定的状态;

第一次令企业管理者明白,质量不是某个个体的事情,而是需要全员、全过程参加,它是一个全面的质量管理;

第一次帮助质量研究培训人员认识到,质量不仅是靠先进设备生产出来的,而是要依靠教育,质量是始于教育、终于教育,只有"人"的素质提高了,高质量的产品才能被生产出来。

全面质量管理的有效性在过去的半个多世纪时间中多次被世界各国的实践所证明:第二次世界大战结束后,日本通过系统、深入地开展全面质量管理,用了近20年时间从战后的一片废墟一跃成为全球第三大经济强国,而日本的经济复兴也被称作是一场"质量革命";通过20世纪80、90年代广泛而深入的质量运动,美国产业界迅速扭转颓势,重新夺回全球产业霸主的地位。

我国自1987年开始引入和推行全面质量管理,迄今30余年已过,全面质量管理在中国深入推行的30年,也是中国改革开放全面推进的30年。30余年间,全面质量管理伴随中国制造崛起,中国经济腾飞,为中国各类组织管理水平的提升立下了汗马功劳。

（资料来源：中国质量新闻网,2016年5月28日）

第三节　分步法与废品

本书第五章已经讨论了分步成本法核算的基本程序和方法,本节将进一步对分步成本法下的正常废品和非正常废品的核算方法进行探讨。

【例6-2】　立达公司生产的A产品经过两个生产车间加工,采用逐步结转分步法计算成本。直接材料在生产开始时一次投入,加工成本随加工进度逐渐发生。在生产过程中出现的废品只有在完工产品检验时才能发现。在一般情况下,正常废品率是合格产品的10%。立达公司采用约当产量比例法划分完工产品成本与在产品成本,且期末在产品成本按加权平均法计价。2020年5月份有关的数据汇总如表6-3和表6-4所示。

表6-3　产 量 记 录

计量单位：件

项　目	第一车间	第二车间
月初在产品	1 500(完工60%)	1 000(完工50%)
本月投入	8 500	7 000
本月完工	7 000	5 500
月末在产品	2 000(完工50%)	1 500(完工40%)

表6-4 成本资料

单位：元

项 目	第一车间	第二车间
月初在产品成本：		
直接材料	12 000	
自制半成品		20 725
直接人工	5 000	16 250
制造费用	4 000	10 075
本月生产费用：		
直接材料	76 500	
直接人工	49 000	37 000
制造费用	40 100	17 615

根据上述资料，按如下程序计算成本。

第一步，计算确定废品数量，包括正常废品和非正常废品的数量。

总废品数量＝(月初在产品数量＋本月投入数量)－(完工合格品数量＋月末在产品数量)

第一车间：

总废品数量＝(1 500＋8 500)－(7 000＋2 000)

　　　　　＝10 000－9 000

　　　　　＝1 000(件)

由于正常废品率为10％，则：

正常废品数量＝7 000×10％＝700(件)

非正常废品数量＝1 000－700＝300(件)

第二车间：

总废品数量＝(1 000＋7 000)－(5 500＋1 500)

　　　　　＝8 000－7 000

　　　　　＝1 000(件)

正常废品数量＝5 500×10％＝550(件)

非正常废品数量＝1 000－550

　　　　　　　＝450(件)

第二步，计算约当产量。

第一车间：

直接材料的约当产量＝7 000＋2 000＋700＋300＝10 000(件)

工费的约当产量＝7 000＋2 000×50％＋700＋300＝9 000(件)

第二车间：

自制半成品的约当产量＝5 500＋1 500＋550＋450＝8 000(件)

工费的约当产量＝5 500＋1 500×40％＋550＋450＝7 100(件)

第三步，分别为第一车间和第二车间编制产品成本计算单(见表6-5和表6-6)，完成产品成本的计算工作。

表6-5　产品成本计算单

A 半成品
单位：元

第一车间　　　　　　　　　　　　2020 年 5 月

项　目	直接材料	直接人工	制造费用	正常废品损失	合　计
月初在产品成本	12 000	5 000	4 000		21 000
本月生产费用	76 500	49 000	40 100		165 600
合计	88 500	54 000	44 100		186 600
约当总产量	10 000	9 000	9 000		
约当产量单位成本	8.85	6	4.90		19.75
结转正常废品成本	−6 195	−4 200	−3 430		−13 825
转入正常废品净损失				13 825	13 825
完工产品成本	61 950	42 000	34 300	13 825	152 075
非正常废品成本	2 655	1 800	1 470		5 925
月末在产品成本	17 700	6 000	4 900		28 600

表6-6　产品成本计算单

A 产成品
单位：元

第二车间　　　　　　　　　　　　2020 年 5 月

项　目	自制半成品	直接人工	制造费用	正常废品损失	合　计
月初在产品	20 725	16 250	10 075		47 050
本月生产费用	152 075	37 000	17 615		206 690
合计	172 800	53 250	27 690		253 740
约当总产量	8 000	7 100	7 100		
约当产量单位成本	21.60	7.50	3.90		33
结转正常废品成本	−11 880	−4 125	−2 145		−18 150
转入正常废品净损失				18 150	18 150
完工产品成本	118 800	41 250	21 450	18 150	199 650
非正常废品成本	9 720	3 375	1 755		14 850
月末在产品成本	32 400	4 500	2 340		39 240

在上例中，假定在产品完工程度达 100% 时再进行检验的，因此废品是在产品加工完毕后才发现的。实际上，许多制造公司为了加强产品质量控制，往往会在生产过程中进行产品质量的检验。下面进一步讨论由于检验时间的不同对废品成本计算的影响。

【例6-3】　大众公司生产汽车零部件，其铸造车间的正常废品率为检验时合格产品数量的 10%。假定铸造车间的直接材料是生产开始时一次投入的，加工成本是随加工进度逐渐发生的。再假定该车间对其生产的产品拟分别选择完工率为 20%、50% 或 100% 中的某一个时点进行检验。2020 年 6 月,该车间的月初在产品为 11 000 件,完工率为 25%,当月投入生产 74 000 件,月末在产品为 16 000 件,完工率为 75%。如果在每个阶段中发现的废品均为 8 000 件。下面分别探讨选择不同检验时间对正常废品和非正常废品的数量确定有何影响。

(1) 在以完工率 20% 为检验点时,由于月初在产品的完工率为 25%,已经通过检验,因此只有当月投产的产品完工率为 20% 检验时,才可能发现废品。此时,正常废品和非正常废品的数量可计算如下:

正常废品数量＝(投入生产数量－废品数量)×正常废品率
$$=(74\,000-8\,000)\times10\%$$
$$=6\,600(件)$$

非正常废品数量＝废品数量－正常废品数量
$$=8\,000-6\,600$$
$$=1\,400(件)$$

(2) 在以完工率 50% 为检验点时,由于月初在产品的完工率为 25%,还未经过检验,因此当月初在产品和本月投产产品的完工率达到 50% 的检验点时,都有可能发现废品。此时,正常废品和非正常废品的数量可计算如下:

正常废品数量＝(月初在产品数量＋本月投产数量－废品数量)×10%
$$=(11\,000+74\,000-8\,000)\times10\%$$
$$=7\,700(件)$$

非正常废品数量＝废品数量－正常废品数量
$$=8\,000-7\,700$$
$$=300(件)$$

(3) 在以完工率 100% 为检验点时,由于只有月末完工产品的完工率才达到 100% 并经过检验,因此只有在产品全部完工时,才有可能发现废品。此时,正常废品和非正常废品的数量可计算如下:

正常废品数量＝(月初在产品数量＋本月投产数量－废品－月末在产品数量)×10%
$$=(11\,000+74\,000-8\,000-16\,000)\times10\%$$
$$=6\,100(件)$$

非正常废品数量＝废品数量－正常废品数量
$$=8\,000-6\,100=1\,900(件)$$

从上述的计算结果可以看出,质量检验时间的确定对正常废品和正常废品数量的计算有着很大影响,从而影响产品成本计算的结果。此外,在生产过程中尽早地发现废品,可为企业节约额外的开支。因此,合理选择产品质量的检验时间是分步成本计算法下进行废品管理的关键。

❖ 关键概念索引

废品　正常废品　非正常废品　废品率　返工品　残料　检测点

复习思考题

1. 为什么提高质量已成为制造型企业一个必然的趋势？
2. 什么是废品？如何区分正常废品和非正常废品？
3. 什么是返工品？
4. 采用分批法和分步法时，废品和返工品的核算有何区别？
5. 进行残料核算时，应考虑哪些问题？
6. 正常废品的处理方法有哪几种？
7. 与不单独核算废品的方法相比，单独核算废品方法有什么优点？
8. 你是否同意"质量检验时间是控制废品成本的关键"这句话？为什么？

练习题

一、单项选择题

1. 正常废品是指在有效的经营条件下所产生的废品，它是特定的生产流程中不可避免的结果，因此其成本（　　　）。
   A. 必须单独核算　　　　　　　　　　B. 不需要单独核算
   C. 不应计入完工合格品成本　　　　　D. 被视为完工合格品成本的一部分

2. 正常废品率是以（　　　）数量为基础计算的，而不是以实际投入的数量为基础计算的。
   A. 完工合格品　　　　　　　　　　　B. 完工产成品
   C. 实际投入　　　　　　　　　　　　D. 期末在产品

3. 如果残料的市场价值较高，且存储时间较长，可以采用（　　　）法对残料进行会计处理。
   A. 在生产时冲减成本　　　　　　　　B. 在生产时确认收入
   C. 在销售时冲减成本　　　　　　　　D. 在销售时确认收入

4. 采用分批法时，如果残料是与所有批次有关的，则应贷记（　　　）账户。
   A. 基本生产成本　　　　　　　　　　B. 营业外支出
   C. 制造费用　　　　　　　　　　　　D. 管理费用

5. 经过质量检验部门鉴定不需要返修，可以降价出售的不合格品的降价损失，应作为（　　　）处理。
   A. 营业费用　　　　　　　　　　　　B. 废品损失
   C. 管理费用　　　　　　　　　　　　D. 销售损益

二、多项选择题

1. 进行残料成本的核算，应考虑（　　　）等方面的问题。
   A. 残料确认的时间　　　　　　　　　B. 残料发生的原因
   C. 残料确认的方法　　　　　　　　　D. 残料价值的大小

2. 下列对废品核算的表述中,正确的是(   )。

A. 进行废品核算时,应区分正常废品和非正常废品

B. 非正常废品在发现当期作为损失转销

C. 正常废品成本由完工合格品负担

D. 正常废品可以不单独核算

3. 采用分批法时,对于残料成本(   )。

A. 可能贷记"基本生产成本"账户   B. 可能贷记"制造费用"账户

C. 一律冲减"制造费用"账户   D. 可能借记"原材料"账户

4. 废品是指(   )产品。

A. 技术上可修复的   B. 技术上不可修复的

C. 所需修复费用在经济上是合算的   D. 所需修复费用在经济上是不合算的

5. 残料是只有很低经济价值的产品,但其核算方法的选择也会影响(   )。

A. 期末存货成本   B. 营业利润   C. 营业收入   D. 其他应收款

三、判断题

1. 在实施全面质量管理的企业中,由于其管理的目标就是追求零缺陷,因此不论是正常的还是非正常的,所有的废品都按非正常废品进行处理。(   )

2. 如果企业在生产过程中经常发生废品,且废品成本在产品成本中所占的比重较大,对产品成本的影响也较大,则废品成本就需单独进行核算。(   )

3. 由于保管不善等原因造成的产品毁损和变质所发生的损失应作为非正常废品损失处理。(   )

4. 返工品是那些技术上可以修复的产品。(   )

5. 无论是采用分批法还是分步法,对残料的账务处理方法是相同的。(   )

四、业务题

习题一

1. 目的:练习废品成本的计算。

2. 资料:银河公司采用分步法计算产品成本,直接材料在生产开始时一次投入,加工成本随加工进度逐渐发生,采用先进先出法计算成本。质量检验发生在生产流程完工时,废品的净处理价格为0。2020年6月银河公司第一个生产步骤的有关资料如下:

项 目	实物数量(件)	直接材料(元)	加工成本(元)
月初在产品	1 000	1 300	1 250
本月投入	?	12 180	27 750
月末完工并结转的合格品	9 000		
正常废品	100		
非正常废品	50		
月末在产品	2 000		

117

月初在产品完工程度为 50%,月末在产品完工程度为 30%。假定废品都是本月投入生产的产品所发生的。

3. 要求:

(1) 计算当月发生的直接材料和加工成本的约当产量。

(2) 计算完工产品的成本。

习题二

1. 目的:练习废品损失的核算。

2. 资料:

(1) 上月完工入库的甲产品中发现 3 件废品和 10 件返工品,经查明原因,其中有 2 件废品和 8 件返工品是生产原因造成的,另外 1 件废品和 2 件返工品是成品仓库保管不善造成的。废品报废每件回收残值 25 元(可作材料用),返工品 10 件当即送交仓库进行返修,共发生的返修费用为:直接材料 350 元,直接工资 180 元,应负担的制造费用 160 元(假定每件返工品的修复费用均等)。10 件返工品本月修完,并交回产成品仓库。上月甲产品单位成本为 167 元,其中,直接材料 135 元,直接工资 16 元,制造费用 14 元,正常废品损失 2 元。

(2) 本月收到上月以赊销方式销售的甲产品退货 10 件,经查明均是生产原因造成。其中有 6 件属废品,收得残料估价 150 元;另外 4 件为返工品,当即退回车间进行返修,发生的返修费用为:直接材料 120 元,直接工资 12 元,制造费用 11 元。返工品至月底尚未修复,下月继续进行。甲产品销售单价为 250 元,退货款已从银行存款户中转出。

3. 要求:假设废品和返工品均为生产过程中不可避免的,根据上述资料作成必要的会计分录。

习题三

1. 目的:练习分步法下废品成本的计算。

2. 资料:中山公司采用分步法核算成本,该公司有两个生产步骤:裁板与冲压。在裁板步骤,直接材料是在生产开始时一次投入的,而在冲压步骤,直接材料是在生产结束时投入的,裁板步骤的完工产品全部转入冲压步骤继续生产。2020 年 5 月份的有关资料如下:

项　　目	裁板步骤	冲压步骤
月初在产品成本(元)		
裁板步骤:直接材料 1 000;加工成本 800	1 800	
冲压步骤:上步转入的成本 6 450;加工成本 2 450		8 900
本月成本发生额(元)		
直接材料	9 000	640
加工成本	8 000	4 950
实物数量(件)		
月初在产品	1 000	3 000

续表

项　目	裁板步骤	冲压步骤
本月投入数	9 000	7 400
完工并结转的合格品	7 400	6 000
正常废品	740	300
非正常废品	260	100

5 月末，所有的期末在产品的加工程度均为 25%，5 月初的在产品的加工程度均为 80%。裁板步骤正常废品率是完工并结转合格品的 10%，冲压步骤正常废品的比例是完工并结转合格品的 5%。废品的净处理价值为 0，各步骤的正常废品损失全部由本步骤的完工产品负担。

3. 要求：

(1) 采用加权平均法计算完工产品的成本。

(2) 采用先进先出法计算完工产品的成本。

⚮ 案例题

Wellesley 公司生产印花布经过织布和印花两道工序。假定直接材料成本是 Wellesley 公司仅有的变动成本。市场对 Wellesley 公司的产品需求很大，Wellesley 公司能以 1 250 美元/匹的价格向它的分销商出售其所能生产的所有产品，再经过该分销商对该产品进行营销、分送和提供顾客服务。

Wellesley 公司生产印花布的有关资料如下：

项　目	织　布	印　花
月生产能力	10 000 匹	15 000 匹
月产量	9 500 匹	8 550 匹
布料加工过程中每匹直接材料变动成本	$500	$100
固定运营成本	$2 850 000	$427 500
每匹固定运营成本 （ $2 850 000÷9 500, $427 500÷8 550 ）	$300/匹	$50/匹

Wellesley 公司所记录的月质量成本信息如下：

产品和加工设计成本	$300 000
织布部门的残料成本	$392 500
印花部门的残料成本	$883 500

由于受织布机器生产能力的限制，Wellesley 公司只能投入生产 10 000 匹布料。如果织布工序生产出了不合格的布料，则一定是废料，且处理收入为 0。在投入生产的 10 000 单

位的布料中,有 500 匹布料(5%)是废料。在织布工序完工时,每匹布料的制造总成本(包含固定部分和变动部分)为 785 美元。有关资料如下:

每匹直接材料成本(变动)	$500
每匹固定运营成本($2 850 000÷10 000 匹)	285
织布每匹制造总成本	$785

织布部门完工的合格布料(称为坯布)转入印花部门。在投入到印花部门的 9 500 匹合格布料中,有 950 匹是废料,且处理收入为 0。单位废料成本为 930 美元/匹。用印花工序完工时的单位制造总成本(包含固定部分和变动部分)来计算。有关资料如下:

织布部门每匹制造总成本(变动)		$785
印花部门制造成本:		
每匹直接材料成本(变动)	$100	
每匹固定运营成本($427 500÷9 500 匹)	45	
印花部门每匹制造总成本		145
每匹制造总成本		$930

Wellesley 公司月出售的印花布为印花部门的产出。以下问题仅与前面的数据有关,各要求相互独立。

研讨问题:

1. 印花部门正在考虑从外部供应商那里以 900 美元/匹的单价购买 5 000 匹坯布。印花部门的经理认为外购成本要比自制成本高,且两者在质量上类似。印花部门预估外购的坯布中有 10% 为废料,印花部门是否应该从外部供应商那里购买坯布?

2. 印花部门不合格布料的单位生产成本是多少?

3. 织布部门每生产一单位不合格的布料,Wellesley 公司的损失是多少?

4. Wellesley 公司的工程师开发了一种新的方法,可以把印花部门的废料减少到 6%,运用该新方法的月成本为 350 000 美元。Wellesley 公司是否应该采用该新方法?

5. 工程设计小组提出一个修改建议,能把织布部门的废品率减少到 3%,该修改建议的成本为 175 000 美元,Wellesley 公司是否应该采用该建议?

6. 根据你在问题 1 至问题 5 中所得出的答案,对实施 TQM 方案作出一般性结论。

练习题及案例题参考答案

练习题

一、单项选择题

1. D	2. A	3. A	4. C	5. D

二、多项选择题

1. AC	2. ABCD	3. ABD	4. BD	5. ABCD

三、判断题

1. √　　　2. √　　　3. ×　　　4. ×　　　5. ×

四、业务题

习题一

(1) 直接材料的约当产量＝10 150(件)

加工成本的约当产量＝9 250(件)

(2) 完工产品总成本＝38 070(元)

习题二

月末,结转废品净损失1 831元。会计分录略。

习题三

(1) 裁板步骤完工产品成本＝16 280(元)

冲压步骤完工产品成本＝20 699(元)

(2) 裁板步骤完工产品成本＝16 280(元)

冲压步骤完工产品成本＝20 651(元)

案例题

1. 增加的利润为 $625 000。

2. 印花部门不合格布料的单位成本为 $1 250。

3. 织布部门不合格布料的单位成本为 $1 025。

4. 采用新方法增加的利润为 $125 000。

5. 采用建议增加的利润为 $30 000。

6. 公司在实施全面质量管理的过程中,应该更多加强对瓶颈环节的管理。

第七章
分类成本法及联合成本的分配

📖【本章要点】

- 分类成本法的含义
- 类内产品成本的划分方法
- 联合成本的含义及其分配意义
- 联合成本的分配方法
- 副产品的成本计算方法
- 等级产品的成本计算方法

石油和天然气通常是由一个生产过程生产出来的。假如两个公司为了开采石油和天然气而合资经营,在整个生产过程中发生的勘探、打井以及把石油与天然气分离等作业的共同成本,都应由两个公司分别承担。如何合理地分配这些共同成本并分别计算出每种产品的成本,是本章探讨的主要内容。

第一节 分类成本法

一、分类成本法的特点

分类成本法(group costing)也称分类法,它是按产品类别归集生产费用,先计算出各类产品的总成本,然后再分别计算出该类产品中各种产品成本的一种方法。

在产品品种和规格繁多的制造企业中,如果以产品的品种、规格为成本计算对象归集费用、计算成本,核算工作将十分繁琐。分类法就是在产品品种、规格繁多,但可以按一定标准予以分类的情况下,为简化计算工作而采用的一种成本计算方法。实际上,分类法就是把类别作为成本计算对象,按类别计算出类别成本后,再按照一定的方法,在每类产品的各种产品之间分配费用,计算出类内各种产品的成本。因此,分类法不是一种独立的、基本的成本计算方法,它需要与品种法、分批法、分步法等基本方法结合起来应用。例如,多步骤、大量大批生产的钢铁厂可采用分步法与分类法相结合的方法,先计算各个步骤各类钢铁产品的成本,然后再分别计算出类内各种产品的成本;单步骤、大量大批生产的无线电元件厂可采用品种法与分类法结合的方法,先计算出某一类元件的成本,然后再计算出类内不同规格的各种元件的成本。

分类法一般适用于使用同样的原材料,通过基本相同的加工工艺过程,所生产的产品品种、规格、型号繁多,可以按一定标准予以分类的生产企业。

分类法与生产类型没有直接的关系,可以应用在各种类型的生产中。例如:

(1)冶金行业的各种牌号和规格的生铁、钢锭和钢材的生产,以及针织行业的不同规格、种类的针织品生产等。

（2）无线电行业的不同类别和规格的无线电元件生产，以及食品行业的各种饼干和糖果生产等。

（3）用同种原材料进行加工同时生产出几种主要产品的生产，如用原油提炼出汽油、柴油、煤油、沥青等。

二、分类成本法成本计算程序

运用分类法计算成本的结果是否正确主要取决于两个因素：首先，必须恰当地划分产品的类别，一般应根据所用原材料、产品的结构和工艺过程的不同，将产品划分为若干类，按照产品的类别设置成本计算单。如果单纯追求核算简化，将一些性质、结构和加工工艺过程相差悬殊的产品勉强合并，任意分类，势必影响成本计算的正确性，因此在进行产品分类时，类距既不能定得过小，使成本计算工作复杂；也不能定得过大，造成成本计算的"大锅饭"。其次，在类别内部选择合理的标准分配费用。由于类内各种产品都按一定的比例分配计算，计算结果有着一定的假定性，为使分配结果尽可能符合实际，必须选择与成本水平高低有密切联系的分配标准，如果分配标准选择不合理，也会影响各种产品成本计算的正确性。

分类法成本计算的具体程序如图 7-1 所示。图中假定某企业生产甲、乙、丙三类产品，分别设置三张成本计算单。甲类产品包括 A、B 两种产品；乙类产品包括 C、D、E 三种产品；丙类产品包括 F、G、H 三种产品。

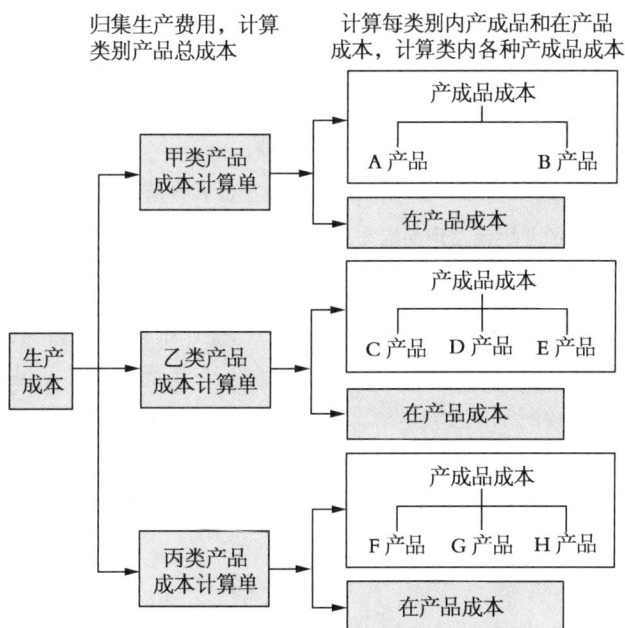

图 7-1　分类法成本计算程序示意图

分类法的成本计算程序如下。

（1）以产品类别为成本计算对象，设置成本计算单，归集生产费用，计算出每类产品的总成本。

（2）采用合理的分配方法将各类产品的总成本在类内各种产品、产成品和在产品之间进行分配。

可见,采用分类法计算产品成本时,类内产品成本的划分是其关键。

三、类内产品成本的划分方法

在分类法下,类别内产品总成本在各种产品之间的分配方法是根据产品的生产特点确定的,其分配标准可采用产品的定额成本、计划成本、售价等经济价值指标,也可采用产品的重量、体积、长度等技术性指标,或者采用产品生产的各种定额消耗指标或系数作为分配标准。划分类内各完工产品成本的方法有系数法和定额比例法。

(一)系数法

在分类法下,按系数将类内产品总成本在产成品和在产品之间,以及在产成品中各种产品之间进行分配的方法,简称系数法。其具体做法是:在同类产品中选择一种产销量大、生产正常、售价稳定的产品,作为标准产品,并将其系数定为"1",其他各种产品的分配标准与标准产品的分配标准相比,其比率即为其他各种产品的系数。系数一经确定,应保持相对稳定。根据各种产品的实际产量,按系数折算为标准产品产量(即总系数);在产品可按约当产量先折算成该完工产品的产量,再按系数折算为标准产品产量;然后按标准产品产量的比例计算出各种产品的产成品成本和在产品成本。这种分配方法的计算公式为:

$$类内某完工产品标准产量=该产品实际产量×该产品系数$$

$$类内在产品标准产量=在产品数量×完工程度×该产品系数$$

$$类内产品标准总产量=\sum(各种完工产品标准产量+类内在产品标准产量)$$

$$某项费用分配率=\frac{该项费用总额}{类内产品标准总产量}$$

$$某完工产品负担的费用=该完工产品标准产量×费用分配率$$

$$在产品负担的费用=在产品标准产量×费用分配率$$

采用系数法时,对不同的成本项目分配标准不同,可有不同的分配系数。

【例7-1】 四平电子管厂生产20 W、30 W、40 W的日光灯管。因该三种产品的结构、所用原材料和工艺过程相近,合为A类灯管,采用分类法计算产品成本。成本计算单按产品类别设置,成本项目分为直接材料、直接人工和制造费用。类内各完工产品和在产品之间的费用都折合成标准产量计算。

A类产品生产费用的归集同品种法,这里从略。2020年10月份该厂A类产品的成本资料见表7-1。

表7-1 产品成本计算单

类别:A类灯管　　　　　　　　　　2020年10月　　　　　　　　　　单位:元

摘　要	直接材料	直接人工	制造费用	合　计
月初在产品成本	2 103.60	1 008.20	957.50	4 069.30
本月发生费用	6 100.20	3 130.00	2 309.50	11 539.70
合　计	8 203.80	4 138.20	3 267.00	15 609.00

假定以 20 W 的日光灯管为标准产品,各种规格的日光灯管的系数计算见表 7-2。利用表 7-2 的分配系数,将 A 类日光灯管中的各产品折合为标准产量,见表 7-3。

表 7-2　分配系数计算单

类别:A 类灯管　　　　　　　　　　　2020 年 10 月　　　　　　　　　　　金额单位:元

产品名称	定额成本	系　数
20 W	2.20	1
30 W	2.64	1.2
40 W	3.30	1.5

表 7-3　标准产品产量换算表

类别:A 类灯管　　　　　　　　　　　2020 年 10 月　　　　　　　　　　　金额单位:元

产品名称	系数	产成品		在产品			标准产量合计
		实际产量	标准产量	实际产量	完工程度	标准产量	
	(1)	(2)	(3)=(1)×(2)	(4)	(5)	(6)=(1)×(4)×(5)	(7)=(3)+(6)
20 W	1	1 200	1 200	1 000	0.30	300	1 500
30 W	1.2	1 500	1 800	2 000	0.50	1 200	3 000
40 W	1.5	1 000	1 500	1 400	0.60	1 260	2 760
合计			4 500			2 760	7 260

根据表 7-2 和表 7-3,可以计算各种产品成本,见表 7-4。

表 7-4　产品成本计算表

类别:A 类灯管　　　　　　　　　　　2020 年 10 月　　　　　　　　　　　金额单位:元

摘要	成品数量	标准产量			成本项目			
		产成品	在产品	合计	直接材料	直接人工	制造费用	合计
月初在产品成本					2 103.60	1 008.20	957.50	4 069.30
本月生产费用					6 100.20	3 130.00	2 309.50	11 539.70
合计					8 203.80	4 138.20	3 267	15 609
分配率					1.13①	0.57②	0.45③	2.15
月末在产品成本		2 760	2 760	3 118.80	1 573.20	1 242.00	5 934
产成品成本		4 500		4 500	5 085	2 565	2 025	9 675
合计		4 500	2 760	7 260				
20 W 灯管	1 200	1 200			1 356	684	540	2 580
单位成本					1.13	0.57	0.45	2.15
30 W 灯管	1 500	1 800			2 034	1 026	810	3 870
单位成本					1.356	0.684	0.54	2.58
40 W 灯管	1 000	1 500			1 695	855	675	3 225
单位成本					1.695	0.855	0.675	3.225

注:① 直接材料分配率=8 203.80÷7 260 = 1.13;

　　② 直接人工分配率=4 138.20÷7 260=0.57;

　　③ 制造费用分配率=3 267÷7 260=0.45。

(二) 定额比例法

在分类法下,类内产品的总成本也可按该类内各种产品的定额比例进行分配,这种按定额比例进行分配的方法,通常称为定额比例法。

运用定额比例法划分类内完工产品和在产品成本,以及各种产成品成本的计算程序如下。

首先,分别成本项目算出各类产品的本月定额成本或定额耗用量总数。在实际工作中,为简化核算,通常只计算原材料定额成本(定额耗用量)和工时定额耗用量,各成本项目则根据原材料定额成本(定额耗用量)或工时定额耗用量比例进行分配。

其次,分别成本项目求得各类产品本月实际总成本,并计算出各项费用分配率。其计算公式如下:

$$原材料成本分配率 = \frac{某类产品原材料实际总成本}{某类产品的原材料定额成本(定额耗用量)总数}$$

$$工资、费用分配率 = \frac{某类产品的工资、费用实际总成本}{某类产品的定额工时总数}$$

最后,将一类产品中各种产品分别成本项目计算的定额成本或定额耗用量乘以相关的分配率,即可求得各种产品的实际成本,其计算公式如下:

$$某种完工产品原材料成本 = 该种产品的材料定额成本(或定额耗用量) \times 原材料成本分配率$$

$$某种完工产品工资、费用成本 = 该种产品定额工时 \times 工资、费用分配率$$

$$在产品的原材料成本 = 在产品的材料定额成本(或定额耗用量) \times 原材料成本分配率$$

$$在产品的工资、费用成本 = 在产品定额工时 \times 工资、费用分配率$$

【例 7-2】 假定新光轴承厂生产 9626 轴承和 9638 轴承两大类产品,每类产品又有各种不同规格的轴承。根据生产特点,采用分类法归集生产费用,结合定额比例法计算成本。为便于说明,成本项目分为直接材料、直接人工和制造费用。同类产品生产费用的归集同品种法,这里不赘。假定该厂 2020 年 5 月份 9626 类别产品的成本资料见表 7-5。

表 7-5 产品成本计算单

类别:9626 　　　　　　　　　　2020 年 5 月 　　　　　　　　　　单位:元

2020 年		凭证号数	摘 要	成 本 项 目			合 计
月	日			直接材料	直接人工	制造费用	
5	1		月初在产品成本	238 000	32 500	47 180	317 680
	31		本月发生费用	482 000	65 900	101 620	649 520
	31		合 计	720 000	98 400	148 800	967 200

该厂 5 月份 9626 类别产品的产量、定额资料如表 7-6 所示。根据表 7-5 和表 7-6 的资料,计算各种产品成本,见表 7-7。

表 7-6　产品产量及其定额计算表

2020 年 5 月

产品类别	产品名称	数量（只）	材料定额成本（元）		定额工时（小时）	
			单位	合计	单位	合计
9626	产成品					
轴承	HA800	2 000	80	160 000	20	40 000
	HA500	4 000	50	200 000	15	60 000
	HA90	1 000	120	120 000	30	30 000
	HA30	2 500	60	150 000	10	25 000
	小计			630 000		155 000
	期末在产品	（从略）		170 000		85 000
	合计			800 000		240 000

表 7-7　产品成本计算表

类别：9626　　　　　　　　　　　　　2020 年 5 月　　　　　　　　　　　　　单位：元

2020 年		摘　要	成品数量（只）	直接材料		定额工时（1）	直接人工	制造费用	合　计
月	日			定额成本（1）	实际成本				
5	1	月初在产品成本			238 000		32 500	47 180	317 680
		本月发生费用			482 000		65 900	101 620	649 520
		合计		800 000	720 000	240 000	98 400	148 800	967 200
		分配率（2）			0.90①		0.41②	0.62③	
		月末在产品成本		170 000	153 000	85 000	34 850	52 700	240 550
		产成品成本（3）		630 000	567 000	155 000	63 550	96 100	726 650
		其中：							
		HA800 总成本		160 000	144 000	40 000	16 400	24 800	185 200
		单位成本（4）			72.00		8.20	12.40	92.60
		HA500 总成本		200 000	180 000	60 000	24 600	37 200	241 800
		单位成本			45.00		6.15	9.30	60.45
		HA90 总成本		120 000	108 000	30 000	12 300	18 600	138 900
		单位成本			108		12.30	18.60	138.90
		HA30 总成本		150 000	135 000	25 000	10 250	15 500	160 750
		单位成本			54.00		4.10	6.20	64.30

注：① 直接材料分配率 $=\dfrac{720\,000}{800\,000}=0.90$；

② 直接人工分配率 $=\dfrac{98\,400}{240\,000}=0.41$；

③ 制造费用分配率 $=\dfrac{148\,800}{240\,000}=0.62$。

应该注意的是，分类法是为了简化产品成本计算而采用的一种辅助成本计算方法。但是，有些企业片面地追求简化成本计算工作，把它作为一种基本的成本计算方法，任意扩大类距,甚至将所有产品合并为一个产品成本计算对象来计算产品成本。这样做的结果使企业生产的各种产品成本平均化,从而无法考核各种产品成本的节约和浪费,不利于寻找降低成本的途径,也就失去了成本计算的意义。

专栏 7-1

管理会计基本指引

第一章 总 则

第一条 为促进单位(包括企业和行政事业单位,下同)加强管理会计工作,提升内部管理水平,促进经济转型升级,根据《中华人民共和国会计法》《财政部关于全面推进管理会计体系建设的指导意见》等,制定本指引。

第二条 基本指引在管理会计指引体系中起统领作用,是制定应用指引和建设案例库的基础。管理会计指引体系包括基本指引、应用指引和案例库,用以指导单位管理会计实践。

第三条 管理会计的目标是通过运用管理会计工具方法,参与单位规划、决策、控制、评价活动并为之提供有用信息,推动单位实现战略规划。

第四条 单位应用管理会计,应遵循下列原则:

(一)战略导向原则。管理会计的应用应以战略规划为导向,以持续创造价值为核心,促进单位可持续发展。

(二)融合性原则。管理会计应嵌入单位相关领域、层次、环节,以业务流程为基础,利用管理会计工具方法,将财务和业务等有机融合。

(三)适应性原则。管理会计的应用应与单位应用环境和自身特征相适应。单位自身特征包括单位性质、规模、发展阶段、管理模式、治理水平等。

(四)成本效益原则。管理会计的应用应权衡实施成本和预期效益,合理、有效地推进管理会计应用。

第五条 管理会计应用主体视管理决策主体确定,可以是单位整体,也可以是单位内部的责任中心。

第六条 单位应用管理会计,应包括应用环境、管理会计活动、工具方法、信息与报告等四要素。

第二章 应 用 环 境

第七条 单位应用管理会计,应充分了解和分析其应用环境。管理会计应用环境是单位应用管理会计的基础,包括内外部环境。

内部环境主要包括与管理会计建设和实施相关的价值创造模式、组织架构、管理模式、资源保障、信息系统等因素。

外部环境主要包括国内外经济、市场、法律、行业等因素。

第八条 单位应准确分析和把握价值创造模式,推动财务与业务等的有机融合。

第九条 单位应根据组织架构特点,建立健全能够满足管理会计活动所需的由财务、业务等相关人员组成的管理会计组织体系。有条件的单位可以设置管理会计机构,组织开展管理会计工作。

第十条 单位应根据管理模式确定责任主体,明确各层级以及各层级内的部门、岗位之间的管理会计责任权限,制定管理会计实施方案,以落实管理会计责任。

第十一条 单位应从人力、财力、物力等方面做好资源保障工作,加强资源整合,提高资源的利用效率和效果,确保管理会计工作顺利开展。

单位应注重管理会计理念、知识培训,加强管理会计人才培养。

第十二条 单位应将管理会计信息化需求纳入信息系统规划,通过信息系统整合、改造或新建等途径,及时、高效地提供和管理相关信息,推进管理会计实施。

(资料来源:中国财经报网,2016 年 6 月 24 日)

第二节 联合成本的分配

一、联产品及联合成本的含义

在某些制造型企业里,使用同一种原材料,经过同一生产过程,同时生产出几种具有同等地位的主要产品,称为联产品。它们是企业生产活动的主要目的。例如,炼油厂把原油经过催化后,可以生产出汽油、轻柴油、重柴油和气体四种联产品;制糖厂用甘蔗作原料可以同时生产出白砂糖和赤砂糖等;乳制品加工厂可以同时生产出牛奶、奶油等。这些联合产品都是企业的主要产品,具有较高的经济价值,其销售价格较高,对企业的贡献也较大。

联产品在经过同一生产过程后,是在某一个"点"被分别确认的,通常称这个点为分离点。分离后的联产品,有的直接对外销售,有的进一步加工后再出售。通常把分离前发生的成本称为联合成本,而把分离后发生的进一步加工成本称为可归属成本,也称可分成本。下面以乳制品企业为例说明两者的关系,如图 7-2 所示。

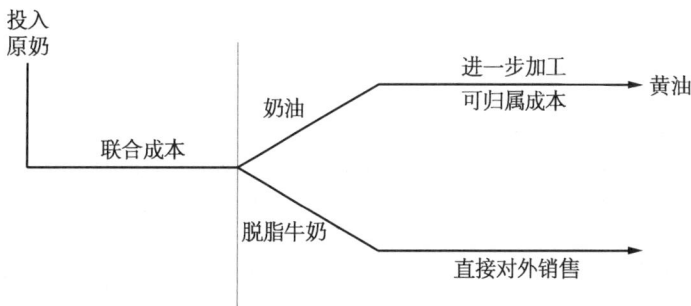

图 7-2 原奶加工图

联产品必然是同一类产品,因此不可能按照产品的品种归集生产费用,直接计算其成本,而只能将同一生产过程的联产品视为同类产品,采用分类法计算分离前的联合成本,然后采用一定的分配标准,在联产品的各种产品之间分配联合成本。

二、联合成本的分配方法

常用的联合成本分配方法有实物量分配法、系数分配法、销售价值分配法和可实现净值分配法等,企业可根据实际情况选用。

(一)实物量分配法

实物量分配法是以产品在分离点处相应产出份额为基础来分配联合成本的方法。其实物量可采用产品的重量或容积等。

【例7-3】 假定某企业2020年10月投入90 000元联合成本生产出1 500千克甲产品和2 500千克乙产品。根据这些数据资料,联合成本的分配过程如表7-8所示。

表7-8 联合成本分配表(实物量分配法)

2020年10月

品　名	产量(千克)	分配率	应负担成本(元)	单位成本(元)
甲	1 500	22.5	33 750	22.50
乙	2 500	22.5	56 250	22.50
合　计	4 000		90 000	

(二)系数分配法

系数分配法是将各种联产品的实际产量按规定的系数折算为标准产量,然后将联合成本按各联产品的标准产量比例进行分配的方法。

【例7-4】 沿用【例7-3】的资料,假定甲产品为标准产品,系数确定为1,乙产品的系数为1.2,则甲、乙产品应分摊的联合成本如表7-9所示。

表7-9 联合成本分配表(系数分配法)

2020年10月

产　品	产量(千克)	系　数	标准产量(千克)	分配率	应负担成本(元)	单位成本(元)
甲	1 500	1	1 500	20	30 000	20
乙	2 500	1.2	3 000	20	60 000	24
合　计	4 000		4 500		90 000	

采用系数分配法分摊联合成本,必须合理地确定各联产品的系数,才可能使联合成本的分配结果比较正确。

(三)销售价值分配法

销售价值分配法是按各联产品的销售价值的比例分配联合成本的方法。这种方法把联合成本的分配与联产品的最终销售价值联系起来,目的是使这些联产品能取得相同的毛利率,其理论依据是售价高的联产品应该成比例地负担较高的联合成本。在一般情况下,高销售价值与高成本是相配合的,但不是所有的成本都是与售价有关的。这种方法一般适用于分离后不再加工的联产品。

【例7-5】 沿用【例7-3】的资料,用销售价值分配法分配联合成本。计算结果如表7-10所示。

表7-10 联合成本分配表(销售价值分配法)

2020年10月

产品	产量 (千克)	单价 (元)	销售价值 (元)	分配率	应负担成本 (元)	单位成本 (元)	毛 利	毛利率
甲	1 500	20	30 000	0.8	24 000	16	6 000	20%
乙	2 500	33	82 500	0.8	66 000	26.4	16 500	20%
合计	4 000		112 500		90 000		22 500	

(四) 可实现净值分配法

可实现净值分配法就是按各联产品的可实现净值比例分配联合成本的方法。可实现净值是指产品的最终销售价值减去其可分成本的余额。

【例7-6】 沿用【例7-3】的资料,用可实现净值分配法分配联合成本。计算结果如表7-11所示。

表7-11 联合成本分配表(可实现净值分配法)

2020年10月

产品	产量 (千克)	单价 (元)	销售价值(元)	可分成本(元)	可实现净值(元)	分配率	应负担成本(元)	单位成本(元)	毛 利	毛利率
甲	1 500	20	30 000	—	30 000	0.9	27 000	18	3 000	10%
乙	2 500	33	82 500	12 500	70 000	0.9	63 000	30.20	7 000	8.485%
合计	4 000		112 500		100 000		90 000		10 000	

联合成本的分配方法很多,企业应根据其特点和联产品的加工情况,选择适当的方法,既要简便易行,又要使联合成本的分配结果尽可能准确、合理。

第三节 副产品的成本计算

一、副产品的含义

副产品(byproduct)是指在主要产品生产过程中,附带生产出来的非主要产品。副产品不是企业生产活动的主要目标,如提炼原油过程中产生的渣油和石油焦以及生产肥皂过程中产生的甘油等。副产品的价值比较低,对企业的收入影响较小。为简化计算工作,通常只需将副产品按一定标准作价,从分离点前的联合成本中扣除。所以,副产品成本计算的关键是副产品的计价。

二、副产品的成本计算

副产品在分离后,有的作为产成品直接对外销售,有的需进一步加工后再出售,副产品的成本计算应视不同情况而定。

(一)直接对外销售副产品的成本计算

1. 副产品不负担联合成本

如果副产品的价值较低,副产品可以不负担分离前的联合成本,联合成本全部由主产品负担,副产品的销售收入直接作为其他业务利润处理。

这种方法计算简便,但由于副产品不负担分离前的联合成本,一定程度上会影响主产品成本的正确性。

2. 副产品作价扣除

如果副产品的价值较高,可采用与分类法相似的方法计算成本,即将副产品与主要产品合为一类,开设成本计算单归集费用,然后按销售价格扣除税金和销售费用后的余额,作为副产品应负担的成本从联合成本中扣除。副产品的成本既可以从直接材料成本项目中一次扣除,也可以按比例从联合成本各成本项目中减除。

(二)需进一步加工的副产品的成本计算

如果副产品与主产品分离以后并不直接出售,还要进一步加工,然后再出售,对于这一类副产品,应根据其加工生产的特点和管理要求,采用适当的方法单独计算副产品的成本。

1. 副产品只负担可分成本

采用这种方法时,副产品不负担分离前的联合成本,联合成本全部由主产品负担,副产品只负担分离后进一步加工的成本。显而易见,这种方法简便、易行,但它少计了副产品的成本,多计了主产品的成本。

2. 副产品成本按计划单位成本计算

如果副产品进一步加工所需时间不长、费用不大,为简化成本计算工作,可以只设主产品成本计算单,不设副产品成本计算单。副产品按计划单位成本计价,并将其计划成本从主产品成本计算单中转出,余额即为主产品的成本。

【例7-7】 假定某企业在主产品——甲产品生产的过程中,还同时生产出可以加工成为副产品——乙产品的原料2 300千克。这种原料经过进一步加工处理,制成乙产品。甲产品的生产和乙产品的加工处理都在同一个车间内进行。在全部成本中,原材料费用所占比重较大,两种产品的月末在产品都按原材料的定额费用计价。2020年9月份的产量为:甲产品5 000千克,乙产品2 000千克。乙产品的计划单位成本为:直接材料5.7元,直接人工0.50元,制造费用1.10元,合计7.30元。主、副产品应负担的成本如表7-12所示。

表7-12　产品成本计算单

产品名称：甲　　　　　　　　　　　　2020年9月　　　　　　　　　　　　单位：元

项　　目	直接材料	直接人工	制造费用	合　计
月初在产品成本（定额成本）	89 500			89 500
本月生产费用	769 800	17 490	35 775	823 065
合计	859 300	17 490	35 775	912 565
减：乙产品成本（2 000千克）	11 400	1 000	2 200	14 600
产成品成本（5 000千克）	782 100	16 490	33 575	832 165
月末在产品成本（定额成本）	65 800			65 800

3.副产品成本按实际成本计算

采用这种方法时，需分别为主、副产品开设产品成本计算单，副产品成本计算单用来归集从主产品成本计算单中转来的成本和进一步加工所发生的费用，并计算产品的实际成本。

【例7-8】　沿用【例7-7】的资料，假定用于制造乙产品的原材料按固定单价每千克4元计价，从主产品成本计算单中转出，计入乙产品成本计算单中。主、副产品成本计算结果如表7-13、表7-14和表7-15所示。

表7-13　工费分配表

2020年9月　　　　　　　　　　　　单位：元

项　　目	生产工时	直接人工	制造费用
分配率		2.2	4.5
甲产品	7 500	16 500	33 750
乙产品	450	990	2 025
本月发生额	7 950	17 490	35 775

表7-14　产品成本计算单

产品名称：甲　　　　　　　　　　　　2020年9月　　　　　　　　　　　　单位：元

项　　目	直接材料	直接人工	制造费用	合　计
月初在产品成本（定额成本）	89 000			89 000
本月生产费用	768 500	16 500	33 750	818 750
减：乙原料（2 300千克）	9 200			9 200
合计	848 300	16 500	33 750	898 550
产成品成本（5 000千克）	783 150	16 500	33 750	833 400
月末在产品成本（定额成本）	65 150			65 150

表7-15　产品成本计算单

产品名称：乙　　　　　　　　　　　　2020年9月　　　　　　　　　　　　单位：元

项　　目	直接材料	直接人工	制造费用	合　计
月初在产品成本（定额成本）	500			500
本月生产费用	1 300	990	2 025	4 315

续表

项　　目	直接材料	直接人工	制造费用	合　　计
本月转入	9 200			9 200
合计	11 000	990	2 025	14 015
产成品成本(2 000千克)	10 350	990	2 025	13 365
月末在产品成本(定额成本)	650			650

专栏 7-2

管理会计基本指引(续)

第三章　管理会计活动

第十三条　管理会计活动是单位利用管理会计信息,运用管理会计工具方法,在规划、决策、控制、评价等方面服务于单位管理需要的相关活动。

第十四条　单位应用管理会计,应做好相关信息支持,参与战略规划拟定,从支持其定位、目标设定、实施方案选择等方面,为单位合理制定战略规划提供支撑。

第十五条　单位应用管理会计,应融合财务和业务等活动,及时、充分地提供和利用相关信息,支持单位各层级根据战略规划作出决策。

第十六条　单位应用管理会计,应设定定量定性标准,强化分析、沟通、协调、反馈等控制机制,支持和引导单位持续、高质、高效地实施单位战略规划。

第十七条　单位应用管理会计应合理设计评价体系,基于管理会计信息等,评价单位战略规划实施情况,并以此为基础进行考核,完善激励机制;同时,对管理会计活动进行评估和完善,以持续改进管理会计应用。

第四章　工　具　方　法

第十八条　管理会计工具方法是实现管理会计目标的具体手段。

第十九条　管理会计工具方法是单位应用管理会计时所采用的战略地图、滚动预算管理、作业成本管理、本量利分析、平衡计分卡等模型、技术、流程的统称。管理会计工具方法具有开放性,随着实践的发展而不断丰富完善。

第二十条　管理会计工具方法主要应用于以下领域:战略管理、预算管理、成本管理、营运管理、投融资管理、绩效管理、风险管理等。

(一)战略管理领域应用的管理会计工具方法包括但不限于战略地图、价值链管理等;

(二)预算管理领域应用的管理会计工具方法包括但不限于全面预算管理、滚动预算管理、作业预算管理、零基预算管理、弹性预算管理等;

(三)成本管理领域应用的管理会计工具方法包括但不限于目标成本管理、标准成本管理、变动成本管理、作业成本管理、生命周期成本管理等;

(四)营运管理领域应用的管理会计工具方法包括但不限于本量利分析、敏感性分

析、边际分析、标杆管理等;

（五）投融资管理领域应用的管理会计工具方法包括但不限于贴现现金流法、项目管理、资本成本分析等;

（六）绩效管理领域应用的管理会计工具方法包括但不限于关键指标法、经济增加值、平衡计分卡等;

（七）风险管理领域应用的管理会计工具方法包括但不限于单位风险管理框架、风险矩阵模型等。

第二十一条　单位应用管理会计,应结合自身实际情况,根据管理特点和实践需要选择适用的管理会计工具方法,并加强管理会计工具方法的系统化、集成化应用。

第五章　信息与报告

第二十二条　管理会计信息包括管理会计应用过程中所使用和生成的财务信息和非财务信息。

第二十三条　单位应充分利用内外部各种渠道,通过采集、转换等多种方式,获得相关、可靠的管理会计基础信息。

第二十四条　单位应有效利用现代信息技术,对管理会计基础信息进行加工、整理、分析和传递,以满足管理会计应用需要。

第二十五条　单位生成的管理会计信息应相关、可靠、及时、可理解。

第二十六条　管理会计报告是管理会计活动成果的重要表现形式,旨在为报告使用者提供满足管理需要的信息。管理会计报告按期间可以分为定期报告和不定期报告,按内容可以分为综合性报告和专项报告等类别。

第二十七条　单位可以根据管理需要和管理会计活动性质设定报告期间。一般应以公历期间作为报告期间,也可以根据特定需要设定报告期间。

（资料来源:中国财经报网,2016 年 6 月 24 日）

第四节　等级产品的成本计算

一、等级产品的含义

等级产品（graded product）是指使用同一种原材料、经过同一生产过程生产出来的品种相同而质量不同的产品。例如,针织厂生产的棉毛衫等内衣可分为一级、二级、三级;搪瓷品厂生产的搪瓷烧锅也可以分为一级、二级、三级等不同等级。等级产品与联产品、副产品以及副次产品是不同的概念,其区别在于等级产品是同一品种不同质量的产品,联产品、副产品则是不同品种的产品。等级产品是合格品,而副次产品是等级以下的产品,是非合格品。

二、等级产品的成本计算

由于等级产品产生的原因不同,等级产品的成本计算应根据不同情况采用不同的方法。

(一)按实物数量分配

如果不同质量等级的产品是由于违规操作或者技术不熟练等主观原因所造成的,它们应负担相同的成本。也就是说,等级低的产品应该和等级高的产品单位成本相同,就可以将总成本按实物数量的比例分配到每一等级产品中。由于各种等级产品的单位成本相同,等级低的产品由于售价低于等级高的产品而减少利润,企业可以从低利或亏损来发现生产管理中存在的问题。

【例7-9】 某企业生产中发生192 000元的成本,生产出一级品20 000件,二级品3 000件,三级品1 000件。计算结果如表7-16所示。

表7-16 等级产品成本计算表(按实物数量分配)

产 品	产量(件)	分配率	各产品应负担成本(元)	单位成本(元)
一级品	20 000	8	160 000	8
二级品	3 000	8	24 000	8
三级品	1 000	8	8 000	8
合 计	24 000		192 000	

(二)按系数分配

如果不同质量等级的产品是由于目前生产技术水平、工艺技术条件和原材料质量等客观原因所造成的,不同的等级品应负担不同的成本,一般是按单位售价制定系数,按系数的比例来分配各等级产品的总成本。

【例7-10】 沿用【例7-9】的资料,按系数分配各等级产品成本,计算结果如表7-17所示。

表7-17 等级产品成本计算表(按系数分配)

产 品	产量(件)	单位售价(元)	系数	标准产量	分配率	各产品应负担成本(元)	单位成本(元)
一级品	20 000	30	1	20 000	8.3117	166 234	8.31
二级品	3 000	24	0.8	2 400	8.3117	19 948	6.65
三级品	1 000	21	0.7	700	8.3117	5 818	5.82
合 计	24 000			23 100		192 000	

关键概念索引

分类法　系数法　定额比例法　标准产量　联产品　联合成本　可分成本　分离点

实物量分配法　系数分配法　销售价值分配法　可实现净值分配法　主产品　副产品
等级产品

复习思考题

1. 什么是分类成本法？它适用于何种生产类型的企业？
2. 什么是系数法？如何确定各种产品的系数？
3. 什么是定额比例法？如何采用定额比例法划分类内产品成本？
4. 什么是联合成本？如何进行联合成本的分配？
5. 什么是副产品？它与联产品有何联系和区别？
6. 副产品的成本计算有什么特点？如何计算其成本？
7. 什么是等级产品？它与联、副产品有何联系和区别？
8. 如何计算等级产品的成本？

练习题

一、单项选择题

1. 某企业将甲、乙两种产品作为一类,采用分类法计算产品成本。甲、乙两种产品共同耗用 A 种材料,消耗定额分别为 16 千克和 20 千克,每千克 A 种材料的单位成本为 5元。该企业将甲产品作为标准产品,则乙产品的原材料费用系数为(　　)。
   A. 1.25
   B. 0.8
   C. 6.25
   D. 4

2. 由于(　　)原因产生的等级产品单位成本是相同的。
   A. 所耗原材料的质量不同
   B. 工人操作不当
   C. 工艺技术上的要求不同
   D. 内部结构不同

3. 产品成本计算的分类法适用于(　　)。
   A. 大量大批多步骤生产
   B. 大量大批单步骤生产
   C. 各种类型的生产
   D. 单件小批单步骤生产

4. 采用分类法计算产品成本的目的在于(　　)。
   A. 简化各类产品成本的计算工作
   B. 分品种计算产品成本
   C. 简化各种产品成本的计算工作
   D. 分类计算产品成本

5. 下列各项中,不属于联产品特点的是(　　)。
   A. 经过同一个生产过程进行生产
   B. 生产成本相同
   C. 使用同一种原材料加工
   D. 都是企业的主要产品

二、多项选择题

1. 在产品品种规格繁多且可按一定标准划分为若干类别的企业或车间中,能够应用分类法计算成本的产品生产类型有(　　)。

A. 大量大批多步骤生产　　　　　　B. 大量大批单步骤生产

C. 单件小批多步骤生产　　　　　　D. 单件小批单步骤生产

2. 在主、副产品合为一类进行成本计算的情况下,如果副产品的售价不能抵偿其销售费用,则副产品成本的计算方法不应采用(　　)。

A. 不计算副产品成本　　　　　　　B. 副产品成本按实际成本计算

C. 副产品成本按定额成本计算　　　D. 副产品成本按计划成本计算

3. 分离以后不再加工的联产品,其联合成本的分配适合采用(　　)。

A. 系数分配法　　　　　　　　　　B. 实物量分配法

C. 可实现净值分配法　　　　　　　D. 销售价值分配法

4. 产品成本计算的分类法(　　)。

A. 与生产类型有关系　　　　　　　B. 与生产类型没有关系

C. 适用于单件小批生产　　　　　　D. 适用于单步骤生产

5. 副产品成本按计划单位成本计价适用于(　　)。

A. 副产品进一步加工所需时间不长　B. 副产品进一步加工所需时间较长

C. 副产品加工处理费用不大　　　　D. 副产品的计划单位成本制定得比较准确

三、判断题

1. 分类法是一种独立的成本计算方法,它无须与成本计算的基本方法结合起来应用。(　　)

2. 副产品成本必须采用分类法计算。(　　)

3. 等级产品均可采用分类法计算成本。(　　)

4. 用分类法计算出来的类内各种产品的成本具有一定的假定性。(　　)

5. 采用分类法计算产品成本时,每类产品内各种产品的生产费用,不论是间接费用还是直接费用,都是分配计入产品成本的。(　　)

四、业务题

习题一

1. 目的:练习成本计算的分类法——定额比例法。

2. 资料:明星工厂生产甲、乙两大类产品,每类产品各有若干不同的品种规格,分别在第一、第二两个封闭式车间进行生产。该厂采用定额比例法计算产品成本,设置直接材料、直接人工、专用费用和制造费用四个成本项目。

(1) 2020年9月完工产品的产量及单件定额资料如下(金额单位:元)。

产品类别	规　　格	完工产量(件)	每件定额材料成本	每件工时定额
甲	E1	1 000	480	60
	E2	8 000	140	20
	E3	4 000	80	13

续表

产品类别	规　格	完工产量(件)	每件定额材料成本	每件工时定额
乙	F1	2 000	300	15
	F2	400	314	16
	F3	4 000	180	12

（2）月初在产品和本月实际发生的生产费用以及实际工时如下（金额单位：元）：

	直接材料（实际成本）	直接人工	专用费用	制造费用
甲类月初在产品成本	710 000	42 400	28 000	82 000
乙类月初在产品成本	550 000	9 616	4 000	18 600
甲类本月生产费用	1 224 400	90 520	69 440	145 360
乙类本月生产费用	1 001 760	32 000	9 872	41 512

（3）月末在产品的定额资料如下（金额单位：元）。

产品类别	材料定额成本	工时定额(小时)
甲	560 000	134 000
乙	380 000	31 200

3. 要求：

（1）计算两类产品的材料定额成本和工时定额。

（2）分别计算两类产品料工费定额分配率，并计算各种规格产成品的总成本和单位成本以及期末在产品成本。

习题二

1. 目的：练习产品成本计算的分类法——系数法。

2. 资料：新联毛巾厂生产小号、中号、大号丝光毛巾。这三种产品所用原材料和生产工艺过程基本相同，以中号丝光毛巾为标准产品。2020年8月有关成本、产量的资料如下。

（1）月初在产品成本和本月发生的生产费用（金额单位：元）。

	直接材料(实际成本)	直接人工	制造费用
月初在产品成本	11 280	5 400	4 084
本月发生费用	30 000	10 080	8 300

（2）产量和系数。

产品名称	折合标准产量系数	完工产量	在产品	
			数 量	完工程度
小号丝光毛巾	0.8	2 000	2 500	60%
中号丝光毛巾	1	2 400	3 500	40%
大号丝光毛巾	1.2	1 500	2 000	80%

3. 要求：

（1）编制标准产品产量换算表。

（2）编制产品成本计算单，计算月末在产品成本、本月产成品的总成本和单位成本。

习题三

1. 目的：练习联产品的成本计算方法。

2. 资料：大华工厂用某种原材料同时生产 A、B 两种联产品，2020 年 9 月份生产 A 产品 40 000 千克，B 产品 20 000 千克，无期初、期末在产品。该月生产这些联产品的联合成本为直接材料 600 000 元，直接人工 216 000 元，制造费用 240 000 元。A 产品每千克销售价格为 25 元，B 产品每千克销售价格为 30 元，产品已全部售出。

3. 要求：根据上例资料，分别按下列方法计算 A、B 产品的成本、毛利和毛利率。

（1）按实物量分配法计算。

（2）按系数法分配计算（A 产品为标准产品，其系数为 1，B 产品系数为 1.125）。

（3）按销售价格分配法计算。

（4）若联产品分离后，A、B 两种产品还需继续加工，其继续加工的成本分别为 150 000 元和 170 000 元，按可实现净值分配法计算两种产品的成本。

习题四

1. 目的：练习副产品的成本计算。

2. 资料：星晨工厂第一基本生产车间 3 月份生产出主产品 A 产品 4 000 千克，并利用 A 产品产生的废料加工制成副产品 B 产品 1 000 千克。A 产品的月末在产品按定额成本计价。其月初在产品的原材料定额费用为 15 000 元，月末在产品的原材料定额费用为 22 000 元。B 产品的月末在产品很少，不算月末在产品成本。

本月 A、B 两种产品的实际生产费用、生产工时的资料如下：

A 产品领用原材料 196 000 元，A 产品生产过程中产生废料 8 000 千克，每千克按固定单价 0.50 元计算，全部为 B 产品耗用。

该车间的生产工人的工资薪酬为 12 800 元，制造费用为 22 400 元。该车间发生的工资薪酬和制造费用都按生产工时比例分配，A 产品的生产工时为 30 000 小时，B 产品的生产工时为 2 000 小时。

3. 要求：

（1）编制工费分配表，分配 A、B 产品应负担的加工费用。

（2）登记产品成本计算单，计算 A、B 产品的实际成本。

案例题

普林塞斯公司种植苹果,并加工、包装及销售三种联合果产品:(1)用于冷冻馅饼的苹果片;(2)苹果酱;(3)苹果汁。加工成动物饲料的苹果皮被视为副产品。普林塞斯公司采用预计可实现净值法将联合加工成本分配给联产品。普林塞斯公司生产加工过程细节如下:

● 在切割车间清洗苹果,削外皮,然后去核和削整。在切割车间加工后,三种联产品和副产品可以被分别确认。接着每一种产品被运送到各个车间以进行最后加工。

● 运送削整过的苹果到切片车间进行切片和冷冻,在切片时生产的苹果汁与苹果片一起冷冻。

● 在碾碎车间削整过的苹果被加工成苹果酱。在此过程中产生的苹果汁用于苹果酱。

● 榨汁车间的果核和切割车间的苹果余料被压榨成液体。此车间加工损失为产品重量的8%。

● 在饲料车间,苹果皮被切碎制成动物饲料并被包装,苹果皮可被冷藏直至需要时再使用。

2020年11月分割车间完工产品270 000千克,发送至各个车间进一步加工。有关的具体数据如下:

车　间	发生成本(元)	运到车间的产品重量比例(%)	最终产品每千克的售价(元)
分割车间	60 000		
切片车间	11 280	33	0.80
碾碎车间	8 550	30	0.55
榨汁车间	3 000	27	0.40
饲料车间	700	10	0.10
合　计	83 530	100	

研讨问题:

1. 普林塞斯公司用预计可实现净值法来确定联产品存货成本。从2016年起,普林塞斯公司将动物饲料作为副产品。副产品在制成后以销售价格盘存,其可实现净值用于抵减分离点前联合生产成本。计算2020年11月一个月内如下数据:

(1) 苹果片、苹果酱、苹果汁和动物饲料的产量各是多少?

(2) 三种联产品在分离点处预计可实现的净值是多少?

(3) 根据公司的会计政策,分割车间分配给三种联产品的成本是多少?三种联产品各自的毛利又是多少?

2. 2020年前,普林塞斯公司将苹果汁和动物饲料均作为副产品。在会计制度中这些副产品直至销售时才被确认,不负担联合成本,其销售收入在销售时作为收入项目计入。普林塞斯公司以目标管理为基础对管理人员支付报酬。也就是每六个月,以管理人员的"弹性"

营业利润占收入的比例为评价目标。如果他们没有达到这一目标,他们将得不到奖金;如果达到或超过这一目标,他们将得到固定数额的奖金。

(1) 假定普林塞斯公司管理人员以奖金最大化为目标,他们将更乐意采用 2020 年以前所用方法还是 2020 年所用的方法?

(2) 公司负责人怎样才能判断果产品部门的管理人员是否为了使自己奖金最大化"滥用"会计制度?

练习题及案例题参考答案

练习题

一、单项选择题

1. A   2. B   3. C   4. C   5. B

二、多项选择题

1. ABCD   2. BCD   3. ABD   4. BCD   5. ACD

三、判断题

1. ×   2. ×   3. ×   4. √   5. √

四、业务题

习题一

(1)

甲产品:

材料定额成本＝1 920 000＋560 000＝2 480 000(元)

工时定额＝272 000＋134 000＝406 000(元)

乙产品:

材料定额成本＝1 445 600＋380 000＝1 825 600(元)

工时定额＝84 400＋31 200＝115 600(元)

(2)

甲类产品完工产品总成本＝1 804 250(元)

其中,E_1＝442 043(元)　E_2＝1 053 982(元)　E_3＝308 224(元)

甲类产品月末在产品成本＝308 224(元)

乙类产品完工产品总成本＝1 313 160(元)

其中,F_1＝540 000(元)　F_2＝113 160(元)　F_3＝660 000(元)

乙类产品月末在产品总成本＝354 200(元)

习题二

(1) 小号丝光毛巾的标准产量合计＝2 000×0.8＋2 500×0.8×60％＝2 800(条)

中号丝光毛巾的标准产量合计＝2 400×1＋3 500×1×40％＝3 800(条)

大号丝光毛巾的标准产量合计＝1 500×1.2＋2 000×1.2×80％＝3 720(条)

(2) 月末在产品成本＝30 284(元)

完工产品总成本＝388 600(元)

其中，小号丝光毛巾总成本＝10 720(元)　单位成本＝5.36(元)

中号丝光毛巾总成本＝16 080(元)　单位成本＝6.7(元)

大号丝光毛巾总成本＝12 060(元)　单位成本＝8.04(元)

习题三

(1) A 产品的成本＝704 000(元)　毛利＝296 000(元)　毛利率＝29.6%

　　B 产品的成本＝352 000(元)　毛利＝248 000(元)　毛利率＝41.33%

(2) A 产品的成本＝675 840(元)　毛利＝324 160(元)　毛利率＝32.416%

　　B 产品的成本＝380 160(元)　毛利＝219 840(元)　毛利率＝36.64%

(3) A 产品的成本＝660 000(元)　毛利＝340 000(元)　毛利率＝34%

　　B 产品的成本＝396 000(元)　毛利＝204 000(元)　毛利率＝34%

(4) A 产品的成本＝851 250(元)　毛利＝148 750(元)　毛利率＝14.875%

　　B 产品的成本＝524 750(元)　毛利＝75 250(元)　毛利率＝12.54%

习题四

(1) A 产品应负担的直接人工＝12 000(元)　　A 产品应负担的制造费用＝21 000(元)

　　B 产品应负担的直接人工＝800(元)　　　B 产品应负担的制造费用＝1 400(元)

(2) A 产品的完工产品总成本＝218 000(元)　A 产品的单位成本＝54.50(元)

　　A 产品月末在产品成本＝22 000(元)　　B 产品的完工产品总成本＝6 200(元)

　　B 产品的单位成本＝6.2(元)　　　　　　B 产品月末在产品成本＝0

案例题

1. (1)苹果片、苹果酱、苹果汁和动物饲料的产量计算如下：

苹果片＝89 100(千克)　苹果酱＝81 000(千克)

苹果汁＝67 500(千克)　动物饲料＝27 000(千克)

(2) 三种联产品在分离点处预计可实现净值为：

苹果片＝60 000(元)　苹果酱＝36 000(元)　苹果汁＝24 000(元)

(3) 三种联产品的联合成本＝60 000－2 000＝58 000(元)

其中，苹果片负担的联合成本＝29 000(元)　苹果片毛利＝31 000(元)

苹果酱负担的联合成本＝17 400(元)　苹果酱毛利＝18 600(元)

苹果汁负担的联合成本＝11 600(元)　苹果汁毛利＝12 400(元)

2. (1) 2020 年前，普林塞斯公司将苹果汁和动物饲料均作为副产品，因而只有苹果片和苹果酱两种主要产品，联合成本只需按苹果片和苹果酱的可实现净值的比例进行分配。

苹果片应负担的联合成本＝37 500(元)　苹果酱应负担的联合成本＝22 500(元)

三种产品的毛利率分别为：苹果片＝31.75%　苹果酱＝30.30%　苹果汁＝88.89%

单位：元

产品	收入	可分成本	联合成本	毛利	毛利率
苹果片	71 280	11 280	37 500	22 500	31.57%
苹果酱	44 550	8 550	22 500	13 500	30.30%

产　品	收　入	可分成本	联合成本	毛　利	毛利率
苹　果　汁	27 000	3 000	—	24 000	88.89%
动物饲料	2 700	700	—	2 000	74.07%

管理人员更愿意采用 2020 年前的方法。管理人员可以通过将苹果汁和动物饲料冷冻的方法推迟这些副产品的销售，从而达到任意调节利润等指标的目的。

（2）公司负责人可以通过检查年末苹果汁和动物饲料等副产品的库存情况判断果产品部门的管理人员是否为了使自己奖金最大化而"滥用"会计制度。

公司负责人还可以通过检查月末各种存货的持有方式进行判断。

第八章
服务部门费用的分配

【本章要点】

- 服务部门费用分配的必要性
- 服务费用分配的特点
- 直接分配法的特点及适用性
- 顺序分配法的特点及适用性
- 一次交互分配法的特点及适用性
- 计划成本分配法的特点及适用性
- 代数分配法的特点及适用性

大多数的经济组织中都有营业部门(制造业中也称基本生产车间)与服务部门(制造业中也称辅助生产车间)之分。营业部门创造产品或服务中顾客可观察到的价值,服务部门为营业部门等其他部门提供服务。服务部门在为营业部门等其他部门及其相互之间提供服务时,造成了特殊的会计问题。例如,制造企业中运输车间为机修车间提供运输服务,机修车间为运输车间提供修理服务;又如,咨询公司中的法律部门向人事部门提供有关法规服务,人事部门向法律部门提供有关人员聘请的建议等。为了得到精确的产品、服务与顾客成本,服务部门的成本也要和营业部门的成本一样进行分配。服务部门成本分配得越精确,得到的产品、服务和顾客成本也就越精确。

本章将以制造业为例,阐述服务部门费用的分配方法。

第一节 服务部门费用的归集和分配

服务部门费用的正确归集是服务费用分配的前提,也是正确计算产品成本的基础。为了正确归集服务部门的费用,在制造企业中必须设置"辅助生产成本"账户,根据不同类型的服务部门进行服务费用的核算。

一、服务部门费用的含义

在一些规模较大的制造企业中,除了生产产品的基本生产车间外,还设有另一类被称作辅助生产车间的服务部门。这一类服务部门实际上是为保证产品生产的正常进行面向基本生产提供服务的生产车间,如为基本生产车间供电、供水,提供运输劳务、修理作业等服务以及为基本生产从事工具、模具、夹具、修理用备件等的制造。服务部门的劳务和产品有时也可对外销售,但必须以首先满足企业内部需要为前提条件。因此,对外销售不是设立服务部门的主要目的,它主要是为本企业内部服务的。

企业的服务部门发生的费用称为服务部门费用,简称服务费用。在制造企业中所发生的服务部门的费用通常被称为辅助生产费用。这些服务部门在提供服务的过程中,会发生各种资源的耗费,如原材料费用、工资费用、固定资产折旧费、水电费、办公费、劳动保护费、保险费、修理费等。服务部门所发生的各种耗费构成服务部门提供劳务或产品的成本。服务部门主要是为基本生产提供服务的,所以服务费用中的大部分应计入产品制造成本。由于其中相当大的一部分费用不能直接计入产品成本,只能先计入制造费用,再分配计入产品制造成本。因此,服务费用归集和分配的正确与否将会影响产品成本计算的正确性。为了正确地反映各部门耗用劳务和作业的情况,必须将服务部门的费用在各个受益部门之间进行合理分配。要指出的是,服务部门除了为基本生产车间提供服务外,还可能为行政管理部门、福利部门、采购部门或对外提供服务,所发生的费用应按"谁受益,谁承担"的原则,分别计入有关的成本费用中。

对于服务部门费用的核算,首先应将各服务部门在提供服务过程中所发生的服务费用进行归集,然后将所归集的服务费用按各受益部门(或产品)的受益量进行合理分配。要注意的是,服务部门费用的归集和分配应分别各服务部门(辅助生产车间)进行。其计算程序如图 8-1 所示。

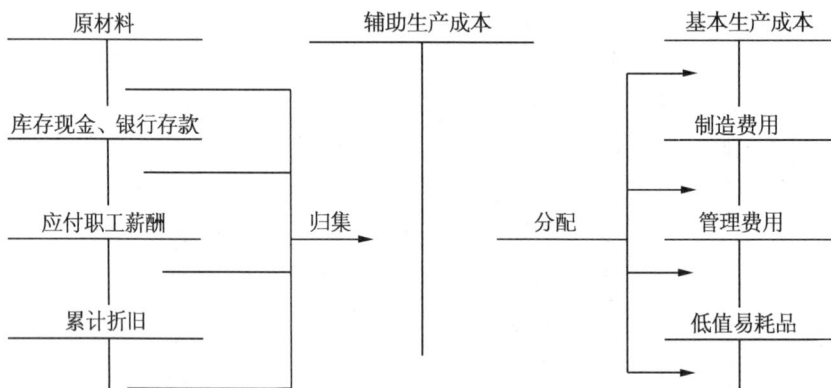

图 8-1　辅助生产费用计算程序图

二、辅助生产车间的类型及其费用归集

在制造业中,服务部门是为基本生产车间等部门提供劳务、作业或产品的辅助生产车间。它们有的只提供一种劳务或一种作业,如供电车间、供水车间、供气车间、运输车队等,这类辅助生产车间称为单品种的服务部门。单品种辅助生产车间所归集的总费用即为该种劳务或作业的总成本,该总成本可按各受益部门的受益量的比例进行分配。由于这类辅助生产车间都是从事劳务、作业性质的生产,因此月末无在产品结存。另一类是多品种生产或提供多种服务的辅助生产车间,也称多品种的服务部门,如生产工具、模具、夹具的工夹磨具车间。多品种的辅助生产车间所发生的各项费用,如能分清是哪一种产品所耗用的,即为直接计入费用,应直接计入该种产品的成本中;对于不能分清哪一种产品所耗用的共同费用,也就是间接计入费用,如辅助生产车间为组织和管理生产所发生的费

用,则先按服务部门分别归集,然后采用一定的分配方法在各种产品之间进行分配,再计入产品成本。

辅助生产费用的归集是辅助生产费用进行分配的前提。辅助生产车间提供劳务、作业及产品成本的高低,对基本生产制造成本的水平有着很大的影响。同时,只有在辅助生产车间的劳务、作业和产品的成本确定以后,才能计算基本生产的产品制造成本。因此,正确、及时地对辅助生产费用进行归集和分配,对节约费用、降低成本,以及正确、及时地计算产品制造成本有着十分重要的意义。

辅助生产费用的归集和分配是通过设置"辅助生产成本"账户进行的。该账户的借方反映辅助生产车间所发生的一切生产耗费,既包括各辅助生产车间发生的直接费用,也包括各辅助生产车间为组织和管理生产活动而发生的各种间接费用,以及在辅助生产车间相互提供劳务、作业的情况下,各受益的服务部门按受益量比例而转入应承担的费用;该账户的贷方反映辅助生产费用的分配,登记各辅助生产车间向受益部门提供服务成本的转出数,以及完工入库的工具、模具等产品生产成本的转出数,期末如有借方余额,则为辅助生产车间的在产品成本。"辅助生产成本"账户一般应按车间以及劳务、作业和产品的种类设立明细账,在明细账内按规定的项目设立专栏,进行明细核算。辅助生产车间发生的制造费用有两种处理方法:一种是先通过"制造费用"账户的借方进行归集,然后再从其贷方分配转入"辅助生产成本"账户的借方;另一种是不通过"制造费用"账户核算,由于服务部门规模较小,制造费用很少,且不对外提供服务或产品,为了简化核算工作,制造费用也可以直接记入"辅助生产成本"账户,而不通过"制造费用"账户核算。本教材对辅助生产车间的制造费用是按后一种方法处理的。

辅助生产成本明细账的格式见表8-1、表8-2。

表 8-1 辅助生产成本明细账

车间:供电车间 2020 年 5 月 单位:元

日期	凭证号	摘 要	费用明细项目									合计
			燃料	应付职工薪酬	机物料消耗	折旧费	保险费	动力费	办公费	水电费	其他	
(略)	(略)	领用燃料	4 300									4 300
		职工薪酬		1 200								1 200
		领用辅助材料			800							800
		计提折旧				2 500						2 500
		分摊保险费					1 000					1 000
		支付动力费						1 300				1 300
		支付办公费							1 100			1 100
		支付水电费								900		900
		支付其他费用									1 900	1 900
		合 计	4 300	1 200	800	2 500	1 000	1 300	1 100	900	1 900	15 000

表 8-2 辅助生产成本明细账

车间：供水车间   2020 年 5 月   单位：元

| 日期 | 凭证号 | 摘要 | 费用明细项目 | | | | | | | | | | 合计 |
			原材料	燃料及动力	应付职工薪酬	折旧费	低值易耗品摊销	保险费	动力费	办公费	水电费	其他	
（略）	（略）	领用材料	3 000										3 000
		燃料及动力费		6 500									6 500
		职工薪酬			1 600								1 600
		计提折旧				3 500							3 500
		领用工具等					600						600
		分摊保险费						1 200					1 200
		支付动力费							1 800				1 800
		支付办公费								1 300			1 300
		支付水电费									1 700		1 700
		支付其他费用										2 800	2 800
		合计	3 000	6 500	1 600	3 500	600	1 200	1800	1 300	1 700	2 800	24 000

辅助生产费用归集的总分类核算会计分录如下：

借：辅助生产成本   ×××

    贷：原材料   ×××

          材料成本差异   ×××

          应付职工薪酬   ×××

          累计折旧   ×××

          待摊费用   ×××

          其他应付款   ×××

          银行存款   ×××

三、辅助生产费用的分配

辅助生产车间提供的服务方式不同，其费用的分配程序也不同。辅助生产车间产品成本的核算类似基本生产车间产品成本的核算。不同之处是辅助生产车间的"制造费用"只能转入"辅助生产成本"，并且在辅助生产产品完工后，应从"辅助生产成本"科目的贷方转入"原材料"或"低值易耗品"等科目的借方，如果不对外出售，一般不得转入"库存商品"科目。本章所讲的辅助生产费用的分配是指为基本生产车间或其他部门提供劳务、作业服务的费用分配。这些劳务、作业主要是为基本生产车间服务的，还包括行政管理部门、销售机构和在建工程等。假如辅助生产车间不相互提供劳务、作业，辅助生产费用的分配就比较容易，只要将"辅助生产费用明细账"中归集的费用，按照劳务供应量的标准进行分配就可以了。

然而，在有些企业，辅助生产车间还会相互提供劳务、作业。例如，供电车间为供水车间提供电，供水车间为供电车间提供水；机修车间为运输车间提供修理服务，运输车间又为机修车间提供运输服务。这样,为了计算电的成本,需要确定水的成本;为了计算水的成本,又要确定电的成本。因此,当有交互提供劳务的辅助生产车间时,企业辅助生产费用的分配就变得复杂了。因为辅助生产费用的分配不仅要考虑给辅助生产车间之外的部门分配,而且还要考虑给其他辅助生产车间的分配。各辅助生产车间费用的归集与分配就需交叉进行,给辅助生产费用分配增加了难度。为了正确计算企业的成本和费用,在分配辅助生产费用时,还应在各辅助生产车间进行费用的交互分配。这就是辅助生产费用分配的特点。

为了加强成本控制,促使辅助生产车间管理人员努力降低成本,提高工作效率,辅助生产车间所归集的各项费用应采用适当的方法分配计入有关受益单位。辅助生产费用分配的一般原则是:

第一,凡是能够具体确认受益部门或产品的辅助生产费用,应直接计入该部门、该产品的成本费用中。对不能确认具体受益部门或产品的辅助生产费用,必须按受益比例在各受益部门、各产品之间进行分配,多受益多分配,少受益少分配。

第二,辅助生产费用的分配方法应力求简便、易行、合理。从这一原则出发,其关键是选择科学合理的计量标准和正确统计各部门(产品)耗用服务的数量,也就是:凡能用仪器、仪表计量的,如供水、供电等,应以仪器、仪表计量的抄见数作为确定耗用量和计算服务成本的依据;对不能用仪器、仪表计量的,应以合理的计量单位作为计量标准。计量标准的选择和各部门(产品)受益量的统计是成本计算中的一个重要问题,只有选择科学合理的计量标准和正确统计各部门(产品)的受益量,才能保证辅助生产费用分配的准确性和合理性。

辅助生产费用的分配方法主要有直接分配法、顺序分配法和交互分配法,而交互分配法又包括一次交互分配法、代数分配法和计划分配法等。

专栏 8-1

2016 年的世界 500 强榜首又是沃尔玛!

2016 年 7 月 20 日,2016 年《财富》杂志世界 500 强企业名单出炉。沃尔玛以482 130 百万美元的营业收入再次成为财富榜榜首。

"天天平价"和"保证满意",这就是沃尔玛全部的经营理念。"天天平价"这句话背后隐藏的深层含义,其实质就是成本领先。为了控制成本,沃尔玛分析了商品价格的形成过程,从价格形成的方方面面入手,对成本费用进行有力的控制。

1. 严控进货渠道

价格形成的第一道程序就是进货,因此沃尔玛严格地控制进货渠道。

沃尔玛采用中央采购的制度,尽量实行统一进货,并且对于知名度高的全球性企业,沃尔玛一般将销售一年所需的产品一次性签订采购合同。由于沃尔玛进货的数量如此之大,使其从进货中得到的优惠远远大于其他企业,形成了其他企业无可比拟的规模优势,从而大大降低了进货价格。

沃尔玛还努力和供货商保持良好的合作关系。沃尔玛通过互联网和商品的生产厂家时刻保持联系,实现信息共享,供应商可以通过沃尔玛的销售和库存情况把握商品和市场的走向,及时安排、调整生产和运输,提高厂家生产的效率,降低厂家的市场风险,沃尔玛也从中得到供货商给予的优惠,进一步降低了进货成本。

2. 先进的物流配送体系

价格产生的第二道程序就是物流。1984年,沃尔玛投入4亿美元的巨资,与美国休斯公司合作发射一颗商业卫星。在此基础上,又投入6亿美元建立了计算机及卫星交互式通信系统。

20世纪90年代初,沃尔玛在公司总部建立了庞大的数据中心,沃尔玛所有的商店、配送中心也与供应商建立了联系,从而实现了快速反应的供应链管理。沃尔玛采用全电子化的快速供应这一现代化供应链管理模式,并且不断将更新的技术融入这一管理模式上。同时,利用电子支付系统EFT向供应方支付货款,把ASN和POS数据比较,就能迅速知道商品库存的信息。供应方不仅能减少本企业的库存,还能减少沃尔玛的库存,实现整个供应链的库存水平最小化。

3. 沃尔玛的信息化之路

沃尔玛拥有百分百完整的物流系统。有信息系统、供应商伙伴关系、可靠的运输及先进的全自动配送中心组成的完整物流系统遍布全美。其高效的物流过程具有以下几个环节:由采购员向供货商采购商品,通过资料输入发出订单→供应商将商品统一送到配送中心→配送中心经过处理后由卡车运送到各个商店,摆放在商店内让顾客购买→商店通过电脑系统要求补货。如此构成了沃尔玛完善的物流循环。

4. 节约行政开支

沃尔玛对于行政开支的节约简直到了"疯狂"的地步。在沃尔玛的办公室里,你绝对看不到豪华的装修、昂贵的家具或者厚厚的地毯,而是俭朴得不能再俭朴的办公桌。正是这种近乎"疯狂"的节约,才使得沃尔玛能够省下每一分钱让利给顾客,从而使顾客来沃尔玛购物而不是去其他商场购物。

5. 控制营销成本

沃尔玛对营销成本的控制也是极其高明的。沃尔玛经常促销,但是它们的促销却要求要接近零成本促销,特别是在节约广告开支方面。直到今天,沃尔玛都很少做广告。沃尔玛人认为,最好的广告就是顾客的口碑,商品卖得便宜,就会通过顾客自然地将沃尔玛的名声传播出去。

(资料来源:老板学堂,2016年7月23日)

第二节 直接分配法

直接分配法是辅助生产费用分配的基本方法,这是一种不考虑各个辅助生产车间互相提供服务(劳务或作业)的情况,而是将辅助生产车间所发生的费用直接分配给辅助生产车间以外的各受益部门(产品)负担的一种费用分配方法。

在该法下,凡是能确认各受益对象应承担数额的辅助生产费用,就可以直接计入该受益对象的有关费用中;凡属各受益对象共同发生的辅助生产费用,就可按各受益对象应承担的劳务供应量进行分配。其分配公式如下:

$$\text{某种服务(劳务或作业)的单位成本} = \frac{\text{该辅助生产车间本期发生的辅助生产费用总额}}{\text{该辅助生产车间对外提供服务(劳务或作业)的总量}}$$

$$\text{某受益部门(产品)负担的服务费用} = \text{该受益部门(产品)的受益量} \times \text{该种服务(劳务或作业)的单位成本}$$

【例8-1】 浦新实业公司设有供电、供水两个服务部门,2020年5月发生的服务费用和向各受益部门提供服务量的资料如表8-3所示。

表8-3 供电、供水车间向受益部门提供的服务量

受益部门 \ 供应部门	供电车间供电量(度)	供水车间供水量(立方米)
供电车间	—	5 000
供水车间	2 500	—
第一基本生产车间	15 000	28 000
第二基本生产车间	36 000	40 000
行政管理部门	9 000	7 000
合计	62 500	80 000
本月发生的服务费用(元)	15 000	24 000

直接分配法下的服务费用分配表如表8-4所示。

表8-4 辅助生产费用分配表(直接分配法)

2020年5月　　　　　　　　　　　　　　　　单位:元

受益部门 \ 分配部门		供电车间	供水车间	合　计
待分配费用		15 000	24 000	39 000
劳务、作业总量		60 000	75 000	—
计量单位		度	立方米	
劳务、作业单位成本		0.25	0.32	
第一基本生产车间	耗用量	15 000	28 000	—
	金　额	3 750	8 960	12 710
第二基本生产车间	耗用量	36 000	40 000	—
	金　额	9 000	12 800	21 800
行政管理部门	耗用量	9 000	7 000	—
	金　额	2 250	2 240	4 490

在表8-4中,由于辅助生产车间(即供水车间和供电车间)相互提供的服务不分配费用,其单位成本只需以待分配总额除以对外提供的服务总量求得,不包括服务部门相互提供的服务量。

由于辅助生产车间大都是为基本生产车间服务的,因此这一部分辅助生产费用应先分配转入基本生产车间的"制造费用"账户,然后随同其他制造费用一起分配计入产品制造成本。除此之外,根据"谁受益,谁承担"的原则,另有一部分辅助生产费用通过分配再转入其他有关账户。

根据上列辅助生产费用分配表分配的结果,可编制如下会计分录:

借:制造费用——第一车间   12 710

          ——第二车间   21 800

    管理费用   4 490

  贷:辅助生产成本——供电车间   15 000

              ——供水车间   24 000

由于采用直接分配法不考虑各辅助生产车间相互提供服务的情况,只需进行一次分配即可将辅助生产费用全部分配计入辅助生产车间之外的各受益部门(产品)的费用或成本中,因此这种分配方法简便易行。但是,由于辅助生产车间相互耗用的劳务不负担费用,使分配结果的正确性受到一定程度的影响。所以,这种方法一般只适用于各辅助生产车间互相耗用对方服务量不多,或辅助生产车间只对基本生产车间等外部各部门(产品)提供服务的情况。

第三节　顺序分配法

顺序分配法也称阶梯分配法,是按辅助生产车间施惠和受益量大小的顺序分配辅助生产费用的一种分配方法。该法的分配思路是:为各辅助生产车间按照施惠量或受益量的大小排序,施惠最大、受益最小的排在第一位;施惠最少、受益最大的排在最后一位。排在前面的辅助生产车间的费用分配给排在后面的辅助生产车间;排在后面的辅助生产车间的费用不再分配给排在前面的辅助生产车间。其分配程序如图 8-2 所示。

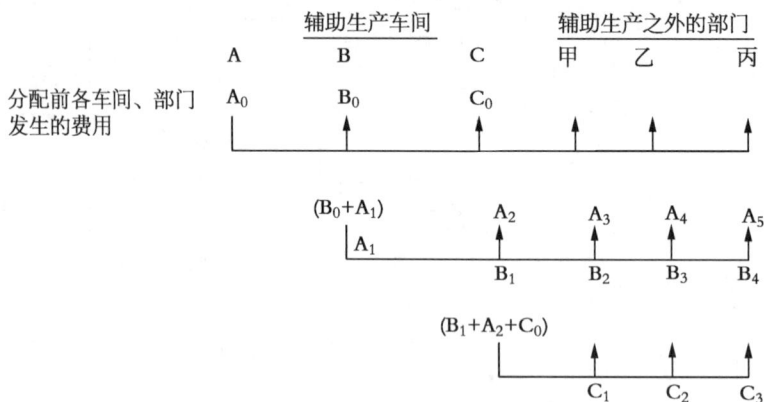

图 8-2　顺序分配程序图

【例 8-2】　沿用【例 8-1】的资料,采用顺序分配法分配辅助生产费用。假设供水车间施惠大、受益小,排列在前;供电车间施惠小、受益大,排列在后。采用顺序分配法编制辅助生产费用分配表,见表 8-5。

表 8-5　服务费用分配表(顺序分配法)

2020 年 5 月　　　　　　　　　　　　　　　　单位:元

受益部门 \ 分配部门		供水车间	供电车间	合　计
待分配费用		24 000	16 500	40 500
劳务、作业总量		80 000	60 000	—
计量单位		立方米	度	—
劳务、作业单位成本		0.30①	0.275②	—
供水车间	耗用量	—	—	—
	金　额	—	—	—
供电车间	耗用量	5 000	—	—
	金　额	1 500	—	1 500
第一基本生产车间	耗用量	28 000	15 000	—
	金　额	8 400	4 125	12 525
第二基本生产车间	耗用量	40 000	36 000	—
	金　额	12 000	9 900	21 900
行政管理部门	耗用量	7 000	9 000	—
	金　额	2 100	2 475	4 575

注:① 供水单位成本＝24 000÷80 000＝0.30(元/立方米);
　　② 供电单位成本＝(15 000＋1 500)÷(62 500－2 500)＝0.275(元/度)。

根据上列辅助生产费用分配表分配的结果,可编制如下会计分录:

借:制造费用——第一基本生产车间　　　　　　　　　　　　　12 525
　　　　　　——第二基本生产车间　　　　　　　　　　　　　21 900
　　辅助生产成本——供电车间　　　　　　　　　　　　　　　1 500
　　管理费用　　　　　　　　　　　　　　　　　　　　　　　4 575
　贷:辅助生产成本——供水车间　　　　　　　　　　　　　　　24 000
　　　　　　　　　——供电车间　　　　　　　　　　　　　　16 500

采用顺序分配法能有重点地反映辅助生产车间相互提供服务的关系,分配结果较直接分配法合理。但是,由于这种方法使排列在前的辅助生产车间费用的归集不完整,导致辅助生产车间相互提供服务的关系反映不全面,交互分配不够充分,从而使分配结果的正确性也受到一定的影响。顺序分配法只适用于各辅助生产车间相互受益程度有明显顺序的企业。在各辅助生产车间的分配顺序确定以后,一般不宜经常变动。

第四节　交互分配法

辅助生产费用的交互分配法,是指企业中各个辅助生产车间相互提供服务,其提供的数量还比较大,所以辅助生产费用的分配不仅要考虑对辅助生产车间之外的各受益部门进行分配,而且还应考虑对辅助生产车间内部各受益部门进行分配的方法。交互分配法有一次交互分配法、计划成本分配法和代数分配法三种。

一、一次交互分配法

采用一次交互分配法,辅助生产车间之间应先根据相互提供服务的数量和交互分配前的费用分配率进行一次交互分配,然后再将交互分配后的实际费用对辅助生产车间之外的各受益部门进行直接分配。其分配程序可分两步进行。

第一步为交互分配阶段。首先,根据各辅助生产车间提供服务的总量,以及所发生的服务费用总额计算交互分配前的单位服务成本(即交互分配率);然后,根据各辅助生产车间的受益量和单位服务成本进行一次交互分配。其具体计算公式如下:

$$交互分配率 = \frac{某辅助生产车间交互分配前的服务费用总额}{该辅助生产车间提供的服务总量}$$

$$\begin{matrix}某辅助生产车间应\\负担的服务费用\end{matrix} = \begin{matrix}该辅助生产车间\\耗用服务量\end{matrix} \times 交互分配率$$

第二步为对外分配阶段。首先,各个辅助生产车间将交互分配前的辅助生产费用加上交互分配时转入的费用,减去交互分配时转出的费用,计算交互分配后的实际费用;然后,按照辅助生产车间外部各受益对象的受益量计算出对外分配率,并据以对外部各受益对象进行直接分配,辅助生产车间内部不再分配。其计算公式如下:

$$对外分配率 = \frac{该辅助生产车间交互分配后的服务费用总额}{该辅助生产车间对外提供服务的总量}$$

$$\begin{matrix}外部某受益部门(产品)\\应负担的服务费用\end{matrix} = \begin{matrix}该受益部门(产品)\\耗用服务量\end{matrix} \times 对外分配率$$

【例 8-3】 沿用【例 8-1】的资料,采用一次交互分配法分配辅助生产费用。采用一次交互分配法编制的辅助生产费用分配表如 8-6 所示。

表 8-6 服务费用分配表(一次交互分配法)

2020 年 5 月
单位:元

分配部门 受益部门		交 互 分 配			直 接 分 配		
		供电车间	供水车间	小计	供电车间	供水车间	小计
待分配费用		15 000	24 000	39 000	15 900	23 100	39 000
劳务、作业总量		62 500	80 000	—	60 000	75 000	
计量单位		度	立方米	—	度	立方米	
劳务、作业单位成本		0.24①	0.30②	—	0.265③	0.308④	
供电车间	耗用量	—	5 000		—	—	—
	金额	—	1 500	1 500	—	—	—
供水车间	耗用量	2 500	—		—	—	—
	金额	600		600			

续表

受益部门 \ 分配部门		交互分配			直接分配		
		供电车间	供水车间	小计	供电车间	供水车间	小计
第一基本生产车间	耗用量	—	—	—	15 000	28 000	—
	金额	—	—	—	3 975	8 624	12 599
第二基本生产车间	耗用量	—	—	—	36 000	40 000	—
	金额	—	—	—	9 540	12 320	21 860
行政管理部门	耗用量	—	—	—	9 000	7 000	—
	金额	—	—	—	2 385	2 156	4 541
分配金额合计		600	1 500	2 100	15 900	23 100	39 000

注：① 供电车间交互分配率＝15 000÷62 500＝0.24(元/度)；

② 供水车间交互分配率＝24 000÷80 000＝0.30(元/立方米)；

③ 供电车间对外分配率＝$\dfrac{15\,000+1\,500-600}{62\,500-2\,500}=\dfrac{15\,900}{60\,000}=0.265$(元/度)；

④ 供水车间对外分配率＝$\dfrac{24\,000+600-1\,500}{80\,000-5\,000}=\dfrac{23\,100}{75\,000}=0.308$(元/立方米)。

根据上列辅助生产费用分配表分配的结果,可编制如下会计分录:

借:制造费用——第一基本生产车间　　　　　　　　　　　　　　　12 599

　　　　　　——第二基本生产车间　　　　　　　　　　　　　　　21 860

　　管理费用　　　　　　　　　　　　　　　　　　　　　　　　　4 541

　　辅助生产成本——供电车间　　　　　　　　　　　　　　　　　1 500

　　　　　　　　——供水车间　　　　　　　　　　　　　　　　　　600

　　贷:辅助生产成本——供电车间　　　　　　　　　　　　　　　16 500

　　　　　　　　　　——供水车间　　　　　　　　　　　　　　　24 600

从以上计算过程可以看出,一次交互分配法实际上是交互分配与直接分配相结合的方法。由于辅助生产车间内部相互提供的服务进行了交互分配,因而提高了分配结果的正确性,同时该种方法易于理解和操作。但是,由于各个辅助生产车间都要计算两个费用分配率和进行两次分配,增加了一定的工作量。

二、计划成本分配法

计划成本分配法又称内部结算价格分配法,它是先按提供劳务、作业的计划单位成本和各受益部门实际接受劳务、作业的受益量进行分配,再将计划分配额与实际费用的差额进行调整分配的一种辅助生产费用的分配方法。计划成本分配法可分两步进行分配。

第一步为计划成本分配阶段。它是根据企业已确定的计划单位成本和各受益部门(包括辅助生产车间)的受益量进行分配。各受益对象所承担的计划成本可按以下公式计算:

$$\text{某受益部门(产品)应负担的计划成本}=\text{该受益部门实际受益量}\times\text{该种服务的计划单位成本}$$

第二步为调整分配阶段,或称追加(或追减)分配阶段。它须将各辅助生产车间实际发生的费用与各该辅助生产车间按计划成本分配转出费用之间的成本差异,对辅助生产车间以外的各受益对象进行调整分配。

【例 8-4】 沿用【例 8-1】的资料,采用计划成本分配法分配服务部门费用。假设该公司供电部门的计划单位成本为 0.26 元/度,供水部门的计划单位成本为 0.32 元/立方米。采用计划成本分配法编制服务费用分配表如表 8-7 所示。

表 8-7　服务费用分配表(计划成本分配法)
2020 年 5 月
单位:元

分配部门 / 受益部门		计划成本分配			调整分配			分配金额
		供电车间	供水车间	小计	供电车间	供水车间	小计	
待分配费用		15 000	24 000	39 000	350①	−950②	−600	
劳务、作业总量		62 500	80 000	—	60 000	75 000	—	—
计量单位		度	立方米	—	度	立方米	—	—
计划单位成本		0.26	0.32	—	0.005 833	0.012 667	—	—
供电车间	耗用量	—	5 000	—	—	—	—	
	金额	—	1 600	1 600	—	—	—	1 600
供水车间	耗用量	2 500	—	—	—	—	—	
	金额	650	—	650	—	—	—	650
第一基本生产车间	耗用量	15 000	28 000	—	15 000	28 000	—	
	金额	3 900	8 960	12 860	87.50	−354.67	−267.17	12 592.83
第二基本生产车间	耗用量	36 000	40 000	—	36 000	40 000	—	
	金额	9 360	12 800	22 160	210	−506.67	−296.67	21 863.33
行政管理部门	耗用量	9 000	7 000	—	9 000	7 000	—	
	金额	2 340	2 240	4 580	52.50	−88.66	−36.16	4 543.84
合　计		16 250	25 600	41 850	350	−950	−600	41 250

注:① 供电成本差异＝(15 000＋1 600−16 250)＝350(元);
　　② 供水成本差异＝(24 000＋650−25 600)＝−950(元)。

根据上列辅助生产费用分配表分配的结果,可编制如下会计分录:

借:制造费用——第一基本生产车间　　　　　　　　　　　　　　12 592.83
　　　　　　——第二基本生产车间　　　　　　　　　　　　　　21 863.33
　　管理费用　　　　　　　　　　　　　　　　　　　　　　　　 4 543.84
　　辅助生产成本——供电车间　　　　　　　　　　　　　　　　 1 600
　　　　　　　　——供水车间　　　　　　　　　　　　　　　　　 650
　　贷:辅助生产成本——供电车间　　　　　　　　　　　　　　16 600
　　　　　　　　　　——供水车间　　　　　　　　　　　　　　24 650

在计划成本分配法下,如果成本差异比较小,也可采用将其全部计入管理费用的简化方法,不再进行调整分配。

采用计划成本分配法分配辅助生产费用,核算工作比较及时、简便,同时通过计划成本和实际成本的比较分析,可及时了解各辅助生产车间费用超支和节约的原因,有利于控制和考核各辅助生产车间费用的发生情况。该法比较适用于计划成本基础较好的企业,计划成本的制定不能脱离实际太远,否则,将失去其核算的意义。

专栏 8-2

产品成本归集、分配和结转

第三十四条　企业所发生的费用,能确定由某一成本核算对象负担的,应当按照所对应的产品成本项目类别,直接计入产品成本核算对象的生产成本;由几个成本核算对象共同负担的,应当选择合理的分配标准分配计入。

企业应当根据生产经营特点,以正常生产能力水平为基础,按照资源耗费方式确定合理的分配标准。

企业应当按照权责发生制的原则,根据产品的生产特点和管理要求结转成本。

第三十五条　制造企业发生的直接材料和直接人工,能够直接计入成本核算对象的,应当直接计入成本核算对象的生产成本,否则应当按照合理的分配标准分配计入。

制造企业外购燃料和动力的,应当根据实际耗用数量或者合理的分配标准对燃料和动力费用进行归集分配。生产部门直接用于生产的燃料和动力,直接计入生产成本;生产部门间接用于生产(如照明、取暖)的燃料和动力,计入制造费用。制造企业内部自行提供燃料和动力的,参照本条第三款进行处理。

制造企业辅助生产部门为生产部门提供劳务和产品而发生的费用,应当参照生产成本项目归集,并按照合理的分配标准分配计入各成本核算对象的生产成本。辅助生产部门之间互相提供的劳务、作业成本,应当采用合理的方法,进行交互分配。互相提供劳务、作业不多的,可以不进行交互分配,直接分配给辅助生产部门以外的受益单位。

第三十六条　制造企业发生的制造费用,应当按照合理的分配标准按月分配计入各成本核算对象的生产成本。企业可以采取的分配标准包括机器工时、人工工时、计划分配率等。

季节性生产企业在停工期间发生的制造费用,应当在开工期间进行合理分摊,连同开工期间发生的制造费用,一并计入产品的生产成本。

制造企业可以根据自身经营管理特点和条件,利用现代信息技术,采用作业成本法对不能直接归属于成本核算对象的成本进行归集和分配。

第三十七条　制造企业应当根据生产经营特点和联产品、副产品的工艺要求,选择系数分配法、实物量分配法、相对销售价格分配法等合理的方法分配联合生产成本。

第三十八条　制造企业发出的材料成本,可以根据实物流转方式、管理要求、实物性质等实际情况,采用先进先出法、加权平均法、个别计价法等方法计算。

第三十九条　制造企业应当根据产品的生产特点和管理要求,按成本计算期结转成本。制造企业可以选择原材料消耗量、约当产量法、定额比例法、原材料扣除法、完工百分比法等方法,恰当地确定完工产品和在产品的实际成本,并将完工入库产品的产品成本结转至库存产品科目;在产品数量、金额不重要或在产品期初期末数量变动不大的,可以不计算在产品成本。

制造企业产成品和在产品的成本核算,除季节性生产企业等以外,应当以月为成本计算期。

第四十条 农业企业应当比照制造企业对产品成本进行归集、分配和结转。

第四十一条 批发零售企业发生的进货成本、相关税金直接计入成本核算对象成本;发生的采购费,可以结合经营管理特点,按照合理的方法分配计入成本核算对象成本。采购费金额较小的,可以在发生时直接计入当期销售费用。

批发零售企业可以根据实物流转方式、管理要求、实物性质等实际情况,采用先进先出法、加权平均法、个别计价法、毛利率法等方法结转产品成本。

第四十二条 建筑企业发生的有关费用,由某一成本核算对象负担的,应当直接计入成本核算对象成本;由几个成本核算对象共同负担的,应当选择直接费用比例、定额比例和职工薪酬比例等合理的分配标准,分配计入成本核算对象成本。

建筑企业应当按照《企业会计准则第15号——建造合同》的规定结转产品成本。合同结果能够可靠估计的,应当采用完工百分比法确定和结转当期提供服务的成本;合同结果不能可靠估计的,应当直接结转已经发生的成本。

第四十三条 房地产企业发生的有关费用,由某一成本核算对象负担的,应当直接计入成本核算对象成本;由几个成本核算对象共同负担的,应当选择占地面积比例、预算造价比例、建筑面积比例等合理的分配标准,分配计入成本核算对象成本。

第四十四条 采矿企业应当比照制造企业对产品成本进行归集、分配和结转。

第四十五条 交通运输企业发生的营运费用,应当按照成本核算对象归集。

交通运输企业发生的运输工具固定费用,能确定由某一成本核算对象负担的,应当直接计入成本核算对象的成本;由多个成本核算对象共同负担的,应当选择营运时间等符合经营特点的、科学合理的分配标准分配计入各成本核算对象的成本。

交通运输企业发生的非营运期间费用,比照制造业季节性生产企业处理。

第四十六条 信息传输、软件及信息技术服务等企业,可以根据经营特点和条件,利用现代信息技术,采用作业成本法等对产品成本进行归集和分配。

第四十七条 文化企业发生的有关成本项目费用,由某一成本核算对象负担的,应当直接计入成本核算对象成本;由几个成本核算对象共同负担的,应当选择人员比例、工时比例、材料耗用比例等合理的分配标准分配计入成本核算对象成本。

第四十八条 企业不得以计划成本、标准成本、定额成本等代替实际成本。企业采用计划成本、标准成本、定额成本等类似成本进行直接材料日常核算的,期末应当将耗用直接材料的计划成本或定额成本等类似成本调整为实际成本。

第四十九条　除本制度已明确规定的以外,其他行业企业应当比照以上类似行业的企业对产品成本进行归集、分配和结转。

第五十条　企业应当按照第三十四条至第四十九条规定对产品成本进行归集、分配和结转。企业内部管理有相关要求的,还可以利用现代信息技术,在确定多维度、多层次成本核算对象的基础上,对有关费用进行归集、分配和结转。

（资料来源:《企业成本核算制度(试行)》财会[2013]17 号）

三、代数分配法

代数分配法是通过建立多元一次方程组的方法,求出各辅助生产车间提供劳务、作业的单位成本,并据以分配各辅助生产费用的一种方法。这种分配方法的关键是建立多元一次方程组。该方程组由若干个多元一次方程式组成,有几个辅助生产车间就有几个方程式。各方程式的左边表示该辅助生产车间的费用归集额,它包括各辅助生产车间所发生的费用和交互分配后转入的费用。各方程式的右边表示各辅助生产车间费用的分配额。

【例 8-5】　沿用【例 8-1】的资料,采用代数分配法分配辅助生产费用。分配计算如下:

假设供电车间每度电的成本为 x,供水车间每立方米水的成本为 y。建立联立方程式如下:

$$\begin{cases} 15\,000 + 5\,000y = 62\,500x \\ 24\,000 + 2\,500x = 80\,000y \end{cases}$$

解上述方程式,求得:

$$\begin{cases} x = 0.264\,661\,654 \\ y = 0.308\,270\,676 \end{cases}$$

根据以上求得的电和水的单位成本以及各部门的受益量,即可编制服务费用分配表,如表 8-8 所示。

表 8-8　服务费用分配表(代数分配法)

2020 年 5 月

单位:元

受益部门＼分配部门		供电车间	供水车间	分配金额
劳务、作业供应总量		62 500	80 000	—
计量单位		度	立方米	—
劳务、作业单位成本		0.264 661 654	0.308 270 676	—
供电车间	耗用量	—	5 000	—
	金额	—	1 541.35	1 541.35
供水车间	耗用量	2 500	—	—
	金额	661.65	—	661.65
第一基本生产车间	耗用量	15 000	2 800	—
	金额	3 969.92	8 631.58	12 601.5

续表

受益部门＼分配部门		供电车间	供水车间	分配金额
第二基本生产车间	耗用量	36 000	40 000	—
	金额	9 527.82	12 330.83	21 858.65
行政管理部门	耗用量	9 000	7 000	—
	金额	2 381.95	2 157.90	4 539.85
分配金额合计		16 541.34	24 661.66	41 203

根据表 8-8 的分配结果,可编制会计分录如下:

借:辅助生产成本——供电车间　　　　　　　　　　　　1 541.35
　　　　　　　——供水车间　　　　　　　　　　　　　661.65
　　制造费用——第一基本生产车间　　　　　　　　　 12 601.50
　　　　　　——第二基本生产车间　　　　　　　　　 21 858.65
　　管理费用　　　　　　　　　　　　　　　　　　　 4 539.85
　　贷:辅助生产成本——供电车间　　　　　　　　　　16 541.34
　　　　　　　　——供水车间　　　　　　　　　　　 24 661.66

代数分配法是最精确的一种辅助生产费用分配方法,但在辅助生产车间较多、数据复杂的情况下,解方程组的工作量较大。如果企业能借助于计算机来完成方程组的求解,该法不失为一种较好的方法。

关键概念索引

辅助生产费用　直接分配法　顺序分配法　交互分配法　一次交互分配法　计划成本分配法　代数分配法

复习思考题

1. 什么是辅助生产费用?

2. 为什么要进行辅助生产费用的分配?

3. 辅助生产费用的分配特点是什么?

4. 辅助生产费用的分配方法有哪些?

5. 如何采用一次交互分配法分配辅助生产费用?

6. 什么是顺序分配法?如何确定辅助生产车间的分配顺序?

7. 什么是辅助生产费用的计划分配法?它有哪些优点?

8. 如何采用代数分配法分配辅助生产费用?

练习题

一、单项选择题

1. 能分清内部经济责任且有利于加强企业内经济核算的辅助生产费用分配方法是（　　）。

　　A. 直接分配法　　　　　　　　　　　　B. 交互分配法

　　C. 顺序分配法　　　　　　　　　　　　D. 计划成本分配法

2. 辅助生产部门费用的交互分配是指（　　）。

　　A. 辅助生产费用在各辅助生产部门之间的分配

　　B. 辅助生产费用在各基本生产车间之间的分配

　　C. 辅助生产费用在各生产车间之间的分配

　　D. 辅助生产费用在辅助生产部门与基本生产车间之间的分配

3. 辅助生产费用直接分配法的适用条件是（　　）。

　　A. 企业的计划成本不够准确

　　B. 企业未实行电算化

　　C. 辅助生产车间相互受益程度有明显顺序

　　D. 辅助生产车间相互提供劳务不多

4. 为了简化辅助生产费用的分配,辅助生产成本差异一般全部计入（　　）。

　　A. 营业外支出　　　B. 管理费用　　　C. 制造费用　　　D. 基本生产成本

5. 对辅助生产车间发生的制造费用,应（　　）。

　　A. 单设"制造费用"账户进行核算　　　B. 不设"制造费用"账户进行核算

　　C. 通过"制造费用"账户进行核算　　　D. A、B均可

二、多项选择题

1. 在辅助生产车间的制造费用通过"制造费用"账户核算的企业中,直接记入"辅助生产成本"账户借方的费用可能有（　　）。

　　A. 辅助生产车间管理人员工资　　　　B. 辅助生产车间工人工资

　　C. 辅助生产车间动力电费　　　　　　D. 辅助生产车间照明电费

2. 在辅助生产车间完工产品入库或劳务分配时,可能借记的账户是（　　）。

　　A. 原材料　　　　　B. 在建工程　　　C. 辅助生产成本　　D. 应付职工薪酬

3. 辅助生产费用分配的方法有（　　）。

　　A. 定额比例法　　　　　　　　　　　　B. 一次交互分配法

　　C. 计划成本分配法　　　　　　　　　　D. 顺序分配法

4. 辅助生产车间一般不设置"制造费用"账户核算是因为（　　）。

　　A. 辅助生产车间规模比较小,制造费用很少

　　B. 辅助生产车间不对外提供服务或产品

　　C. 为了简化核算工作

　　D. 辅助生产车间不发生制造费用

5. 辅助生产费用分配的直接分配法具有(　　)的特点。

A. 计算结果正确　　　　　　　　B. 计算结果不正确

C. 便于考核分析　　　　　　　　D. 核算工作简便

三、判断题

1. 辅助生产车间的制造费用没有必要通过"制造费用"科目进行核算。(　　)

2. 在顺序分配法下,受益少的辅助生产车间要负担受益多的辅助生产车间的费用。(　　)

3. 在代数分配法下,各辅助生产车间分配的费用是本车间发生的费用加上其他车间分进来的费用。(　　)

4. 采用直接分配法分配辅助生产费用时,应考虑各辅助生产车间相互提供劳务或产品的情况。(　　)

5. 采用一次交互分配法分配辅助生产费用时,对外分配的辅助生产费用应为交互分配前的费用加上交互分配转入的费用再减去交互分配转出的费用。(　　)

四、业务题

1. 目的:熟悉服务部门费用的分配方法。

2. 资料:某企业有供电和机修两个辅助生产车间,2020年8月,根据辅助生产成本明细账得知:供电车间直接发生的待分配费用为7 040元,机修车间为6 720元。供电车间和机修车间相互提供劳务,供电车间受益少,机修车间受益多。供电车间和机修车间本月提供的劳务量如下表所示。

车间、部门		用电度数(度)	修理工时(小时)
第一基本生产车间	产品耗用	18 500	—
	一般耗用	1 500	1 800
第二基本生产车间	产品耗用	17 000	—
	一般耗用	1 000	2 100
管理部门		2 000	100
供电车间		—	200
机修车间		4 000	—
合　计		44 000	4 200

3. 要求:

(1) 采用直接分配法分配辅助生产费用,并编制分配分录。

(2) 采用顺序分配法分配辅助生产费用,并编制分配分录。

(3) 采用一次交互分配法分配辅助生产费用,并编制分配分录。

(4) 采用计划成本分配法分配辅助生产费用,并编制分配分录。

(5) 采用代数分配法分配辅助生产费用,并编制分配分录。

案例题

大众公司根据客户订单生产产品,采用分批成本法计算产品成本。与大众公司竞争的大部分企业是以全部成本加成20%的利润报价的。最近,大众公司期望扩大市场份额,将其加成利润率从25%下降到20%。大众公司有两个基本生产车间和两个服务部门,每个部门的预算成本和正常作业水平如下:

项　　目	服 务 部 门		基 本 生 产 车 间	
	运输车间	机修车间	第一车间	第二车间
间接费用(元)	100 000	200 000	100 000	50 000
员工人数(人)	8	7	30	30
维修工时(工时)	2 000	200	6 400	1 600
机器工时(工时)	—	—	10 000	1 000
人工小时(小时)	—	—	1 000	10 000

运输车间的成本以员工人数为基础进行分配;机修车间的成本以维修工时为基础进行分配;第一车间的成本以机器工时为基础进行分配;第二车间的成本以人工小时为基础进行分配。

大众公司接到一张生产甲产品100件的订单,并准备为该订单报价。预计甲产品仅需要在第一车间加工3个机器工时,其主要成本为67元。

研讨问题:

1. 如果采用直接分配法分配服务部门费用,甲产品订单的报价是多少?

2. 如果采用顺序分配法分配服务部门费用,甲产品订单的报价是多少?

3. 如果采用一次交互分配法分配服务部门费用,甲产品订单的报价是多少?

练习题及案例题参考答案

练习题

一、单项选择题

1. D　　　　2. A　　　　3. D　　　　4. B　　　　5. D

二、多项选择题

1. BC　　　2. ABCD　　3. BCD　　　4. ABC　　　5. BD

三、判断题

1. ×　　　　2. ×　　　　3. √　　　　4. ×　　　　5. √

四、业务题

(1) 采用直接分配法的分配结果如下:

基本生产成本——第一车间为3 256元;基本生产成本——第二车间为2 992元;制造

费用——第一车间为 3 288 元;制造费用——第二车间为 3 704 元;管理费用为 520 元。会计分录略。

（2）采用顺序分配法的分配结果如下：

基本生产成本——第一车间为 2 960 元;基本生产成本——第二车间为 2 720 元;制造费用——第一车间为 3 552 元;制造费用——第二车间为 4 024 元;管理费用为 504 元。会计分录略。

（3）采用一次交互分配法的分配结果如下：

基本生产成本——第一车间为 3 108 元;基本生产成本——第二车间为 2 856 元;制造费用——第一车间为 3 420 元;制造费用——第二车间为 3 864 元;管理费用为 512 元。会计分录略。

（4）采用计划成本分配法的分配结果如下：

基本生产成本——第一车间为 2 960 元;基本生产成本——第二车间为 2 720 元;制造费用——第一车间为 3 480 元;制造费用——第二车间为 3 940 元;管理费用为 660 元。会计分录略。

（5）采用代数分配法的分配结果如下：

基本生产成本——第一车间为 3 108 元;基本生产成本——第二车间为 2 856 元;制造费用——第一车间为 3 420 元;制造费用——第二车间为 3 864 元;管理费用为 512 元。会计分录略。

案例题

1. 甲产品订单的报价为 19 200 元。

2. 甲产品订单的报价为 18 768 元。

3. 甲产品订单的报价为 18 879.60 元。

第九章
成本性态和本量利分析

📖 **【本章要点】**

- 成本性态的意义
- 混合成本的分解
- 本量利分析的意义
- 本量利分析的基本内容
- 本量利分析的基本假设
- 保本点分析的意义及方法
- 本量利分析的具体应用
- 本量利的概率分析和敏感分析

一个企业的成功与否常常是以利润的高低来衡量的。利润的高低取决于产品的售价、产品的成本和业务量。产品的成本决定产品的售价，产品的售价影响其销售量，销售量影响产量，而产量反过来又影响成本。通过对成本、业务量和利润相互间的内在联系进行分析，可以确定企业的保本点，进而掌握有关因素变动对企业盈亏影响的规律，从而为企业改善经营管理和正确地进行经营决策提供有用的资料。

第一节 成 本 性 态

成本性态（cost behavior）也称成本特性或成本习性，是指成本总额对业务量（如产量、销售量和劳务量等）的依存关系，即业务量变动与其相应的成本变动之间的内在联系。这种依存关系和内在联系是客观存在的，是成本固有的性质，故称成本性态。在成本管理会计中，进行成本性态分析，也即进行成本对业务量的依存关系分析，有助于管理者具体掌握成本与业务量之间的规律性联系，为充分挖掘企业内部潜力、实行最优化管理和提高经济效益提供有价值的资料。成本性态分析是成本管理会计对企业经济活动进行规划和控制的先决条件。

按照成本性态，通常可将成本划分为变动成本、固定成本和混合成本三大类。

一、变动成本

变动成本（variable cost）是指成本总额随业务量的增减变动而成正比例变动的成本，包括直接材料、直接人工和变动间接费用等。变动成本的基本特点：其成本总额随业务量变动而成正比例变动，但若就单位变动成本来看，它又是固定的，即单位业务量的变动成本不受业务量增减变动的影响。

【例9-1】 大众制衣公司生产 T 恤衫,每件用料 30 元,每件支付计件工资 10 元,在不同产量水平下变动成本总额和单位变动成本对产量的依存关系如表 9-1 所示。

表9-1 变动成本—产量依存关系

产量(x)(件)	变动成本总额(bx)(元)	单位变动成本(b)(元)
1 000	40 000	40
1 500	60 000	40
2 000	80 000	40
2 500	100 000	40
3 000	120 000	40

从表 9-1 中可以看出,当产量从 1 000 件增加到 3 000 件时,变动成本总额也随之从 40 000 元增加到 120 000 元,但 T 恤衫的单位成本始终保持不变,均为 40 元。

变动成本总额和单位变动成本的习性模型分别如图 9-1 和图 9-2 所示。

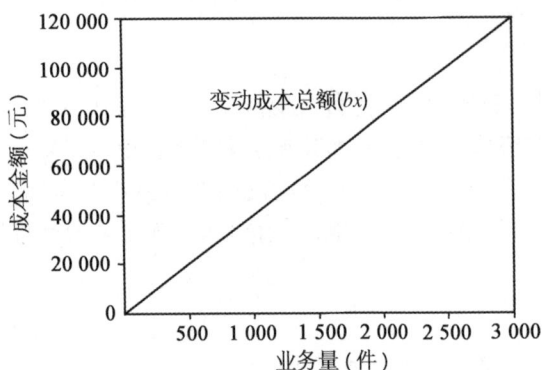

图9-1 变动成本习性模型图之一

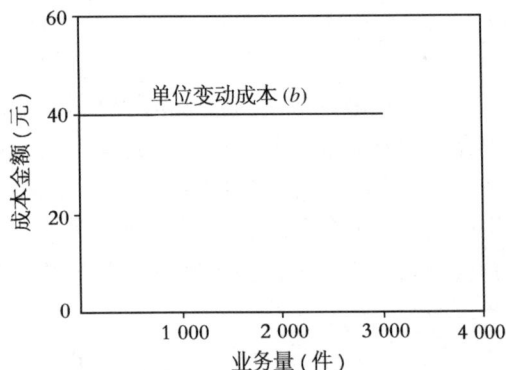

图9-2 变动成本习性模型图之二

值得注意的是,在实际工作中,变动成本总额与业务总量之间的正比例增减变动关系只有在特定的业务量范围内存在,超过这个业务量范围,就可能表现为非正比例增减变动关系。通常把这个业务量范围称为相关范围(relevant rang)。也就是说,在相关范围内,变动成本总额与业务量总数之间保持严格的、完全的线性关系;但在相关范围之外,就可能表现为非线性关系。

二、固定成本

固定成本(fixed cost)是指成本总额在一定时期和特定业务量范围内与业务量的增减变动没有直接的关系,因而不随业务量增减变动而变动的成本,如管理人员薪金、按平均年限法计提的固定资产折旧等。固定成本的基本特征:在一定的业务量范围内,其成本总额不随业务量变动而变动,但就单位固定成本而言,它又是变动的,即单位业务量的固定成本是随业务量的增减而成反比例变动的。

【例9-2】 大众制衣公司生产 T 恤衫的机器设备的年最大生产量为生产 T 恤衫 3 000 件。按使用年限法计提折旧,每年计提的固定资产折旧额为 60 000 元。在不同产量水平下,固定成本总额和单位固定成本对产量的依存关系如表 9-2 所示。

表 9-2 固定成本—产量依存关系图

产量(x)(件)	固定成本总额(a)(元)	单位固定成本(a/x)(元)
1 000	60 000	60
1 500	60 000	40
2 000	60 000	30
2 500	60 000	24
3 000	60 000	20

从表 9-2 中可以看出,当产量从 1 000 件增加到 3 000 件时,固定成本总额始终保持不变,均为 60 000 元,但单位业务量的固定成本却随着产量的增加从 60 元下降到 20 元。

固定成本总额和单位固定成本的习性模型如图 9-3 和图 9-4 所示。

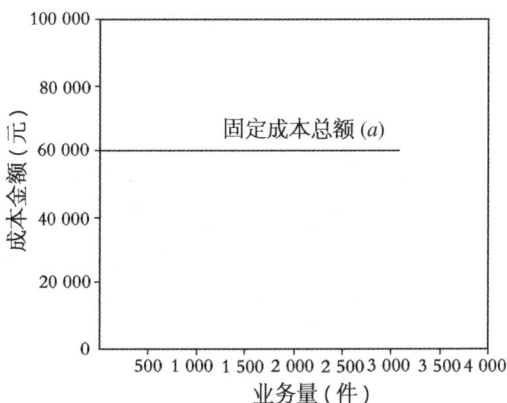

图 9-3 固定成本习性模型图之一

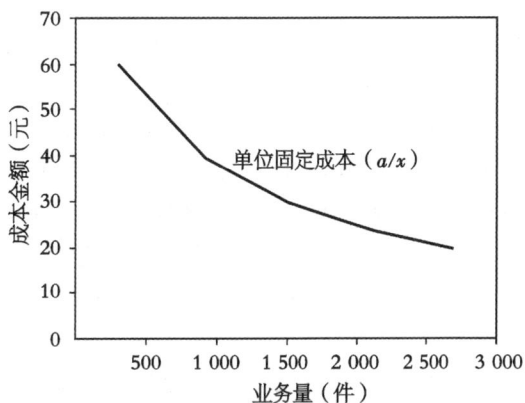

图 9-4 固定成本习性模型图之二

要强调的是,固定成本通常是在一定时期和一定业务量范围内(也即相关范围内)保持不变的。如果业务量超越了相关范围(如本例中为 3 000 件),固定成本总额也会发生相应的变动。因为,当需要完成的业务量突破现有生产能力时,势必需要扩建厂房、增添设备和扩充必要的人员,从而使原固定成本中的折旧费和管理人员薪金等相应增加。这种固定成本总额受相关范围所制约的关系如图 9-5 所示。

在实际工作中,为了加强对固定成本的管理和便于固定成本的控制,固定成本还可根据其支出的数额能否改变,进一步细分为约束性固定成本和酌量性固定成本。

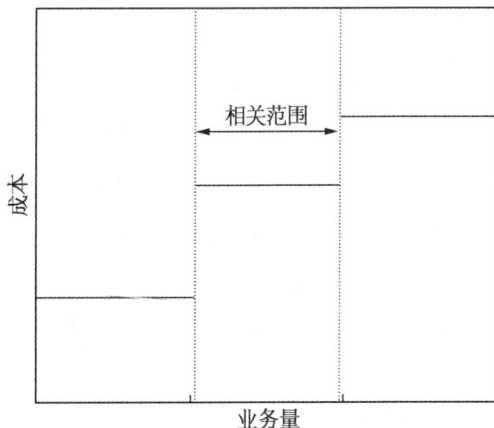

图 9-5 固定成本相关范围图

1. 约束性固定成本

所谓约束性固定成本(committed cost),是指管理当局的决策行为无法改变其数额的固定成本,如固定资产折旧费、管理人员薪金等。这些成本是维持企业生产经营能力必须负担的最低成本,具有极大的约束性。如果稍加削减,势必影响企业的盈利能力和长远目标,因此约束性固定成本属于经营能力成本。约束性固定成本是组织和管理生产必不可少的费用,是企业生产经营业务必须承担的最低限度的成本,很少受企业短期经营决策的影响。企业的生产能力一经形成,将在较长时期内继续存在,它是企业过去决策行为的结果。只要企业还存在,即使经营中断,该类固定成本仍将发生。因此,要想降低约束性固定成本,唯有从最充分地利用现有生产能力着手。

2. 酌量性固定成本

所谓酌量性固定成本(discretionary cost)是指通过管理当局的决策行为可以改变其数额的固定成本,如广告宣传费、职工培训费等。这些成本支出对扩大企业产品销路、提高产品质量、增强竞争能力有所裨益。酌量性固定成本一般由企业管理当局在会计年度开始前,根据计划期间企业的具体情况和财务负担能力,对各项费用分别作出决策和预算。酌量性固定成本不是组织和管理生产必不可少的费用,而是取决于管理当局的短期决策、可以由人们主观因素进行调节的费用,该类成本的预算额只在预算期内有效。

要说明的是,虽然酌量性固定成本的支出额是由企业高层管理者决定的,但绝非意味着这种成本可有可无。酌量性固定成本关系到企业的竞争能力,其实质是一种为企业的生产经营提供良好条件的成本,而非生产产品的成本。所以,从短期看,其发生额同企业的业务量水平并无直接关系。就这点而言,它同约束性固定成本是一致的,故两者共同组成固定成本。

综上所述,所谓变动成本的“变动”和固定成本的“固定”,都是对在一定时期和一定业务量范围而言的。也就是说,变动成本总额随业务量变动而变动和固定成本总额不受业务量变动的影响都是有条件的,是有一定的相关范围的。超过相关范围,这种成本与业务量的依存关系也会发生变动。

专栏 9-1

管理会计的“智慧·微决策”

诺贝尔经济学奖获得者西蒙说,“管理就是制定决策”,另一位管理大师明茨伯格在其代表作《管理工作的实质》中提到,“管理者平均在某个问题上花费的时间只有 9 分钟,承担的工作任务具有多样化、短暂性和琐碎的特点”。所以,决策不是领导们的专利,“微决策”才是管理者的工作主体和常态。同时,我们也发现计算机越来越聪明,奇准无比的“猜你喜欢”就是其中一个例子。既然如此,作为以支持决策为己任的管理会计,自然又有了发展的空间。

管理者的日常决策过程一般是由如下几个步骤组成:采集和整理信息、传递信息、分析判断、原因分析、决策意见。在这个过程当中,“分析判断”是关键,此时管理者结合自己的经验,可以敏感地发现“库存高了”“损耗大了”“进度慢了”等例外情况,从而给出一个明确的决策。可以看出,管理者的日常决策是一个强逻辑的线性过程,而这恰恰是 IT 的优势所在。

目前,在"采集和整理信息"的环节,有了 RFID、DW、BI 这几员大将在,这已不是问题;在"传递信息"环节,有 OA、ERP、移动互联网等,信息早已做到无缝覆盖;在"分析判断"环节,目前也有管理驾驶舱、数据预警、参照系的技术;在"原因分析"环节,可以通过"横向跟踪,纵向溯源"技术解决;在最后的"决策意见"环节,虽然必须考虑人的因素,但也可以通过关联性分析的技术,从而给出决策建议。这看起来与 BI 有些神似,这也说明,在 IT 技术层面,"微决策"是完全可行的。在管理上,通过系统化地将管理者的隐性知识转化为显性知识,并持续更新标准参考系,再借大数据的神奇表现,IT 即可作为人类的决策代言,管理会计钟情的决策支持也就有了"智慧"的声誉。

(资料来源:《价值中国》,2013 年 8 月 28 日)

三、混合成本

混合成本(mixed cost)是兼有变动成本和固定成本双重成本性态的成本。混合成本的基本特征:成本总额随业务量变动而变动,但其变动幅度并不保持严格的比例关系。

前面所述及的变动成本和固定成本,实际上在现实经济生活中是诸多成本形态中的两种极端类型。大多数成本是处于两者之间的混合体,如机器设备的维护保养费、辅助生产费用、管理费用等。其中,受变动成本的特征影响较大的称为半变动成本,受固定成本的特征影响较大的称为半固定成本。

在成本管理会计中,总成本与混合成本有着相同的性态,即两者都包含固定成本与变动成本两种因素。为了满足企业经营管理的需要,便于进行定量分析,常常用一个简单的线性方程式来描述总成本与混合成本的性态,其基本模式如下:

$$Y = a + bx$$

其中:Y 为总成本或混合成本;a 为固定成本总额;b 为单位变动成本;x 为业务量。该模式可用图 9-6 表示。

为了掌握成本与业务量的依存关系,规划和控制企业的经济活动,必须将全部成本划分为变动成本和固定成本两大类。因此,对于同时包含有变动成本和固定成本双重习性的混合成本,必须采用适当的方法将其分解,以区分出其中的变动成本和固定成本因素,再分别纳入变动成本和固定成本中,加计出变动成本和固定成本总额,这就是混合成本的分解。由于企业的总成本实质上也是一种混合成本,因此在进行混合成本分解时,也可以对总成本加以分解。

混合成本通常采用一定的数学或统计

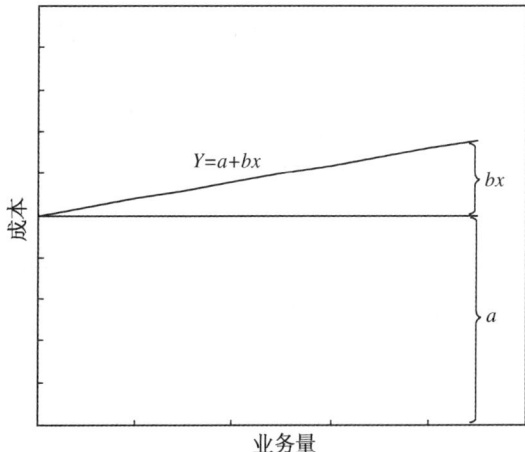

图 9-6　管理成本通用模型图

方法进行分解,具体包括高低点法、散布图法和回归直线法等。

(一) 高低点法

高低点法(high-low points method)是对混合成本进行分解的一种简单方法。这种方法是以一定时期内的最高点业务量的混合成本与最低点业务量的混合成本之差,除以最高点业务量与最低点业务量之差,先计算出单位变动成本,再据以把混合成本中的变动成本部分和固定成本部分分解出来的一种方法。

高低点法的基本原理:由于任何一项混合成本都包含有变动成本与固定成本两个部分,根据成本性态,固定成本在相关范围内是固定不变的,高低点业务量的变动对它没有影响,可以不予考虑。若单位变动成本在相关范围内是个常数,则变动成本总额随着高低点业务量的变动而变动。

这一方法的计算公式如下:

$$单位变动成本 = \frac{(最高点成本 - 最低点成本)}{(最高点业务量 - 最低点业务量)}$$

$$固定成本 = 最高点成本 - 单位变动成本 \times 最高点业务量$$

或 $$= 最低点成本 - 单位变动成本 \times 最低点业务量$$

也可用数学模型表示如下:

$$b = \Delta y / \Delta x$$

$$a = y_H - b x_H \qquad (H 表示高点)$$

或 $$a = y_L - b x_L \qquad (L 表示低点)$$

式中:

a——混合成本中的固定成本总额;

b——混合成本中的单位变动成本;

Δy——高低点混合成本之差;

Δx——高低点业务量之差。

【例 9-3】 大众制衣公司 2020 年 1—6 月份设备维修成本的资料如表 9-3 所示。

表 9-3 大众制衣公司维修成本

月　份	1	2	3	4	5	6	合　计
业务量(机器小时)	4 500	2 900	3 000	4 300	3 800	4 000	22 500
维修成本(元)	12 600	8 600	9 300	11 800	10 300	12 100	64 700

根据表 9-3 的资料可以看出,最高点为 1 月份,最低点为 2 月份。根据高低点法的原理,维修成本可分解如下:

$b = (12\ 600 - 8\ 600)/(4\ 500 - 2\ 900) = 2.50(元)$

$a = 12\ 600 - 2.50 \times 4\ 500 = 1\ 350(元)$

或 $a = 8\ 600 - 2.50 \times 2\ 900 = 1\ 350(元)$

上述计算表明,大众制衣公司维修成本进行分解后,其固定成本总额为 1 350 元,其余部分为变动成本总额。根据 a、b 的数值,维修成本的公式可表达如下:

$$y = 1\,350 + 2.5x$$

必须注意,采用高低点法选用的历史成本数据应该能代表该项业务活动的正常情况,不得含有任何非正常状态下的成本。同时,通过高低点分解而求得的成本公式,也只能适用于相关范围内的业务量,否则,计算结果的误差会较大。

还应注意的是,采用高低点法时,高点或低点的选择既可以成本为依据,也可以业务量为依据。当业务量的最高点与成本的最高点不在同一月份,或业务量的最低点与成本的最低点不在同一月份时,可以成本为依据确定最高点与最低点,也可以业务量为依据确定最高点与最低点,也就是业务量和成本必须是同一个月份的数据。

高低点法简便、易懂。但是,高低点法没有利用全部数据来估计成本,只依靠高低两组数据,因此如果选用的数据不具代表性,分解的结果就会发生较大的误差。

(二) 散布图法

散布图法(scatter graphs method)是一种目测法。这种方法是将一定时期的混合成本历史数据逐一地在坐标图上标明,以形成散布图,然后通过目测,在各个成本点之间作出一条反映成本变动趋势的直线,借以确定混合成本中变动成本和固定成本的方法。

运用散布图法分解混合成本的基本步骤:

(1) 建立平面坐标系,以纵轴 y 代表混合成本,以横轴 x 代表业务量。

(2) 将有关混合成本的历史数据在所建立的平面坐标系中加以描绘,以形成散布图。

(3) 考察散布图中各点的分布规律,从各点中目测确定一条直线,并保证散布图中各点均在此直线上或离该直线的距离最近。

(4) 确定混合成本中的固定成本 a 与变动成本的变动率 b。通过目测确定的直线在纵轴上的截距即为 a,直线的斜率即为 b。由 $y = a + bx$,得:

$$b = \frac{(\sum y - \sum a)}{\sum x}$$

【例 9-4】 沿用【例 9-3】的资料,用散布图法分解维修成本,如图 9-7 所示。

由图 9-7 可见,直线与纵轴的截距约为 1 900,即混合成本中的固定成本 a 为 1 900 元。变动成本的变动率 b 可按以下方法计算:

6 期维修费总和 = 64 700(元)

6 期固定成本总和 = 1 900×6 = 11 400(元)

6 期业务量之和 = 22 500(机器小时)

$$单位变动成本 = \frac{64\,700 - 11\,400}{22\,500}$$

$$= 2.368\,9(元)$$

a 和 b 值现为已知,因此混合成本维修费的

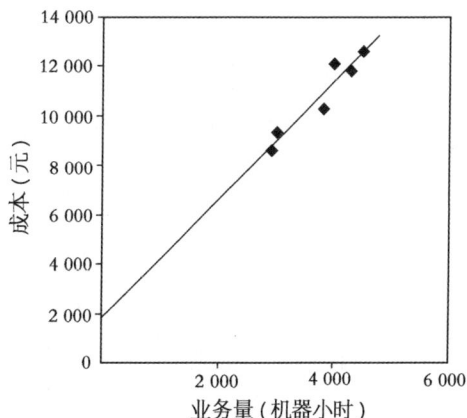

图 9-7 维修成本的散布图

171

直线方程式如下：

$$y = 1\,900 + 2.37x$$

采用散布图法分解混合成本,能够考虑所提供的全部历史成本资料,其图像可反映成本的变动趋势,同时可排除偶然因素的影响,是对高低点法的一种改进;并且形象直观、容易掌握。但是,由于仅凭目测画线,人为随意性太大,难免存在一定的误差。所以,散步图法只适用于对混合成本的分解精确度要求不高的情况。

(三) 回归直线法

回归直线法(line of regression method)是根据一定期间业务量和混合成本的历史资料,运用最小二乘法原理确定一条最能反映业务量与混合成本关系的回归直线,借以分析确定混合成本中变动成本和固定成本的方法。

采用回归直线法进行混合成本分解时,也需要若干组观察数据,但与散布图法不同的是,它是利用计算来代替目测,确定出 a 和 b 的值以及直线方程。回归直线法要求各个观察点与这条直线上相对应点的误差的平方和达到最小,因此回归直线法又称为最小平方法。

回归直线法的基本原理仍是以直线方程式 $y = a + bx$ 为基础的。

可以根据下列步骤来确定直线方程式中的 a、b 值。

首先,将上述的基本方程式用 n 个观察值合计数($\sum$)的形式来表示,即得:

$$\sum y = na + b \cdot \sum x \tag{1}$$

再将(1)式的左右两边各项用业务量 x 进行加权,即得:

$$\sum xy = na \cdot \sum x + b \cdot \sum x^2 \tag{2}$$

解(1)、(2)联立方程组,便可得到 a、b 值:

$$a = \frac{(\sum y - b \cdot \sum x)}{n} \tag{3}$$

$$b = \frac{(n\sum xy - \sum x \cdot \sum y)}{[n\sum x^2 - (\sum x)^2]} \tag{4}$$

【例 9-5】 沿用【例 9-3】的资料,先计算回归直线法数据,如表 9-4 所示。

表 9-4 回归直线法数据图

月　份	业务量 x (千机器小时)	维修成本 y (千元)	xy	x^2	y^2
1	4.5	12.6	56.7	20.25	158.76
2	2.9	8.6	24.94	8.41	73.96
3	3.0	9.3	27.9	9.00	86.49
4	4.3	11.8	50.74	18.49	139.24
5	3.8	10.3	39.14	14.44	106.09
6	4.0	12.1	48.4	16.00	146.41
$n=6$	$\sum x = 22.5$	$\sum y = 64.7$	$\sum xy = 247.82$	$\sum x^2 = 86.59$	$\sum y^2 = 710.95$

将上列计算表的合计数代入上述(4)和(3)两个方程式,分别确定 b 与 a 的值:

$$b = \frac{(n\sum xy - \sum x \cdot \sum y)}{[n\sum x^2 - (\sum x)^2]}$$

$$= \frac{[(6\times 247.82) - (22.5\times 64.7)]}{[6\times 86.59 - (22.5)^2]}$$

$$= 2.35(元)$$

$$a = \frac{(\sum y - b\sum x)}{n} = \frac{(64.7 - 2.35\times 22.5)}{6} = 1.97(千元) = 1\,970(元)$$

因此,混合成本维修费可归结为如下公式:

$$y = 1\,970 + 2.35x$$

运用回归直线法分解混合成本时,首先应进行相关程度分析,确定业务量和混合成本总额之间是否存在线性联系。如果没有这种线性联系,分解出来的结果就不正确。相关程度分析以相关系数 r 来表示,其计算公式如下:

$$r = \frac{n\sum xy - \sum x\sum y}{\sqrt{[n\sum x^2 - (\sum x)^2][n\sum y^2 - (\sum y)^2]}}$$

根据上例资料,相关系数 r 的计算如下:

$$r = \frac{6\times 247.82 - 22.5\times 64.7}{\sqrt{[6\times 86.59 - (22.5)^2][6\times 710.95 - (64.7)^2]}} = 0.958\,3$$

相关系数 r 的取值范围在 -1 与 1 之间,但由于会计中一般不用负相关,故 r 的取值范围就在 0 与 1 之间。当 $r=0$ 时,说明混合成本总额与业务量之间没有关系;当 $r=1$ 时,说明两者完全相关。在管理会计中,当 $r \geqslant 0.8$ 时,就表明混合成本与业务量有着密切联系,就可以运用回归直线法进行分解。

上例中,$r = 0.958\,3 \geqslant 0.8$,表明相关系数较高,因此,可以使用回归直线法分解混合成本。

回归直线法是对散布图法的改进和提高,其理论健全,分解结果精确。但是,计算数据繁多,分解过程复杂,如果能借助电子计算机,就能起到扬长避短的功效。

无论是高低点法、散布图法还是回归直线法等数学方法,均因含有估计的成分而带有一定程度的假定性,分解的结果不可能绝对精确。正因为如此,如果混合成本在相关范围内变动不大时,为简化手续,也可不进行分解而全部视作固定成本处理。

混合成本除了上述三种常用的方法外,还有工程法和直接法等。

工程法是根据产品生产中投入和产出的关系,即各种材料、人工、制造费用的消耗与业务量之间的直接联系来合理地区分哪些耗费是变动成本、哪些耗费是固定成本的方法。工程法是一种较为合理的混合成本分解方法。工程法的特点是划分比较准确,但工作量较大。由于其技术性要求较高,一般较少采用。

直接法又称会计法,它是根据财务成本核算中各成本项目的特点来分解混合成本的一种方法,即将一些比较接近于变动成本的成本项目划分为变动成本,而将一些比较接近于固定成本的成本项目划分为固定成本。直接法的特点是分解方法比较粗,但相对比较简单,且能较为清楚地反映出变动成本和固定成本包含的费用项目,便于比较分析,因而实用价值较高。

上述各种方法各有其优缺点,在实际工作中应根据企业的具体情况及要求选择运用。

第二节 本量利分析概述

一、本量利分析的意义

本量利分析(cost-volume-profit analysis,简称 CVP)是"成本—业务量—利润"分析的简称,它是以成本性态分析为基础,研究企业在一定期间内的成本、业务量和利润三者之间内在联系的一种专门方法。

本量利分析法是一种与传统会计分析完全不同的分析方法。在传统的会计分析中,人们往往认为:在售价和消耗水平不变的情况下,销售利润的增减变化与销售量的增减变化成正比例关系。实际上,销售利润的增减幅度一般要大于销售量的增减幅度。这是因为,根据成本特性,任何企业在产品生产过程中所发生的消耗成本均可分为变动成本与固定成本两大类。在业务量发生增减变化时,由于固定成本总额在一定的生产能力范围内是相对固定的,并不随业务量的变化而变化,当企业业务量发生增减变化时,随之变化的只是变动成本总额,所以利润的增减幅度要大于业务量的增减幅度。

【例 9-6】 大众制衣公司生产的 T 恤衫的每件售价为 100 元,每件变动成本为 65 元,固定成本总额为 60 000 元,全年业务量(产销一致)为 2 000 件。A 产品的单位成本与销售利润可计算如下:

单位成本=60 000÷2 000+65=95(元)

销售利润=(100-95)×2 000=10 000(元)

如果费用耗费水平不变,业务量增加 50%,即增至 3 000 件,则该 T 恤衫的单位成本和销售利润可预计如下:

单位成本=60 000÷3 000+65=85(元)

销售利润=(100-85)×3 000=45 000(元)

显然,当业务量增加 50%时,销售利润增加 350%,大大高于业务量增加的百分比。这是因为,随业务量增加而成比例增加的只有变动成本,而固定成本总额在相关的范围内是不变的。因此,单位成本随业务量的增加而降低,单位利润随业务量的增加而提高。

同理,当业务量降低 50%,即降至 1 000 件时,单位成本上升为 125 元,利润总额下降为 -25 000 元,下降幅度达到 350%。

从上述分析可以看出,业务量与利润的关系与销售价格、销售成本是分不开的,即一个企业销售利润的高低取决于产品的售价、成本和业务量,没有一项因素可独立于其他因素。因此,成本、业务量和利润之间的关系可表示如下:

$$销售利润=(售价-单位变动成本)×业务量-固定成本总额$$

由于成本、业务量和利润之间存在着错综复杂的关系,对诸如"如果要保本,应该产销多少件产品?""如果产销更多的产品,企业的利润和成本将受到什么影响?""如果要获得更多的利润,企业应产销多少件产品?"等围绕着"如果……,会怎么样?"这样一个主题的问题,很难用传统的方法作出回答,这就需要管理人员利用本量利的分析工具,通过建立新的决策和控制模型作出回答。

本量利分析是成本管理会计的重要方法,其基本内容包括:将总成本划分为变动成本和固定成本;计算产品的边际贡献;确定产品生产销售的保本点;分析产品销售的安全边际等。

二、边际贡献和边际贡献率

边际贡献和边际贡献率是本量利分析中的核心指标。计算产品的边际贡献和边际贡献率是本量利分析的前提条件。

(一) 边际贡献

边际贡献(contribution margin)是指产品的销售收入超过其变动成本的金额,也称贡献毛益。边际贡献首先应该用于补偿固定成本,补偿固定成本之后的余额即为企业的利润。边际贡献有单位产品边际贡献与边际贡献总额两种表现形式。

单位产品边际贡献是指产品的销售单价减去单位变动成本后的余额,其计算公式如下:

$$单位边际贡献=销售单价-单位变动成本$$

边际贡献总额是指产品销售收入总额减去变动成本总额后的余额。其计算公式如下:

$$边际贡献总额=销售收入总额-变动成本总额$$

【例9-7】 沿用【例9-6】的资料,计算大众制衣公司 T 恤衫的单位边际贡献和产销2 000件时的边际贡献总额。T 恤衫的单位边际贡献与边际贡献总额可计算如下:

单位边际贡献=100-65=35(元)

边际贡献总额=35×2 000=70 000(元)

从以上计算可以看出,产销2 000件 T 恤衫所提供的边际贡献总额为70 000元,并非是大众制衣公司的销售利润,因为该公司的边际贡献总额首先要用来弥补其60 000元的固定成本总额,补偿固定成本后还有多余,才能为公司提供利润,否则,边际贡献总额不够补偿固定成本总额,则会出现亏损。

边际贡献是反映企业产品盈利能力的一个重要指标,因此,当企业进行短期经营决策分析时,一般都以提供边际贡献总额最大的备选方案为最优。

(二) 边际贡献率

边际贡献率(contribution margin ratio)是指单位边际贡献与销售单价之间的比率,或边际贡献总额与销售收入总额之间的比率,它表示每百元销售收入能提供的边际贡献。其计算公式如下:

$$边际贡献率=\frac{单位边际贡献}{销售单价}\times100\%$$

或

$$边际贡献率=\frac{边际贡献总额}{销售收入总额}\times100\%$$

【例 9-8】 沿用【例 9-6】的资料,计算 T 恤衫的边际贡献率。T 恤衫的边际贡献率可计算如下:

$$边际贡献率=\frac{35}{100}\times100\%=35\%$$

或

$$边际贡献率=\frac{35\times2\,000}{100\times2\,000}\times100\%=\frac{70\,000}{200\,000}\times100\%=35\%$$

从以上的计算可以看出,大众制衣公司每产销 100 元产品,可以产生 35 元的边际贡献。

根据边际贡献率指标,还可以测算出销售额的变动对利润的影响。假定大众制衣公司预测计划期增加销售收入 50 000 元,固定成本总额不变,根据边际贡献率,可预计利润将增加 17 500(50 000×35%)元。

从上述的计算还可以看出,由于变动成本与边际贡献之和等于销售收入,因此边际贡献率与变动成本率之间存在着互补的关系,即:

$$边际贡献率=1-变动成本率$$

$$变动成本率=1-边际贡献率$$

凡变动成本率低的企业,边际贡献率高,创利能力也高;反之,变动成本率高的企业,边际贡献率低,创利能力也低。所以,边际贡献率的高低在企业的经营决策中具有举足轻重的影响。

三、本量利分析的基本假设

在进行本量利分析时,往往是以下面的基本假设为前提的。

(1) 一切进行本量利分析的产品和企业都应将其成本划分为固定成本和变动成本两部分,这是进行本量利分析的一个基本前提。在相关的范围内,固定成本总额和单位变动成本不受产销量的影响,是保持不变的。

(2) 产品的销售单价不变,在相关的范围内,产销量是影响销售收入和总成本的唯一因素。所以,销售收入和总成本都是线性的,即都可用直线来表示,否则就无法进行分析。

(3) 在企业的计划期内,产品的生产量和销售量是一致的,因而不考虑产成品期初、期末存货水平变动对利润的影响。

(4) 企业在生产和销售多种产品时,其产销量的增减变化是以各产品之间的结构不变为前提的。

(5) 所有收入和成本在进行加总或比较时,均不考虑货币的时间价值。

必须注意的是,在实际工作中,以上基本假设不可能保持不变,因此必须分别计量它们对有关指标的影响程度。

第三节 保本点分析

保本点在成本管理会计中是一项很重要的管理信息,因为保本点是企业获取利润的基础。任何一个企业在进行利润规划时,首先必须预测保本点。只有超过保本点,再扩大销售量,才能获得利润。

一、保本点分析的意义

保本点(break-even point)也称损益平衡点或盈亏临界点,是指企业全部销售收入等于全部成本费用时的销售量或销售额,即在这一销售量或销售额上,企业正好不盈也不亏。也就是说,达到这一销售量或销售额时,企业产品提供的边际贡献正好抵偿固定成本总额。

保本点分析是进行本量利分析的核心内容。进行保本点分析,可以帮助人们认识本量利之间的一些规律性联系。它们主要是:

(1) 在保本点不变的情况下,如果产品销售量超过保本点一个单位的业务量,即可获得一个单位的边际贡献的盈利;销售量越大,能实现的盈利就越多。反之,若产品销售量低于保本点一个单位的业务量,即亏损一个单位的边际贡献;销售量越小,亏损额越大。

(2) 在销售量不变的情况下,保本点越低,产品的盈利性越高,即实现的利润越多或发生的亏损越小;反之,保本点越高,则产品的盈利性越低,即实现的利润越小或发生的亏损越大。

(3) 在销售收入既定的情况下,保本点的高低取决于单位变动成本与固定成本总额的大小。单位变动成本或固定成本总额越小,则保本点越低;反之,则保本点越高。

保本点通常有两种表现形式:一是用实物量表现,称为保本点销售量,即销售多少数量的产品才能保本,简称保本量;另一种是用货币金额表现,称为保本点销售额,即销售多少金额的产品才能保本,简称保本额。

二、保本点的计算

(一) 单一品种保本点的计算

由于本量利分析的基本模型可表述为:

$$销售利润=(售价-单位变动成本)×业务量-固定成本总额$$

然而,保本点是企业利润等于零时的销售量,即:

$$(单价-单位变动成本)×保本量-固定成本总额=0$$

因而,可得到保本点的计算公式如下:

$$保本点销售量=\frac{固定成本总额}{(单价-单位变动成本)}=\frac{固定成本总额}{单位边际贡献}$$

由于单种产品的保本点既可用实物量表示,又可用金额表示,因而可得到保本点销售额的计算公式如下:

$$保本点销售额=\frac{固定成本总额}{边际贡献率}=\frac{固定成本总额}{(1-变动成本率)}$$

【例9-9】 沿用【例9-6】的资料,计算该T恤衫的保本点销售量和保本点销售额。

$$保本点销售量=\frac{60\,000}{(100-65)}=\frac{60\,000}{35}=1\,714(件)$$

177

$$保本点销售额 = \frac{60\,000}{35 \div 100} \times 100\% = \frac{60\,000}{35\%} = 171\,429(元)$$

上述计算表明,大众制衣公司 T 恤衫的销售量达到 1 714 件或者销售额达到 171 429 元时,正好不盈也不亏。

应当注意,保本点销售量的计算只适用于单一产品保本点的分析,当需要分析多种产品的保本点时,只能计算保本点销售额。所以,保本点销售额指标既适用于单一产品保本点的分析,也适用于整个企业多品种保本点的分析。

(二) 多品种保本点的计算

如前所述,如果企业生产并销售多种产品,其保本点不能用数量表示,而只能用金额表示,即只能计算保本点销售额。多种产品保本点销售额的计算方法主要有加权平均法、分别计算法和历史资料法等。

1. 加权平均法

由于各种产品的边际贡献率不同,而整个企业的综合保本点销售额与产品的品种结构有着直接的联系,因此需要根据各种产品的销售单价、单位变动成本和销售数量计算出一个加权平均的边际贡献率,然后根据固定成本总额和加权平均的边际贡献率计算出保本点销售额。

采用加权平均法计算多种产品保本点销售额的关键是要确定各种产品的加权平均边际贡献率。其计算公式如下:

$$加权平均边际贡献率 = \frac{\sum(某种产品销售额 - 某种产品变动成本)}{\sum 各种产品销售额} \times 100\%$$

$$综合保本点销售额 = \frac{固定成本总额}{加权平均边际贡献率}$$

【例 9-10】 长江公司计划生产销售甲、乙、丙三种产品,预计销售单价分别为 15 元、20 元和 32 元,单位变动成本分别为 9 元、14 元和 20 元,预计销售量分别为 2 000 件、1 100 件和 1 500 件,固定成本总额为 128 100 元。

根据上述资料,长江公司多种产品的保本点销售额的计算如表 9-5 所示。

表 9-5 多种产品保本点销售额计算表(加权平均法)

单位:元

项 目	甲产品	乙产品	丙产品	合 计
销售单价	15	20	32	
销售数量(件)	2 000	1 100	1 500	
销售收入	30 000	22 000	48 000	100 000
变动成本	18 000	15 400	30 000	63 400
边际贡献	12 000	6 600	18 000	36 600
固定成本				128 100
加权平均边际贡献率				36.6%
综合保本点销售额				350 000

在生产多种产品的企业中,管理人员不仅要了解多种产品的综合保本点销售额,而且还要了解每种产品保本点销售额的情况。因而,还可根据多种产品综合保本点销售额和各种产品的销售比重推算各种产品的保本点销售额。其计算步骤如下:

(1) 计算出各种产品销售额占全部产品销售额的比重。

$$某种产品销售比重 = \frac{某种产品销售额}{\sum 各种产品销售额} \times 100\%$$

(2) 以各种产品的边际贡献率为基础,以各该产品的销售比重为权数,计算出整个企业的加权平均边际贡献率。

$$加权平均边际贡献率 = \sum (某种产品的边际贡献率 \times 某种产品销售比重)$$

(3) 计算多种产品综合保本点销售额。

$$综合保本点销售额 = \frac{固定成本总额}{加权平均边际贡献率}$$

(4) 根据每种产品的销售比重推算各该产品的保本点销售额。

$$某种产品的保本点销售额 = 综合保本点销售额 \times 某种产品的销售比重$$

【例 9-11】 根据【例 9-10】中长江公司的资料,预测甲、乙、丙三种产品的保本点如下:

(1) 计算各种产品的销售额占全部产品销售额的比重。

甲产品: $\frac{30\,000}{100\,000} \times 100\% = 30\%$

乙产品: $\frac{22\,000}{100\,000} \times 100\% = 22\%$

丙产品: $\frac{48\,000}{100\,000} \times 100\% = 48\%$

(2) 计算各种产品的边际贡献率和全部产品的加权平均边际贡献率。

甲产品: $\frac{12\,000}{30\,000} \times 100\% = 40\%$

乙产品: $\frac{6\,600}{22\,000} \times 100\% = 30\%$

丙产品: $\frac{18\,000}{48\,000} \times 100\% = 37.5\%$

加权平均边际贡献率 $= 40\% \times 30\% + 30\% \times 22\% + 37.5\% \times 48\% = 36.6\%$

(3) 计算全部产品的综合保本点销售额。

综合保本点销售额 $= \frac{128\,100}{36.6\%} = 350\,000$(元)

(4) 计算各种产品的保本点销售额。

甲产品的保本点销售额 $= 350\,000 \times 30\% = 105\,000$(元)

乙产品的保本点销售额 $= 350\,000 \times 22\% = 77\,000$(元)

丙产品的保本点销售额 $= 350\,000 \times 48\% = 168\,000$(元)

从上述计算可以看出,多种产品保本点销售额的计算是以各种产品的预计销售结构不变为前提的,即甲、乙、丙三种产品的销售结构之比为 2 000∶1 100∶1 500。在实际销售过程中,各种产品的销售结构会发生变化,这时保本点销售额也会发生变化,因为各种产品的边际贡献率不相同。变化的规律:当边际贡献率高的产品多销售时,实际的保本点就会低于预计的保本点;反之,当边际贡献率低的产品多销售时,实际保本点就会高于预计的保本点。

加权平均法适用于固定成本总额无法合理地在各种产品之间进行分配的企业。

2. 分别计算法

分别计算法是先将固定成本总额分配给各种产品,然后按单种产品保本点的预测方法分别计算每种产品的保本点销售额,并据以计算全部产品的综合保本点销售额。在分配固定成本时,应选择适当的分配标准(如销售额或销售量比例,产品重量、长度、面积或所需工时比例等)分配给各种产品。例如,在有些企业中,产品品种并不很多,且各种产品的生产都是封闭式的,即其固定成本都可分清,这时只需将企业管理部门的固定成本按恰当的比例分配给各种产品,就可计算出各该产品的保本点。

【例 9-12】 沿用【例 9-10】的资料。假定长江公司的固定成本可按甲、乙、丙产品的销售额比例进行分配。则长江公司各种产品的保本点销售额及全部产品的综合保本点销售额的计算如表 9-6 所示。

表 9-6 多种产品保本点销售额计算表(分别计算法)

单位:元

项　　目	甲产品	乙产品	丙产品	合　　计
销售收入	30 000	22 000	48 000	100 000
销售比重	30%	22%	48%	
固定成本	38 430	28 182	61 488	128 100
边际贡献率	40%	30%	37.5%	
保本点销售额	96 075	93 940	163 968	353 983

从上述计算可以看出,当甲产品销售额达到 96 075 元,乙产品销售额达到 93 940 元,丙产品销售额达到 163 968 元时,三种产品就分别保本,也即企业的销售额达到 353 983 元可保本。

应该注意的是,企业的保本点销售额为 353 983 元也是有一定条件的,即各种产品的销售结构保持不变。如果各种产品的销售结构发生变化,企业的保本点也会发生变化。这时,要进一步分析产品销售结构的变化对保本点的影响。分析的具体方法:将各种产品实际销售额超过或不到预计保本点销售额的差额分别乘上各种产品的边际贡献率,计算出各种产品超额或不足的边际贡献,然后将它们加总。如果加总后的边际贡献总额为正数,说明已超过保本点销售额;如果加总后的边际贡献为负数,说明还不足保本点销售额;如果加总后的边际贡献为零,说明不盈也不亏,企业正好保本。

【例 9-13】 沿用【例 9-10】的资料。到 7 月底为止,甲、乙、丙产品的销售额分别达 85 000 元、105 600 元和 163 968 元,总的销售额达 354 568 元。

从表面上看已达到保本点销售额。但是,由于产品的销售结构已经发生变化,此时是否

真正保本,还得通过进一步的分析才能确定。具体分析如下:

甲产品超过保本点销售额的边际贡献＝(85 000－96 075)×40％
$$＝－4 430(元)$$

乙产品超过保本点销售额的边际贡献＝(105 600－93 940)×30％
$$＝3 498(元)$$

丙产品超过保本点销售额的边际贡献＝(163 968－163 968)×37.5％
$$＝0(元)$$

加总后的边际贡献＝－4 430＋3 498＋0＝－932(元)

从上述分析可以看出,尽管实际销售额超过保本点销售额585(354 568－353 983)元,但这是边际贡献率高的甲产品少销售而边际贡献率低的乙产品多销售的结果。因此,到7月底为止,该企业还未保本。

分别计算法适用于固定成本总额能在各种产品之间合理地进行分配的多种产品生产企业。

3.历史资料法

历史资料法就是根据若干时期的历史资料,计算平均每年的销售收入和边际贡献总额,并据以计算多种产品综合保本点销售额的一种方法。

有些企业(如百货商店)的产品品种比较多,如果仍然按上述两种方法进行多种产品的保本点分析,工作量将非常大。在这种情况下,可采用历史资料法预计多种产品的综合保本点销售额。

【例9-14】　淮海百货商店根据过去三年的销售资料,采用历史资料法预测计划期的综合保本点销售额。其具体资料及其保本点的计算如表9-7所示。

表9-7　多种产品保本点销售额计算表

单位:元

项　目	第1年	第2年	第3年	合　计	平　均
销售收入	525 000	555 000	576 000	1 656 000	552 000
变动成本	375 000	412 500	427 500	1 215 000	405 000
边际贡献	150 000	142 500	148 500	441 000	147 000
平均边际贡献率					26.63％
固定成本					735 000
保本点销售额					2 760 000

从表9-7的计算可以看出,三年的平均边际贡献率为26.63％,预计当年的固定成本总额为735 000元,当年的保本点销售额约为2 760 000元。用历史资料法可解决品种繁多的企业保本点的计算问题,在销售品种结构及各种产品的边际贡献率相对稳定的企业,其计算结果比较准确。但是,在品种结构变化较大且各种产品的边际贡献率变化不定的情况下,其计算结果就不够准确。因而,历史资料法只能作为利润控制的辅助参考数据。

三、保本点分析图示法

保本点的分析也可采用绘制保本图的方式进行。保本图(breakeven chart)是围绕保本点将影响企业利润的有关因素集中在一张图上形象而具体地表现出来,从而揭示有关成本、业务量和利润三者之间的规律性联系。由于图示法把本、量、利三者之间的关系描绘得更为直观,容易使人理解,因此对在经营管理中提高预见性和主动性有较大的帮助。

保本图一般有基本式、边际贡献式、收入式和利量式四种表示方法。现结合【例 9-1】的资料,说明保本图的绘制方法。

(一) 基本式保本图

在保本图上,一般以纵轴表示销售收入和成本的金额,以横轴表示销售量(业务量),这种基本式保本图也称数量金额式保本图。

采用此种方法时,先画出坐标图,以横轴表示销售量(或业务量),以纵轴表示销售收入和成本金额。其保本图的具体绘制程序如下。

(1) 绘制总收入线。先在横轴上选择一个整数的销售量(如 1 000 件),并在坐标上标出销售收入总额(1 000×100=100 000 元)的那一点,然后在原点与该点之间画一条直线连接起来,即为总收入线。

(2) 绘制总成本线。通常在坐标图上先画一条与横轴平行的反映固定成本总额 60 000 元的固定成本线,并与纵轴相截在 60 000 元处。然后,在横轴上选择一个整数的销售量(如 1 000 件),根据变动成本率(即单位变动成本)计算出其总成本($Y=a+bx=60\,000+65\times 1\,000=125\,000$ 元),并在坐标图上标出销售量为 1 000 件和总成本为 125 000 元的那一点。最后,再画一条直线把该点与固定成本总额在纵轴上的截点连接起来,即为总成本线。

(3) 确定保本点。总收入线与总成本线相交之处就是保本点,这一点所对应的横轴上的数量就是保本点的销售量,所对应纵轴上的金额就是保本点的销售额。如果销售量超过这一保本点,能为企业创造盈利,总收入线与总成本线所截的一段即为预计销售量所产生的利润总额;如果销售量未达到这一保本点,会使企业发生亏损,总收入线与总成本线所截的一段即为预计销售量所发生的亏损数额。

根据上述步骤,绘制基本式保本图如图 9-8 所示。

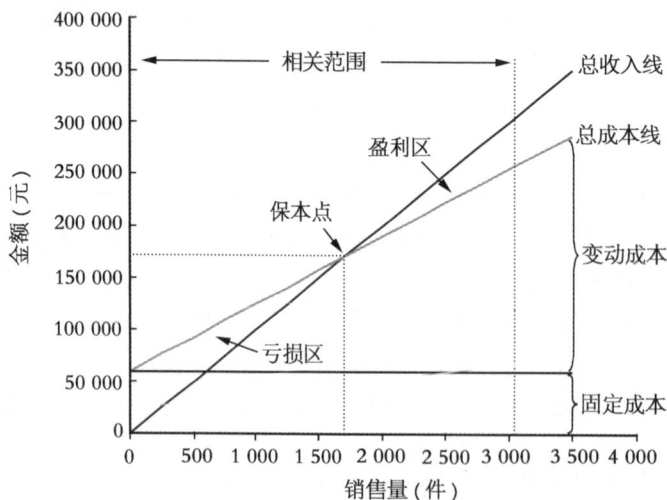

图 9-8 基本式保本图

图 9-8 中的相关范围是指在这一范围内单位变动成本保持不变,也即图中的变动成本率保持不变。如果超出这一范围,变动成本率就会发生变化。相关范围表示这一保本点分析模式的适用范围。这种先画固定成本再画变动成本的方法,与成本的实际发生情况相近,因为在产品生产过程中,总是先发生固定成本,然后才发生变动成本,因而更易为人们所理解。

(二) 边际贡献式保本图

边际贡献式保本图着重揭示本量利分析中的边际贡献、固定成本以及保本点之间的关系。在绘制总成本线时,先从原点出发绘制变动成本总额线($bx = 65 \times 1\,000 = 65\,000$ 元),再从纵轴上 60 000 元之处画一条与变动成本线相平行的线,即为总成本线。按此法绘制的边际贡献式保本图如图 9-9 所示。

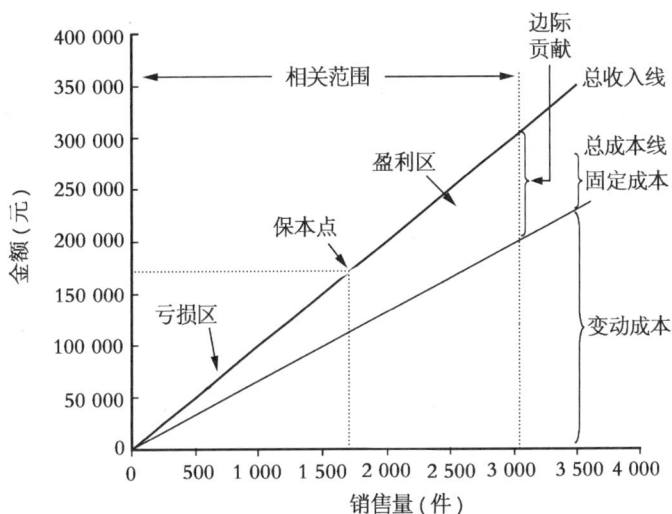

图 9-9　边际贡献式保本图

在图 9-9 中,有关保本点的意义和作用与前一种方法一样。但是,在这张保本图中还可以反映出销售收入减去变动成本后的边际贡献,当边际贡献小于固定成本时,即为亏损;反之,当边际贡献大于固定成本时,即为盈利。

和基本式保本图一样,边际贡献式保本图也属于数量金额式保本图。数量金额式保本图一般只适用于单品种产品的保本点分析。

(三) 收入式保本图

收入式保本图是一种以纵轴表示销售收入和成本的金额,以横轴表示销售金额的保本图,也称为金额式保本图。

采用此种方法时,先画出坐标图,以横轴表示销售金额,以纵轴表示销售收入和成本金额。其具体程序如下。

(1) 绘制总收入线。由于横轴和纵轴都用金额表示,所以只要有横轴和纵轴的对应金额即可画出这一直线,当两根轴的坐标刻度相等时,销售收入线就是该坐标图的角平分线。

（2）绘制总成本线。根据变动成本与销售收入的比例关系（即变动成本率，本例中为65%）画出变动成本线，再从纵轴上固定成本总额的截距处画出一条与变动成本线相平行的线，即为总成本线。

（3）确定保本点。总收入线与总成本线的相交之处就是保本点，这一点所对应的横轴与纵轴上的金额均为保本点的销售额。

根据上述步骤，绘制的收入式保本图如图 9-10 所示。

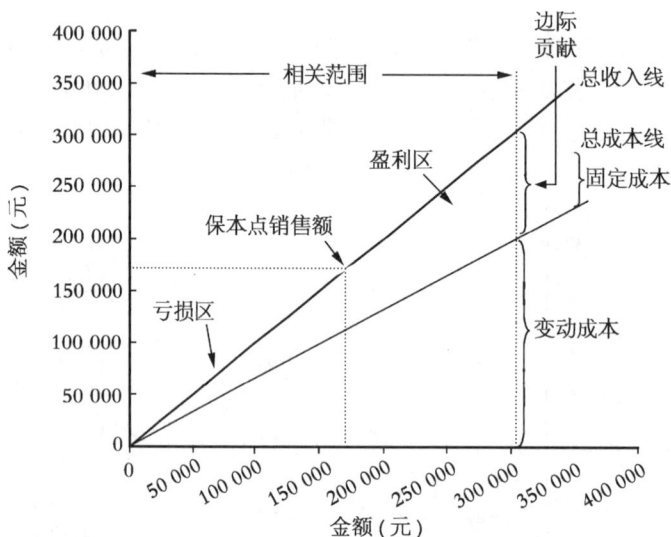

图 9-10　收入式保本图

收入式保本图的特点是着重反映成本及销售利润与销售收入的关系。从图中不仅可以看出保本点销售额，还可以看出任何销售水平上的盈亏情况，便于分析和控制企业的销售利润。

收入式保本图既可用于分析单种产品的保本点，又可用于分析多种产品的保本点。

（四）利量式保本图

利量式保本图是一种着重反映利润与销售金额之间关系的保本图。与收入式保本图一样，利量式保本图也属于金额式保本图。

采用此种方法时，先画出坐标图，以横轴表示销售金额，以纵轴表示利润。其具体程序如下。

（1）在纵轴的负数区域确定固定成本，也即企业销售收入为零时的亏损额。本例中的固定成本总额为 60 000 元。

（2）计算出保本点的销售额，并在横轴上予以标出。本例中的保本点销售额为 171 429 元。

（3）连接纵轴上的固定成本点与横轴上的保本点销售额，即为利润线，表示不同销售金额下可实现的利润额。

根据上述步骤，绘制的利量式保本图如图 9-11 所示。

利量式保本图有利于管理者了解利润和销售金额之间的关系，便于进行利润控制。但是，由于这种方法不反映成本的情况，因而不能完整地揭示本量利三者之间的内在联系。

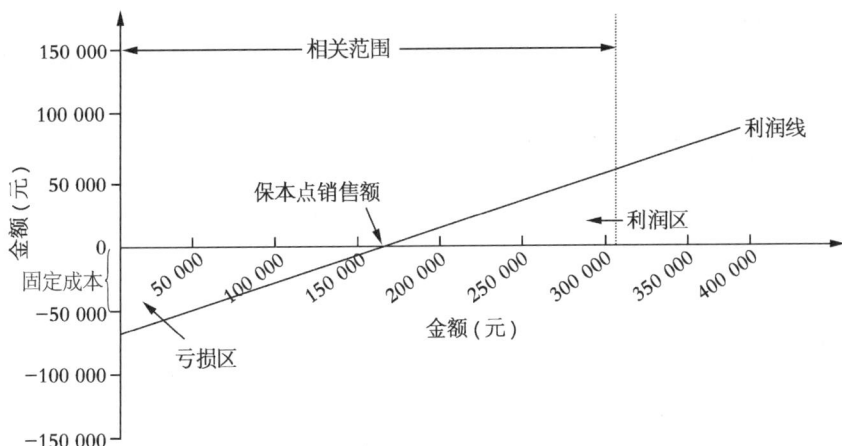

图 9-11 利量式保本图

第四节 本量利分析的应用

本量利分析的基本模式提供了边际贡献和保本点等基本概念,为决策和控制提供了很有用的方法。因此,在以目标管理为基本特征的现代化管理中,管理人员还可以保本点为基础,通过对本量利基本模式的扩展,分析安全边际、安全边际率、达到保本点的作业率、目标销售数量和目标销售额等有关指标,从而进行有效的目标管理。

一、安全边际与安全边际率

安全边际(margin of safety)是指产品的预计销售量(或销售额)超过保本点销售量(或销售额)的差额。它反映该产品的安全幅度。安全边际越大,销售该产品发生亏损的可能性越小,安全性就越高;反之,安全边际越小,销售该产品发生亏损的可能性越大,安全性就越低。

由于保本点有两种表现形式,因此安全边际也有两种表现形式:一种是用实物量表示,称为安全边际量;另一种是用货币金额表示,称为安全边际额。根据安全边际与保本点之间的关系,安全边际的计算公式如下:

安全边际量＝预计销售量－保本点销售量

安全边际额＝预计销售额－保本点销售额

企业生产经营的安全性还可以用安全边际率表示。安全边际率(margin of safety ratio)是安全边际与预计销售量(或销售金额)之间的比率。其计算公式如下:

$$安全边际率＝\frac{安全边际量}{预计销售量}\times100\%$$

或

$$安全边际率＝\frac{安全边际额}{预计销售额}\times100\%$$

安全边际率属于相对数指标,利用安全边际率便于不同企业和不同行业之间进行比较。

安全边际率越高,企业盈利的安全系数就越大。

【例9-15】 沿用【例9-6】的资料,计算销售2 000件T恤衫时的安全边际和安全边际率。

安全边际量＝2 000－1 714＝286(件)

安全边际额＝200 000－171 429＝28 571(元)

$$安全边际率＝\frac{286}{2\,000}×100\%＝14.3\%$$

或

$$安全边际率＝\frac{28\,571}{200\,000}×100\%＝14.3\%$$

根据安全边际率14.3%可以看出,大众制衣公司T恤衫的经营业务安全性较低。

由于安全边际是预计销售量(或销售额)超过保本点销售量(或销售额)的差额,而这部分销售量(或销售额)所产生的边际贡献能为企业创造利润,因此还可以利用安全边际指标推算出企业预计利润率,进一步揭示销售利润率与安全边际之间的关系。销售利润率与安全边际率的关系可表述如下:

由于　　　　　　　　利润＝安全边际量×单位边际贡献

或　　　　　　　　利润＝安全边际额×边际贡献率

所以　　　　　　　销售利润率＝安全边际率×边际贡献率

【例9-16】 根据【例9-15】大众制衣公司有关安全边际与边际贡献的资料,可计算其销售利润率如下:

销售利润率＝14.3%×35%＝5%

二、达到保本点的作业率

达到保本点的作业率(breakeven capacity)是指保本点销售量(或销售额)占企业正常销售量(或销售额)的比重,它表明在保本的情况下,企业生产经营能力的利用程度。这里的正常销售量(或销售额)是指在正常市场和正常开工情况下企业的销售数量(或销售金额)。其计算公式如下:

$$达到保本点的作业率＝\frac{保本点销售量}{正常销售量}×100\%$$

或

$$＝\frac{保本点销售额}{正常销售额}×100\%$$

【例9-17】 假定大众制衣公司的正常销售量为2 000件。根据大众公司的有关资料,达到保本点的作业率可计算如下:

$$达到保本点的作业率＝\frac{1\,714}{2\,000}×100\%＝85.7\%$$

上述计算结果表明,大众制衣公司生产T恤衫的作业率至少要达到正常销售量的85.7%才能保本。若作业率超过85.7%,就能实现利润;若作业率低于85.7%,就会发生亏损。

从上述计算结果还可以看出,达到保本点作业率与安全边际率之间存在着如下的关系:

达到保本点的作业率＋安全边际率＝1

达到保本点的作业率对安排生产具有一定的指导意义。

三、目标销售量和目标销售额

当目标利润确定后,就要编制销售预算,对实现目标利润需完成的目标销售量或目标销售额作出规划和控制。将企业目标(主要是利润目标)引入本量利分析模式,其目的是通过本量利分析反映出实现目标利润所需控制的销售量和销售额,从而正确地进行目标利润的规划。

为了保证目标利润的实现,目标利润与固定成本总额均需由边际贡献总额来补偿。因此,只需对保本点销售量和销售额的公式稍加改变,即可得到目标销售量和目标销售额。其计算公式如下:

$$目标销售量=\frac{固定成本总额＋目标利润}{单价－单位变动成本}=\frac{固定成本总额＋目标利润}{单位边际贡献}$$

$$目标销售额=\frac{固定成本总额＋目标利润}{边际贡献率}=\frac{固定成本总额＋目标利润}{1－变动成本率}$$

【例 9-18】 大众制衣公司预计实现目标利润 45 000 元,根据有关资料,计算目标销售量和目标销售额。

$$目标销售量=\frac{60\,000＋45\,000}{100－65}=\frac{60\,000＋45\,000}{35}=3\,000(件)$$

$$目标销售额=\frac{60\,000＋45\,000}{35\%}=30\,0000(元)$$

应该注意的是,目标销售量公式只能用于单种产品的目标利润控制;目标销售额既可用于单种产品的目标利润控制,又可用于多种产品的目标利润控制。

还应注意的是,上述公式中的目标利润一般是指税前利润。其实,从税后利润来进行目标利润的规划和分析,更符合企业生产经营的需要。如果企业预测的目标利润是税后利润,上述公式应加以改变。

由于

$$税后利润＝税前利润×(1－税率)$$

$$税前利润=\frac{税后利润}{1－税率}$$

则有

$$目标销售量=\frac{固定成本总额＋税后利润÷(1－税率)}{单位边际贡献}$$

$$目标销售额=\frac{固定成本总额＋税后利润÷(1－税率)}{边际贡献率}$$

专栏 9-2

什么是 CMA?

美国注册管理会计师(Certified Management Accountant)是全球最大的管理会计组织——美国管理会计师协会(IMA)于 1972 年推出的管理会计领域的全球高端财会认

证,是全球管理会计及财务管理领域的最权威认证。与 AICPA、CFA 并称世界财经领域三大黄金证书。

自 20 世纪 70 年代第一个注册管理会计师产生以来,CMA 逐渐成为全球财务管理者的职业典范的象征,世界 500 强企业更视 CMA 资格为衡量专业财务管理者职业水准和职业道德的最佳标准。2009 年,CMA 刚登陆中国就被财政部、国资委、商务部、总会计师协会等 16 大机构列入国家重点人才培养计划,作为紧缺人才,CMA 普遍拥有着令人羡慕的高收入,在全球范围内,CMA 认证持有者年薪高达 125 000 美元,比非 CMA 高出 30%～120%!

CMA 适合于不满足掌握传统财会技能的人,考试涉及会计、战略、市场、管理、金融和信息系统等多方面的知识和技能,目的在于扩大财务管理会计人员的知识广度,培养他们预测商业需求及制定策略决策的能力,顺利实现财务人员角色转换,因此 CMA 被业内誉为财会界的 Mini-MBA。

CMA 与传统财务会计领域认证(如中级、CPA、ACCA 等)具有良好的互补性,与CICPA、AICPA、ACCA 相比更侧重于管理能力的培养。

IMA 成立于 1919 年,拥有遍布全球的 265 个分会,超过 70 000 名会员。作为COSO 委员会的创始会员,深度参与美国会计准则体系、管理会计商业道德行为标准的制定,倡导建立综合财务报告框架,也是 XBRL 的创始机构和标准设立者。

CMA 被誉为全球财务管理者的职业典范,国际财会领域的黄金标准,在全球 180 多个国家拥有超过 70 000 名会员。CMA 认证在全球范围内被企业财务高管所广泛认可,85% 的美国 CFO 都具有 CMA 资格认证。

(资料来源:高顿财经,2016 年 8 月 18 日)

第五节　本量利的概率分析和敏感分析

前面所述及的本量利分析都是假定销售单价、单位变动成本和固定成本总额是一个定值。事实上,在实际工作中,这些因素往往是不确定的,对它们的变动很难事先预计。在这种情况下,就应采用不确定情况下的本量利分析方法。不确定情况下的本量利分析方法包括概率分析与敏感分析。

一、概率分析

如前所述,在日常经营管理过程中,由于未来往往充满着不确定因素,事先只能大概估计出它们的变动范围及在某个范围内出现的可能性(即概率)。所以,在这种情况下,要计算保本点就必须借助于概率分析。

概率是指某一事件发生的可能性,这种可能性的大小可用 0～1 之间的数来表示,越接近于1,可能性就越大;越接近于0,可能性就越小。概率分析是运筹学中专门针对风险型决策的不确定因素进行分析的一种方法。

将概率引进本量利分析模式,其目的就是通过考虑各种因素的变化情况及各种情况出现的概率大小,来合理地确定保本点,使保本点的预计更具科学性,从而减少风险。

【例9-19】 中华公司计划生产B产品,有关售价、成本以及可能出现的概率如表9-8所示。试采用概率分析的方法进行保本点分析。

表9-8 B产品售价、成本、概率表

单位:元

项 目	可能出现的事件	概 率
售 价	250 300	0.4 0.6
单位变动成本	200 220	0.2 0.8
固定成本总额	30 000 45 000	0.9 0.1

根据上述资料进行保本点的概率分析,如表9-9所示。

表9-9 保本点概率分析表

单位:元

销售单价	单位变动成本	固定成本	保本点销售额	联合概率	期望值
250 ($p=0.4$)	200 ($p=0.2$)	30 000 ($p=0.9$)	150 000	0.072	10 800
		45 000 ($p=0.1$)	225 000	0.008	1 800
	220 ($p=0.8$)	30 000 ($p=0.9$)	250 000	0.288	72 000
		45 000 ($p=0.1$)	375 000	0.032	12 000
300 ($p=0.6$)	200 ($p=0.2$)	30 000 ($p=0.9$)	90 000	0.108	9 720
		45 000 ($p=0.1$)	135 000	0.012	1 620
	220 ($p=0.8$)	30 000 ($p=0.9$)	112 500	0.432	48 600
		45 000 ($p=0.1$)	168 750	0.048	8 100
合 计				1.00	164 640

从表9-9的计算可以看出，由于销售单价、单位变动成本和固定成本总额各有两种情况出现，所以各种情况的随机组合就有8种(2×2×2)，每一种组合都有一个保本点销售额。因此，可将每一种组合中各因素的概率进行连乘，分别求出各种组合的联合概率。将各种组合的保本点销售额分别乘以其联合概率，即可求得各种组合的期望值。最后，把8种组合的期望值加以总计，即可求得B产品的保本点销售额。本例中，中华公司B产品的保本点销售额为164 640元。

二、敏感分析

在根据基本数据进行本量利分析以后，还要根据企业的生产能力及市场预测的情况进行敏感分析，以把握和控制实际经营过程中销售单价、单位变动成本和固定成本的变化范围，从而保证企业目标利润的实现。

根据本量利分析的基本公式：

$$利润＝(单价－单位变动成本)×业务量－固定成本总额$$

可以逐一探讨为保证目标利润的实现，各有关因素(销售单价、单位变动成本、业务量和固定成本总额等)所应采取的措施。

【例9-20】 大众制衣公司产销T恤衫2 000件，单价100元，单位变动成本65元，固定成本总额60 000元，原预计销售利润10 000[＝(100－65)×2 000－60 000]元。现根据公司的生产能力(该公司最大的生产能力为3 000件)和市场预测，要求在现有基础上增加利润100%，即达到目标利润20 000元。为保证目标利润的实现，各个因素应如何变动。

(1) 销售单价的变化幅度。如果其他因素不变，销售单价变化的最大幅度可计算如下：

由

$$目标销售量＝\frac{固定成本总额＋目标利润}{单价－单位变动成本}$$

得出

$$单价＝\frac{固定成本总额＋目标利润}{目标销售量}＋单位变动成本$$

$$＝\frac{60\,000＋20\,000}{2\,000}＋65＝105(元)$$

上述计算表明，在其他条件不变的情况下，为了实现20 000元的目标利润，产品的单价应由原来的100元提高到105元。

(2) 单位变动成本的变化幅度。如果其他因素不变，单位变动成本变化的最大幅度可计算如下：

由

$$目标销售量＝\frac{固定成本总额＋目标利润}{单价－单位变动成本}$$

得出

$$单位变动成本＝单价－\frac{固定成本总额＋目标利润}{目标销售量}$$

$$＝100－\frac{60\,000＋20\,000}{2\,000}＝60(元)$$

上述计算表明,在其他条件不变的情况下,为了实现 20 000 元的目标利润,产品的单位变动成本应由原来的 65 元降低到 60 元。

(3) 目标销售量的变化幅度。如果其他因素不变,目标销售量变化的最大幅度可计算如下:

由

$$目标销售量 = \frac{固定成本总额 + 目标利润}{单价 - 单位变动成本}$$

得出

$$目标销售量 = \frac{60\,000 + 20\,000}{100 - 65} = 2\,286(件)$$

上述计算表明,在其他条件不变的情况下,为了实现 20 000 元的目标利润,目标销售量应由原来的 2 000 件提高到 2 286 件。

(4) 固定成本总额的变化幅度。如果其他因素不变,固定成本总额变化的最大幅度可计算如下:

由

$$目标销售量 = \frac{固定成本总额 + 目标利润}{单价 - 单位变动成本}$$

得出

$$
\begin{aligned}
固定成本总额 &= (单价 - 单位变动成本) \times 目标销售量 - 目标利润 \\
&= (100 - 65) \times 2\,000 - 20\,000 = 50\,000(元)
\end{aligned}
$$

上述计算表明,在其他条件不变的情况下,为了实现 20 000 元的目标利润,固定成本总额应由原来的 60 000 元下降到 50 000 元。

(5) 多因素同时变动的影响。以上所述是为了保证实现目标利润,分项逐一计算各有关因素的变化范围。事实上,这些措施不一定可行,且各有关因素往往不是孤立存在的,而是相互制约、互为影响的。因此,当多种因素发生变动时,为了如实地反映实际情况,就要对各种因素的相互作用与其对利润的影响同时加以考虑,还需要综合计算各有关因素同时变动的影响。

【例 9-21】　沿用【例 9-20】的资料。大众制衣公司 T 恤衫的售价提高到 102 元,单位变动成本下降到 62 元,固定成本总额增加 3 000 元。如果所得税税率为 25%,为实现税后利润 15 000 元,应销售多少件 T 恤衫? 此时的保本点销售量为多少?

$$
\begin{aligned}
目标销售量 &= \frac{[(60\,000 + 3\,000) + 15\,000/(1 - 25\%)]}{(102 - 62)} \\
&= 2\,075(件)
\end{aligned}
$$

$$保本点销售量 = \frac{(60\,000 + 3\,000)}{(102 - 62)} = 1\,575(件)$$

以上计算表明,当 T 恤衫的售价提高、固定成本总额增加且单位变动成本降低时,保本点的销售量由原来的 1 714 件下降为 1 575 件,目标销售量由原来的 2 286 件下降为 2 075 件。

通过上述敏感分析可以看出,只要有效地控制各因素的变化范围允许值,就可以保证企业目标利润的实现。

关键概念索引

成本性态　约束性固定成本　酌量性固定成本　高低点法　散布图法　回归直线法
本量利分析　边际贡献　边际贡献率　相关范围　保本点　加权平均法　分别计算法
历史资料法　安全边际　安全边际率　达到保本点的作业率　目标销售量　目标销售额
概率分析　敏感分析

复习思考题

1. 分解混合成本的方法有哪几种？各有什么特点？
2. 什么是本量利分析法？本量利分析有何意义？
3. 本量利分析的基本假设是什么？
4. 什么是边际贡献？什么是边际贡献率？边际贡献与利润有什么区别？
5. 在多品种情况下，有哪几种保本点分析方法？各种方法有什么特点？
6. 在多品种情况下，如果销售结构发生变化，对保本点有什么影响？
7. 什么是安全边际？什么是安全边际率？计算这两项指标的作用是什么？
8. 如何以保本点为基础进行目标管理？

练习题

一、单项选择题

1. 下列各项中，其计算结果不等于变动成本率的是（　　）。
   A. 1—边际贡献率
   B. 1—达到保本点的作业率
   C. 单位变动成本/单价×100%
   D. 变动成本/销售收入×100%

2. 下列措施中，只能提高安全边际而不能降低保本点的是（　　）。
   A. 提高单价
   B. 增加业务量
   C. 降低单位变动成本
   D. 压缩固定成本开支

3. 下列各项指标中，其数值越小，说明企业经营的安全程度越大的是（　　）。
   A. 安全边际率
   B. 销售利润率
   C. 边际贡献率
   D. 达到保本点的作业率

4. 某企业只经营一种销路不稳、单位边际贡献大于零、保本点销售量为3 200件的产品。下年度预测销售量为2 000件、3 000件和4 000件的概率分别为0.2、0.5和0.3，则当该产品的销售量达到其数学期望值时，企业处于（　　）。
   A. 保本状态
   B. 盈亏不确定状态
   C. 盈利状态
   D. 亏损状态

5. 已知某产品的销售利润率为 16%,安全边际率为 40%,则边际贡献率为(　　)。

    A. 40%　　　　　　B. 6.4%　　　　　　C. 2.5%　　　　　　D. 56%

二、多项选择题

1. 保本点也称损益平衡或盈亏临界点,是指(　　)时的销售量或销售额。

    A. 边际贡献总额等于固定成本总额　　　　B. 利润等于零

    C. 销售毛利等于期间成本　　　　　　　　D. 销售毛利等于固定成本

2. 在其他因素不变的情况下,单价变动会引起(　　)变动。

    A. 边际贡献　　　　B. 保本点　　　　　C. 目标利润　　　　D. 安全边际

3. 下列计算公式中,正确的有(　　)。

    A. 销售利润率＝安全边际率×边际贡献率

    B. 目标利润＝销售收入×边际贡献率－固定成本总额

    C. 固定成本＝边际贡献总额－目标利润

    D. 边际贡献率＋变动成本率＝1

4. 下列表述中,正确的是(　　)。

    A. 保本点不变,销售量越大,实现的利润就越多

    B. 销售量不变,保本点越低,实现的利润就越低

    C. 在销售收入一定的条件下,保本点高低取决于固定成本总额和单位变动成本的多少

    D. 固定成本总额越高或单位变动成本越高,保本点也就越高

5. 影响目标利润的主要因素有(　　)。

    A. 单价　　　　　　B. 单位变动成本　　　C. 税率　　　　　　D. 固定成本总额

三、判断题

1. 变动成本率高的企业,边际贡献率也高,创利能力也大。(　　)

2. 超过保本点以上的安全边际所提供的边际贡献即是企业的利润。(　　)

3. 当边际贡献总额等于固定成本时,达到保本点的作业率为 100%,安全边际为 0。(　　)

4. 某产品的变动成本率为 60%,安全边际率为 40%,则其销售利润率为 24%。(　　)

5. 保本点销售量指标既适用于单一产品保本点的分析,也适用于整个企业多品种保本点的分析。(　　)

四、业务题

习题一

1. 目的:练习混合成本的分解方法。

2. 资料:某企业 2020 年上半年的机器维修成本资料如下:

月　份	1月	2月	3月	4月	5月	6月
机器小时(小时)	12 000	13 000	11 000	15 000	9 000	8 000
总成本(元)	26 000	24 000	25 000	27 000	22 000	22 000

3. 要求：

(1) 根据上述资料,采用高低点法分解该企业的维修成本,并写出维修成本的数学模型。

(2) 根据上述资料,采用回归直线法分解该企业的维修成本,并写出维修成本的数学模型。

习题二

1. 目的：进一步练习混合成本的分解。

2. 资料：某企业有关电费的历史成本资料如下：

项 目	高 点	低 点
业务量(小时)	75 000	50 000
成本(元)	176 250	142 500

上述电费成本中包括变动成本、固定成本和混合成本三部分。该企业曾对低点业务量为50 000小时时的成本总额142 500元作了分析,其各类成本的组成情况如下：

变动成本总额   50 000 元

固定成本总额   60 000 元

混合成本总额   32 500 元

3. 要求：

(1) 根据上述资料,采用高低点法对该企业的混合成本进行分解,并写出混合成本的数学模型。

(2) 若该企业计划期的计划机修时间为 80 000 小时,其总成本将会是多少？

习题三

1. 目的：练习本量利分析法的应用。

2. 资料：某企业生产销售 A 产品,有关资料如下：

单价   100 元

单位直接材料   40 元

单位直接人工   20 元

单位营业费用   2 元

固定制造费用   294 000 元

固定管理费用   200 000 元

3. 要求：

(1) 计算 A 产品的保本点销售量和销售额。

(2) 预计销售量为 80 000 件时,预计利润为多少？

(3) 计算安全边际量、安全边际额、安全边际率和达到保本点的作业率。

习题四

1. 目的：练习多品种保本点的计算。

2. 资料：某企业计划年度产销 A、B、C 三种产品,其有关资料如下：

产品名称	A产品	B产品	C产品	合计
产销量(件)	100	160	120	
单价(元)	300	400	550	
单位变动成本(元)	180	220	357.5	
固定成本总额(元)				31 950

3. 要求：

(1) 采用加权平均法预测该企业计划年度三种产品的综合保本点销售额。

(2) 根据综合保本点销售额和各产品的销售比重，计算各种产品的保本点销售额及保本点销售量。

(3) 三种产品计划期内预计实现的税前利润是多少？

(4) 若实际销售A产品100件，B产品215件，C产品80件，保本点会发生怎样的变化？

(5) 若该企业的固定成本31 950元能够在A、B、C三种产品之间合理地分配：A产品13 200元，B产品7 200元，C产品11 550元。采用分别计算法预测该企业的综合保本点。

习题五

1. 目的：练习本量利的敏感分析。

2. 资料：某企业产销一种产品，有关资料如下：

实际产销量	10 000件
最大生产能力	11 000件
售价	20元
单位变动成本	12元
固定成本总额	60 000元
目标利润	10 000元

3. 要求：

(1) 要实现目标利润，如果其他因素不变：

① 销售量应增加多少？

② 固定成本应降低多少？

③ 单位变动成本应降低多少？

④ 售价应提高多少？

(2) 如经过测算，固定成本可降低2 000元，销售量可扩大到11 000件，但售价要降低2%，要达到目标利润，单位变动成本应降低多少？

习题六

1. 目的：进一步练习本量利分析法的应用。

2. 资料：某企业生产销售甲产品，该产品的单位变动成本为20元，固定成本总额为18 000元，边际贡献率为36%，安全边际率为20%。

3. 要求：

(1) 计算甲产品的销售单价。

(2) 假定甲产品的产销量一致，则甲产品的预计产销量应为多少？预计利润为多少？

（3）如果甲产品降价 4%，增加 3 000 元的推销费，如要实现 6 000 元的目标利润，甲产品的产销量应为多少？

习题七

1. 目的：练习目标利润的规划。

2. 资料：某企业计划生产 A 产品，其单位变动成本为 40 元，固定成本总额和业务量之间的关系如下：

业务量(件)	0—1 500	1 501—3 000	3 001—4 500	4 501—6 000
固定成本总额(元)	20 000	40 000	56 000	68 000

假定该厂产销一致。

3. 要求：

（1）如果该厂的目标利润为 16 000 元，并要求达到 20% 的销售利润率，应销售 A 产品多少件？其售价应为多少？

（2）如果按上述售价，企业希望获利 20 000 元，应销售 A 产品多少件？

案例题

英特尔公司生产两种普通奔腾处理器。下一年度的固定制造成本预计为 15 000 美元。有关单位销售价格、变动成本和市场需求量预计如下：

	单位销售价格	单位变动成本	需求数量
奔腾 I	$100	$40	5 000
奔腾 II	$530	$110	1 000

研讨问题：

假设英特尔公司必须选择一种处理器进行制造，分析以下各种情况：

1. 根据上述资料，哪一种处理器能获得较高的收益？

2. 销售经理预计，如果奔腾 I 处理器的销售价格减少 25%，需求量将是以前的一倍。同样，奔腾 II 处理器的销售价格降低 60%，销售量将是降价前的三倍。采用哪一种策略能获得比前一问更高的收益(假设制造费用不发生变化)？

3. 英特尔公司可以采用一种新的制造过程，将使固定制造费用提高至 250 000 美元。但是，新制造过程同时将奔腾 I 处理器的单位变动成本降为 20 美元，奔腾 II 处理器的单位变动成本降为 75 美元。假设该过程被采纳，应该制造哪一种处理器？为获得最高的收益，对这种处理器应该设定上一问提出的两个策略中的哪一个？

4. 为使收益最大化，应采用哪一种策略组合(即原始策略或新制造过程，奔腾 I 或奔腾 II，原始策略或降价策略)？为什么？

练习题及案例题参考答案

练习题

一、单项选择题

1. B　　　　2. B　　　　3. D　　　　4. D　　　　5. A

二、多项选择题

1. ABC　　　2. ABD　　　3. ABCD　　　4. ACD　　　5. ABCD

三、判断题

1. ×　　　2. √　　　3. √　　　4. ×　　　5. ×

四、业务题

习题一

(1) 单位变动成本$(b)=0.7143$(元)

固定成本$(a)=16\,286$(元)

维修成本的数学模型为：$y=16\,286+0.714\,3x$

(2) $b=0.7$(元)

$a=16.4$(千元)

维修成本的数学模型为：$y=16\,400+0.7x$

习题二

(1) 单位变动成本$(b)=0.35$(元)

固定成本总额$=15\,000$(元)

混合成本的数学模型为：$y=15\,000+0.35x$

(2) 电费成本总额$=183\,000$(元)

习题三

(1) 保本点销售量$=13\,000$(件)

保本点销售额$=1\,300\,000$(元)

(2) 预计利润$=2\,546\,000$(元)

(3) 安全边际量$=67\,000$(件)

安全边际额$=6\,700\,000$(元)

安全边际率$=83.75\%$

达到保本点作业率$=16.25\%$

习题四

(1) 预测该企业计划年度三种产品的综合保本点销售额$=80\,000$(元)

(2) 各种产品的保本点销售额及保本点销售量计算如下：

	保本点销售额	保本点销售量
A 产品	15 000(元)	50（件）
B 产品	32 000(元)	80(件)
C 产品	33 000(元)	60(件)

（3）预计实现的税前利润＝31 950（元）

（4）实际保本点＝77 337（元）

（5）若该企业的固定成本能够在 A、B、C 三种产品之间合理地分配,则采用分别计算法预测企业的综合保本点＝82 000（元）

习题五

（1）要实现目标利润,各因素的变化如下：

① 销售量应增加 2 500 件。

② 固定成本应降低 20 000 元。

③ 单位变动成本应降低 2 元。

④ 售价应提高 2 元。

（2）单位变动成本应降低 1.30 元。

习题六

（1）甲产品的单价＝31.25（元）

（2）预计产销量＝2 000（件）；预计利润＝4 500（元）

（3）实现目标利润的产销量＝2 700（件）

习题七

（1）目标销售量＝1 500（件）

售价＝64（元）

（2）目标销售量＝2 500（件）

案例题

1. 奔腾Ⅱ。

2. 奔腾Ⅰ。

3. 在不考虑降价的情况下,应该制造奔腾Ⅱ。在考虑降价的情况下,应该制造奔腾Ⅰ。

4. 生产奔腾Ⅰ,并以 \$75 的价格出售。因为降低售价使需求量大幅度增加,而采用新的制造过程使单位边际贡献增加。

第十章 变动成本计算法

【本章要点】

- 变动成本计算法的意义
- 变动成本计算法的特点
- 变动成本计算法对利润的影响
- 变动成本计算法的优点
- 变动成本计算法的局限性

FMI 公司是美国一家从事机械印刷的中型公司,对于像 FMI 这样的印刷公司来说,成本信息的重要作用就是为订单报价。FMI 公司采用两种途径进行报价。首先,根据完全成本计算法进行最初的报价,以确保公司接受的价格能够满足未来成本发生的需要。如果初次的报价被拒绝,并允许再次出价时,公司就运用变动成本计算法,从最初的报价中扣除所有的变动成本,以得到报价的边际贡献总额。在求出每印刷小时的边际贡献后,将其与可接受的每小时最低的边际贡献进行比较:若前者高于后者,公司可继续降低报价;反之,公司就不能对报价进行调整。用 FMI 公司管理者的话说,将完全成本计算法和变动成本计算法有机地结合起来,"使得公司在愈加激烈的市场竞争中能够获利,并扩大了市场份额"。

第一节 变动成本计算法与完全成本计算法

变动成本计算法是成本管理会计中广泛应用的一种成本计算方法。由于变动成本计算法的产生,为了加以区别,人们就将传统的成本计算方法统称为完全(全部)成本计算法。

变动成本计算法(variable accounting)也称直接成本计算法(direct costing),是只将产品生产中发生的直接材料、直接人工和变动制造费用计入产品成本,而将固定制造费用和非制造成本全部作为期间成本,计入当期损益的一种成本计算方法。因此,产品成本只包括变动制造成本,不包括固定制造成本,这是变动成本计算法与完全成本计算法的主要区别。变动成本计算法的理论依据:固定制造费用是为企业提供一定的生产经营条件,以便保持生产能力,并使它处于准备状态而发生的成本。企业生产经营条件一经形成,不管其实际利用程度如何,有关费用照样发生,同产品的实际生产没有直接联系,在相关范围内既不会由于业务量的提高而增加,也不会因业务量的下降而减少。因此,固定制造费用不应计入产品成本,而应作为期间费用处理。

完全成本计算法(full costing)也称吸收成本计算法(absorption costing),指的是一般意义上所说的制造成本计算。完全成本计算法是将产品生产中所发生的直接材料、直接人工、变动制造费用与固定制造费用全部计入产品成本的一种成本计算方法。采用这种方法进行成本计算,产品成本中不仅应包括产品生产过程中消耗的直接材料、直接人工和变动制造费用,而且还应包括固定制造费用。这样,固定制造费用也和产品生产过程中消耗的直接材料、直接人工和变动制造费用一样,汇集于产品,并随产品的流动而结转,从而使本期已销售的产品和期末未销售的产品具有完全相同的成本组成。完全成本计算法的主要目的是为估价存货、确定损益和制定价格提供可靠的依据。

变动成本计算法是相对于完全成本计算法的一种成本计算方法。尽管变动成本计算法不符合公认会计原则和会计制度的要求,不能用来编制对外报告,但它是成本管理会计用于企业内部管理,为规划和控制企业经济活动而运用的重要方法之一,已成为企业内部管理的一种重要方法。从目前情况来看,这两种方法并不能相互取代,而是同时使用。

专栏 10-1

中航工业推进管理会计体系建设经验(一)
——围绕战略落地推进全面预算管理

中航工业从 2000 年开始启动全面预算管理体系建设,在全集团内树立全面预算管理的理念,通过预算落实经营目标,收入逐年增长,2013 年实现收入 3 500 亿元,2014 年完成近 4 000 亿元。中航工业在推进全面预算管理的过程中,注重四个结合。

一是全面预算管理与战略相结合。中航工业将全面预算管理的工作内容层层分解,与战略管理"发展战略—规划计划—经济运行—评价考核"的工作内容相对应并予以落实。同时,通过全面预算管理进一步完善战略。从近几年的实践来看:一方面,战略引领全面预算管理;另一方面,通过全面预算管理的实施结果,不断修正调整完善战略,从而使战略更加务实和可行。

二是全面预算管理与企业计划管理相结合。为更好地处理好计划管理与全面预算管理的关系,中航工业在组织机构设置上,将计划与财务部门合并为计划财务部,以全面预算管理为基础实施经营计划管理。

三是全面预算管理与业务实际相结合。结合业务实际,坚持"既要积极进取,也要实事求是;既全面拉动又不搞'一刀切'"的原则,对全面预算管理工作做到真重视、真编制、真使用、真考核,通过实施年度预算和滚动预算的编制执行与控制调整,实现推动业务管理水平提升,促进业务持续健康发展的目的。

四是全面预算管理与经营业绩考核相结合。中航工业实施以全面预算管理为重点的经营业绩考核,切实发挥预算指标的考核激励导向。

(资料来源:中国管理会计网,2016 年 4 月 13 日)

第二节 变动成本计算法的特点

变动成本计算法与完全成本计算法的根本区别在于对固定制造费用的处理方法不同，因此随着产品的流动，这种对固定制造费用的不同认识和处理，直接影响到产品成本，从而进一步影响到企业的财务状况和经营成果。与完全成本计算法相比较，变动成本计算法主要有以下五个特点。

一、前提条件不同

变动成本计算法首先要进行成本性态分析，将全部成本划分为变动成本和固定成本两大部分；完全成本计算法首先是要把全部成本按其经济职能划分为制造成本和非制造成本两大部分。

二、产品成本的组成不同

按变动成本计算法计算的产品成本只包括直接材料、直接人工和变动制造费用等变动制造成本，而将固定制造费用与非制造成本作为期间费用全额列入利润表，从当期的营业收入中扣减；完全成本计算法计算的产品成本除包括直接材料、直接人工和变动制造费用等变动制造成本外，还包括固定制造费用，期间成本只包括非制造成本。由此可见，变动成本计算法与完全成本计算法在产品成本组成上的主要差别在于对固定制造费用的处理不同。由于完全成本计算法下的产品成本中包括固定制造费用，因此变动成本计算法计算的产品成本小于完全成本计算法计算的产品成本。此外，由于变动成本计算法下的产品成本中不包括固定制造费用，在产销量波动的情况下，产品的单位制造成本一般保持不变；在完全成本计算法下，由于产品成本中包括固定制造费用，在产销量波动的情况下，产品的单位制造成本一般也随之上下波动。

变动成本计算法与完全成本计算法在产品成本组成项目上的不同如图 10-1 所示。

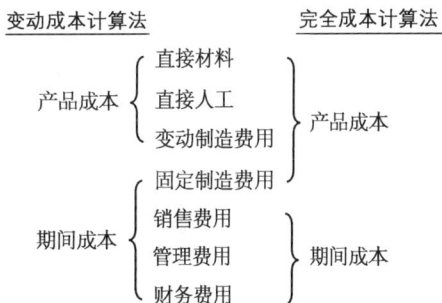

图 10-1 产品成本构成对比图

【例 10-1】 大众制衣公司生产 T 恤衫，当年生产 2 500 件，每件 T 恤衫的直接材料为 30 元，直接人工为 10 元，变动制造费用为 25 元，全年固定制造费用为 60 000 元。在两种成本计算法下，其单位产品成本的计算如表 10-1 所示。

表 10-1 单位产品成本计算表

单位：元

成 本 项 目	变动成本计算法	完全成本计算法
直接材料	30	30
直接人工	10	10

成 本 项 目	变动成本计算法	完全成本计算法
变动制造费用	25	25
固定制造费用	——	24
产品单位成本	65	89

可见,如果大众制衣公司采用完全成本计算法,所有的制造成本均应计入当期的产品成本。大众制衣公司每出售一件 T 恤衫,应在利润表上扣除营业成本 89 元;同样,未出售的 T 恤衫将以每件 89 元的成本列示在资产负债表的存货项下。如果大众制衣公司采用变动成本计算法,当期的制造成本中只包括变动制造成本,每出售一件 T 恤衫,只需在利润表上扣减营业成本 65 元;同样,对未出售的 T 恤衫,将以每件 65 元的成本列示在资产负债表的存货项下。

如果大众制衣公司当年生产 T 恤衫 3 000 件,按完全成本计算法计算,由于业务量的增加,其单位产品所负担的固定制造费用下降为 20(60 000/3 000)元,则产品的单位制造成本为 85 元。可见,在完全成本计算法下,产品的单位制造成本随着产销量的波动而发生变动。在变动成本计算法下,产品的单位制造成本一般不随产销量的波动而变动。

综上所述,由于变动成本计算法与完全成本计算法对固定制造费用的处理方法不同,所以两种计算方法下产品成本的组成内容也不同。

三、存货的盘存价值不同

采用变动成本计算法,由于只将变动制造成本在已销产品、期末库存产成品和在产品之间进行分配,固定制造费用全额直接从本期营业收入中扣减,所以期末产成品和在产品存货并没有负担固定制造费用,其金额必然低于采用完全成本计算法时的估价。

采用完全成本计算法时,由于是将全部的制造成本在已销产品、期末库存产成品和在产品之间分配,所以期末产成品和在产品存货中不仅包括变动的制造成本,而且还包括一部分固定制造成本,其金额必然高于采用变动成本计算法时的估价。

【例 10-2】 沿用【例 10-1】的资料,假设大众制衣公司当年生产 T 恤衫 2 500 件,销售 2 000 件,期末产成品存货 500 件(假定没有期初产成品存货)。根据所提供的资料,分别采用变动成本计算法和完全成本计算法确定产成品期末存货的成本,如表 10-2 所示。

表 10-2 产成品期末存货成本计算表

单位:元

项 目	变动成本计算法	完全成本计算法
单位产品成本(元)	65	89
产成品期末存货数量(件)	500	500
产成品期末存货余额(元)	32 500	44 500

在变动成本计算法下,固定制造费用全部作为期间费用,直接计入当期损益,所以存货价值中不包括固定制造费用。在完全成本计算法下,固定制造费用计入产品成本,然后随产品销

售而转出;当这些产品尚未售出时,其成本就作为存货的价值,所以在存货的价值中也包含一部分的固定制造费用。从上述例子可见,产成品期末存货采用变动成本计算法计算为 32 500元,采用完全成本计算法计算为 44 500 元,两者计算的差额为 12 000(44 500—32 500)元,这正是由于完全成本计算法的产成品存货中包括固定制造费用 12 000(500 件×24 元/件)元所造成的。

四、损益确定程序不同

在变动成本计算法下,营业收入首先要减去产品的变动成本计算出边际贡献,再从边际贡献中扣除固定成本计算出当期的利润总额;在完全成本计算法下,营业收入先减去营业成本计算出营业利润,再从营业利润中扣除期间费用计算出当期的利润总额。

(1) 在变动成本计算法下,损益是按以下公式计算的:

边际贡献总额＝营业收入－变动成本总额

其中,变动成本总额应包括已售产品的变动制造成本和变动期间费用。

利润总额＝边际贡献总额－固定成本总额

其中,固定成本总额应包括固定制造费用和固定期间费用。

(2) 在完全成本计算法下,损益是按以下公式计算的:

营业利润＝营业收入－本期已售产品的制造成本

其中,制造成本总额包括变动制造成本与固定制造成本。

利润总额＝营业利润－期间费用总额

其中,期间费用总额包括全部变动的和固定的期间费用。

由于变动成本计算法和完全成本计算法计算损益的口径不同,因此两种计算方法下所编制利润表的格式也有所不同。

【例 10-3】 假定【例 10-2】中大众制衣公司每件 T 恤的售价为 100 元,变动销售费用为每件 1.50 元,固定销售费用为 5 000 元,期初没有产成品存货。分别按变动成本计算法和完全成本计算法编制的利润表如表 10-3 和表 10-4 所示。

表 10-3 利润表(变动成本计算法)

单位:元

营业收入		200 000
变动成本:		
变动制造成本	130 000	
变动期间费用	3 000	133 000
边际贡献		67 000
固定成本:		
固定制造费用	60 000	
固定期间费用	5 000	65 000
利润总额		2 000

表 10-4　利润表(完全成本计算法)

单位:元

营业收入		200 000
营业成本:		
期初存货	0	
加:本期生产	222 500	
减:期末存货	44 500	178 000
营业利润		22 000
期间成本:		
销售费用	8 000	
管理费用	0	8 000
利润总额		14 000

从【例 10-2】计算的结果可以看出,由于变动成本计算法与完全成本计算法计算损益的方法不同,所以两种计算方法下各期损益的计算结果也有所不同。

五、应用的目的不同

变动成本计算法主要是为满足企业的经营预测与决策以及加强内部控制的需要;而完全成本计算法主要是为了满足对外提供报表的需要。

第三节　变动成本计算法和完全成本计算法对利润的影响

由于变动成本计算法与完全成本计算法对固定制造费用的处理方法不同,因而对损益的影响也有所不同。现分别不同情况进行说明。

一、在销售量变动而产量稳定的情况下,两种方法对利润的影响

在成本消耗水平不变的情况下,产量稳定意味着在完全成本计算法下产品单位成本保持不变,这是因为各年的固定制造费用总额相等,产量相同意味着单位产品所负担的固定制造费用也相同;销售量变动则表明各期的期初、期末产成品的存货不相同。举例说明如下。

【例 10-4】　大众制衣公司最近三年的产销情况和成本消耗资料如表 10-5 所示。

表 10-5　大众制衣公司产销及成本消耗数据表

单位:元

项　　目	第一年	第二年	第三年
期初存货	—	500	500
本期生产	3 000	3 000	3 000
本期销售	2 500	3 000	3 500

续表

项　目	第一年	第二年	第三年
期末存货	500	500	—
销售单价	100	100	100
制造成本：			
单位变动成本	65	65	65
固定制造费用	60 000	60 000	60 000
变动销售费用	3 750	4 500	5 250
固定销售费用	5 000	5 000	5 000
固定管理费用	4 000	4 000	4 000

根据上述资料,按变动成本计算法和完全成本计算法编制的利润表分别如表10-6和表10-7所示。

表 10-6　利 润 表
（变动成本计算法）　　　　　　　　　　　单位：元

项　目	第一年		第二年		第三年	
营业收入		250 000		300 000		350 000
变动成本：						
变动制造成本	162 500		195 000		227 500	
变动销售费用	3 750	166 250	4 500	199 500	5 250	232 750
边际贡献		83 750		100 500		117 250
固定成本：						
固定制造费用	60 000		60 000		60 000	
固定销售费用	5 000		5 000		5 000	
固定管理费用	4 000	69 000	4 000	69 000	4 000	69 000
利润总额		14 750		31 500		48 250

表 10-7　利 润 表
（完全成本计算法）　　　　　　　　　　　单位：元

项　目	第一年		第二年		第三年	
营业收入		250 000		300 000		350 000
营业成本：						
期初存货	0		42 500		42 500	
本期生产	255 000		255 000		255 000	
期末存货	42 500	212 500	42 500	255 000	0	297 500
营业利润		37 500		45 000		52 500
期间成本：						
销售费用	8 750		9 500		10 250	
管理费用	4 000	12 750	4 000	13 500	4 000	14 250
利润总额		24 750		31 500		38 250

通过以上两种利润表的比较可以看出,在生产量稳定而销售量变动的情况下,采用变动成本计算法和完全成本计算法对利润的不同影响。

(1) 如果期末存货大于期初存货,按变动成本法计算的利润小于按完全成本法计算的利润。这是因为在完全成本计算法下,期末存货增加的 500 件所负担的固定制造费用随着存货的转移被转入到下期。这两种计算方法下的差额等于单位固定制造费用乘上期末存货数量与期初存货数量之差,如本例中的第一年,由于期末存货增加了 500 件,每件的固定制造成本为 20 元,则第一年全部成本计算法比变动成本计算法少承担固定制造成本 10 000(500 件×20 元)元,所以利润增加了 10 000 元。

(2) 如果期末存货等于期初存货,则这两种方法计算的利润相等。这是因为当年的期末存货与期初存货相等(即产量＝销量),期末存货与期初存货中包括的固定制造费用也相等,采用完全成本计算法就没有把固定制造费用当作期末存货结转下期,而是全部计入营业成本,从当年的营业收入中扣除,因此这两种方法计算的结果相同。如本例中的第二年,这两种方法计算的利润均为 31 500 元。

(3) 如果期末存货小于期初存货,则按变动成本计算法计算的利润大于按全部成本计算法计算的利润。这是因为变动成本计算法只承担本年的固定制造费用,完全成本计算法除了承担本年的固定制造费用外,还需承担从期初存货中转来的固定制造费用。这两种计算方法下的差额等于单位固定制造费用乘上期末存货数量与期初存货数量之差。如本例中的第三年,由于期末存货减少了 500 件,每件的固定制造成本为 20 元,则第三年全部成本计算法比变动成本计算法多承担固定制造成本 10 000(500 件×20 元)元,所以利润减少了 10 000 元。

应该注意的是,由于每年产量相等,因而在完全成本计算法下,每年单位产品所负担的固定成本相同。

二、在销售量稳定而产量变动的情况下,这两种方法对利润的影响

在销售单价不变的情况下,销售量稳定意味着各年的销售收入相同,产量变动则表明在完全成本计算法下各年的单位制造成本不同,这是因为各年的固定制造费用总额相等,产量不同意味着单位产品所负担的固定制造费用不同。现举例说明如下。

【例 10-5】 如果【例 10-4】中的成本和费用水平不变,各年生产量和销售量如表 10-8 所示。

表 10-8 大众制衣公司生产量和销售量资料表

单位:件

项 目	第一年	第二年	第三年
期初存货	—	500	500
本期生产	3 000	2 500	2 000
本期销售	2 500	2 500	2 500
期末存货	500	500	0

假定大众制衣公司采用加权平均法进行期末存货的计价。根据上述资料,按变动成本计算法和完全成本计算法编制的利润表分别如表 10-9 和表 10-10 所示。

表 10-9 利 润 表

（变动成本计算法）　　　　　　　　　　　　　　单位：元

项　　目	第一年		第二年		第三年	
营业收入		250 000		250 000		250 000
变动成本：						
变动制造成本	162 500		162 500		162 500	
变动销售费用	3 750	166 250	3 750	166 250	3 750	166 250
边际贡献		83 750		83 750		83 750
固定成本：						
固定制造费用	60 000		60 000		60 000	
固定销售费用	5 000		5 000		5 000	
固定管理费用	4 000	69 000	4 000	69 000	4 000	69 000
利润总额		14 750		14 750		14 750

表 10-10 利 润 表

（完全成本计算法）　　　　　　　　　　　　　　单位：元

项　　目	第一年		第二年		第三年	
营业收入		250 000		250 000		250 000
营业成本：						
期初存货	0		42 500		44 167	
本期生产	255 000		222 500		190 000	
期末存货	42 500	212 500	44 167	220 833	0	234 167
营业利润		37 500		29 167		15 833
期间成本：						
销售费用	8 750		8 750		8 750	
管理费用	4 000	12 750	4 000	12 750	4 000	12 750
利润总额		24 750		16 417		3 083

通过以上两种利润表的比较可以看出，在销售量稳定而生产量变动的情况下采用变动成本计算法和完全成本计算法对利润的不同影响。

（1）采用变动成本计算法，不论当期产量和期末存货有无变动，只要销售量相同，各年的利润就相等。这是因为各年的营业收入相同，在单位产品的售价和变动成本保持不变的情况下，各年的利润就相等。可见，采用变动成本计算法时，决定利润大小的主要因素是产品的销售数量，产量高低与存货增减的变化对利润毫无影响。

（2）在前述的销售量变动而产量稳定的情况下，按这两种不同方法计算，对利润影响的规律基本适用，但不完全一致。这是因为各年的产量发生变动后，完全成本计算法下各年产品的单位制造成本不相同，即使期初和期末的存货数量相同，存货成本却不完全一致。如例中的第二年，虽然期初和期末的存货数量都是 500 件，但期初存货单位制造成本为 85 元，期末存货的单位制造成本则为 83.3333 元，所以按这两种不同方法计算的利润就不一致，其差额＝期初或期末存货数量×(期末存货单位固定制造费用－期初存货单位固定制造费用)。可验证如下：

500×(23.3333－20)＝1 667(元)

除此之外,当期末存货大于期初存货或期末存货小于期初存货时,这两种方法对利润影响的规律仍然适用。

综上所述,由于变动成本计算法与完全成本计算法对固定制造费用的处理方法不同,因而在一般情况下,这两种计算方法下确定利润的结果也有所不同。只有在企业无期初和期末存货或者期初和期末存货相等,且当期生产的产品全部售出的情况下,这两种计算方法计算的利润才会相等。

第四节　对变动成本计算法的评价

一、变动成本计算法的优点

1. 能为企业提供有用的管理信息,为规划未来和参与决策服务

采用变动成本计算法预测和计算利润时,将成本总额划分为变动成本和固定成本两部分,科学地反映了成本与业务量之间,以及利润与销售量之间的变化规律,同时提供了各种产品的盈利能力等重要信息。这些信息能帮助管理当局进行保本点分析、目标利润预测、短期经营决策和编制弹性预算等,从而有助于企业进行决策、控制和业绩评价,也有效地提高了企业管理的水平。

2. 便于分清各部门经济责任,有利于进行成本控制与业绩评价

一般说来,变动制造成本的高低最能反映出生产部门和供应部门的工作业绩。例如,在直接材料、直接人工和变动制造费用方面如果节约或超支,就会立即从产品的变动制造成本指标上反映出来,它们可以通过制定标准成本和建立弹性预算进行日常控制。至于固定制造成本的高低,责任一般不在生产部门,通常应由管理部门负责,管理部门可以通过制定费用预算的办法进行控制。这样不仅有利于进行科学的成本分析,以及采用正确的方法进行成本控制,还能对各部门和各单位的工作业绩作出恰当的评价。

3. 促进管理当局注重销售,防止盲目生产

企业管理部门的主要职责是实现预定的目标利润,而实现目标利润的关键是销售目标的实现。因此,一般认为,企业产品销售越多,管理部门的业绩就越好。但是,在完全成本计算法下,有时却不能正确地反映经营业绩;相反,会产生一些令人费解的现象。变动成本计算法将利润的变动趋势与销售量的变动趋势直接相联系,在销售单价、单位变动成本、销售结构不变的情况下,企业的净利润将随销售量同向变动。这样一来,就会促使管理当局重视销售环节,加强销售工作,并把注意力放在研究市场动态和搞好销售预测方面,做到以销定产,防止盲目生产。现举例说明如下。

【例10-6】　大众制衣公司近两年的产销量及成本、销售单价等资料如表10-11所示。

表 10-11 大众制衣公司产销量和成本、销售单价资料表

项 目	第一年	第二年
产量(件)	3 000	2 500
销售量(件)	2 500	3 000
销售单价(元)	100	100
单位变动制造成本(元)	65	65
固定制造费用总额(元)	60 000	60 000
变动销售费用(元)	3 750	4 500
固定销售费用(元)	5 000	5 000
固定管理费用(元)	4 000	4 000

假定大众制衣公司第一年年初没有产成品存货。根据上述资料,按变动成本计算法和完全成本计算法编制的利润表如表 10-12 和表 10-13 所示。

表 10-12 利 润 表

(变动成本计算法)　　　　　　　　　　　　　　　　　　　　单位:元

项 目	第一年		第二年	
营业收入		250 000		300 000
变动成本:				
变动制造成本	162 500		195 000	
变动销售费用	3 750	166 250	4 500	199 500
边际贡献		83 750		100 500
固定成本:				
固定制造费用	60 000		60 000	
固定销售费用	5 000		5 000	
固定管理费用	4 000	69 000	4 000	69 000
利润总额		14 750		31 500

表 10-13 利 润 表

(完全成本计算法)　　　　　　　　　　　　　　　　　　　　单位:元

项 目	第一年		第二年	
营业收入		250 000		300 000
营业成本:				
期初存货	0		42 500	
本期生产	255 000		222 500	
期末存货	42 500	212 500	0	265 000
营业利润		37 500		35 000
期间成本:				
销售费用	8 000		9 500	
管理费用	4 000	12 000	4 000	13 500
利润总额		25 500		21 500

从上述的计算可以看出,按完全成本计算法计算,第二年比第一年销售得多,但利润反而减少,不但管理人员难以理解,而且也不能合理地评价管理人员的经营业绩。采用变动成本计算法,销售得越多,利润越高,经营业绩也越好。如上例中,第一年销售 2 500 件,盈利 14 750 元;第二年销售 3 000 件,盈利 31 500 元,第二年比第一年多销售 500 件,利润也相应地增加 16 750元。这样,不仅管理人员能理解,而且用这种方法评价企业管理人员的经营业绩也比较合理。

4. 当销售不佳时,容易将问题暴露出来

在完全成本计算法下,当企业的产品产销不对路而大量积压时,大部分固定制造费用都作为产成品存货成本而列作企业的资产,因而销售不佳情况不易暴露。但是,采用变动成本计算法计算利润时,由于所有的固定制造费用都作为当期的期间费用在营业收入中扣减,问题比较容易暴露。

【例 10-7】 大众制衣公司生产的 T 恤衫,某年产量为 3 000 件,销售量只有 300 件,单位售价为 100 元,单位变动制造成本为 65 元,固定制造费用总额为 60 000 元。分别采用变动成本计算法和完全成本计算法编制利润表如表 10-14 所示。

表 10-14 利 润 表

单位:元

项　　目	变动成本计算法	项　　目	完全成本计算法
营业收入	30 000	营业收入	30 000
变动成本	19 500	营业成本	25 500
边际贡献	10 500	营业利润	4 500
固定成本	60 000	期间费用	0
利润总额	−49 500	利润总额	4 500

从表 10-14 中可以看出,采用变动成本计算法反映的是亏损 49 500 元,采用完全成本计算法反映的则是盈利 4 500 元。因此,采用变动成本计算法反映企业的损益情况比较容易暴露问题,能及早地引起管理当局的重视。

5. 简化成本计算工作,有助于加强日常控制

采用变动成本计算法时,将固定制造费用全额列作期间费用,不计入产品成本,可以省略许多间接费用的分配。这不仅使成本计算中的费用分配大为简化,避免间接费用分摊中的主观随意性,而且可以使会计人员从繁重的事后核算工作中解放出来,将工作重点向事前预测、事中控制方面转移。

专栏 10-2

中航工业推进管理会计体系建设经验(二)
——深化实施战略成本管理

成本管理是企业管理永恒的主题。在经济全球化时代,成本管理不是简单地降低成本,而是要促进企业核心竞争力和价值创造能力的提升。战略成本管理是从战略的高度对企业的成本行为及成本结构进行分析,为管理决策服务,形成竞争优势。实施战略成本管理,要重视建立和保持企业长期竞争优势,成本控制必须纳入企业战略的统筹考量。同时,成本控制应与客户需求相结合,高端的客户匹配高成本,低端的客户匹配低成本。

中航工业在实施战略成本管理的过程中,注重五个结合。

一是成本管理与重大战略行动相结合。近年来,中航工业不断加大对重大投资项目的战略性投入,保障战略稳健实施,促进战略目标的实现。

二是成本管理与技术创新相结合。中航工业近年来在设备、原材料、人工等成本不断攀升的情况下,通过项目投入、项目贴息、建立创新基金、奖励与激励方案等方式,大力支持对自主创新的投入,额度占到营业收入的 5% 以上,并做到成本费用水平稳中有降。

三是成本管理与管理创新相结合。中航工业财务管理部门主动与研发、生产、营销等部门大力协作,梳理、优化流程,推行精益生产和流程再造,通过提高劳动生产率进一步降低成本、提高效率。中航工业学习借鉴波音的精益生产管理,生产流程时间大幅缩减,如中航工业西飞 747-800 飞机的主襟翼、后襟翼、垂尾项目等的生产效率有很大提高,成效非常明显。

四是成本管理与商业模式创新相结合。传统的商业模式弊端为成本高、效率低、管理难。中航工业积极借鉴波音、空客的商业模式,探索将飞机生产模式从"设计—部件制造—总装—销售"逐步转变为"设计—总装—销售",将部分部件制造外包,从单一飞机制造商逐步升级为高端系统集成商,提高成本价格竞争力,目前已在一些民用飞机项目的部件制造方面尝试全球招标。

五是成本管理与国际化开拓相结合。

中航工业积极支持海外并购项目开展、国际营销网络建设、国际战略合作交流、国产民机海外销售、民机转包生产开展等工作,向成为有竞争力的跨国公司迈出了坚实步伐。

（资料来源：中国管理会计网,2016 年 4 月 13 日）

二、变动成本计算法的局限性

变动成本计算法虽然有较多优点,但也存在一些不足之处。其主要表现如下。

1. 不便于编制对外会计报表

按照会计准则的要求,产品成本应能反映产品在生产过程中的所有耗费,包括变动制造成本和固定制造成本。但是,变动成本计算法只反映其中的变动部分,由于其存货计价的不正规而引起的对资产计量和收益计量的影响,从而不便于编制对外财务报表。

2. 不能适应长期投资决策的需要

长期投资决策要解决的是生产能力和生产规模的问题。从长期看,由于技术进步和通货膨胀等因素的影响,企业的生产能力和生产规模的变化,单位变动成本和固定制造成本总额不可能一成不变,因此变动成本计算法难以适应诸如增加或减少生产能力、扩大或缩小经营规模等长期投资决策的需要,只能为短期经营决策提供选择最优方案的信息资料。

3. 不能直接据以进行产品定价决策

一般认为,固定制造费用是为了制造产品而发生的支出,应该由有关产品负担。产品成本中如果不包括这部分成本,显然是不完整的。由于变动成本计算法提供的产品成本资料不包括固定制造费用部分,因此不能直接据以进行定价决策。

4. 改变成本计算法可能会影响有关方面的利益

由于对外报表不能以变动成本计算法为基础而只能以完全成本计算法为基础进行编制,在改用变动成本计算法时,一般都会降低存货的计价,减少当期的利润,从而减少所得税的上缴和投资者的投资收益,因此会影响有关方面的利益。

尽管变动成本计算法有一定的局限性,但它在加强企业内部经营管理方面的重要作用是不容置疑的,因此变动成本计算法的应用已日益广泛。

三、变动成本计算法与完全成本计算法的结合应用

综上所述,变动成本计算法和完全成本计算法都有其各自的优缺点和适用性。完全成本计算法能够满足财务会计的资产计价和利润计量的要求,有利于定期编制对外财务报告,但它无法提供企业内部管理所需要的各种信息,不利于企业经营决策、目标制定、业绩控制和责任会计的实施。变动成本计算法则能弥补完全成本计算法的不足之处,它能提供企业内部经营管理所需要的各种信息。但是,变动成本计算法下的会计信息无法满足企业外部投资者和债权人决策的需求,也无法满足政府监管部门、国家税收部门对相关信息的需求。

目前,在美国和其他西方国家均按"公认会计原则"定期编制对外的财务报告,因此存货计价和收益的计量仍要求以完全成本计算法作为基础。但是,在企业内部则大多采用变动成本计算法计算产品成本,编制内部报表,为企业管理部门正确进行预测、决策、分析和控制提供有用的会计信息。由此可见,企业会计为了能更好地履行其对内、对外两方面的职能,需要变动成本计算法和完全成本计算法互相补充,取长补短。换言之,企业需要一套兼有变动成本计算法和完全成本计算法优点的核算系统。

平时,为了满足企业内部管理的需要,以变动成本计算法进行核算,按变动成本计算法确定存货的价值。期末,为了满足编制对外财务报表的要求,按完全成本计算法调整资产的价值和利润的计量。合理的做法是:把日常核算建立在变动成本计算法的基础上,对在产品、产成品等存货账户均按变动成本反映,同时另设"存货中的固定制造费用"账户,把所发生的固定制造费用先记入这一账户;期末,把其中应归属于本期已销售产品的部分转入"主营业务成本"账户,并列入利润表,作为本期主营业务收入的一个扣减项目;其中,应归属于期末在产品、产成品等存货部分的则仍留在这个账户上,并将其余额加记在资产负债表上的存货项上,使存货价值仍按所耗的完全成本列示。

关键概念索引

变动成本计算法　完全成本计算法

复习思考题

1. 为什么要采用变动成本计算法?

2. 与完全成本计算法相比,变动成本计算法有什么特点?

3. 在产量稳定而销量变动的情况下,变动成本计算法和完全成本计算法对利润的计算结果有什么影响? 是否有规律可循?

4. 在产销平衡的情况下,变动成本计算法和完全成本计算法所计算的利润是否一定相等? 为什么?

5. 变动成本计算法有什么优点和局限性?

6. 为什么说采用变动成本计算法能促进管理当局注重销售并防止盲目生产?

7. 为什么在完全成本计算法下不容易将销售不佳的问题暴露出来?

8. 如何将变动成本计算法和完全成本计算法结合运用?

练习题

一、单项选择题

1. 在变动成本计算法下,产品成本不包括(　　)。

　　A. 直接材料　　　　B. 直接人工　　　　C. 变动制造费用　　D. 固定制造费用

2. 变动成本计算法与完全成本计算法对(　　)的处理方法不同。

　　A. 管理费用　　　　B. 销售费用　　　　C. 变动制造费用　　D. 固定制造费用

3. 一般情况下,当本期生产量大于销售量时,按变动成本计算法确定的利润(　　)按完全成本计算法确定的利润。

　　A. 大于　　　　　　B. 小于　　　　　　C. 等于　　　　　　D. 不能确定

4. 某企业只生产一种产品,2016 年年初的存货是 30 000 元,年末存货是 0 元。在这种情况下,按完全成本计算法确定的营业利润比按变动成本计算法确定的营业利润(　　)。

　　A. 小　　　　　　　B. 大　　　　　　　C. 相等　　　　　　D. 不确定

5. 以下说法不正确的是(　　)。

　　A. 在没有期初、期末存货的情况下,按完全成本计算法计算的利润与按变动成本计算法计算的利润相等

　　B. 在没有期初存货但有期末存货的情况下,按完全成本计算法计算的利润小于按变动成本计算法计算的利润

C. 在有期初存货但没有期末存货的情况下,按完全成本计算法计算的利润小于按变动成本计算法计算的利润

D. 以上都不对

二、多项选择题

1. 在变动成本计算法下,下列( )项目对期末存货成本高低无影响。

A. 变动制造费用　　　　　　　　B. 固定制造费用

C. 变动销售费用　　　　　　　　D. 固定销售费用

2. 变动成本计算法与完全成本计算法的主要区别表现在( )。

A. 前提条件不同　　　　　　　　B. 产品成本的组成不同

C. 存货的盘存价值不同　　　　　D. 损益确定程序不同

3. 下列关于变动成本计算法和完全成本计算法的表述中,正确的是( )。

A. 采用变动成本计算法,只要销售量相同,各年的利润就相等

B. 如果期末存货等于期初存货,且每年产量相等,则两种方法计算的利润相等

C. 如果本期生产量等于销售量,则两种方法计算的利润也相等

D. 如果期末存货小于期初存货,则按变动成本计算法计算的利润一定大于按完全成本计算法计算的利润

4. 与完全成本计算法相比,变动成本计算法具有( )等优点。

A. 有利于进行成本控制　　　　　B. 有利于业绩评价

C. 当销售不佳时容易将问题暴露出来　　D. 简化成本计算工作

5. 在完全成本计算法下,影响计入当期损益的固定制造费用数额是( )。

A. 期初存货水平　　　　　　　　B. 期末存货水平

C. 销售费用　　　　　　　　　　D. 当期发生的全部固定制造费用

三、判断题

1. 变动成本计算法是将所有的变动成本计入产品成本的成本计算方法。( )

2. 在变动成本计算法下,产品的单位制造成本一般保持不变;在完全成本计算法下,产品的单位制造成本一般会随产量上下波动。( )

3. 由于变动成本计算法不符合公认会计原则,因而不能用于编制对外的财务报表,但企业往往将其用于长期投资决策等内部管理规划上。( )

4. 按变动成本计算法和完全成本计算法计算的利润均与销售量保持同方向的增减。( )

5. 在期末存货和期初存货数量均不为零时,即使单位产品所负担的固定成本相等,按完全成本计算法计算的损益与按变动成本计算法计算的损益也有可能不等。( )

四、业务题

习题一

1. 目的:比较完全成本计算法和变动成本计算法。

2. 资料:某企业2019年度(第一个营业年度)生产A产品30 000件,单位变动制造成本

为 5 元,全年固定制造费用为 120 000 元,固定性销售及管理费用为 60 000 元。2019 年度以每件 10 元出售 A 产品 18 000 件。

3. 要求:

(1) 采用完全成本计算法确定该企业 2019 年度的利润总额。

(2) 采用变动成本计算法确定该企业 2019 年度的利润总额。

习题二

1. 目的:练习变动成本计算法。

2. 资料:长城公司 2019 年年初有甲产品存货 4 000 件,其单位变动制造成本为 16 元,单位固定制造费用为 5.2 元。2016 年年中,该公司生产并销售甲产品 20 000 件,单价为 30 元,共发生推销及管理费用(全部为固定成本)100 000 元。甲产品的单位制造成本如下:

成 本 项 目	单位成本(元)
直接材料	10
直接人工	4
变动制造费用	2
固定制造费用	4
合计	20

假定存货计价采用加权平均法。

3. 要求:

(1) 按变动成本计算法为该公司编制 2019 年度的利润表。

(2) 运用调整计算的方法,计算该公司 2019 年度在完全成本计算法下的利润总额。

习题三

1. 目的:熟悉变动成本计算法和完全成本计算法。

2. 资料:某企业只生产一种产品,第一年度和第二年度的生产量分别为 170 000 件和 140 000 件,销售量分别为 140 000 件和 160 000 件,存货计价采用先进先出法。产品的单位售价为 5 元。该产品的制造成本如下:单位变动成本为 3 元(其中包括直接材料 1.30 元,直接人工 1.50 元,变动制造费用 0.20 元);每年的固定制造费用总额为 150 000 元。销售费用与行政管理费用如下:变动的销售费用与行政管理费用为营业收入的 5%,每年固定的销售费用与行政管理费用为 65 000 元。

3. 要求:

(1) 根据上述资料,分别采用变动成本计算法和完全成本计算法计算确定第一年和第二年的利润总额。

(2) 具体说明第一年和第二年分别采用两种成本计算方法据以确定的利润总额发生差异的原因。

(3) 具体说明采用完全成本计算法所确定的第一年和第二年利润总额发生差异的原因。

案例题

Charles 公司 2020 年的有关资料如下：

单位：元

项　　目	变动成本计算法	完全成本计算法
收入	7 000 000	7 000 000
销售成本(标准)	3 660 000	4 575 000
固定制造费用	1 000 000	—
制造成本差异(均为不利)：		
直接材料价格和用量差异	50 000	50 000
直接人工工资率和效率差异	60 000	60 000
变动制造费用耗费和效率差异	30 000	30 000
固定制造费用：		
预算差异	100 000	100 000
产量差异	—	400 000
销售费用合计(均为固定)	1 000 000	1 000 000
管理费用合计(均为固定)	500 000	500 000
成本合计	6 400 000	6 715 000
营业利润	600 000	285 000

标准成本下的存货成本为：

单位：元

日　　期	变动成本计算法	完全成本计算法
2019 年 12 月 31 日	1 320 000	1 650 000
2020 年 12 月 31 日	60 000	70 000

研讨问题：

1. Charles Horngren 是 Charles 公司的总裁,要求你解释为什么尽管 2020 年的销售量比 2019 年增长 40%,2020 年的营业利润反而比 2020 年减少？

2. 2016 年的产量是基准水平的百分之多少？

3. 通过计算,解释完全成本法和变动成本法下营业利润不同的原因。

4. 你认为变动成本计算法还是完全成本计算法更容易导致存货的积压？为什么？

练习题及案例题参考答案

练习题

一、单项选择题

1. D　　　　2. D　　　　3. B　　　　4. A　　　　5. B

二、多项选择题

1. BCD　　　　2. ABCD　　　　3. ABD　　　　4. ABCD　　　　5. ABD

三、判断题

1. ×　　　　2. √　　　　3. ×　　　　4. ×　　　　5. √

四、业务题

习题一

(1) 采用完全成本计算法计算确定的税前利润 = －42 000(元)

(2) 采用变动成本计算法计算确定的税前利润 = －90 000(元)

习题二

(1) 变动成本计算法下的税前利润 = 100 000(元)

(2) 变动成本计算法下的税前利润 　　　　　　　　　　100 000

　　　加：当期已减除的固定制造费用 　　　　　　　　 80 000

　　　减：按加权平均法应减除的固定制造费用 　　　　 84 000

　　　完全成本计算法的税前利润 　　　　　　　　　　 96 000

习题三

(1) 采用变动成本计算法：

　　　第一年的利润 = 30 000(元)

　　　第二年的利润 = 65 000(元)

　　　采用完全成本计算法：

　　　第一年的利润 = 56 470(元)

　　　第二年的利润 = 49 244(元)

(2) 第一年差异原因分析：

由于本期没有期初存货,故差异的产生在于生产量和销售量的不等。其差额可验证如下：

$150\,000/170\,000 \times (170\,000 - 140\,000) = 26\,470$(元)

第二年差异产生的原因分析：

由于各期生产量不相等,各期生产产品的单位成本也不同。其差额可验证如下：

$150\,000/140\,000 \times 10\,000 - 150\,000/170\,000 \times 30\,000 = -15\,756$(元)

(3) 采用完全成本计算法所确定的第一年和第二年税前利润发生差异的原因主要有两个：

第一,由于两年的生产量不相同,所以,两年生产产品的单位成本不同；

第二,由于两年的销售量不相同,所以,两年的销售收入不同。

案例题

1. 由于 2020 年存货的大幅度下降,导致期初存货中所包含的大量固定制造费用转作当期的费用,从而使营业利润减少。

2. 已分配的固定制造费用 = 1 000 000 － 400 000 = 600 000(元)

则 2020 年工厂的产量是基准水平的百分比为 600 000/1 000 000 = 60%

3.

单位：元

	完全成本计算法	变动成本计算法	差　额
2019 年末存货	1 650 000	1 320 000	330 000
2020 年末存货	75 000	60 000	15 000
转出的固定制造费用			315 000

4. 完全成本计算法更容易导致存货的积压。因为在完全成本计算法下，库存存货成本中包括固定制造费用，因此库存存货的增加会使资产增加和费用减少，从而使利润增加。

第十一章
作业成本法

📖 【本章要点】

- 作业成本法的有关概念
- 作业成本计算法的核算程序
- 作业成本计算法与传统成本计算法的比较
- 作业成本管理的基本程序
- 作业成本管理的具体运用

当今社会已进入高速发展时期,工业社会向知识经济社会迅速转变。同时,当今社会已进入信息革命时代,这场革命正在给社会的各个方面带来巨大的影响,其中就包括现代管理理论和会计理论。作业成本法就是在这种条件下产生的。它是一种顺应时代发展的、将会越来越多地被采用的先进的成本核算方法和管理思想,它也是当今会计前沿研究领域之一。作业成本计算法提出作业这一全新的概念,打开了传统成本分配过程中的"黑匣子",并在此基础上发展了作业成本管理。

第一节 作业成本法的理论基础

作业成本法既是一种成本计算方法,又是一种管理工具,它包括两大方面的内容:作业成本计算法和作业成本管理。作业成本计算法是一种着眼于"作业",依据作业资源的消耗情况(资源动因)将资源成本分配到作业,再依据作业对最终成本的贡献方式(作业动因)将作业成本追踪归集到产品,由此得出最终产品成本的成本计算方法。作业成本管理必须基于"作业",根据作业成本计算法的计算过程,对生产过程甚至整个企业内部的作业链和价值链进行分析,从而达到改进生产及整个企业内部工作流程的目的。为了更好地理解作业成本法,先来了解一下作业成本法中的一些基本概念。

一、资源

资源是成本的源泉,一个企业的资源包括直接材料、直接人工、生产维持成本(如采购人员的工资成本)、间接制造费用,以及生产过程以外的成本(如销售费用)。资源成本信息的主要来源是总分类账。

二、作业及其分类

作业是指组织内为完成既定任务而进行的一项消耗资源的活动或工作。作业成本法中的作业是指企业为生产产品或提供劳务而进行的某项生产经营或某道生产工序,是企业为提供一定量的产品和劳务所消耗的原材料、人力、技术、方法和环境等的集合体,如制造企业中有材料接收作业、材料储存作业、零件加工作业、装配作业、质量检验作业等。

可以从不同的角度对作业进行不同的分类。例如,可以按作业所完成的职能将其分为后勤作业、生产作业、质量作业和协调作业等;按照作业的执行方式和性质,可将作业分为重复作业和不重复作业、主要作业和次要作业、必要作业和酌量作业、增值作业和不增值作业等。最常见的分类方法是按照作业的受益对象,将作业分为单位水平作业、批量水平作业、产品水平作业和维持水平作业。

(1) 单位水平作业(unit-level activity),是指生产单位产品时所从事的作业,它能使每单位产品都受益从而使产品产量增加,如对产品零部件的加工、对每一产品的质量检验等作业。这种作业的成本与产量成正比例变动。

(2) 批量水平作业(batch-level activity),是指与产品的生产批量相关并能使一批产品受益的作业,如为生产每批产品进行的设备调整、订单处理等作业。这种作业的成本与产品批数成正比例变动,而与每批产品的产量无关。

(3) 产品水平作业(product-level activity),是指为支持各种产品的生产并使该种产品受益而从事的作业,这种作业的目的是服务于各种产品的生产与销售,如为生产特定产品而进行的产品工艺设计、材料清单编制等作业。这类作业与产品的产量和批次无关,仅与产品品种相关。

(4) 维持水平作业(facility-level activity),是指为支持各种产品的生产、使各项生产条件保持正常工作状态而发生的作业,如企业管理、厂房维修等作业。这类作业与产品的种类、批次和产量都无关。

应当注意,作业成本法中作业的确定是从成本核算、成本管理的角度来考虑的,它和生产经营活动中的作业并不一定完全一致。另外,作业的选择和确定还应贯彻成本—效益的原则。通常,作业划分得越细,作业越多,成本核算就越准确,提供的信息就越多;但是,作业种类越多,则需要更多的时间和技能去搜集和处理会计信息,实施成本也就越高。因此,确定作业时,应比较因增加作业带来的效益和因增加作业所花费的代价,只有前者明显大于后者时,才是合理的选择。

三、作业链和价值链

企业的生产经营过程是由各种作业所构成的。这些作业是前后有序、相互联系的有机整体。企业为了满足顾客需要而建立的一系列前后有序、相互联系的作业集合体就称为作业链(activity chain)。

价值链(value chain)是分析企业竞争优势的基础,它紧紧地与服务于顾客需求的作业链相联系。按照作业成本法的基本原理,产品消耗作业,作业消耗资源,于是就有了如下关系:每完成一定量的作业,就消耗一定量的资源,同时有一定量价值的产出转移到下一个作业,照此逐步结转下去,直至最后一个步骤将产品提供给顾客。作业的转移同时伴随着价值的转移,最终产品是全部作业的集合,也体现全部作业价值的集合。因此,作业链的形成过程也是价值链的形成过程。价值在作业链上各作业之间的转移形成一条价值链。

通过对作业链和价值链的分析,可以分辨出增值作业和非增值作业。由于非增值作业消耗资源却不增加产品价值,应该尽量消除这些作业。对于增值作业,也应努力提高其作业效率,要经常进行重新评估,以确保这些作业确实增值。

可见,对作业链和价值链的分析可以为企业改善成本管理指明方向,是企业挖掘和降低成本潜力、加强全面质量管理、减少资源浪费的有效途径,而这正是作业成本管理的一个方面。

四、成本动因

成本动因(cost drive)是成本驱动因素的简称,它是作业成本法中一个极其重要的概念。成本动因是指驱动或产生成本、费用的因素,是归集、分配成本的标准。按成本动因所起的作用,可将其分为资源动因和作业动因。

资源动因反映作业消耗资源的情况,其作为一种分配基础,是将资源成本归集、分配到作业的标准。通常在企业的生产经营中,会有多个作业消耗同一资源的情况,这时就需要一个分配标准,将资源成本合理地分配到有关作业中去,这一标准就是资源动因。例如,很多作业需要消耗电力,有时就可以根据作业小时数来分配这一资源消耗。通过对资源动因的分析,可以促使企业合理地配置资源,寻求降低作业成本的途径。

作业动因反映产品消耗作业的情况,作为一种分配基础,它是将作业成本归集、分配到产品的标准。在将资源成本逐项归集、分配到作业,形成作业成本之后,还需将作业成本按一定的标准分配到各产品中去,这一标准就是作业动因。通过对作业动因的分析,可以帮助企业发现并减少非增值作业,寻求降低整体成本的途径。

五、作业中心

作业中心(activity center)是一系列相互联系、能够实现某种特定功能的作业集合,它可以由一项作业或一组作业所组成。例如,在原材料接收作业中,材料接收、材料入库、材料仓储保管等都是相互联系的,并且都可以归于材料处理作业中心。

六、成本对象

成本对象(cost objects)是指成本归集的对象,可分为最终成本对象和中间成本对象。最终成本对象即企业的最终产品或劳务,它须归集所有权转移之前的所有成本、费用,其归集的成本、费用需与收入配比。中间成本对象是指在企业内部分配和归集成本、费用的对象,如企业内部的辅助生产部门,作业成本系统中的作业中心等。

第二节 作业成本计算法的程序及应用

一、作业成本计算法的核算原理

作业成本计算法(activity based costing,简称 ABC)是以作业为基础,通过对成本动因的分析来计算产品成本,并为企业作业成本管理提供更为相关、准确的成本信息的一种成本计算方法。

作业成本计算法将着眼点放在作业上,以作业为核算对象,依据作业对资源的消耗情况将资源的成本追溯到作业,再由作业依据成本动因分配到产品成本的形成和积累过程中,从而得出最终产品成本。

传统的以职能为基础的成本计算方法是按程序(见图 11-1)分配计算成本的。由于直接材料和直接人工可以采用直接追溯法分配到产品,因而大部分职能基础成本系统的设计都能确保直接费用追溯结果的正确性。对于间接费用,职能基础的成本系统首先将间接费用分配到一个职能性单位,建立一个车间或部门的成本库,然后把每个成本库中的成本按单一的产量基础作业动因分配到各种产品。

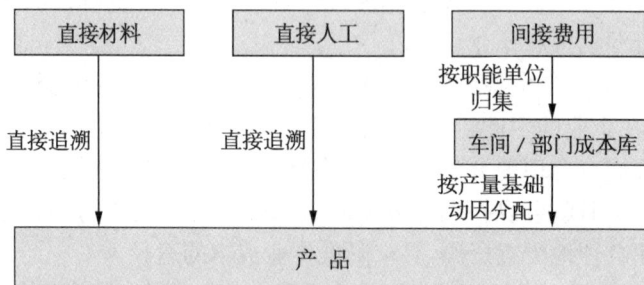

图 11-1　传统成本计算程序图

在传统的成本计算系统中,间接费用的分配是建立在间接费用与产品产量高度相关的基础上的,间接费用主要是以直接材料、直接人工或直接工时为标准进行分配的,这种分配方法的特点是方法简便,资料容易取得。在间接费用总额占全部费用的比重较小、成本管理对成本信息要求不高的情况下还是可行的。随着生产技术的不断进步和自动化程度的提高,间接费用的数额也在不断增加。如果仍采用传统的间接费用的分配方法,将可能使产量大、科技含量低的产品成本被高估,而使产量低、科技含量高的产品成本被低估,其结果是使每种产品的成本、利润指标都不准确,从而不能满足成本管理的要求。传统成本计算系统过分强调直接人工的作用,而实际上,在采用高级制造技术的情况下,直接人工只占总成本的一小部分。只重视变动成本而忽略了随着自动化程度的上升而提高的固定成本,不利于间接费用的计算和控制。

作业成本计算法与传统成本计算法最大的不同就在于:无论是直接成本还是间接成本,后者是直接将它们归集分配到产品中;而前者利用作业作为中介,将间接成本先分配到作业中心,再将作业成本分配至最终成本对象。

现代企业是一个由一系列作业组成的作业链,企业每完成一项作业,均要消耗一定的资源,产品成本实际上是生产产品及将产品转移至消费者的全过程所发生的作业成本之和。因此,作业成本计算法就是以"产品消耗作业,作业消耗资源"为基本核算原理进行产品成本计算的。

二、作业成本计算法的核算程序

作业成本计算法首先要确定作业成本,并以成本对象所耗用的作业量为基础,将作业成本追溯到成本对象中去。在作业成本计算法下,成本的分配过程分为两步:第一步,将资源成本按资源动因分配到作业;第二步,将作业成本按作业动因分配到产品。图 11-2 表示作业成本计算法中成本分配的过程。

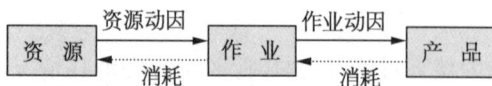

图 11-2　作业成本分配流程图

作业成本计算法的基本核算程序是:先将

各类资源价值分配到各作业成本库,然后再把各作业成本库所归集的成本分配给各种产品。具体包括以下六个步骤。

(1)确定成本计算对象。如以产品的品种、批次或步骤作为最终的成本计算对象。

(2)确定直接生产成本的类别。直接生产成本一般包括直接材料、直接人工等。

(3)确定间接成本库。间接成本库一般可按作业中心设置,如在制造企业中有订单作业、采购作业、进货作业、生产作业、质量检验作业、销售作业、发货作业、售后服务作业等。由于作业数量的繁多会导致核算工作的繁琐。所以,应根据重要性原则,对所有的作业进行筛选,对于成本影响大的作业可予以保留;对于成本影响不大的作业,可予以合并,以减少成本核算的工作量。通常,作业中心可分为单位水平作业中心、批量水平作业中心、产品水平作业中心和维持水平作业中心四大类。

(4)选择成本分配基础。在按作业中心将各资源成本归集到各个成本库后,要选择恰当的成本分配基础,也即成本动因分配作业库的成本。选择成本动因就是根据追踪的资源,选择分配各作业中心成本的标准。例如,材料搬运作业的作业衡量标准就是搬运的零件数量,生产调度作业的作业衡量标准是生产订单数量,自动化设备作业的作业衡量标准是机器工时数,精加工作业的作业衡量标准是直接人工工时数等。

(5)计算间接成本分配率。当作业中心已经确认、成本已经汇集、成本动因已经确立后,就可以计算各项间接成本分配率,也即作业成本动因分配率,以分配各项间接成本。作业成本动因分配率的计算公式如下:

$$作业成本动因分配率 = \frac{该作业的成本合计数}{该作业的成本分配基础}$$

(6)计算各产品成本。将各产品发生的直接生产成本和分配来的各项间接成本分别汇总,即可得各产品的总成本;将各产品的总成本除以各产品的数量,即可得各产品的单位成本。

作业成本计算法的成本计算过程如图 11-3 所示。

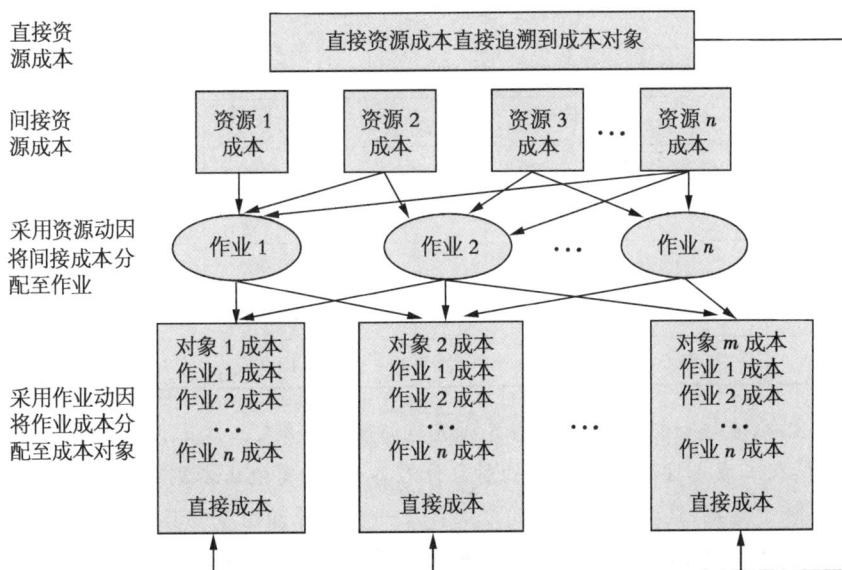

图 11-3 作业成本计算程序图

三、作业成本计算法的应用举例

【**例 11-1**】 绿地公司生产甲、乙两种产品,采用作业成本计算法计算产品成本。2020年11月的产量及成本资料如表11-1所示。

表 11-1　产量及成本资料

单位:元

项　　目	甲产品	乙产品	合　计
产销量(件)	5 000	20 000	25 000
直接人工(小时)	10 000	40 000	50 000
机器(小时)	12 000	18 000	30 000
直接材料成本	65 000	420 000	485 000
直接人工成本			250 000
间接材料成本			226 400
间接人工成本			240 000
其他间接费用			408 600

通过对企业的生产工艺流程和间接成本情况进行分析,确定该企业的制造费用由生产订单处理、材料接收、设备调试、设备运行、质量检查等五个作业引起。全年制造费用共875 000元。对该月的资源成本进行分析后,编制如下资源成本分配表,如表11-2所示。

表 11-2　资源成本分配表

单位:元

产品或作业	直接材料	间接材料	直接人工	间接人工	其他间接成本	合　　计
甲 产 品	65 000		50 000			115 000
乙 产 品	420 000		200 000			620 000
订单处理		11 000		30 000	40 000	81 000
材料接收		10 000		50 000	30 000	90 000
设备调试		70 000		30 000	130 000	230 000
设备运行		104 000		50 000	160 000	314 000
质量检查		31 400		80 000	48 600	160 000
合　　计	485 000	226 400	250 000	240 000	408 600	1 610 000

在表11-2中,直接材料成本按产品类别进行归集,直接人工成本以直接人工小时为标准进行分配,间接人工成本按职工所服务的对象计入各作业,其他成本则根据实际情况分析归集到各作业中。限于篇幅,这些资源成本的分配标准——资源动因量的具体数据恕不一一列示。

在将资源成本分配到各作业并形成作业成本后,要对各作业的成本动因进行分析,并计算出成本分配率。各项作业的作业动因及其成本分配率如表11-3所示。

表 11-3　作业成本动因及成本分配率计算表

作　　业	作业成本(元)	作业动因	作业动因数			成本动因率
			甲产品	乙产品	合　　计	
订单处理	81 000	订单张数	200	400	600	135.00
材料接收	90 000	接收次数	150	600	750	120.00
设备调试	230 000	调试次数	3 000	2 000	5 000	46.00
设备运行	314 000	运行小时	12 000	28 000	40 000	7.85
质量检验	160 000	检验次数	5 000	3 000	8 000	20.00
合　　计	875 000					

根据成本动因率和各产品的成本动因量,可将作业成本分配至各产品中去,如表 11-4 所示。

表 11-4　作业成本分配表

作　　业	成本动因率	甲产品		乙产品	
		成本动因量	作业成本	成本动因量	作业成本
订单处理	135.00	200	27 000	400	54 000
材料接收	120.00	150	18 000	600	72 000
设备调试	46.00	3 000	138 000	2 000	92 000
设备运行	7.85	12 000	94 200	28 000	219 800
质量检验	20.00	5 000	100 000	3 000	60 000
合　　计			377 200		497 800

最后,可编制产品成本计算表,如表 11-5 所示。

表 11-5　产品成本计算表

单位:元

成本项目	甲产品(5 000 件)		乙产品(20 000 件)	
	总成本	单位成本	总成本	单位成本
直接材料	65 000	13.00	420 000	21.00
直接人工	50 000	10.00	200 000	10.00
制造费用	377 200	75.44	497 800	24.89
合　　计	492 200	98.44	1 117 800	55.89

从【例 11-1】的计算可以看出,与传统成本计算方法不同,作业成本计算法不是将不同质的制造费用以部门为基础进行归集,并采用主观的单一的分配率进行分配,而是将制造费用按不同的动因分配到一系列成本库中进行归集,然后按各自的动因率进行分配。换言之,作业成本计算法将与产出量相关的制造费用和非产出量相关的制造费用区分开来,采用不同的动因进行分配,使成本库中所归集的制造费用更具同质性,费用分配与分配标准之间更具因果关系,从而使分配的结果更精确。

【例11-2】 沿用【例11-1】的资料。假定绿地公司采用传统的成本计算方法计算甲、乙产品成本,采用直接人工小时比例法分配制造费用。制造费用的分配结果如表11-6所示。

表11-6 制造费用分配表

项 目	分配标准(直接人工小时)	分配率	分配金额(元)
甲产品	10 000	17.5	175 000
乙产品	40 000	17.5	700 000
合 计	50 000		875 000

根据上述制造费用分配的结果,可计算甲、乙产品的成本,如表11-7所示。

表11-7 产品成本计算表

单位:元

成本项目	甲产品(5 000件)		乙产品(20 000件)	
	总成本	单位成本	总成本	单位成本
直接材料	65 000	13.00	420 000	21.00
直接人工	50 000	10.00	200 000	10.00
制造费用	175 000	35.00	700 000	35.00
合 计	290 000	58.00	1 320 000	66.00

采用传统成本计算方法与采用作业成本计算法计算的甲、乙产品的分配成本比较如表11-8所示。

表11-8 产品分配成本比较表

	甲产品		乙产品	
	分配成本(元)	%	分配成本(元)	%
传统成本计算法	290 000	18.01	1 320 000	81.99
作业成本计算法	492 200	30.57	1 117 800	69.43

从表11-8可以看出,与作业成本计算法相比,在传统成本计算法下,甲产品少分配成本202 200元,乙产品多分配成本202 200元,从而使甲产品的单位成本被低估,乙产品的单位成本被高估。由于成本信息严重失真,从而导致管理决策和方针确定方面产生潜在的失误。作业成本计算法则较好地反映了制造费用成本的同质性,并且按不同成本动因进行分配,提供的成本信息相对比较精确。

四、作业成本法与传统成本法的比较

(一)作业成本法与传统成本法的联系

1. 性质相同

作业成本计算法和传统成本计算法都是成本计算系统。它们都是为了计算一定时期内企业产品的成本,提供产品成本信息以支持决策。

2.直接成本分配方法相同

两者都根据受益原则,将直接发生的费用成本直接归集分配至受益产品。

(二)作业成本法和传统成本法的区别

1.成本计算对象不同

传统成本计算法以企业最终产品作为成本计算对象,以产品为中心。作业成本计算法不仅关注产品成本,而且更多地关注产品成本产生的原因及其形成过程。它的成本计算对象不仅包括最终产品,还包括资源和作业。作业成本计算法以作业为中心。

2.间接费用归集和分配的理论基础不同

传统成本计算法的理论基础:企业的产品是按照其耗费的生产时间或按照其产量线性地消耗各项间接费用的。因此,间接费用可以以一定的标准平均地分摊到各种产品的成本中。作业成本计算法的理论基础是成本驱动因素论。因此,间接费用可以按产品消耗的作业量进行分配。作业成本计算法在成本核算上突破了产品这个界限,使成本核算深入到资源、作业层次,并通过选择多样化的分配标准分配间接费用,从而大大提高了成本信息的准确性。

3.成本信息的详细程度不同

传统成本计算法只能提供各产品总成本的信息,作业成本法不仅能提供各产品总成本的信息,还能提供产品生产过程中所消耗的各项作业的成本信息。作业成本计算法的成本信息反映了产品生产中成本形成的过程,其详细程度高于传统成本计算法。

4.成本计算的意义不同

传统成本计算法只是为了计算最终产品的成本,作业成本计算法则把重点放在成本的形成过程上。在作业成本法系统中,成本是由作业引起的,通过对作业能否给产品带来增值的分析,可以区分增值作业与非增值作业,争取消除或减少非增值作业,以改进产品生产流程设计;通过分析增值作业的成本信息,检验作业的执行效率。可见,对这些信息进行处理和分析,可以促使企业改进产品设计,提高作业水平和质量,减少浪费,降低资源的消耗水平。

5.适用环境不同

传统成本计算法适用于与传统推进式生产管理系统相结合的手工制造系统和固定自动制造系统的经营环境。它适用于大批量生产和产品品种少、寿命周期长、工艺不复杂、制造费用较低的企业。作业成本计算法则适用于适时生产系统与高度自动化制造系统相结合的经营环境。它适用于小批量、多品种、技术复杂、高度自动化生产、制造费用比重相对比较高的现代企业。

管理会计工具提升管理效能

管理大师彼得·德鲁克曾经说过,"管理者,就必须卓有成效"。管理过程中效果最明显的是对财务管理的提升,这也是企业管理和运行的核心之一。在信息化时代,通过对财务指标的量化,能够清楚地衡量和观察企业转型的效果和效率,清晰明了,可以看作是企业的"晴雨表",为企业转型升级决策的制定和调整提供依据。

管理会计工具诞生以来,通过精益化的财务管理,对管理效能的提升是显而易见的。在互联网和移动应用大行其道的背景下,借助信息化提高效率已经成为企业管理的必由之路:率先采用全面预算管理模式的美国 GE、杜邦与通用汽车等企业成为《财富》杂志"全球 500 强"榜单上的"常客",全球 500 强企业无一例外地都采用了信息化的管理会计方法和工具;ABC 作业成本法降低成本、改进流程、减少返工率,联手 JIT 精益生产大大提高企业运作效率,已经成为很多制造型企业的必备工具。

(资料来源:中国管理会计网,2013 年 4 月 9 日)

第三节　作业成本管理的基本原理

作业成本法虽然是为了更准确地计量产品成本而产生的,但它的意义远不止于此,而是已经深入到企业的管理层面,用以解决企业作业链—价值链的重构,乃至企业组织结构设计等问题。因此,作业成本法更大的意义在于作业成本管理方面。作业成本管理在作业成本计算法认识价值链的基础上,对企业价值链进行改造和优化。

一、作业成本管理的基本程序

作业基础成本管理(activity-based management,简称 ABM)是通过对作业的识别和管理,选择作业价值最大化而客户成本最小化的活动,旨在提高顾客价值,进而提高企业的竞争能力。

作业成本管理是基于作业成本计算法的新型集中化管理方法。它通过作业成本计量,开展价值链分析,指导企业有效地执行作业,降低成本,提高效率。从成本管理的角度讲,作业成本管理把着眼点放在成本发生的前因后果上,通过对所有作业活动进行跟踪动态反映,可以更好地发挥决策、计量和控制作用,以促进作业管理的不断提高。

作业成本管理按作业分析、成本动因分析、业绩计量三步骤来进行。作业成本管理的设计与运行必须考虑作业分析、成本动因分析和业绩计量三方面的要求,并按次序组织衔接,循环进行。

1. 作业分析

作业分析的主要内容包括辨别并力求消除不必要或不增值的作业;对不必要的作业按

成本高低进行排序,选择排列在前面的作业进行重点分析。同时,将本企业的作业与同行业先进水平的作业进行比较,以判断某项作业或企业整体作业链是否有效,寻求改善的机会。

2. 成本动因分析

成本动因是指构成成本结构的决定性因素。成本动因通常分为资源动因和作业动因两种。资源动因是将资源成本分配到作业中心的标准,反映作业中心对资源的消耗情况;作业动因是将作业中心的成本分配到最终产品的纽带。成本动因分析的目的,就是通过对各类不增值作业根源的探索,力求摆脱无效或低效的成本动因。

3. 业绩计量

在作业分析和成本动因分析的基础上,建立相应的业绩评价体系,以便对作业成本管理的执行效果进行考核和评价。然后,通过这种作业成本管理绩效信息反馈,重新进行下一循环的更高层次的作业分析和成本动因分析。

综上所述,作业成本管理的主要作用如下:

(1) 通过区分增值作业和非增值作业,从而更有效地管理成本;

(2) 关注关键活动过程和作业的有效性,并寻找降低成本、增加顾客价值的途径;

(3) 通过将资源分配给关键的增值作业、关键顾客、关键产品,并通过持续改进,以提高企业的竞争能力。

总之,作业成本管理把管理的重点放在那些为顾客创造价值的最重要的作业上,通过对作业的跟踪和动态反映及事前、事中、事后的作业链和价值链分析,实现企业持续低成本、高效益的目标。因此,作业分析是作业成本管理的核心内容。

二、作业分析

作业分析就是确认、描述和评价一个企业所执行作业的过程。作业分析的目的就是找出在不需其中任何一种作业的条件下生产产品的途径。进行作业分析时,首先要将作业划分为增值作业和非增值作业。

(一) 增值作业和非增值作业

增值作业(value-added activity)是指那些有必要保留在企业中的作业。有些作业是为了遵守法律规定而产生的,如为遵守证券交易委员会(SEC)的报告要求和国内税收署(IRS)的填报要求而执行的作业。依照法律,这些规定的作业可看成是增值的。企业的其他作业是由企业酌情决定的。一个酌量性作业如同时满足三个条件就可被认为是增值的。这三个条件是:① 该作业将带来状态的改变;② 状态的变化不能由先前的作业来完成;③ 该作业使其他作业得以执行。

非增值作业(non-value-added activity)是不必要的,也就是说,除了企业中绝对必要保留的作业之外的所有其他作业都是非增值作业。如果一个作业不满足前述三个条件中的任何一个,就可以断定它是非增值的。通常情况下的非增值作业违反前两个条件。

相应地,增值成本是以完美的效率执行增值作业的成本。非增值成本是指由非增值作业或增值作业的低效执行而引起的成本。由于竞争的加剧,很多企业正在努力消除非增值作业,因为它们增加非必要成本,从而影响业绩。同时,企业也在尽量使增值作业达到最优效率。

降低非增值成本是提高作业效率的一种途径。如果非增值作业被消除了,由此节约的成本应能追溯到单个产品中去。这些节约将使产品价格降低,提高企业的竞争力。一个企业的成本管理系统应该能正确地区分增值成本和非增值成本,因为提高作业的业绩需要消除非增值作业,并使增值作业最优化。作业分析的主题是消除浪费。这样,作业分析试图确认并最终消除所有不必要的作业,与此同时,提高必要作业的效率。浪费消除了,成本就随之降低了。

非增值作业可以存在于组织的任何地方。在制造环节,有五种主要作业通常被认为是浪费的和非必要的。

(1)调度。一种耗费时间和资源来决定何时生产各种产品(或何时进行生产准备,需做多少次生产准备)及生产多少的作业。

(2)搬运。一种耗费时间和资源将原材料、在产品和产成品从一个部门搬到另一个部门的作业。

(3)待工。一种原材料或在产品在等待下一个工序时耗费时间和资源的作业。

(4)检验。一种耗费时间和资源来确保产品符合规定标准的作业。

(5)仓储。一种在产品或原材料处于存货形态时耗费时间和资源的作业。

所有这些作业都不能为顾客增加任何价值。

(二)作业分析与降低成本

降低成本是持续改善的目标。激烈的竞争要求企业以尽可能低的成本及时地生产顾客需要的产品。这就意味着企业必须不断地在成本方面进行改善,作业分析旨在找出成本节约的关键。作业成本管理通过作业消除、作业选择、作业减低和作业分享等措施来降低成本,提高效益。

1. 作业消除

作业消除主要是针对非增值作业而言的。一旦断定某些作业是非增值的,就必须采取措施予以消除。例如,检验外购零件作业看起来是必要的,它确保使用合格的零件生产产品。然而,只有当供应商的产品质量较差时,该作业才是必要的。选择能够提供高质量零件的供应商,或选择愿改善质量控制以提供高质量零件的供应商,将会消除企业外购零件检验作业,成本节约随之实现。

2. 作业选择

作业选择是指在由相互竞争的策略决定的不同作业组之间作出选择。不同的策略产生不同的作业。例如,不同的产品设计策略可能需要截然不同的作业。每一产品设计策略都有相应的一组作业及相关成本。在其他条件相同的情况下,应选择最低成本的设计策略。所以,作业选择对成本节约有重大影响。

3. 作业减低

作业减低是指减少作业所需的时间和资源。这种成本节约方法主要针对改善必要作业的效率,或作为短期策略改善非增值作业直至能够将其消除。生产准备作业就是一项必要作业,常被用来作为能够用更少的时间和资源来完成的作业的例子。

4. 作业分享

作业分享是指通过达到经济规模来提高必要作业的效率。具体而言,在不增加作业本身成本的情况下增加该成本动因的数量。这样,成本动因的单位成本降低,耗用作业的产品的可追溯成本也降低。例如,在设计新产品时,尽可能考虑利用现有其他产品的元件。通过使用现有元件,企业就可避免创建一组全新的作业,因为与这些元件相关的作业已经存在。

(三)非增值成本的消除

要实现消除或减少非增值作业的目标,首先要计量增值成本和非增值成本。增值成本是一个组织应发生的唯一成本。增值标准要求消除所有的非增值作业;对这些作业来说,最优状态就是零投入零产出。非增值作业的成本可通过比较实际作业成本和增值作业成本而得,可以反映无效作业(作业低效率)的水平及改善的潜力。

确认和计算增值和非增值成本的关键是确认每个作业的产出计量。一旦确认了作业产出计量,就可以界定每种作业的增值标准量(SQ)。将增值标准量乘以标准单价(SP)就可以得到增值成本。非增值成本可由实际作业产出水平(AQ)与增值水平的差额乘以标准单位成本得出。具体计算公式如下:

$$增值成本 = SQ \times SP$$

$$非增值成本 = (AQ - SQ) \times SP$$

其中:SQ——一项作业的增值产出水平;

$\quad\quad SP$——每单位作业产出计量的标准价格;

$\quad\quad AQ$——实际作业产出耗用量(如果资源是按需取得的);

或 AQ——实际取得的作业能力量(如果资源是使用前预先取得的)。

对于使用前预先取得的资源来说,AQ 代表实际取得的作业能力,以实际作业能力计量。这样定义 AQ,使非增值成本计算既适用于变动作业成本,又适用于固定作业成本。对固定作业成本来说,SP 就是预计作业成本除以 AQ,而 AQ 是实际作业能力。

【例11-3】 日月公司2020年生产经营活动中发生的四种生产作业分别是材料耗用、次品返工、生产准备和到货检验。其中,材料用量和生产准备被看作是必要的,检验和返工是不必要的。另设前三个作业是按需取得资源,最后一个是预先取得资源(两个检验员的年薪预算共60 000元)。表11-9是与这四种作业相关的数据。

表11-9 作业相关数据表

作 业	作业动因	SQ	AQ	SP
材料耗用	千克	40 000	44 000	40
返 工	人工小时	0	10 000	9
生产准备	生产准备小时	0	6 000	60
检 验	检验小时	0	4 000	15

在理想状态下,应该没有次品。此外,通过提高质量、改变生产工序等,检验最终也能够被消除。因此,返工和检验作业应该被消除。生产准备是必要的,但在 JIT 环境下,可以努力使生产准备时间降为零。

为了简化起见,也为了揭示与实际成本的关系,假设成本动因的实际单价与标准单价相等。在这种情况下,增值成本加上非增值成本等于实际成本。根据表 11-9 的数据计算增值成本与非增值成本,如表 11-10 所示。

表 11-10　增值成本和非增值成本报告

2020 年度　　　　　　　　　　　　　　　　　　　　单位:元

作　业	增　值	非增值	实　际
材料耗用	1 600 000	160 000	1 760 000
返　工	0	90 000	90 000
生产准备	0	360 000	360 000
检　验	0	60 000	60 000
合　计	1 600 000	670 000	2 270 000

表 11-10 所示的成本报告有助于管理人员了解非增值成本的发生情况,并指明改善的机会。通过降低废料和浪费,企业能够降低材料成本;通过训练制造单元的工人,提高其劳动技能,企业可减少返工;减少生产准备时间及实施供应商评价方案,可以提高生产准备和检验作业的业绩。

显然,报告某一时期的增值成本和非增值成本可以使作业成本管理更为有效。对浪费数量的清楚了解,将有助于管理人员寻找缩减、选择、分享和消除作业的途径以节约成本。报告这些成本还有助于管理者改善计划、预算编制及定价决策。例如,如果管理者认为非增值成本的节约潜力可以消除降价的影响,为与竞争对手的价格相适应,降价就是可行的。

应该注意的是,由于非增值成本的计量与追踪需要利用作业产出计量,而减低非增值作业又会减少作业需求,因而减少作业产出计量。如企业目标是减少企业加工的独一无二的零件的数量,从而简化到货检验、编制材料账单、选择供应商等作业。如果这些作业的成本是按耗用零件数分配到产品中,就会形成减少单位产品零件数的激励机制。尽管这种行为在某种程度上是有利的,但也存在负面影响,因为过多地减少零件数可能影响产品的功能和销售。

为了防止这种负面影响,企业可以运用标准成本制度。首先,如果零件的数量是到货检验、编制材料账单和选择供应商等成本的动因,就可以求出单位作业动因的预计成本,也就是标准单价。其次,应确认每种产品零件的增值标准数量。这样增值成本就只是标准单价和标准数量的乘积($SP \times SQ$)。如前所述,非增值成本就是实际耗用零件数和实际产量下的标准零件数之差乘以标准单价之积$[(AQ-SQ) \times SP]$。

三、作业成本管理的具体运用

作业成本管理的任何措施都离不开作业基础成本法提供的成本信息,所以,作业成本计算法是作业成本管理的基础。作业成本管理过程中的不断改进作业、减低成本的理念贯穿于企业经营管理的全过程。

企业可运用作业成本管理的基本原理进行内部流程的持续改进、供应商的选择及顾客盈利能力分析等。

运用作业成本管理基本原理选择供应商时,供应商被定义为成本对象,与采购、质量、可靠性和到货准时性相关的成本全部被追溯到供应商。把供应商成本追溯到产品,而不是像传统成本计算法那样把它们平均分摊到所有的产品,根据得出的结果,管理者能够看到大量的、需由专业供应商来提供的独特配件对产品成本的影响,并与只需要标准配件的产品成本进行比较。如果产品设计者了解复杂程度较高的产品的成本,他在设计新产品时,就能更好地在功能和成本之间进行权衡。准确地将供应商成本追溯到产品,可以更好地把握产品的利润率,以使产品设计者能够在不同的产品设计中作出更好的选择。

【例11-4】 瑞安公司生产的家电产品需要采购 AX 和 BY 两种电子配件。采购经理拟从伟业公司和中兴公司中选择一家作为战略合作伙伴。过去几年的采购价格和数量如表 11-11 所示。

表 11-11 采购价格和数量表

项 目	伟 业 公 司		中 兴 公 司	
	AX	BY	AX	BY
单位采购价格(元)	10	26	12	28
采购数量(个)	40 000	20 000	5 000	5 000

从表 11-11 可以看出,与中兴公司相比,伟业公司的产品价格较低,因而瑞安公司向其采购的数量较多。然而,为了确保电子配件的可靠供应,还对相应的产品返工和产品赶工两个作业进行了考虑,返工和赶工成本及配件故障和误期到货的记录如表 11-12 和表 11-13 所示。产品返工是因为配件故障和流程故障。产品赶工则是由于配件到货误期或流程故障。配件故障和到货误期可归因于供应商,流程失误可归因于内部流程。用故障配件的数量作为动因分配可归因于配件故障的返工成本。用误期到货次数作为动因分配可归因于误期到货的赶工成本。

表 11-12 返工和赶工成本表

单位:元

作 业	配料错误/滞后交货	流程故障
产品返工	200 000	40 000
产品赶工	50 000	10 000

表 11-13 配件故障和误期到货

单位:个

项 目	伟 业 公 司		中 兴 公 司	
	AX	BY	AX	BY
配件故障数量	800	190	5	5
误期到货数量	30	20	0	0

从表 11-12 和表 11-13 提供的数据可以看出,由于供应商的 1 000 件配件故障,导致产品返工成本 200 000 元的发生;由于供应商的 50 件误期到货,导致产品赶工成本 50 000 元的发生。据此,可以计算相关的作业成本分配率:

返工作业成本分配率＝200 000/1 000＝200(元/件)

赶工作业成本分配率＝50 000/50＝1 000(元/次)

根据上述的作业成本分配率,可以计算单位配件的全面采购成本,如表 11-14 所示。

表 11-14　供应商成本计算

单位:元

项　　目	伟　业　公　司		中　兴　公　司	
	AX	BY	AX	BY
采购成本	400 000	520 000	60 000	140 000
产品返工	160 000	38 000	1 000	1 000
产品赶工	30 000	20 000	—	—
全面成本	590 000	578 000	61 000	141 000
数量	40 000	20 000	5 000	5 000
单位全面成本	14.75	28.90	12.20	28.20

表 11-14 的计算结果表明:当考虑内部返工作业和赶工作业的联系时,所谓的"低成本"供应商实际上成本更高。如果采购经理了解所有的成本数据,选择结果将变得很清楚:中兴公司是很好的供应商,因为它以更低的单位全面成本准时地提供更高质量的产品。

专栏 11-2

企业成本管理要重视作业成本法

随着企业自动化、智能化的程度越来越高,生产工人工资等直接成本所占比例大大减少,间接成本比例大幅度提高,如果还用传统成本核算方法,会导致信息失真的数额越来越大。作业成本法能提供较为准确的成本信息,从而帮助企业管理层作出正确的决策。

东风汽车的作业成本法应用就是一个很好的例子。他们以车架作业部为试点,先对生产工艺流程进行描述,然后将任务归集到作业,接下来,将上下游工序中的一些次要任务或作业合并,归集为一个作业中心。在每一个作业中心都有一个或多个同质成本动因,从中选择一个最具代表性的成本动因作为计算成本动因分配率的基础,最终计算出成本动因分配率和产品作业成本。东风汽车的作业成本法从试点到全面实施,解决了采用传统标准成本核算时成本信息失真严重、产品盈利能力尤其是成本分析不能及时准确核算的问题。

作业成本法引入价值链的理念,突破了标准成本制度模式,没有将成本控制停留在产品层次,而是以价值链思想为背景,强调成本动因分析,揭示了资源耗费、成本发生的前因后果,指明了深入到作业水平进行成本控制的途径,以作业为成本控制的核心,分析哪些是增值作业,哪些是非增值作业,减少作业耗费,以最大限度地降低产品成本。

例如,许继电气股份有限公司被誉为我国电力装备行业配套能力最强的企业,公司以产品作为成本计算对象,对于事业部的研发费用,先根据成本动因将其分配到研发项目上,再根据预期受益产品的产值比重,对研发项目的研发费用进行分配。作业成本法在许继电气的运用基本上达到了预期目标,即控制成本费用、提高企业管理效率,最终为股东创造出更大的价值。

(资料来源:中国管理会计网,2016年2月3日)

关键概念索引

作业成本法 作业成本计算法 作业成本管理 作业 作业链 价值链 成本动因 资源动因 作业动因 作业中心 作业分析 增值作业 非增值作业

复习思考题

1. 为什么说作业成本法既是一种成本计算方法又是一种管理工具?
2. 按照作业的受益对象,作业可分成哪几种?各自有什么特点?
3. 什么是成本动因?资源动因和作业动因有什么区别?
4. 简述作业成本计算法的核算程序。
5. 传统成本计算法和作业成本计算法的主要区别是什么?
6. 什么是作业成本管理?如何进行作业成本管理?
7. 如何运用作业成本管理工具进行企业内部流程的改进?
8. 如何运用作业成本管理工具开发和利用与供应商和顾客的联系?

练习题

一、单项选择题

1. 作业成本法中"作业"的意思是( )。

    A. 生产过程中的一道工序

    B. 为完成既定任务而进行的一项消耗资源的活动或工作

    C. 为完成任务的一系列工序

    D. 消耗资源的生产活动

2. 最常见的作业分类方法是( )。

A. 按作业的受益对象分类   B. 按作业的职能分类

C. 按作业是否增值分类   D. 按作业的执行方式分类

3. 作业成本管理的核心内容是( )。

A. 确立资源动因   B. 确立成本动因

C. 确立成本计算对象   D. 进行作业分析

4. 作业成本计算法与传统成本计算法的最大区别在于( )。

A. 计算方法更先进   B. 计算结果更准确

C. 更有利于企业展开管理   D. 引入了"作业"这一概念

5. 作业管理的最终目的在于( )。

A. 对作业进行管理   B. 将管理深入到作业层次

C. 给顾客带来更大的价值   D. 改进企业价值链

二、多项选择题

1. 作业成本法是( )。

A. 一种成本计算方法

B. 一种管理工具

C. 既是成本计算方法,也是一种管理工具

D. 现代成本管理方法之一

2. 按受益对象分类,可将作业分为( )。

A. 单位水平作业   B. 产品水平作业

C. 批量水平作业   D. 维持水平作业

3. 作业成本计算法和传统成本计算法的区别在于( )。

A. 前者比后者提供更精确的成本信息

B. 计算理论不同

C. 前者能提供更详细的成本信息

D. 两者适用的环境不同

4. 为了进行作业管理,通常将作业分为( )。

A. 增值作业   B. 主要作业   C. 次要作业   D. 非增值作业

5. 作业管理降低成本的方法有( )。

A. 作业消除   B. 作业选择   C. 作业减低   D. 作业分享

三、判断题

1. 作业成本法的产生是因为传统的成本计算法已经完全不适用了。( )

2. 作业成本计算法就是以"产品消耗作业,作业消耗资源"为基本核算原理的。( )

3. 采用作业成本法,作业分类越细越好。( )

4. 因为作业成本法提供的信息资料比传统成本法的详细,所以前者比后者好。( )

5. 作业成本计算法适用于间接成本比重较大且与传统的人工工时、机器工时等传统分配基础关系不大的新兴高科技企业。( )

四、业务题

习题一

1. 目的：比较传统成本计算方法与作业基础成本法。

2. 资料：盛大灯具公司生产品种齐全的各类优质灯具。其中,一车间生产古典型和现代型两种灯具。公司管理层最近决定从以产量为基础的传统成本系统转变为作业成本系统。在作出公司范围的变革之前,公司老总要求会计师估算一下该变革对一车间产品成本的影响。公司之所以选择这个车间,是因为它只生产两种灯具,而其他车间的产品品种都在18种以上。

为了估算变革给车间带来的影响,有关部门收集了有关的数据,如下表所示。

有关数据表

灯具	产量	主要成本	机器小时及成本	材料搬运次数及成本	调整次数及成本
古典型	400 000	8 000 000	100 000	225 000	80
现代型	100 000	1 500 000	25 000	200 000	50
金额(元)	—	9 500 000	500 000	850 000	650 000

注：主要成本为直接材料和直接人工成本之和。

在当前系统中,生产设备运行、材料处理和调整等成本都按机器小时分配到灯具中去。灯具按批生产和搬运。

3. 要求：

(1) 使用当前的产量基础法计算每种灯具的单位成本。

(2) 使用作业成本法计算每种灯具的单位成本。

习题二

1. 目的：进一步掌握作业基础成本法的特点。

2. 资料：汇丰公司生产四种产品,有关成本资料如下表所示。

汇丰公司四种产品成本资料表

产品 名 称		A产品	B产品	C产品	D产品	合 计
年产量(件)		100	50	100	50	
单位产品直接材料		5	4	10	5	
单位产品直接人工		2	2	5	1	
1. 材料处理	搬运次数	2	1	5	2	10
	金额(元)					5 000
2. 启动准备	准备次数	2	5	8	5	20
	金额(元)					3 000
3. 折旧费	机器小时	500	1 000	400	600	2 500
	金额(元)					50 000

产 品 名 称		A产品	B产品	C产品	D产品	合 计
4.动力费	机器小时	500	1 000	400	600	2 500
	金额(元)					2 500
5.质量检查	检验次数	10	15	10	5	40
	金额(元)					1 200
1—5项合计						61 700

3. 要求：

(1) 采用作业成本法计算各产品的总成本和单位成本。

(2) 采用传统成本计算方法计算各产品总成本和单位成本(制造费用按各产品机器小时比例分配)。

案例题

莫科公司位于墨尔本,是工程零件制造商,它是唯一生产这种零件的澳大利亚厂商,近年来受到海外制造商的激烈竞争。莫科公司是一个大集团公司的一部分,只有100多人,它的会计部门有6个人,包括一名财务主管,他的职责特定为把作业成本法导入企业。

该公司以前的成本核算系统是传统成本核算系统,其中,制造费用按照人工小时分配。莫科公司的客户广泛,产品系列很多,生产过程既有高度复杂的自动化生产,也有部分的手工生产。为了满足客户的特殊需求,订单都非常小,因此市场要求公司具有高度的柔性和快速反应能力。

尽管公司的边际利润在增长,但客户还是慢慢地流失。公司不清楚到底是哪一部分导致边际利润增长。只是他们很清楚,目前的会计系统存在不足。因为信息不足,高层无法据此作出诸如价格之类的正确决策。

他们从一个前高层经理那里了解到作业成本法,但他们自己没有关于作业成本法的任何经验,既不知道这个系统是如何运作的,也不知道该如何建立一个作业成本法系统,但是他们认为作业成本法是解决莫科公司目前面临问题的一个方案。后来,财务主管被指定为专门在莫科公司导入作业成本法的负责人。接受这项任务后,财务主管建立一个包括他自己、一个制造部门的工程师和一个成本会计师的项目组,在之后的三个月时间里,作业成本法项目小组与公司内部其他部门的人员进行了大量的非正式交流。工程师和财务主管都全职参与作业成本法项目实施工作,成本会计师大约把2/3的时间投入到这个项目上。

该小组为全企业建立了25个成本库,并用大量的时间就成本动因达成一致。一些认定的成本动因如下:

机床调试的频率(这包括编程数控机床);

制造订单数量(这是很多作业的驱动因素,包括从报价到送货的很多作业);

采购订单数量(这是采购部门工作量的主要驱动因素);

产品销售的商店数量;

检查的次数(很多地方需要抽样检查);

工作面积分配给过程和设备;

单个服务人员成本。

很多成本动因对于多个成本库是相同的,项目小组在成本分配上没有费多少时间。莫科公司实施作业成本法的软件系统是基于 PC 的,其中包含大量由财务主管建立的 Excel 表。购买软件只需要 1 000 美元,但需要做很多的基础工作来使软件适合公司的特殊需要;另外,收集和输入数据也很花时间。

作业成本法系统最初计划在 40—50 个产品上试运行,这些产品覆盖了公司产品的所有系列。当他们分析了产品的同质性后,品种数量降低到 25 个。老的成本核算系统仍旧在使用,主要是为了存货估价、差异分析、评估劳动生产率。

尽管实施作业成本法需要花费 12 个月时间,但公司获得的效益明显超过投入。简单地说,作业成本法带来的效益在于管理层可以使用更精确和更具有相关性的信息,作业成本法为管理层的商业决策提供了一个好的工具。

研讨问题:

1. 分析莫科公司的产品情况,说明该公司为什么适合使用作业成本法?

2. 根据莫科公司保留传统成本计算法的情况,思考传统成本计算法与作业成本法如何结合使用。

3. 观察莫科公司作业成本法的执行结果,分析这些结果都是通过作业成本计算法和作业成本管理的哪些途径实现的。

4. 思考作业成本法在推进过程中可能遇到的阻碍。

练习题及案例题参考答案

练习题

一、单项选择题

1. B　　　　2. A　　　　3. D　　　　4. D　　　　5. C

二、多项选择题

1. CD　　　2. ABCD　　3. ABCD　　4. AD　　　5. ABCD

三、判断题

1. ×　　　　2. √　　　　3. ×　　　　4. ×　　　　5. √

四、业务题

习题一

(1) 间接费用按机器小时分配

　　分配率＝16(元)

　　古典灯具的单位成本＝24(元)

　　现代灯具的单位成本＝19(元)

（2）机器费用分配率＝4（元）

材料搬运费用分配率＝2（元）

调整成本分配率＝5 000（元）

古典灯具的单位成本＝23.125（元）

现代灯具的单位成本＝22.5（元）

习题二

（1）A产品的总成本＝12 800（元）

单位成本＝128（元）

B产品的总成本＝23 000（元）

单位成本＝460（元）

C产品的总成本＝13 900（元）

单位成本＝139（元）

D产品的总成本＝14 950（元）

单位成本＝299（元）

（2）A产品的总成本＝13 040（元）

单位成本＝130.40（元）

B产品的总成本＝24 980（元）

单位成本＝499.60（元）

C产品的总成本＝11 372（元）

单位成本＝113.72（元）

D产品的总成本＝15 108（元）

单位成本＝302.16（元）

案例题

1. 莫科公司的客户广泛,产品系列很多,订单都非常小,市场要求公司具有高度的柔性和快速反应能力,这些情况都表明莫科公司更适合使用作业成本法。

2. 使用作业成本计算法对产品进行合理定价;采用传统成本计算法进行存货估价、差异分析和评估劳动生产率。

3. 主要还是在作业成本计算法所得到的准确、详细的成本资料上取得的;并且企业可以通过对作业进行分析,从而能对项目投资和生产决策作出更准确的判断。

4. 可能会面临缺乏有相关技能和知识的人员的问题。另外,无法在短时间内创造大的成效,可能会因领导层的不信任而遇到阻力。

第十二章
标准成本制度

📖 **【本章要点】**

● 标准成本制度的意义
● 标准成本制度的内容
● 标准成本的选择及其制定
● 标准成本差异分析的意义
● 标准成本差异的分析方法
● 标准成本差异的账务处理

标准成本制度产生于 20 世纪 20 年代的美国,是泰罗制与会计相结合的产物。第二次世界大战后,随着成本管理会计的发展,标准成本制度在成本预算的控制方面得到广泛的应用。与一般的成本计算方法不同,标准成本制度将日常核算与差异分析相结合,将成本控制与成本计算相结合。

第一节 标准成本制度及其作用

标准成本制度(standard cost system)是以事先确定的标准成本为基础,用标准成本与实际成本进行比较,核算和分析成本差异的一种产品成本计算方法,也是加强成本控制、评价经营业绩的一种成本控制制度。标准成本制度的核心是按标准成本记录和反映产品成本的形成过程和结果,并借以实现对成本的控制。标准成本制度是目标成本控制常用的方法。

标准成本制度的主要内容包括标准成本的制定、成本差异的计算和分析、成本差异的账务处理。其中,标准成本的制定是采用标准成本制度的前提和关键,据此可以达到成本事前控制的目的;成本差异计算和分析是标准成本制度的重点,借此可以促使成本控制目标的实现,并据以进行业绩考评。

标准成本制度主要有以下四个作用。

(1) 有利于企业的目标管理。标准成本制度是通过"标准"来控制成本的。通过实际成本与标准成本的比较,及时将其差异进行"信息反馈",从而使有关部门及时采取措施,控制成本,力求使实际费用支出不超过成本目标,达到降低产品成本的目的。

(2) 有助于责任会计制度的推行。采用标准成本制度,要将目标成本的各项指标分解到各个成本中心,作为企业考核和评价各个成本中心工作质量的主要指标。通过对企业各项成本费用的控制和反映,提高广大职工的成本意识,分清各成本中心责任,促使成本中心努力完成成本目标。

（3）有利于简化产品成本计算工作和及时提供成本资料。标准成本在实际生产之前即已编制就绪。在标准成本制度下，将标准成本和成本差异分别列示，当某一项产品完工时，只需对高于或低于标准的各项差异作出相应的处理，即可算出产品的实际成本。因此，在日常账务处理中，原材料、在产品和产成品等均可按标准成本入账，这就大大地简化了日常的账务处理工作。

（4）有利于作出产品定价决策。标准成本反映产品的预计或期望成本，因此标准成本作为定价依据，有助于企业制定长期、稳定的产品销售价格，从而有利于企业目标利润的实现。

由此可见，标准成本制度不仅是一种成本计算方法，而且是配合目标利润进行成本控制的一种制度。它要求在比较高的工作效率和比较良好的经营条件下，以预计应该发生的成本为基础，计算出标准成本，并根据产品的标准成本编制成本计划，进行日常控制。因此，标准成本制度是目标成本管理的一种手段，可以与任何一种产品成本计算的基本方法（如分批法和分步法）结合使用。

专栏 12—1

宝钢目标成本管理的实际应用（一）

2008 年，宝钢以"市场倒逼"为核心思想，推行基于标准成本的目标成本管控模式，根据市场形势和目标利润的要求，按月制定和下达目标成本，建立目标成本分解落实支撑体系，并通过成本标准的滚动修订，固化前期成本下降的成果，使公司的成本管控进入良性循环。

1. 专业管理部门协同，缩短成本管控周期

依托营销、采购、生产制造、设备、能源等专业管理优势，紧跟市场形势，按月制定和下达目标成本，解决了以往成本管理周期过长、与市场偏离较大、管控时效性差的弊病。首先，根据营销部门提供的销售价格预算和公司目标利润预测，采用倒算法确定公司预算期内的目标成本总额。其次，根据产量计划、原燃料使用计划、能源介质用量计划、检修计划，维修费用预算等一系列前提及成本标准的修订，编制公司的分工序、分产品的成本预算及公司总成本预算。最后，目标成本总额与成本预算的差额在生产厂、设备维护、管理服务、营销环节进行分配，使公司的月度成本预算水平满足目标成本的要求。

2. 目标成本管理与标准成本紧密结合，相互推动和促进

目标成本管理与标准成本管理有机结合，取两者之长，补两者之短，在目标成本制定环节，将市场可接受的成本水平与基于现有工艺、技术规范等真实成本需求的标准成本有机结合和综合平衡，使目标成本的制定相对科学、可操作性强。同时，前期目标成本落实过程中实现的生产技术经济指标提升、工艺改进和费用下降的成果在本期成本标准的修订中予以固化，实现了成本改善的良性循环；在目标成本分析和评价环节与标准成本管理相结合，目标成本管理的责任中心与标准成本制度下标准成本的制定、实际成本的收集和成本分析的责任归属相吻合，便于目标成本的归集、分析和评价，有效地提高了目标成本分析的深度和绩效评价的科学性。月度成本标准审定分析过程如下表所示。

××月××成本中心成本标准修订审定分析样表

序号	主要指标	上年实绩	上期实绩 （前三个月）	本月建议值	建议值与前期实绩差异	对总成本影响	差异分析
一	产量						
二	消耗类						
1	主要指标1						
2	主要指标2						
3	……						
三	费用类						
1	主要指标1						
2	主要指标2						
3	……						

（资料来源：总裁学习网，2012 年 12 月 31 日）

第二节 标准成本的制定

标准成本是用科学方法测定的成本，可以用作与实际成本进行比较的基础水准，它们是正常营业情况下所应达到的"目标成本"。换言之，标准成本是通过对未来情况进行分析，预计在正常生产技术水平、有效的经营条件和较高的工作效率下生产产品所需发生的成本。

标准成本一般有理想标准成本、基本标准成本和现实标准成本三种类型。

一、理想标准成本

理想标准成本（ideal standard cost）是根据最佳的生产水平和最优的经营状态下所能达到的标准来制定的标准成本。理想标准成本是根据最少的耗费量、最低的耗费价格和可能实现的最高生产能力利用程度等条件制定的。也就是说，它是根据资源无浪费、设备无故障、产出无废品、工时全有效的假设前提而制定的现有条件下最理想的最低的成本水平。但是，在现实经济生活中，这种标准成本往往难以实现，所以很少采用。

二、基本标准成本

基本标准成本（basic standard cost）是根据较长时期使用而不变更的标准所制定的标准成本。它是以实施标准成本的第一年度或选定某一基本年度的实际成本作为标准，用以衡量以后各年度的成本高低，据以观察成本升降的趋势。基本标准成本一经制定，以后若干年内不再变动。基本标准成本可以使各个阶段的成本在同一基础上进行比较，但它不能反映出目前应该达到的标准,不能发挥其在成本管理中的作用。所以,在实际工作中也很少采用。

三、现实标准成本

现实标准成本(practical standard cost)是根据现有的生产技术水平和正常的生产能力,以有效经营条件为基础而制定的标准成本。它考虑了材料的正常损耗、工人一定的间歇时间、机器的故障等因素,但要求经过努力达到尽可能的高效率。通过有效地经营管理和努力,现实标准成本易于达到,在成本管理中能调动职工降低产品成本的积极性。由于现实标准成本是一种切实可行的标准成本,因此在实际工作中常采用这种标准成本。

某种产品的各成本项目的标准成本之和即为该种产品的单位标准成本。单位标准成本一般汇总在标准成本单中,如表12-1所示。

表 12-1 标准成本单

产品:甲   2020 年 1 月 1 日制定

项 目	数 量	单价(率)	单位产品成本(元)
原材料			
A	2千克	50.00	100.00
B	1.5千克	40.00	60.00
C	2.5尺	6.00	15.00
D	0.50升	24.00	12.00
合计			187.00
人工			
金工车间	0.5小时	50.00	25.00
装配车间	1小时	45.00	45.00
合计			70.00
制造费用			
金工车间			
变动制造费用	0.5小时	30.00	15.00
固定制造费用	0.5小时	20.00	10.00
小计			25.00
装配车间			
变动制造费用	1小时	32.00	32.00
固定制造费用	1小时	20.00	20.00
小计			52.00
制造费用合计			77.00
单位标准成本总计			334.00

第三节　成本差异分析

标准成本制度下成本的过程控制是通过差异分析来进行的。产品的标准成本由各个成本项目组成,其差异也应该按各成本项目分别披露。如果实际成本超过标准成本,所形成的差异称为不利差异;如果实际成本低于标准成本,所形成的差异称为有利差异。

由于标准成本是根据标准用量和标准价格计算的,而实际成本是根据实际用量和实际价格计算的,成本差异总是由用量变动或价格变动所引起的,因此成本差异的一般模式可表述如图12-1所示。

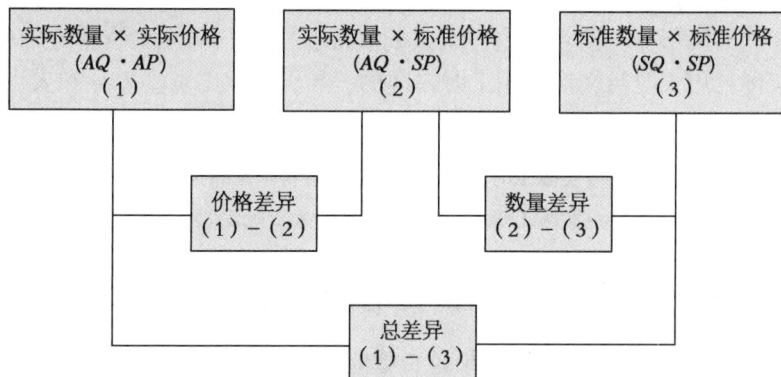

图 12-1 成本差异计算的一般模式

注:按上述模式计算时,其结果为正数时,表示发生了不利差异;其结果为负数时,表示发生了有利差异。

由于标准成本是分别按直接材料、直接人工和制造费用制定的,所以成本差异分析也应从这三个方面进行。

一、直接材料成本差异

直接材料成本差异是指产品直接材料的实际成本与标准成本之间的差异,它包括材料价格差异和材料用量差异两部分。前者由材料实际价格与标准价格不同引起;后者由材料实际耗用量与标准耗用量不同引起。材料价格差异和材料用量差异的计算公式如下:

$$材料价格差异 = (实际单价 \times 实际用量) - (标准单价 \times 实际用量)$$
$$= (实际单价 - 标准单价) \times 实际用量$$

$$材料用量差异 = (实际用量 \times 标准单价) - (标准用量 \times 标准单价)$$
$$= (实际用量 - 标准用量) \times 标准单价$$

计算结果是正数时为超支,计算结果是负数时为节约。

【例12-1】 某厂D产品的材料耗用定额为10千克,每千克的标准价格为10元。如果2020年5月投入生产完成D产品150台,实际消耗材料1 450千克,实际单价为11元。则材料用量差异和材料价格差异计算如下:

材料价格差异 = (1 450×11) - (1 450×10) = 1 450(元) (超支)

材料用量差异 = (1 450×10) - (150×10×10) = -500(元) (节约)

材料成本总差异 = 1 450×11 - 150×10×10 = 950(元) (超支)

影响材料用量差异的因素是多方面的,包括材料耗用中的浪费、节约和由于产品结构的变化、材料加工方法的改变、材料质量的改变及材料代用等原因所造成的超支、节约数,因此材料用量差异控制的重点是材料领用环节。影响材料价格差异的原因除了价格调整所造成者外,大多是由于采购工作的质量所造成的,如采购地点和数量是否恰当、运输方法和途径是否合理等,因此材料价格差异控制的重点是材料采购环节。

二、直接人工差异

直接人工差异是指生产工人工资的实际成本与标准成本之间的差额,它包括工资率差异和人工效率差异两部分。前者由生产工人的实际工资率与标准工资率之间的差异引起;后者由产品实际耗用工时与标准耗用工时之间的差异引起。工资率差异和人工效率差异的计算公式如下:

$$工资率差异=(实际工时×实际工资率)-(实际工时×标准工资率)$$
$$=(实际工资率-标准工资率)×实际工时$$

$$人工效率差异=(实际工时×标准工资率)-(标准工时×标准工资率)$$
$$=(实际工时-标准工时)×标准工资率$$

计算结果是正数时为超支,计算结果是负数时为节约。

【例12-2】 沿用【例12-1】的资料。如【例12-1】中D产品的直接人工标准工时为每台10小时,每小时的标准工资率为20元。实际共耗用1 550小时,实际工资率为18元。则人工效率差异和工资率差异计算如下:

$$工资率差异=(1\ 550×18)-(1\ 550×20)=-3\ 100(元) \quad (节约)$$
$$人工效率差异=(1\ 550×20)-(150×10×20)=1\ 000(元) \quad (超支)$$
$$人工成本总差异=1\ 550×18-150×10×20=-2\ 100(元) \quad (节约)$$

影响人工效率差异的原因有多方面,可能是工人个人方面的,也可能是管理当局计划不周造成的,如工厂流水线的安排、生产设备或控制标准的变动等。影响工资率差异的原因主要有生产人员的人数变动和非生产工时损失(如开会、停工待料时间等),由于实际工资率是实际总工资除以实际有效总工时求得,因此,在计件工资形式下,直接人工差异控制点主要是各种津贴和补加工资;在计时工资形式下,人工效率差异的控制点在每项加工任务完成时。工资率差异的控制点在职工的人数和劳动生产率等。

三、变动制造费用差异

变动制造费用是指与直接成本成正比例增减变动的制造费用。变动制造费用的标准经常用每生产活动单位的分配率来表示。变动制造费用差异包括变动制造费用耗用差异和变动制造费用效率差异两部分,前者是指变动制造费用实际分配率与标准分配率之间的差异,后者是指实际耗用工时与标准工时之间的差异。变动制造费用耗用差异和变动制造费用效率差异的计算公式如下:

$$\begin{aligned}\binom{变动制造费用}{耗用差异}&=\left(\begin{matrix}实际\\工时\end{matrix}×\begin{matrix}变动制造费用\\实际分配率\end{matrix}\right)-\left(\begin{matrix}实际\\工时\end{matrix}×\begin{matrix}变动制造费用\\标准分配率\end{matrix}\right)\\&=\left(\begin{matrix}变动制造费用\\实际分配率\end{matrix}-\begin{matrix}变动制造费用\\标准分配率\end{matrix}\right)×\begin{matrix}实际\\工时\end{matrix}\end{aligned}$$

$$\begin{aligned}\binom{变动制造费用}{效率差异}&=\left(\begin{matrix}实际\\工时\end{matrix}×\begin{matrix}变动制造费用\\标准分配率\end{matrix}\right)-\left(\begin{matrix}标准\\工时\end{matrix}×\begin{matrix}变动制造费用\\标准分配率\end{matrix}\right)\\&=\left(\begin{matrix}实际\\工时\end{matrix}-\begin{matrix}标准\\工时\end{matrix}\right)×\begin{matrix}变动制造费用\\标准分配率\end{matrix}\end{aligned}$$

计算结果是正数时为超支,计算结果是负数时为节约。

【例 12-3】 沿用【例 12-2】中的资料。如果 D 产品的标准工时为 10 小时,标准变动制造费用分配率为 5 元。实际耗用 1 550 小时,实际分配率为 4.50 元。那么,变动制造费用耗用差异和变动制造费用效率差异计算如下:

变动制造费用耗用差异=(1 550×4.50)-(1 550×5)=-775(元)　(节约)

变动制造费用效率差异=(1 550×5)-(150×10×5)=250(元)　(超支)

变动制造费用总差异=1 550×4.50-150×10×5=-525(元)　(节约)

由于标准变动制造费用是按照标准工时(或定额工时)分配的,因此如果人工成本发生效率差异,变动制造费用也相应地发生效率差异。变动制造费用的耗用差异是标准费用分配率与实际费用分配率之间的差异,它既受到这些费用耗用的节约或超支的影响,也受到非生产工时多少的影响。由于企业的生产类型不同,对变动制造费用控制点的选择也不尽相同,不能强求一致。

四、固定制造费用差异

固定制造费用是指在较长时期内在产量的相关范围内保持不变的费用。固定制造费用差异是实际固定制造费用与实际产量标准固定制造费用的差异。其计算公式为:

固定制造费用差异=实际固定制造费用-实际产量标准固定制造费用

$$=实际固定制造费用-实际产量×工时标准×\frac{标准费用}{分配率}$$

$$=实际固定制造费用-标准工时×\frac{固定制造费用}{标准分配率}$$

式中的固定制造费用差异是在实际产量基础上算出的。由于固定制造费用相对固定,一般不受产量的影响,因此产量变动会对单位产品成本中的固定制造费用发生影响:产量增加时,单位产品应负担的固定制造费用会减少;产量减少时,单位产品应负担的固定制造费用会增加。这就是说,实际产量与计划产量的差异会对产品应负担的固定制造费用发生影响。正因如此,固定制造费用差异的分析方法与其他费用差异的分析方法有所不同,通常有两种方法:一种是两差异分析法,另一种是三差异分析法。

(一) 两差异分析法

两差异分析法是将固定制造费用差异分为固定制造费用预算差异和固定制造费用产量差异两部分。前者是指固定制造费用实际发生数和预算数之间的差异;后者是指在固定制造费用预算不变的情况下,由实际产量和计划产量不同引起的差异。固定制造费用预算差异和固定制造费用产量差异的计算公式如下:

固定制造费用预算差异=固定制造费用实际数-固定制造费用预算

$$固定制造费用产量差异=固定制造费用预算-\left(标准工时×\frac{固定制造费用}{标准分配率}\right)$$

计算结果是正数时为超支,计算结果是负数时为节约。

【例 12-4】 沿用【例 12-2】中的资料。如果 D 产品的固定制造费用预算为 6 000 元,预算产量为 120 台,实际产量为 150 台,实际固定制造费用为 6 750 元。那么,固定制造费用产量差异和固定制造费用预算差异计算如下:

固定制造费用标准分配率＝6 000÷[120×10]＝5(元)

固定制造费用差异＝6 750－150×10×5＝－750(元) (节约)

其中:

固定制造费用预算差异＝6 750－6 000＝ 750(元) (超支)

固定制造费用产量差异＝6 000－(150×10×5)＝－1 500(元) (节约)

固定制造费用的预算差异同材料的价格差异、人工的工资率差异和变动制造费用的耗用差异相类似,由其实际分配率与预算数或预计数偏离引起,因此,这个差异常常被称为耗用差异。固定制造费用产量差异仅仅是为成本计算之用,并不意味着真正的节约或浪费。

两差异分析法比较简单,但其分析结果并没有反映和分析生产效率对固定制造费用差异的影响。在计算产量差异时,使用的都是标准工时,如果实际产量标准工时与计划产量标准工时一致,则产量差异为零。但是,实际产量的实际工时可能与其标准工时存在差异,而生产能力的实际利用情况更取决于实际工时而非标准工时。实际工时与标准工时之间的差异属于效率高低的问题。因此,固定制造费用差异分析更多地采用将产量差异划分为能力差异和效率差异的三差异分析法。

(二)三差异分析法

三差异分析法将固定制造费用差异分为固定制造费用预算差异、固定制造费用能力差异和固定制造费用效率差异三部分。其中,固定制造费用预算差异与两差异分析法相同;固定制造费用能力差异是指实际产量的实际工时脱离计划产量的标准工时而引起的生产能力利用程度差异而导致的成本差异;固定制造费用效率差异是指生产效率差异导致的实际工时脱离标准工时而产生的成本差异。固定制造费用预算差异、固定制造费用能力差异与固定制造费用效率差异的计算公式如下:

$$固定制造费用预算差异＝固定制造费用实际数－固定制造费用预算$$

$$\begin{matrix}固定制造费用\\能力差异\end{matrix}＝\left(\begin{matrix}计划产量\\标准工时\end{matrix}－\begin{matrix}实际产量\\实际工时\end{matrix}\right)×\begin{matrix}固定制造费用\\标准分配率\end{matrix}$$

$$\begin{matrix}固定制造费用\\效率差异\end{matrix}＝\left(\begin{matrix}实际产量\\实际工时\end{matrix}－\begin{matrix}实际产量\\标准工时\end{matrix}\right)×\begin{matrix}固定制造费用\\标准分配率\end{matrix}$$

计算结果是正数时为超支;计算结果是负数时为节约。

【例 12-5】 沿用【例 12-4】中的资料。已知固定制造费用标准分配率为 5 元,采用三差异分析法计算固定制造费用差异如下:

固定制造费用预算差异＝6 750－6 000＝750(元) (超支)

固定制造费用能力差异＝(120×10－1 550)×5＝－1 750(元) (节约)

固定制造费用效率差异＝(1 550－150×10)×5＝250(元) (超支)

三差异分析法的能力差异与效率差异之和等于两差异分析法的产量差异。采用三差异分析法,能够更好地说明生产能力利用程度和生产效率高低所导致的成本差异情况,并且有利于分清责任:能力差异的责任一般在管理部门,效率差异的责任则往往在生产部门。

上述成本差异计算完成后应进行汇总,先分别编制直接材料差异汇总表、直接人工差异汇总表、变动制造费用差异汇总表及固定制造费用差异汇总表,然后汇总成为成本差异汇总表,据以进行总分类核算。

按照计算出来的差异,要进行差异分析。差异分析一般限于重大差异。差异的重要性取决于差异的数额和差异出现的频率。与标准成本相比,差异的数额越大或者差异重复出现的次数越多,该差异就越重要。管理部门应采用"例外管理"的原则,即突出重要差异,略去微不足道的差异,通过分析那些特殊的差异,确定原因,从而作出对将来有影响的各种改进性的决定。通过差异分析,真正发挥成本控制的作用。

专栏 12-2

宝钢目标成本管理的实际应用(二)

以市场接受为底线的目标成本下达后,为确保目标成本的完成,各单位要分解、制定相应的成本改善措施和项目,不断挖掘成本改善的潜力点,将成本压力传递到企业价值链的各个环节。以此为出发点,宝钢建立了全员、全方位的目标成本落实体系,形成了纵向按产品形成过程、横向按管理职能两个维度协同的目标成本落实体系。首先,目标成本下达后,各厂部结合各自的生产组织特点,对目标进行层层分解,落实到作业区、班组和具体负责人,充分发挥基层员工的作用,实现了目标成本落实的纵向到底。炼钢厂纵向目标成本落实体系示例如下表所示。

其次,公司层面从直接支用成本的角度出发,对公司成本构成进行分析和梳理,针对需重点控制的费用和成本,确定了覆盖原料采购、生产制造、设备维护、能源成本、期间费用等环节的成本改善项目,并构建了公司分管领导挂帅、职能部门总体策划、责任单位组织推进相结合的成本改善体系。横向目标成本的落实有效地支撑了纵向各产品目标成本的实现,实现了目标成本落实的横向到边。

经过两年多的目标成本管理推进,宝钢在经营机制转变、可控成本下降、关键技术经济指标提升、经营业绩提高及全员成本意识提高等方面取得了显著的效果。

1. 促进经营机制的转变和管理流程的优化

目标成本管理的实施,使公司认识到必须建立以市场和用户为导向的经营管理机制,认真审视并切实转变与公司发展不相适应的观念、习惯和行为,进一步优化经营机制和管理流程。公司通过管理机构变革,对重叠管理职能进行合并,减少管理层级,降低协调成本和管理成本,大大地提高了市场的响应速度。

2. 可控成本费用同比大幅下降,关键技术经济指标不断刷新

2009 年,宝钢的铁水成本在国内主要钢铁企业中排名由 2007 年的第 6 名上升至第 2 名;107 项关键技术经济指标中有 39 项刷新历史最高水平,刷新率为 36％;宝钢股份公司实现利润72.62亿元,完成年度预算目标的 121％,利润总额在国内钢铁同行中排名第一,实现了年初制定的"行业领先"目标。

炼钢厂目标成本落实过程

序号	厂部目标成本（一级）	厂部级项目（二级）	分厂支撑项目（三级）	负责人	作业区项目（四级）	负责人
1	还铸坯目标成本	降低钢铁料消耗	降低钢铁料消耗	×××	提高炉产量	×××
2					提高主原料模型使用率	×××
3					提高机渣量小于7吨保持率	×××
4					提高钢水收得率	×××
5					减少转炉平均渣量	×××
6			降低钢铁料吨钢成本	×××	提高渣钢渣铁使用量	×××
7					减少小废钢耗量	×××
8		降低辅料消耗	降低炉前辅料消耗	×××	降低石灰和轻烧单耗	×××
9					降低脱磷剂单耗	×××
10			降低精炼辅料消耗	×××	降低探头消耗	×××
11					降低LF炉铝渣消耗	×××
12					降低LF电极消耗	×××
13					降低精炼耐材消耗	×××
14			降低机物消耗	×××	降低各工序机物料消耗	×××
15		降低合金消耗成本	优化合金使用，提高合金替代使用量	×××	提高高合金废钢使用量	×××
16					提高高锰、硅锰、铝硅锰用量	×××
17			提高操作水平，优化合金加入方式	×××	精确控制钢种成分	×××
18					提高特炉停吹残锰收得率	×××
19					钢包加入钼铁	×××

3. 促进全员成本改善意识的提高和节约文化的养成

目标成本落实过程中的纵向和横向协同支撑体系的建立，将目标成本倒逼到班组和个人，通过目标的层层分解，将成本压力传递到每个员工，极大地调动了广大员工立足岗位自主、自发地开展成本改善的积极性，员工的成本改善意识大大提高，公司内部的一种"成本节约"习惯和文化逐步形成。

（资料来源：总裁学习网，2012年12月31日）

第四节　标准成本制度的运用

在标准成本制度下，在产品、产成品和销售成本的结转一般都按标准成本进行，对成本差异则单独设立账户加以反映。期末，产品实际成本的计算是通过各项差异的分配摊销来进行的。标准成本差异的转销一般有以下三种方法。

（1）每月的成本差异按标准成本的比例在销售成本、产成品和在产品之间分摊。

（2）每月将成本差异全部结转到销售成本中去，在利润表上作为销售成本的调整数或作为其他收益或其他费用处理。

（3）成本差异累积到年终时，按比例分摊到销售成本、产成品和在产品成本，或全部结转到销售成本中去。

在成本差异不大的情况下，由于超支、节约所造成的原因早已反馈给管理当局，因此在核算上一般可采用简便的方法，即将成本差异累积到年终再结转到销售成本中去。这样处理不仅手续简便，而且还可以分清各年的责任。

为了分别反映标准成本和各项成本的差异，在标准成本制度下，除了要设置"生产成本"等成本核算账户用以反映产品的标准成本外，还需设置有关的成本差异账户，用以反映产品实际成本脱离标准成本的差异数额。成本差异账户必须按上述披露的各项差异分别设置明细账，用以分别核算各项差异。

综上所述，在标准成本制度下，产品实际成本可按下列程序计算：

（1）按产品类别、车间类别编制产品标准成本；

（2）按产品类别、车间类别设置产品成本明细账，并按标准成本登记；

（3）根据上月成本明细账，填入月初在产品成本；

（4）编制费用分配表，分别反映其标准成本和实际成本，分析各种差异；

（5）根据费用分配率，将标准成本记入成本明细账，计算并结转完工产品的标准成本；

（6）设置有关差异账户，将所计算的差异记入各该账户，通过差异的分配结转计算出产品的实际成本。

下面举例说明标准成本制度下成本差异的账务处理。

【例12-6】 三星公司生产甲产品，2020年6月初在产品100件，完工程度0，本月投产600件，完工600件，期末在产品100件，完工程度50%。假定材料是一次投入的，采用约当产量比例法（先进先出法）划分完工产品与月末在产品成本。其标准成本资料及6月份发生的实际费用如表12-2和表12-3所示。

表 12-2 标准成本单

产品：甲　　　　　　　　　计划产量：580件　　　　　　　　　单位：元

项　目	数　量	单价（率）	单位产品成本
直接材料 A材料 B材料	10千克 20千克	12 8	120 160
小　计			280
直接人工	60小时	3	180
制造费用 变　动 固　定	60小时 60小时	0.7 0.8	42 48
小　计			90
合　计			550

表12-3 生产费用表

单位：元

成本项目	实际耗用	实际单价	金 额
直接材料 A材料 B材料	5 800 千克 12 500 千克	11 9	63 800 112 500
直接人工	38 500 小时	3.2	123 200
制造费用 变 动 固 定	38 500 小时 38 500 小时	0.65 0.84	25 025 32 340

根据上述资料，首先计算甲产品的约当产量：

原材料＝500＋100＝600(件)

工费＝100＋500＋100×50％＝650(件)

然后，进行如下的账务处理。

(1) 分析各种差异。

① 材料成本差异分析。

A材料：

实际用量×实际单价　　　　　实际用量×标准单价　　　　　标准用量×标准单价
5 800×11＝63 800　　　　　5 800×12＝69 600　　　　　600×10×12＝72 000

材料价格差异-5 800（节约）　　　材料数量差异-2 400（节约）

B材料：

实际用量×实际单价　　　　　实际用量×标准单价　　　　　标准用量×标准单价
12 500×9＝112 500　　　　12 500×8＝100 000　　　　600×20×8＝96 000

材料价格差异12 500（超支）　　　材料数量差异4 000（超支）

② 人工成本差异分析。

实际工时×实际工资率　　　　　实际工时×标准工资率　　　　　标准工时×标准工资率
38 500×3.2＝123 200　　　　38 500×3＝115 500　　　　650×60×3＝117 000

工资率差异7 700(超支)　　　人工效率差异-1 500（节约）

③ 变动制造费用差异分析。

实际　实际变动制造　　　　　实际　标准变动制造　　　　　标准　标准变动制造
工时×费用分配率　　　　　工时×费用分配率　　　　　工时×费用分配率
38 500×0.65＝25 025　　　38 500×0.7＝26 950　　　650×60×0.7＝27 300

变动制造费用耗费　　　　　变动制造费用效率
差异-1 925（节约）　　　　差异-350（节约）

④ 固定制造费用差异分析。

实际固定 制造费用 32 340	固定制造 费用预算 580×60×0.8=27 840	实际产量 标准固定制造 实际工时 × 费用分配率 38 500×0.8=30 800	实际产量 标准固定制造 标准工时 × 费用分配率 650×60×0.8=31 200
	固定制造费用预算 差异4 500（超支）	固定制造费用能力 差异−2 960（节约）	固定制造费用 效率差异−400（节约）

（2）设置甲产品成本明细账（见表12-4），将月初在产品成本和本月发生的费用以标准成本记入明细账，计算并结转完工产品的标准成本。

表12-4 产品成本明细账

产品：甲产品　　　　　　　　　　　　2020年6月　　　　　　　　　　　　单位：元

项　目	直接材料	直接人工	变动制造费用	固定制造费用	合　计
月初在产品成本	28 000				28 000
本月费用	168 000	117 000	27 300	31 200	343 500
费用合计	196 000	117 000	27 300	31 200	371 000
完工产品成本	168 000	108 000	25 200	28 800	330 000
月末在产品成本	28 000	9 000	2 100	2 400	41 500

（3）根据以上成本差异分析结果编制成本差异汇总表（见表12-5）。

表12-5 成本差异汇总表

2020年6月　　　　　　　　　　　　单位：元

项　目	节　约	超　支	总差异
直接材料： 　数量差异 　价格差异		1 600 6 700	8 300（超支）
直接人工： 　效率差异 　工资率差异	1 500	7 700	6 200（超支）
变动制造费用： 　效率差异 　耗用差异	350 1 925		2 275（节约）
固定制造费用： 　预算差异 　能力差异 　效率差异	2 960 400	4 500	1 140（超支）
合　计	7 135	20 500	13 365（超支）

（4）假定甲产品600件全部销售，且全部差异到年终由销售产品成本负担。根据有关实际费用分配表(略)和差异汇总表编制会计分录。

① 借：生产成本——直接材料   168 000

     直接材料用量差异   1 600

     直接材料价格差异   6 700

     贷：原材料   176 300

② 借：生产成本——直接人工   117 000

     直接人工工资率差异   7 700

     贷：应付职工薪酬   123 200

        直接人工效率差异   1 500

③ 借：生产成本——变动制造费用   27 300

     贷：制造费用——变动制造费用   25 025

        变动制造费用耗用差异   1 925

        变动制造费用效率差异   350

④ 借：生产成本——固定制造费用   31 200

     固定制造费用预算差异   4 500

     贷：制造费用——固定制造费用   32 340

        固定制造费用能力差异   2 960

        固定制造费用效率差异   400

⑤ 借：库存商品   330 000

     贷：生产成本   330 000

⑥ 借：主营业务成本   343 365

     直接人工效率差异   1 500

     变动制造费用效率差异   350

     变动制造费用耗用差异   1 925

     固定制造费用能力差异   2 960

     固定制造费用效率差异   400

     贷：库存商品   330 000

        直接材料用量差异   1 600

        直接材料价格差异   6 700

        直接人工工资率差异   7 700

        固定制造费用预算差异   4 500

关键概念索引

标准成本制度 标准成本 理想标准成本 基本标准成本 现实标准成本 有利差异 不利差异 例外管理 材料价格差异 材料用量差异 工资率差异 人工效率差异 变动制造费用耗用差异 变动制造费用效率差异 两差异分析法 三差异分析法 固定制造费

用预算差异　固定制造费用产量差异　固定制造费用能力差异　固定制造费用效率差异

复习思考题

1. 什么是标准成本制度？标准成本制度有何作用？
2. 在标准成本制度下，成本差异有哪几种？
3. 如何分析直接材料成本差异？
4. 如何分析直接人工差异？
5. 如何分析变动制造费用差异？
6. 如何进行固定制造费用差异分析？
7. 在标准成本制度下，如何计算产品的实际成本？
8. 标准成本制度的账务处理有什么特点？

练习题

一、单项选择题

1. 在成本管理工作中能充分发挥其应有的积极作用，因而在实际工作中得到最广泛应
   用的标准成本是（　　）。
   A. 基本的标准成本
   B. 理想的标准成本
   C. 现实的标准成本
   D. 历史的标准成本

2. 在标准成本差异分析中，材料价格差异是根据实际数量与价格脱离标准的差额计算
   的，其中的实际数量是指材料的（　　）。
   A. 采购数量　　　　　B. 入库数量　　　　　C. 领用数量　　　　　D. 耗用数量

3. 变动制造费用的价格差异即为（　　）。
   A. 效率差异　　　　　B. 耗费差异　　　　　C. 预算差异　　　　　D. 能力差异

4. 如果所制定的标准成本符合企业的实际情况，在成本差异不大的情况下，（　　）。
   A. 每月的成本差异按标准成本的比例在销售成本、产成品和在产品之间分摊
   B. 每月将成本差异全部结转到销售成本中去
   C. 成本差异累积到年终时，按比例分摊到销售成本、产成品和在产品成本
   D. 成本差异累积到年终时，全部结转到销售成本中去

5. 固定制造费用通常是根据事先编制的（　　）来控制其费用总额的。
   A. 固定预算　　　　　B. 弹性预算　　　　　C. 零基预算　　　　　D. 滚动预算

二、多项选择题

1. 标准成本制度的主要内容包括（　　）。
   A. 标准成本的制定
   B. 成本差异的计算
   C. 成本差异的分析
   D. 成本差异的账务处理

2. 标准成本制度的主要作用有( )。

    A. 有利于企业的目标管理   B. 有助于责任会计制度的推行

    C. 有利于及时提供成本资料   D. 有利于作出产品定价决策

3. 影响材料实际价格变动的因素很多,除了国家及供应单位调整价格外,还包括( )等因素。

    A. 采购数量   B. 运输方式

    C. 可利用的数量折扣   D. 紧急订货

4. 下列成本差异中,通常不属于生产部门责任的是( )。

    A. 直接材料价格差异   B. 直接人工工资率差异

    C. 直接人工效率差异   D. 变动制造费用效率差异

5. 固定制造费用的三差异分析法是将固定制造费用差异分为( )三部分。

    A. 固定制造费用预算差异   B. 固定制造费用能力差异

    C. 固定制造费用产量差异   D. 固定制造费用效率差异

三、判断题

1. 成本差异分析是采用标准成本制度的前提和关键。( )

2. 标准成本制度不仅是一种成本计算方法,更是目标成本管理的一种手段。( )

3. 材料数量差异控制的重点是材料采购环节。( )

4. 固定制造费用能力差异的责任一般在管理部门,效率差异的责任则往往在生产部门。( )

5. 在标准成本制度下,除了要设置"生产成本"等成本核算账户用以反映产品的标准成本外,还需设置有关的成本差异账户,用以反映产品实际成本脱离标准成本的差异数额。( )

四、业务题

习题一

1. 目的:练习各项差异的计算。

2. 资料:某产品的计划产量为400件,其有关资料如下:

(1) 标准成本:

直接材料(30 千克×1)	30 元
直接人工(5 小时×2)	10 元
变动制造费用(5 小时×3)	15 元
固定制造费用(4 000 元)	10 元
单位成本	65 元

(2) 实际产量为480件,实际成本如下:

直接材料(17 280×1.2)	20 736 元
直接人工(2 160×2.5)	5 400 元
变动制造费用(2 160×2.8)	6 048 元
固定制造费用	3 600 元
总成本	35 784 元

3. 要求：计算各项成本差异。

习题二

1. 目的：熟悉各种差异的计算。

2. 资料：某企业生产甲产品,采用标准成本制度。有关资料如下：

(1) 甲产品的标准成本如下：

直接材料(50 千克,单价 0.20 元)	10.00 元
直接人工(3 小时,单价 6.00 元)	18.00 元
变动制造费用(3 小时,单价 1.00 元)	3.00 元
固定制造费用(3 小时,单价 0.50 元)	1.50 元
单位产品标准成本	32.50 元

(2) 制造费用预算如下：

固定制造费用总额	700 元
变动制造费用分配率	1 元/小时
正常生产能力	1 400 直接人工小时

(3) 实际生产资料如下：

购进材料 25 000 千克,单价 0.21 元;耗用材料 19 000 千克;直接人工工资 6 490 元(1 100 小时,单价 5.90 元);变动制造费用 1 300 元;固定制造费用 710 元;甲产品生产量 400 件。

3. 要求：分析有关的成本差异。

案例题

某公司生产一种电子产品,原先采用分步法计算产品成本,现考虑采用标准成本法计算产品成本。2020 年 4 月,公司财务经理想对采用实际成本法编制的利润表与采用标准成本法编制的利润表进行比较。

该产品的标准单位成本如下：

原材料 (4 千克,单价 1 元)	4 元
直接人工(2 小时,单价 3 元)	6 元
制造费用(3.4 元/单位)	3.4 元
	13.4 元

其他资料如下：

正常月生产量	70 000 单位
正常生产量下制造费用预算额	238 000 元/月

其中：固定制造费用为 175 000 元。

变动制造费用的动因为机器小时,每单位产品需要 1.5 机器小时。

4 月 1 日,公司分类账上有关资料如下：

原材料	45 000 元(45 000 千克,单价 1 元)
产成品	82 350 元(6 100 单位,单价 13.5 元)
其他资产	667 000 元

应付账款	94 350 元
实收资本	100 000 元
留存收益	600 000 元

4 月份发生如下经济业务：

(1) 赊购原材料 360 000 千克，单价 1.1 元。

(2) 生产领用原材料 350 000 千克。

(3) 发生直接人工 165 000 小时，单位小时工资为 3.05 元，应付工资为 503 250 元。

(4) 发生 116 000 机器小时。

(5) 制造费用实际发生额为：固定制造费用 177 250 元，变动制造费用 70 500 元。

(6) 本期生产 80 000 单位产品。

(7) 本期赊销 60 000 单位产品，赊销额为 1 020 000 元。

(8) 本期收回应收账款 950 000 元。

(9) 本期支付应付账款 400 000 元。

在实际成本法下，该公司存货计价采用后进先出法。4 月份无期初和期末在产品。

研讨问题：

1. 分别编制实际成本法与标准成本法下的利润表和资产负债表。

2. 解释两张表的差异。

3. 你认为哪种方法比较好？为什么？

练习题及案例题参考答案

练习题

一、单项选择题

1. C   2. D   3. B   4. D   5. A

二、多项选择题

1. ABCD   2. ABCD   3. ABCD   4. AB   5. ABD

三、判断题

1. ×   2. √   3. ×   4. √   5. √

四、业务题

习题一

产品成本总差异＝35 784－480×65＝4 584(元)   (超支)

(1) 原材料成本总差异＝6 336(元)   (超支)

    其中：

        材料用量差异＝2 880(元)   (超支)

        材料价格差异＝3 456(元)   (超支)

(2) 工资成本总差异＝600(元)   (超支)

    其中：

        人工效率差异＝－480(元)   (节约)

工资率差异＝1 080(元)　　　　　　　　　　　　　　　　　(超支)

(3) 变动制造费用总差异＝－1 152(元)　　　　　　　　　　　　(节约)

其中：

变动制造费用效率差异＝－720(元)　　　　　　　　　　　(节约)

变动制造费用耗用差异＝－432(元)　　　　　　　　　　　(节约)

(4) 固定制造费用总差异＝－1 200(元)　　　　　　　　　　　　(节约)

其中：

固定制造费用效率差异＝－480(元)　　　　　　　　　　　(节约)

固定制造费用预算差异＝－400(元)　　　　　　　　　　　(节约)

固定制造费用能力差异＝－320(元)　　　　　　　　　　　(节约)

习题二

(1) 直接材料成本差异：

材料用量差异＝－200(元)　　　　　　　　　　　　　　　(节约)

材料价格差异＝190(元)　　　　　　　　　　　　　　　　(超支)

直接材料成本总差异＝－200＋190＝－10(元)　　　　　　(节约)

(2) 直接人工成本差异：

人工效率差异＝－600(元)　　　　　　　　　　　　　　　(节约)

工资率差异＝－110(元)　　　　　　　　　　　　　　　　(节约)

直接人工成本总差异＝－600＋(－110)＝－710(元)　　　(节约)

(3) 变动制造费用差异：

变动制造费用效率差异＝－100(元)　　　　　　　　　　　(节约)

变动制造费用耗用差异＝200(元)　　　　　　　　　　　　(超支)

变动制造费用总差异＝100(元)　　　　　　　　　　　　　(超支)

(4) 固定制造费用差异：

固定制造费用效率差异＝－50 (元)　　　　　　　　　　　(节约)

固定制造费用预算差异＝10(元)　　　　　　　　　　　　　(超支)

固定制造费用能力差异＝150(元)　　　　　　　　　　　　(超支)

固定制造费用总差异＝－50＋10＋150＝110(元)　　　　　(超支)

案例题

1.　　　　　　　　　　　　　　**实际成本法下的利润表**

2020 年 4 月　　　　　　　　　　　　　　　　　　　　　　单位：元

主营业务收入		1 020 000
主营业务成本		
期初存货	82 350	
加：本月生产	1 136 000	
减：期末存货	366 350	852 000
毛利		168 000

实际成本法下的资产负债表

2020 年 4 月 30 日　　　　　　　　　　　　　　　单位：元

原材料	56 000	应付账款	593 600
产成品	366 350	实收资本	100 000
其他资产	1 039 250	留存收益	768 000
合计	1 461 600	合计	1 461 600

标准成本法下的利润表

2020 年 4 月　　　　　　　　　　　　　　　单位：元

主营业务收入		1 020 000
主营业务成本		
期初存货	81 740	
加：本月生产	1 072 000	
减：期末存货	349 740	804 000
毛利		216 000
加：变动制造费用效率差异	2 400(F)	
固定制造费用产量差异	25 000(F)	27 400
减：材料数量差异	30 000(U)	
材料价格差异	35 000 (U)	
人工效率差异	15 000(U)	
工资率差异	8 250 (U)	
变动制造费用耗费差异	900(U)	
固定制造费用预算差异	2 250(U)	(91 400)
		152 000

标准成本法下的资产负债表

2020 年 4 月 30 日　　　　　　　　　　　　　　　单位：元

原材料	56 000*	应付账款	593 600
产成品	349 740	实收资本	100 000
其他资产	1 039 250	留存收益	750 390**
合计	1 444 990	合计	1 444 990

＊ 该金额包括 1 000 元未摊销到产品成本中去的材料价格差异。

＊＊ 因为期初产成品采用计划成本计价，期初留存收益也需要调整。

2. 在实际成本法下，该公司的利润为 168 000 元；在标准成本计算法下，该公司的利润为 152 000 元，两者相差 16 000 元，其原因是因为本期产生的差异全部在本期利润表中扣除。

3. 标准成本法比较好，有利于揭示和分析各项差异。

第十三章 预算管理

📖 **【本章要点】**

- 预算管理的意义
- 预算的分类
- 全面预算的编制原理
- 全面预算的编制方法
- 预算管理的几种方法

　　任何一个企业,不论其规模大小,其可使用的人力、物力和财力等资源总是有一定限度的。一般来说,企业的全部资源主要是用来满足生产经营的需要,从而实现目标利润。为了以较少的经济资源取得尽可能大的经济效益,提高企业的竞争能力,实现企业的战略目标,就必须事先编制预算。正如一位观察家所说的那样:"很少有企业计划去失败,而许多失败的企业都是因为没有计划。"在企业的计划和控制中,预算是使用得最为广泛的工具之一。预算管理就像建筑师为建设大厦而设计的蓝图一样,它有利于计划和协调各种活动,为实现目标制定对策,为考核业绩制定各种标准。预算管理促使管理者们着眼未来,前瞻性的视野能让管理者们更好地发掘机会,也能使他们预见问题并采取措施消除或减缓经营中的不利局面。

第一节　预算概述

　　编制预算是经营战略战术中一个十分重要的部分。战略是一个广义的术语,通常被用来表示总体目标的选择。战术是为达到战略目标的总体手段。战略分析是编制长期计划和短期计划的基础,而这些计划又可用于编制预算。可见,战略、计划和预算都是相互关联、相互影响的。

一、预算的意义

　　预算(budget)是用货币形式来表示的企业经营计划,是具体化的企业经营目标。企业可以通过编制预算制定一个能够协调企业内部各部门工作的全面计划,以控制企业的经营活动,分析和考核企业内部各个责任部门的工作业绩,保证经营目标的实现。利用预算来控制未来的行动和业绩,就是预算控制。

　　在企业的计划和控制中,预算是使用得最为广泛的工具之一。调查表明,全球许多地区的大中型公司几乎都采用了预算制度。预算制度促使管理者着眼未来,前瞻性的视野有助

261

于管理者更好地发掘机会。

预算的作用有以下四个方面。

1. 明确目标

预算就是为整个企业和多个职能部门在计划期间的工作分别制定目标,它不仅有助于企业全体职工更好地了解整个企业的经营目标,而且有助于企业全体职工了解自己在实现企业整体经营目标中的地位、作用和责任,从而充分发挥主观能动性,想方设法地为完成经营目标而努力。

2. 协调工作

预算围绕着企业的经营目标,把整个企业各方面的工作严密地组织起来。由于预算是从基层开始,自下而上地逐级综合,经过上下反复磋商而制定的,因此这种预算能调动广大职工的积极性,使企业内部各部门、各环节齐心协力,相互协调,从而使企业成为一个为完成其经营目标而顺利运行的有机整体。

3. 全面控制

预算的全面控制作用主要体现在事前控制、事中控制和事后控制三个方面。预算的事前控制主要是控制预算单位的业务范围和规模,以及可用资金的限额。由于企业预算的资金是有一定限度的,因此预算可促使企业合理安排资金,使有限的资金发挥充分的作用。预算的事中控制主要是按预算确定的目标对预算的收入和支出进行监督,保证预算的执行。预算的事后控制主要是进行预算和实际执行结果的比较,分析差异产生的原因,以便及时采取有效措施,消除薄弱环节,保证预定目标更好地完成。

4. 评价业绩

预算是评价企业生产经营活动多个方面工作成果的基本尺度。一个良好的预算既能促使管理人员以计划检验业务,从而发现一些平时注意不到的无效劳动,又能提醒管理人员新机遇可能产生的收入、成本和利润。在实际经营过程中,把实际与预算进行比较,可以避免因技术、人员、产品、竞争、经济形势等各项因素的日益变化使现在与过去的业绩之间缺乏可比性的缺陷,从而不仅可以加强企业内部管理,而且可以较合理地考核各部门或有关人员的工作成绩。

二、预算的分类

(一) 长期预算和短期预算

预算按其适用的时间长短,可分为长期预算和短期预算。

1. 长期预算

长期预算主要是指预算期在一年以上的预算,一般为长期投资方面的预算,如固定资产购置的预算,厂房改建、新建的预算,长期资金收支预算,长期科研经费预算等。由于长期预算是一种规划性质的预算,且金额较大,影响期较长,因此长期预算编制的好坏,将影响到一个企业的长期战略目标是否能够实现,影响到企业今后若干年的经济效益。

2. 短期预算

短期预算是指预算期在一定时期内(一般不超过一年或一个经营周期)的预算,一般是指全面预算,主要包括业务方面的预算和财务方面的预算。前者如销售预算,生产预算,采购预算和费用、成本预算;后者如现金收支预算、结算款项预算和财务报表预算等。与战略性长期预算不同,短期预算是一种执行性预算,是结合长期战略目标,根据目前的实际情况和短期经营目标所作的预算,因此要求数据尽可能具体化,以便于控制和执行。

(二) 业务预算、财务预算和专门决策预算

预算按其具体内容的不同,可分为业务预算、财务预算和专门决策预算。

1. 业务预算

业务预算是指企业在计划期间日常发生的具有实质性的基本活动的预算,一般为短期预算。业务预算主要包括销售预算、生产预算、直接材料预算、直接人工预算、制造费用预算、期末产成品存货预算、销售费用及管理费用预算等。

2. 财务预算

财务预算是指企业在计划期内关于现金收支、经营成果和财务状况的预算。各种业务预算和专门预算最终大都可以反映在财务预算中,因此财务预算就成为各项经营业务和专门决策的整体计划。财务预算主要包括现金预算、预计利润表和预计资产负债表等。

3. 专门决策预算

专门决策预算是指针对企业重大决策所编制的预算,如购建固定资产预算、改建扩建预算等。与在日常业务基础上编制的业务预算和财务预算不同,专门决策预算所涉及的不是经常预测和决策事项,一般为长期或不定期编制的预算,其针对性较强。专门决策预算又可分为资本支出预算和一次性专门业务预算。资本支出预算是根据经过审核批准的各个长期投资决策所编制的预算。一次性专门预算是指财务部门在日常理财活动中为提高资金的使用效果而进行的筹措资金和投放资金等财务决策的预算。由于专门决策预算的具体情况各不相同,因而没有统一的格式和内容,可按需要自行设计。

三、预算编制的行为因素

预算编制的行为因素的一个内在的主题就是道德。由于预算经常被用来判断管理者的实际业绩,因此预算在业绩评价、加薪、晋升等方面的重要性导致不道德行为产生的可能性。管理者可能会采取的所有关于预算的逆向选择行为都会有不道德的方面。例如,为了使预算目标更容易实现,管理人员故意低估销售、高估成本,这就是一种不道德行为。创造一种预算激励机制,阻止不道德行为,这是公司的责任。避免采取不道德行为,这是管理者的责任。

一个理想的预算体系应该是：既具有完全的目标协调性，又驱动管理者以道德的方式努力实现公司的目标。尽管理想的预算体系可能不存在，但是可以采取积极的行为促使管理者与公司的目标一致。这些积极的行为包括经常的业绩反馈、货币和非货币激励、员工参与、现实标准、成本可控性和多重业绩评估指标等。

1. 经常的业绩反馈

经常的业绩反馈能够使管理者了解他们的努力是否成功，也使他们有时间和机会采取正确的措施，并在必要时调整和修改计划。

2. 货币和非货币激励

激励是一种鼓励员工努力工作以实现公司目标的方式。激励可能是消极的，也可能是积极的。消极的激励通过利用人们害怕惩罚的心理来进行激励，积极的激励则使用奖励。

3. 参与性预算编制

参与性预算编制允许下级管理人员对预算的编制提出各种意见和建议，而不是把预算强加给下级。通过编制参与性预算，可向下级管理人员传达一种责任感，并培养他们的创新能力。

由于下级管理人员亲自参与编制这些预算，所以预算的目标更有可能变成管理人员个人的目标，这就导致更大程度上的目标协调性。因此，参与性预算编制应注意三个潜在的问题。

(1) 标准过高或过低。当管理者被允许参与编制预算时，预算目标倾向于变成管理者个人的目标，如果在编制预算的过程中出现这种错误，很可能会降低业绩水平。解决这个问题的方法就是，使管理人员处在一个积极参与的环境中，建立较高且又能达到的一系列目标。

(2) 松弛预算。当一个管理者故意地低估收入或高估成本时，就产生了松弛预算。低估收入或高估成本中的任何一种手段都提高了管理者完成预算的可能性，并因此降低了他面临的风险。高层管理者应仔细检查下级管理人员提出的预算，以降低松弛预算带来的负面影响。

(3) 虚假参与。高层管理者只得到下级管理人员对预算编制的形式上的参与，而实际上他们并没有真正地提供编制预算所需的信息。因此，没有得到任何参与性预算标准行为带来的好处。

4. 现实标准

预算目标常用来评估业绩。相应地，它们应该是以现实条件和预期作为制定的基础。预算应该反映如业务量水平、季节性变动、效率和总体经济走势等一系列生产经营的现实情况。

5. 成本可控性

可控性是指某个管理人员对收入、成本或者其他项目施加影响的程度。可控成本就是在一定期限内主要受某一责任中心的某一管理者影响的成本。在评价管理人员的经营业绩时，应该对可控成本与不可控成本加以区分。

6. 多重业绩评估指标

将预算作为进行管理业绩评估的唯一标准是公司经常犯的错误。财务业绩指标固然很重要，但过于强调人员的经营业绩反而又可能达不到预期的目标。因此，在评估管理人员经营业绩时，还应考虑如生产率、质量、个人发展等长期性的指标。

专栏 13-1

中美企业全面预算管理的差距

中美两国企业的全面预算管理的差距，主要体现在管理体制、企业文化、信息化手段等方面。

首先，由于管理体制不同，美国企业的预算目标是"单一化"的，即股东权益的增值，表现形式有 EVA（经济增加值）、EPS（每股收益）、股票价格等。国内企业的预算目标则是"多元化"的，包括规模、利润、保值增值、绩效评价以及其他一些非经济指标。其中，规模、利润等指标难以反映企业财务状况全貌，片面地追求单一指标可能损害企业整体财务状况和长远经济利益。保值增值、效绩评价虽然与单一指标相比更加科学，但由于缺乏资本市场的依托和验证，也不能给股东带来最直接的利益。一些与企业经营无关的非经济指标与股东权益最大化存在矛盾，这在美国预算管理中是不曾考虑和涉及的问题。预算目标的多元化与目标之间的内在矛盾势必在某种程度上造成预算目标混乱，使预算失去方向。

其次，同样是由于管理体制原因，国内企业集团公司下达的预算目标往往与资源分配不挂钩，而美国企业的预算目标是企业资源分配的主要依据。这就造成集团企业在制定预算目标时偏于保守，而美国企业为争取获得更多的资源，在制定预算目标时态度积极，往往能够提出先进的预算目标。

第三，预算管理作为企业的一种内部控制手段，需要有企业文化的支撑才能取得理想效果，美国大企业一般都非常注意对企业文化的培植，在此基础之上推行预算管理等新的内部控制思想。

第四，ERP 系统，特别是财务集中管理系统，是实现预算管理尤其是预算执行监控的有效和必要手段。缺少集团财务集中管理系统，将对集团公司预算编制、执行监控、分析考核等管理环节中大量信息和数据的收集分析造成影响，信息的及时性和完整性无法保证。美国大企业在 ERP 系统的规划和建设上有很多成功经验值得我们学习和借鉴。

（资料来源：中国管理会计网，2016 年 5 月 4 日）

第二节　全面预算的编制原理

全面预算又称总预算（master budget），是企业未来计划和目标等方面的总称，是指以本企业的经营目标为出发点，通过对市场需求的研究和预测，以销售为主导，进而延伸到生产、成本和资金收支等方面,最后编制预计财务报表的一种预算体系。全面预算主要用来规划计划期间企业的全部经济活动及其成果。全面预算的内容一般包括业务预算、财务预算和专门决策预算三大部分。其中,业务预算具体包括销售预算、生产预算、直接材料预算、直接人工预算、制造费用预算、期末产成品存货预算、销售与管理费用预算等;财务预算具体包括现金预算、预计利润表和预计资产负债表等;专门决策预算具体包括资本支出预算和一次性专门业务预算等。

专门决策预算的内容将在长期投资决策中进行讨论,本节主要探讨业务预算和财务预算的编制方法。

一、销售预算

只要商品经济存在,任何企业都必须遵循以销定产的原则,因此销售预算是编制全面预算的起点,生产、材料采购、存货和费用方面的预算都是以销售预算为基础的。如果销售预算编制不当,全面预算就会变得毫无价值。

由于销售预算是编制全面预算的关键,因此编制销售预算前必须进行科学的销售预测,根据预计销售量和预计销售单价计算出计划期的销售收入。预计销售收入的计算公式如下:

$$预计销售收入=预计销售量×预计销售单价$$

销售预算一般分别列示全年和各季度的预计销售量和销售收入。为了方便现金预算的编制,还应根据产品销售的收款条件编制预计现金收入计算表,其中包括前期应收账款的收回以及本期销售收入的实际收到数。

二、生产预算

生产预算是根据销售预算编制的。编制生产预算的关键是确定计划期的生产量。只有确定了一定的生产量,才能进一步预算其成本和费用。为了避免存货过多而导致资金的积压、浪费或存货不足而影响销售计划的正常执行,从而影响企业经营目标的实现,生产预算的编制应以预计销售量和预计产成品存货为基础。因此,预计生产量可根据预计销售量和期初、期末的预计产成品存货确定,其计算公式如下:

$$预计生产量=预计销售量+预计期末产成品存货-预计期初产成品存货$$

三、直接材料预算

直接材料预算是以生产预算为基础编制的,用以预计企业在计划期间需要采购直接材料的数量和采购成本。为了避免直接材料的供应不足或超储积压,应根据生产需要量与预计采购量之间的关系编制直接材料预算。预计直接材料采购量的计算公式如下:

$$预计直接材料采购量=预计直接材料耗用量+预计期末库存材料存货-预计期初库存材料存货$$

其中: $$预计直接材料耗用量=预计生产量×单位产品材料耗用量$$

为了便于现金预算的编制,在直接材料预算中,还应根据直接材料的付款情况编制预计现金支出计算表,其中包括上期采购的材料将于本期支付的现金和本期采购的材料中应由本期支付的现金。

四、直接人工预算

直接人工预算也是以生产预算为基础编制的。根据生产预算中预计的生产量和单位产品工时定额确定的直接人工小时，即可计算出预计的直接人工小时，然后再乘上小时工资率，就可得到预计的直接人工成本。如果生产中直接人工工种不止一种，应先按工种分别计算直接人工成本，然后进行汇总。预计直接人工成本的计算公式如下：

$$预计直接人工成本＝预计生产量×\sum（小时工资率×单位产品工时定额）$$

五、制造费用预算

制造费用预算是指除直接材料和直接人工以外的其他生产费用的预算。由于在制造费用中，有些费用（如间接材料费用、间接人工费用等）基本上随产量成正比例变动，另一些费用（如折旧费、修理费、水电费等）则在一定时期内基本保持不变。因此，在编制制造费用预算时，需将制造费用按其成本性态划分为变动制造费用和固定制造费用两部分。预计变动制造费用根据预计生产量和预计的变动制造费用分配率确定；预计固定制造费用可在上期的基础上根据预期变动的幅度加以适当修正进行预计，或采用零基预算的方法进行预计。

为了便于现金预算的编制，在制造费用预算中，通常包括费用方面预期的现金支出。因此，可在制造费用预算总额中扣除非现金支付的费用（如折旧费等），从而求得以现金支付的制造费用数额。预计制造费用的计算公式如下：

$$预计制造费用合计＝预计直接人工小时×预计变动制造费用分配率＋预计固定制造费用$$

$$预计需用现金支付的制造费用＝预计制造费用合计－非现金支付的制造费用$$

为了适应企业内部管理的需要，采用变动成本法时，只将变动制造费用计入产品成本，固定制造费用则作为期间费用直接计入当期损益。

六、期末产成品存货预算

编制期末产成品存货预算是为了综合反映预算期内单位产品的预计生产成本，同时也为正确计量预计利润表中的产成品销售成本和预计资产负债表中的期末存货项目提供数据。

由于期末存货的计价方法很多，因此，在编制期末存货预算前，应先确定存货的单位成本，然后根据存货的单位成本和预计期末存货数量就可计算出预计期末存货成本。预计期末存货成本的计算公式如下：

$$预计期末存货成本＝预计期末存货数量×预计存货单位成本$$

采用变动成本法计算产品成本时，单位产品成本只包括直接材料、直接人工和变动制造费用，固定制造费用则作为期间费用直接计入当期损益。

七、销售与管理费用预算

销售与管理费用预算包括预算期内将发生的除制造费用以外的各项费用，也称营业费用预算。与制造费用预算相同，销售与管理费用预算也应根据费用的成本性态编制。如果各费用项目的数额较大，销售费用与管理费用可以分别编制预算。

八、现金预算

现金预算(cash budget)是关于预算期内企业现金流转状况的预算。这里所说的现金,是指企业的库存现金和银行存款等货币资金。现金预算是企业现金管理的重要工具,它有助于企业事先对其日常的现金需要进行有计划的安排,通过合理地调度资金,提高资金的使用效率。

现金预算一般有现金收入、现金支出、现金多余或不足,以及资金的筹集和运用四个部分组成。

(1) 现金收入。现金收入包括期初的现金余额和预算期的现金收入。产品销售收入是企业取得现金收入的主要来源。

(2) 现金支出。现金支出包括预算期预计发生的各项现金支出,除上述材料、工资及各项费用等方面预计的支出外,还包括上缴的税金、支付的股利以及专门决策预算中属于预算期的现金支出等。

(3) 现金多余或不足。现金收支相抵后的余额如为正数,说明收大于支,现金有多余,除可用于偿还债务之外,还可用于短期投资;现金收支相抵后的余额如为负数,说明支出大于收入,现金不足,需设法筹集资金。

(4) 资金的筹集和运用。资金筹集和运用提供预算期内预计对外筹措的资金,以及有关利息支出的详细资料。

现金收入、现金支出、现金多余或不足,以及资金的筹集和运用的基本关系可表示如下:

$$
\begin{array}{rl}
 & \text{期初现金余额} \\
+ & \text{现金收入} \\
\hline
 & \text{预算期可用现金合计} \\
- & \text{现金支出} \\
\hline
 & \text{现金多余(不足)} \\
+ & \text{资金的筹集(运用)} \\
\hline
 & \text{期末现金余额}
\end{array}
$$

九、预计利润表

在前述各项经营预算的基础上,根据一般会计原则,即可编制预计利润表。预计利润表是整个预算过程中的一个重要计划之一,它可以揭示企业预算期的盈利情况,从而有助于企业及时地调整经营战略。

十、预计资产负债表

预计资产负债表反映预算期末预计的财务状况。为了对比分析,可将有关资产、负债及所有者权益项目的期初实际数与期末预计数一同列示。预计资产负债表可以为企业管理当局提供会计期末预期财务状况信息,从而有助于管理当局预测未来期间的经营状况,并采取适当的预防性措施。

全面预算的组成部分是相互联系的,它们之间的关系如图 13-1 所示。

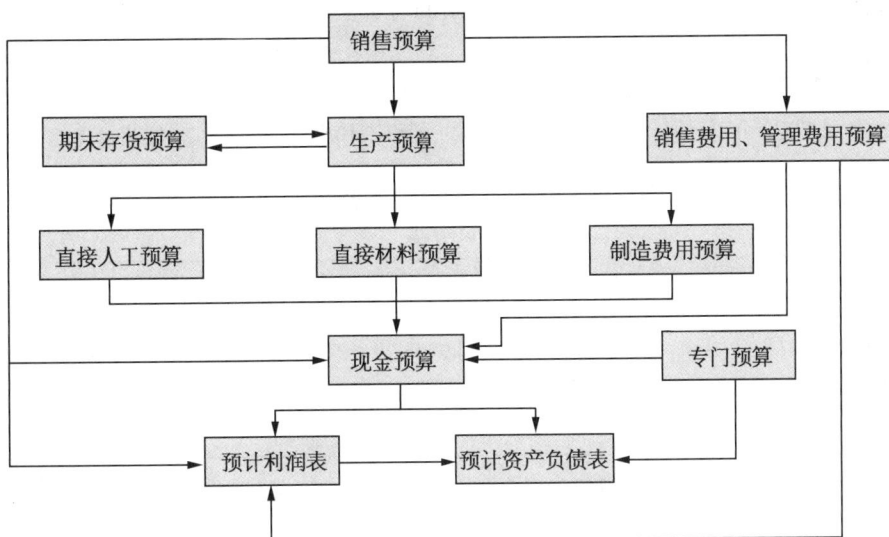

图 13-1　全面预算体系图

从图 13-1 可以看出，销售预算直接关系到并决定着生产预算、现金收入预算和预计利润表上的金额。生产预算向直接材料预算、直接人工预算、制造费用预算、现金支出预算以及预计资产负债表和预计利润表提供资料。

第三节　编制全面预算例释

【例 13-1】　东海公司生产和销售甲产品，采用变动成本计算法计算产品成本，其 2020 年年末（基年）的资产负债表如表 13-1 所示。

表 13-1　东海公司资产负债表

2020 年 12 月 31 日　　　　　　　　　　　　　　　　　单位：元

资　产		负　债	
流动资产：		流动负债：	
现金	8 100	应付账款	10 000
应收账款	20 000		
材料（1 400 千克）	1 400		
产成品（400 件）	10 000		
流动资产小计	39 500	流动负债小计	10 000
固定资产：		股东权益：	
固定资产原值	280 000	股本	250 000
减：累计折旧	19 500	留存收益	40 000
固定资产小计	260 500	股东权益小计	290 000
资产总计	300 000	负债及股东权益总计	300 000

现根据东海公司基年资产负债表和预算期的有关事项,编制东海公司的全面预算。

一、销售预算

东海公司 2021 年度预计销售数量、销售单价和销售收入的预算数如表 13-2 所示。

表 13-2 销 售 预 算

2021 年度
单位:元

项　目	第一季度	第二季度	第三季度	第四季度	合　计
预计销售数量(件)	2 000	6 000	8 000	4 000	20 000
单位售价	50	50	50	50	50
预计销售收入	100 000	300 000	400 000	200 000	1 000 000

假设根据预测,每季度销售收入的 60% 于当季以现金收讫,40% 于下一季度收到。编制预计现金收入计算表如表 13-3 所示。

表 13-3 预计现金收入计算表

2021 年度
单位:元

项　目	第一季度	第二季度	第三季度	第四季度	合　计
期初应收账款	20 000				20 000
第一季度销售收入	60 000	40 000			100 000
第二季度销售收入		180 000	120 000		300 000
第三季度销售收入			240 000	160 000	400 000
第四季度销售收入				120 000	120 000
现金收入合计	80 000	220 000	360 000	280 000	940 000

二、生产预算

东海公司预计每季末的产成品存货占下一季度销售量的 20%,年末预计产成品存货为 600 件,各季预计的期初产成品存货即为上季末预计的期末存货,该企业没有在产品存货。根据销售预算中的资料,结合期初和期末的存货水平,编制 2021 年度以数量表现的生产预算如表 13-4 所示。

表 13-4 生 产 预 算

2021 年度
单位:件

项　目	第一季度	第二季度	第三季度	第四季度	合　计
预计销售量	2 000	6 000	8 000	4 000	20 000
加:预计期末存货量	1 200	1 600	800	600	600
预计需要量合计	3 200	7 600	8 800	4 600	20 600
减:期初存货量	400	1 200	1 600	800	400
预计生产量	2 800	6 400	7 200	3 800	20 200

三、直接材料预算

甲产品的材料消耗定额为 5 千克,每千克的单价为 1 元。预计每季末的材料存货占下一季度生产需用量的 10%,年末预计的材料存货为 1 500 千克,各季预计的期初存货即为上季末预计的期末存货。根据表 13-4 的预计生产量,可编制直接材料预算如表 13-5 所示。

表 13-5 直接材料预算

数量单位:千克
金额单位:元

2021 年度

项　目	第一季度	第二季度	第三季度	第四季度	合　计
预计生产量	2 800	6 400	7 200	3 800	20 200
单位产品材料消耗定额	5	5	5	5	5
预计生产需要量	14 000	32 000	36 000	19 000	101 000
加:预计期末材料存货	3 200	3 600	1 900	1 500	1 500
合计	17 200	35 600	37 900	20 500	102 500
减:预计期初材料存货	1 400	3 200	3 600	1 900	1 400
预计材料采购量	15 800	32 400	34 300	18 600	101 100
单价	1	1	1	1	1
预计材料采购成本	15 800	32 400	34 300	18 600	101 100

假设根据预测,每季度的购料款当季支付 50%,其余的在下季度支付。编制预计现金支出计算表如表 13-6 所示。

表 13-6 预计现金支出计算表

2021 年度

单位:元

项　目	第一季度	第二季度	第三季度	第四季度	合　计
期初应付账款	10 000				10 000
第一季度购料款	7 900	7 900			15 800
第二季度购料款		16 200	16 200		32 400
第三季度购料款			17 150	17 150	34 300
第四季度购料款				9 300	9 300
现金支出合计	17 900	24 100	33 350	26 450	101 800

四、直接人工预算

甲产品的工时定额为 2 小时,预计每小时的直接人工成本为 6 元。根据表 13-4 的预计生产量,可编制直接人工预算如表 13-7 所示。

表 13-7 直接人工预算

2021 年度

单位:元

项　目	第一季度	第二季度	第三季度	第四季度	合　计
预计生产量	2 800	6 400	7 200	3 800	20 200
单位产品工时定额	2	2	2	2	2

续表

项 目	第一季度	第二季度	第三季度	第四季度	合 计
预计直接人工小时总数	5 600	12 800	14 400	7 600	40 400
小时工资率	6	6	6	6	6
预计直接人工成本总额	33 600	76 800	86 400	45 600	242 400

假定所有的工资均于当季度发放。

五、制造费用预算

东海公司制造费用中的变动部分按计划年度所需的直接人工小时总数进行规划,预计每小时的变动制造费用分配率为4元;固定制造费用预计每季均为15 000元,预计折旧每季均为3 000元。据此,可编制制造费用预算如表13-8所示。

表13-8 制造费用预算

2021年度 单位:元

项 目	第一季度	第二季度	第三季度	第四季度	合 计
预计直接人工小时	5 600	12 800	14 400	7 600	40 400
变动制造费用分配率	4	4	4	4	4
预计变动制造费用	22 400	51 200	57 600	30 400	161 600
预计固定制造费用	15 000	15 000	15 000	15 000	60 000
预计制造费用合计	37 400	66 200	72 600	45 400	221 600
减:折旧	3 000	3 000	3 000	3 000	12 000
预计需用现金支付的制造费用	34 400	63 200	69 600	42 400	209 600

预计固定制造费用分配率=60 000÷40 400≈1.49。
假定需用现金支付的制造费用均于发生当季支付。

六、期末产成品存货预算

东海公司采用变动成本计算法计算损益,所以产成品和年末库存产成品存货只负担变动成本。根据前述有关资料,可编制东海公司2021年度期末产成品存货预算如表13-9所示。

表13-9 期末产成品存货预算

2021年度 单位:元

成本项目	单耗数量	单 价	单位成本
直接材料	5千克	1	5
直接人工	2小时	6	12
变动制造费用	2小时	4	8
单位变动生产成本*			25

续表

成本项目	单耗数量	单　价	单位成本
期末产成品存货预算	期末产成品存货数量 单位变动生产成本 期末产成品存货成本		600 件 25 15 000

注：＊若该企业采用完全成本计算法计算损益，则其单位生产成本应增加固定制造费用 1.49×2＝2.98元，即完全成本计算法下产成品的单位成本为 27.98 元。

七、销售及管理费用预算

东海公司预计单位产品的变动销售费用与管理费用共为 6 元，根据计划期间的具体情况，编制销售与管理费用预算如表 13-10 所示。

表 13-10　销售与管理费用预算

2021 年度　　　　　　　　　　　　　　　　　　　　　　　　　　单位：元

项　　目	第一季度	第二季度	第三季度	第四季度	合　计
预计销售量(件)	2 000	6 000	8 000	4 000	20 000
单位产品变动销售与管理费用	6	6	6	6	6
预计变动销售与管理费用	12 000	36 000	48 000	24 000	120 000
预计固定销售与管理费用					
广告费	8 000	8 000	8 000	8 000	32 000
保险费	8 500	—	—	15 000	23 500
管理人员工资	9 200	9 200	9 200	9 200	36 800
财产税			4 500		4 500
租金	2 600				2 600
小计	28 300	17 200	21 700	32 200	99 400
预计销售与管理费用合计	40 300	53 200	69 700	56 200	219 400

假定每季发生的费用均在期初支付。

八、现金预算

东海公司 2021 年度现金预算的编制除需要前述生产经营全面预算各组成部分的资料外，还需要以下各项资料。

（1）预计全年所得税为 40 000 元，每季度各分担 25％。

（2）预计第一季度购买机器设备 50 000 元，第四季度购买机器设备 40 000 元。款项于购买当季支付。

（3）预计年末需支付现金股利 30 000 元。

（4）预计每季末应保持现金余额 8 000 元。若资金不足，根据企业与银行的协议，企业每季初都可按 6％的年利率向银行借款；若资金有多余，每季末偿还。借款利息于偿还本金时一起支付。

根据上述资料,可编制东海公司 2021 年度现金预算如表 13-11 所示。

表 13-11 现 金 预 算

2021 年度 单位:元

项 目	第一季度	第二季度	第三季度	第四季度	合 计
期初现金余额	8 100	8 000	8 000	8 035	8 100
加:现金收入					
销售收入款(表 13-3)	80 000	220 000	360 000	280 000	940 000
合计	88 100	228 000	368 000	288 035	948 100
减:现金支出					
直接材料(表 13-6)	17 900	24 100	33 350	26 450	101 800
直接人工(表 13-7)	33 600	76 800	86 400	45 600	242 400
制造费用(表 13-8)	34 400	63 200	69 600	42 400	209 600
销售及管理费用(表 13-10)	40 300	53 200	69 700	56 200	219 400
所得税	10 000	10 000	10 000	10 000	40 000
股利				30 000	30 000
机器设备	50 000			40 000	90 000
合计	186 200	227 300	269 050	250 650	933 200
现金多余(或不足)	(98 100)	700	98 950	37 385	14 900
筹资与运用					
借款	106 100	7 300			113 400
偿还借款			(87 000)	(26 400)	(113 400)
利息			(3 915)*	(1 474.5)**	(5 389.5)
合计	106 100	7 300	(90 915)	(27 874.5)	(5 389.5)
期末现金余额	8 000	8 000	8 035	9 510.5	9 510.5

注:* 87 000×6‰×3/4=3 915;
　　** (106 100-87 000)×6‰+7 300×6‰×3/4=1 474.5。

九、预计利润表

根据以上有关资料,可编制东海公司 2021 年度的预计利润表如表 13-12 所示。

表 13-12 预计利润表

2021 年度 单位:元

销售收入(表 13-2)		1 000 000
变动成本:		
制造成本(表 13-9)	500 000	
销售与管理费用(表 13-10)	120 000	620 000
边际贡献		380 000
固定成本:		
固定制造费用(表 13-8)	60 000	
固定销售与管理费用(表 13-10)	99 400	159 400

续表

营业利润	220 600
减：利息支出	5 389.5
税前净利	215 210.5
减：所得税	40 000
净利润	175 210.5

十、预计资产负债表

东海公司在期初资产负债表（表 13-1）的基础上，结合前述各预算表中有关业务，可编制预计资产负债表如表 13-13 所示。

表 13-13 预计资产负债表

2021 年 12 月 31 日 单位：元

资　　产			负　　债		
流动资产：			流动负债：		
现金	9 510.5	(a)	应付账款	9 300	(g)
应收账款	80 000	(b)			
材料	1 500	(c)			
产成品	15 000	(d)			
流动资产小计	106 010.5		流动负债小计	9 300	
固定资产：			股东权益：		
固定资产原价	370 000	(e)	股本	250 000	
减：累计折旧	31 500	(f)	留存收益	185 210.5	(h)
固定资产小计	338 500		股东权益小计	435 210.5	
资产总计	444 510.5		负债及股东权益总计	444 510.5	

注：(a) 见表 13-11；(b) 由表 13-3 计算而得；(c) 见表 13-5；(d) 见表 13-9；(e) 年初数 280 000 元加上预计购置设备 90 000 元；(f) 年初数 19 500 元加上预计全年折旧额 12 000 元；(g) 由表 13-6 计算而得；(h) 年初留存收益 40 000 元加上预计税后利润 175 210.5 元，再减去预计支付的股利 30 000 元。

专栏 13-2

当弹性预算遇上可持续发展

作为全球最大的烈酒生产公司之一，Bacardi Limited 是一个由家族拥有的私人企业，总部设在百慕大的汉密尔顿（美国总部位于佛罗里达州的 CoralGables）；员工总数近 6 000 人；在四大洲 16 个国家拥有 27 家生产厂。同时，它也是饮料行业环保圆桌会议（BIER）的活跃会员。BIER 是由全球领先的饮料公司和供应商组建的一个联盟，主要致力于资源保护、节能和减缓气候变迁。

2009 年，Bacardi Limited 成为业内唯一一家旗下所有生产厂均通过 ISO9001、ISO14001 和 OHSAS18001 认证的大型烈酒公司。2009 年 9 月，该公司推出一个全球平台,并以此为基础在质量、环境影响、健康和安全方面制定了宏伟的运营目标。这一平台旨在以相同的价值观、战略和统一的工作方式联系并整合全球所有员工。Bacardi Limited 的价值观在于信任、激情、关爱和卓越。在平台基础上,环境、健康和安全目标通过关键绩效指标(KPI)的使用融入每个生产基地的运营中。Bacardi Limited 从 2008 财年就开始发布《企业责任报告》,2011 年的报告采用全球报告倡议组织第三代框架标准,并自称其已达到 B 级要求。

Barcardi Limited 一直高度关注非财务绩效指标,这类指标的重要性正在日益提高。例如,IMA 曾在一份题为《责任的演化——会计师的可持续性报告》的管理会计声明(SMA)中提出这样一个问题:"如何针对企业'三重底线'(译者注:即企业盈利、社会责任、环境责任)的非财务绩效设计有效的评估体系,是当前管理会计师将要面临的最大挑战之一。"但是,企业需要新的决策工具以分析其可持续性绩效及相关影响。Bacardi Limited 的领导层就要求其全球环境、健康与安全总监 Stephen Harvey 针对每个可持续性 KPI 制定一种效率指标。

2009 年,Harvey 成功设计了一套创新的指标系统,并开始将其应用于用水、耗能和温室气体排放三大环保领域。该指标系统应用作业弹性预算法的原则,以物理数量而非金额为基础计算各可持续性 KPI 的改进指数(效率指标),从而推动公司可持续性活动的发展。这种创新方法改变了 Bacardi Limited 对可持续发展重要目标完成进度的评估方法,为管理控制和对外财务报告提供了一种全新的最佳实践。

Bacardi Limited 的新方法可计算效率标准或 KPI,因此计算结果不会因为产品结构变化而被扭曲。此外,这些指标还可以跨生产线加总,以反映全公司的效率改进(总体绩效指数或 API)情况,它们同样不会受到产品结构变化的影响。Bacardi Limited 在公司内部将效率标准用于决策支持、规划和控制。各可持续性 KPI(温室气体排放、能耗和用水)的总体绩效指数与公司可持续性绩效的绝对指标一同反映在公司的《企业责任报告》中。

(资料来源:IMA,2013 年 12 月 3 日)

第四节　预算管理的方法

预算管理的方法有弹性预算、零基预算、滚动预算和概率预算等。

一、从固定预算到弹性预算

固定预算(fixed budget)也称静态预算(static budget),是根据未来固定不变的业务水平,不考虑预算期内生产经营活动可能发生的变动而编制的一种预算。上一节所讨论的全面预算均以预算期内正常的可能实现的某一经营业务水平为基础编制的,所以都是固定预算。

当企业的实际业务量水平与预期业务量水平完全一致时,以固定预算对企业进行考核是比较合理的。然而,由于市场形势的变化或季节性的原因,往往会使实际的业务量水平起伏不定,如果企业的实际执行结果与预期业务活动水平相距甚远,仍以固定预算进行业绩评价和考核显然缺乏可比基础,因而难以发挥预算控制的作用。

【例 13-2】　大众公司预计在 2020 年正常生产销售 A 产品 5 000 件,单位售价为 300元,单位变动成本构成如下:

直接材料　　　　　　　　　　100 元

直接人工　　　　　　　　　　30 元

变动制造费用　　　　　　　　5 元

预计年固定制造费用为 80 000 元。如果该企业实际生产销售 A 产品 6 000 件,实际总成本为 900 000 元,其中,直接材料 597 000 元,直接人工 168 000 元,变动制造费用 28 800 元,固定制造费用 106 200 元。则 A 产品制造成本的实际数与固定预算比较如表 13-14 所示。

表 13-14　实际与预算对比表

2020 年度　　　　　　　　　　　　　　　　　　　　　　　　　　　　　单位:元

成本项目	实际数（6 000 件）	预算数（5 000 件）	差　异
直接材料	597 000	500 000	+97 000
直接人工	168 000	150 000	+18 000
变动制造费用	28 800	25 000	+3 800
固定制造费用	106 200	80 000	+26 200
合计	900 000	755 000	+145 000

从表 13-14 的对比结果可以看出,如果将实际费用直接与固定预算相比,由于没有按产量进行调整,则直接材料、直接人工、变动制造费用和固定制造费用各项目均发生超支,且超支数额很大,因此对比结果难以评价企业的实际业绩。

为了弥补固定预算的缺陷,就产生了弹性预算。弹性预算(flexible budget)就是在编制预算时,预先估计到预算期间业务量可能发生的变动,编制出一套能适应多种业务量水平的成本费用预算,以便分别反映在各该业务量的情况下所应开支的费用水平。由于这种预算随业务量的变动而作机动调整,本身具有弹性,因而称为弹性预算。

编制弹性预算的基本原理:按照成本性态,将所有的费用划分为固定费用和变动费用,由于固定费用在相关范围内一般不随业务量的增减而变动,变动费用则随着业务量的增减而成比例地变动,因此在编制弹性预算时,只需将变动费用部分按业务量的变动加以调整即可。

弹性预算的编制方法有列表法和公式法两种。

1. 列表法

列表法是按照生产能力利用程度的不同,用列表的方式编制弹性预算,也称多水平编制方法。

【例 13-3】　根据【例 13-2】的资料,分别确定 A 产品产销量为 4 000 件、5 000件、6 000件、7 000 件和 8 000 件时制造成本的控制水平,编成弹性预算,如表 13-15 所示。

表 13-15　弹 性 预 算

单位：元

产销量	分配率	4 000 件	5 000 件	6 000 件	7 000 件	8 000 件
直接材料	100	400 000	500 000	600 000	700 000	800 000
直接人工	30	120 000	150 000	180 000	210 000	240 000
变动制造费用	5	20 000	25 000	30 000	35 000	40 000
固定制造费用		80 000	80 000	80 000	80 000	80 000
合计		620 000	755 000	890 000	1 025 000	1 160 000

2. 公式法

公式法是根据预计的固定费用总额和变动费用率编制弹性预算的方式。其计算公式如下：

制造成本预算总额＝固定制造费用＋变动制造费用率×产品产销量

当 A 产品的产销量为 6 000 件时，其制造成本预算总额可计算如下：

80 000＋135×6 000＝890 000（元）

可见，编制弹性预算后，就可以根据实际产销量水平，选用相应产销量水平的预算数与实际支出数进行对比。

现根据 A 产品的实际产销量水平，选择相应的预算数进行对比，其结果如表 13-16 所示。

表 13-16　实际与预算对比表

（产销量 6 000 件）

单位：元

项　　目	实际数	预算数	差　异
直接材料	597 000	600 000	−3 000
直接人工	168 000	180 000	−12 000
变动制造费用	28 800	30 000	−1 200
固定制造费用	106 200	80 000	+26 200
合计	900 000	890 000	+10 000

将实际成本与弹性预算进行比较，可以看出，直接材料、直接人工和变动制造费用都是节约的，总成本超支是由于固定制造费用超支引起的。因此，弹性预算比固定预算更能清楚地表明企业实际工作业绩的好坏。

综上所述，弹性预算的优点：一方面，扩大了预算的范围，为管理人员在事前严格控制费用开支提供了依据，更好地发挥预算的控制作用；另一方面，能够使预算对实际执行情况的评价和考核建立在更加客观、可比的基础上，有利于事后分析各项费用节约或超支的原因，并及时解决问题。

二、零基预算

零基预算（zero-base budgeting）也称零底预算，是指在编制预算时，不考虑以往的水平，对所有的预算支出均以零为起点，根据其必要性来确定预算额的预算。零基预算的特点在于从根本上研究、分析每项预算有否支出的必要及支出数额的大小。

零基预算与传统的预算方法截然不同。传统的预算编制方法是在上期预算执行结果的基础上，结合预算期的具体情况，加以适当调整而编制的预算，也就是增量预算。增量预算方法虽然比较简便，但它以过去的水平为基础，实际上就是承认过去的预算是合理的，无需改进，因循沿袭下去，所以容易造成预算的不足，或者是安于现状，造成预算浪费。

零基预算针对增量预算的缺点进行改革，它要求对各个业务项目需要多少人力、物力和财力逐个进行估算，并说明其经济效益，在此基础上，按项目的轻重缓急分配预算经费。零基预算不以历史数据为基础，修修补补，而是以零为出发点，一切推倒重来。

零基预算的具体步骤如下：

第一步，企业内部各有关部门根据企业计划期间的战略目标和各该部门的具体任务，以零为基础，为每一费用项目编写一套开支方案，提出费用开支的目的以及需要开支的数额。

第二步，对酌量性固定成本的每一费用项目进行"成本—效益"分析，将其所耗与所得进行对比，用来对各个费用开支方案进行评价；然后把各个费用开支方案在权衡轻重缓急的基础上分成若干层次，排出开支的先后顺序。

第三步，按照第二步所定的费用开支顺序，结合计划期可动用的资金，分配资金，落实预算。

【例13-4】 金星公司在编制下年度的销售及管理费用预算时，拟采用零基预算法。

首先，由销售及管理部门的全体职工，根据企业下年度的目标利润和本部门的具体任务提出经费预算。其具体费用及预计的开支水平按"成本—效益"分析排列如下：

(1) 广告费	50 000 元
(2) 培训费	30 000 元
(3) 业务招待费	15 000 元
(4) 差旅费	10 000 元
(5) 办公费	12 000 元

如果金星公司计划期的销售及管理费用的可动用的资金只有100 000元，经经费委员会研究，预算资金分配大致如下：第(1)项经费必须保证；第(2)项经费满足90%；第(3)项经费满足80%；第(4)项和第(5)项经费均满足50%。

根据上述比例计算分配预算资金如下：

第(1)项经费(50 000×100%)	50 000 元
第(2)项经费(30 000×90%)	27 000 元
第(3)项经费(15 000×80%)	12 000 元
第(4)项经费(10 000×50%)	5 000 元
第(4)项经费(12 000×50%)	6 000 元
合计	100 000 元

综上所述，零基预算突破了传统预算方法的框框限制，以零为起点来观察分析企业的一切费用开支项目，确定预算金额，因此具有以下两个优点。

(1) 不仅能压缩经费开支，而且能切实做到将有限的资金用在最需要的地方。

(2) 没有框框，不受现行预算的约束，能充分发挥各级费用管理人员的积极性和创造性，而且还能促使各基层单位精打细算，厉行节约，合理使用资金，提高资金的使用效益。

零基预算的主要缺点是编制预算的工作量较为繁重。一般而言，运用零基预算控制经费，预算单位要比企业更为适宜。零基预算主要应用于固定成本的预算。

三、滚动预算

滚动预算（rolling budget）又称永续预算（sustainable budget），其主要特点是预算期连续不断，始终保持 12 个月，每过去 1 个月，就根据新的情况调整和修订以后几个月的预算，并在原来的预算期末再加 1 个月。这种预算方法要求前几个月的预算详细完整，后几个月可适当粗一点。随着时间的推移，后几个月的预算由粗变细，以此反复，不断滚动。滚动预算可保证预算的完整性和连续性，使企业对将来的经营活动始终有一个完整而周详的考虑，保证企业各项经营活动稳定而有序地进行，充分发挥预算的计划和控制作用。滚动预算的编制方法如图 13-2 所示。

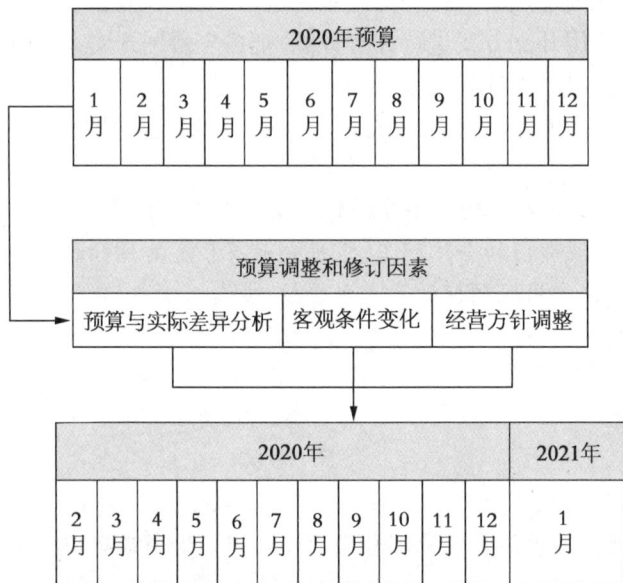

图 13-2　滚动预算编制方法

传统预算为了便于将实际执行结果与预算数进行对比，通常按会计年度编制预算，也就是定期预算，并往往于会计年度的最后一个季度就开始着手编制下年度的预算。因此，定期预算的缺点：（1）由于预算期较长，编制预算时，难以预测预算期的某些活动，特别是预算期后阶段的活动，因此往往只能提出一个比较笼统的预算，从而给预算的执行带来种种困难。（2）事先预见到的预算期内的某些活动，在执行过程中往往会有所变动，而原有预算却未能及时调整，从而使原有预算显得不相适应。（3）在预算执行的过程中，由于受预算期的限制使管理人员的决策视野局限于剩余的预算期间的活动，缺乏长远的打算，不利于企业长期稳定、有序地发展。

滚动预算能克服定期预算的缺陷。虽然编制滚动预算的工作量较大，但有利于管理人员对预算资料作经常性的分析研究，并能根据当前预算的执行情况，及时调整或修正，这样可以使预算更加切合实际，能够真正指导企业生产经营活动，因此滚动预算的编制过程实际上也是对企业经营活动规律性的认识逐步深化的过程。同时，滚动预算的编制可以使管理人员经常对未来时期的经营活动进行筹划,使企业的经营活动始终有一个长远的总体战略布局。

四、概率预算

概率预算就是根据客观条件,对有关的变量作进一步的估计,估计它们可能变动的范围和在该范围内出现的可能性,然后对各变量进行调整,计算期望值,编制预算。这种借助概率分析来编制预算的方法称为概率预算。

如前所述,弹性预算虽然考虑了预算期内不同的业务量水平,但构成预算的价格、变动成本和固定成本等各个变量在预算期内可能是不确定的。在这种情况下,就须根据客观条件,对有关变量作出一个近似的估计,估计它们可能变化的范围及在某个范围内有关数值出现的可能性(即概率)。因此,在概率预算中,各个变量及目标利润的正确与否,关键在于各个变量范围及概率估计是否正确。

【例 13-5】 某企业生产 B 产品,预计 2020 年度内 B 产品可能出现的售价、销售量、单位变动成本和固定成本及概率为:售价 10 元的概率为 0.4,9 元的概率为 0.6;销售量 20 000 件的可能性为 0.7,30 000 件的可能性为 0.3;单位变动成本 5 元的概率为 0.2,5.5 元的概率为 0.8;固定成本总额不变,为 40 000 元。根据有关资料,考虑概率后的利润期望值可计算如表 13-17 所示。

表 13-17 利润期望值计算表

单位:元

售价	销售量	单位变动成本	固定成本	利润	联合概率	利润期望值	组合
10 (p=0.4)	20 000 (p=0.7)	5 (p=0.2)	40 000	60 000	0.056	3 360	(1)
		5.5 (p=0.8)	40 000	50 000	0.224	11 200	(2)
	30 000 (p=0.3)	5 (p=0.2)	40 000	110 000	0.024	2 640	(3)
		5.5 (p=0.8)	40 000	95 000	0.096	9 120	(4)
9 (p=0.6)	20 000 (p=0.7)	5 (p=0.2)	40 000	40 000	0.084	3 360	(5)
		5.5 (p=0.8)	40 000	30 000	0.336	10 080	(6)
	30 000 (p=0.3)	5 (p=0.2)	40 000	80 000	0.036	2 880	(7)
		5.5 (p=0.8)	40 000	65 000	0.144	9 360	(8)
合计					1.00	52 000	

表13-17的计算结果表明,当B产品的单价为10元,销售量为20 000件,单位变动成本为5元,固定成本为40 000元时,可实现的利润为:

$$20\,000 \times (10-5) - 40\,000 = 60\,000(元)$$

而这种情况出现的概率为:

$$0.4 \times 0.7 \times 0.2 = 0.056$$

由此可得到这种情况下利润的期望值为:

$$60\,000 \times 0.056 = 3\,360(元)$$

这只是其中的一种可能。可用同样的方法对其他各种组合依次计算,然后汇总,最后可求得利润的期望值为52 000元。由于这种期望值考虑了各种可能性,因此它更符合实际情况。

利润期望值也可按下列方法计算:根据销售单价、销售数量和单位变动成本等各个变量可能出现的范围和概率分布,计算各个变量的期望值,然后根据各个变量的期望值编制利润表,计算出利润的期望值。

销售单价的期望值 $=10 \times 0.4 + 9 \times 0.6 = 9.4(元)$

销售数量的期望值 $=20\,000 \times 0.7 + 30\,000 \times 0.3 = 23\,000(件)$

单位变动成本 $=5 \times 0.2 + 5.5 \times 0.8 = 5.4(元)$

根据上述资料,编制该企业2020年度的预计利润表如表13-18所示。

表13-18 预计利润表

单位:元

项 目	期 望 值
销售收入(9.4×23 000)	216 200
变动成本(5.4×23 000)	124 200
边际贡献	92 000
固定成本	40 000
利润	52 000

关键概念索引

预算　长期预算　短期预算　业务预算　财务预算　专门决策预算　销售预算　生产预算　直接材料预算　直接人工预算　制造费用预算　期末产成品存货预算　销售与管理费用预算　现金预算　预计利润表　预计资产负债表　固定预算　弹性预算　增量预算　零基预算　定期预算　滚动预算　概率预算

复习思考题

1. 什么是预算?什么是预算控制?为什么要编制预算?

2. 全面预算包括哪些主要内容?它们之间的关系如何?

3. 什么是现金预算？现金预算包括哪些内容？

4. 说明现金预算的编制方法。

5. 什么是弹性预算？为什么要编制弹性预算？

6. 什么是零基预算？零基预算有什么优缺点？

7. 什么是滚动预算？滚动预算有何特点？

8. 什么是概率预算？如何运用概率预算进行控制？

练习题

一、单项选择题

1. 企业生产经营的全面预算必须以(　　)为主导。

　　A. 生产预算　　　　B. 成本预算　　　　C. 销售预算　　　　D. 现金预算

2. 按照企业预算期内可预见的多种经营活动水平分别确定相应的数据,使编制的预算随着生产经营管理活动的变化而变动,这种预算称为(　　)。

　　A. 弹性预算　　　　B. 滚动预算　　　　C. 零基预算　　　　D. 概率预算

3. (　　)的编制过程实际上也是对企业经营活动规律性的认识逐步深化的过程。

　　A. 弹性预算　　　　B. 滚动预算　　　　C. 零基预算　　　　D. 概率预算

4. 从根本上研究、分析每项预算有否支出的必要及支出数额的大小的预算是(　　)。

　　A. 弹性预算　　　　B. 滚动预算　　　　C. 零基预算　　　　D.概率预算

5. (　　)是企业在计划期间日常发生的具有实质性的基本活动的预算。

　　A. 长期预算　　　　B. 短期预算　　　　C. 业务预算　　　　D. 财务预算

二、多项选择题

1. 预算的作用主要有(　　)。

　　A. 明确目标　　　　B. 协调工作　　　　C. 全面控制　　　　D. 评价业绩

2. 预算按其具体内容的不同可分为(　　)。

　　A. 业务预算　　　　B. 财务预算　　　　C. 全面预算　　　　D. 专门决策预算

3. 业务预算具体包括(　　)。

　　A. 销售预算　　　　　　　　　　　B. 生产预算

　　C. 期末产成品存货预算　　　　　　D. 现金预算

4. 编制生产预算时,应考虑(　　)的预计水平。

　　A. 销售量　　　　B. 期末存货　　　　C. 期初存货　　　　D. 采购量

5. 现金预算一般包括(　　)部分。

　　A. 现金收入　　　　　　　　　　　B. 现金支出

　　C. 现金多余或不足　　　　　　　　D. 资金的筹集和运用

三、判断题

1. 短期预算是一种执行性预算,因此,要求数据尽可能具体化,以便于控制和执行。(　　)

2. 低估收入或高估成本中的任何一种手段都不会影响管理者完成预算的可能性。（　　）

3. 无论在什么情况下,以固定预算对企业进行考核都是不合理的。（　　）

4. 运用零基预算控制经费,预算单位要比企业更为适宜。（　　）

5. 财务预算是各项经营业务和专门决策的整体计划。（　　）

四、业务题

习题一

1. 目的：练习生产预算和直接材料预算的编制。

2. 资料：恒星公司计划生产和销售 B 产品,预计每件 B 产品的材料消耗定额为 10 千克,计划单价为 5 元。为了保证生产的顺利进行,要求材料每季季初的存货量至少要储备当季需用量的 30%。该公司 2021 年 1 月 1 日的材料库存恰好与此要求相符,预计 2021 年各季 B 产品的销售量分别为 10 000 件、8 000 件、13 000 件和 12 000 件。恒星公司无在产品存货,其产成品存货各季期末存量应为下季销售量的 20%,其年初产成品存货为 800 件,年末预计的产成品存货的数量为 1 500 件,年末预计库存材料的数量为 2 000 千克。

3. 要求：

(1) 编制恒星公司 2021 年 B 产品的生产预算。

(2) 编制恒星公司 2021 年的直接材料预算。

习题二

1. 目的：练习销售预算的编制。

2. 资料：中山公司生产和销售一种产品,预计 2021 年 1—4 季度的销售量分别为 1 000 件、1 500 件、2 000 件和 1 500 件,销售单价为 75 元。中山公司销货款的收回规定如下：销售当季收款 40%,其余的 60% 将于下季度收回。假定 2020 年年末的应收账款余额为 24 000 元。

3. 要求：编制中山公司 2021 年的销售预算,包括预计现金收入计算表。

习题三

1. 目的：练习现金预算的编制。

2. 资料：接习题二。中山公司 2021 年第一季度的期初现金余额为 3 200 元,各季度预计的现金支出分别为：58 500 元、86 000 元、132 000 元和 130 000 元。每季度最低的现金余额为 3 000 元。若资金不足,根据公司与银行的协议,公司每季初都可按 6% 的年利率向银行借款;若资金有多余,每季末偿还。借款金额以 1 000 元为单位,借款利息于偿还本金时一起支付。

3. 要求：编制现金预算。

习题四

1. 目的：练习弹性预算的编制方法。

2. 资料：中华公司有关制造费用的资料如下：

成 本 项 目	间接人工	间接材料	维修费用	水电费用	其 他
固定费用部分(元)	6 800	3 800	220	300	880
变动费用分配率(元/小时)	1.00	0.60	0.15	0.20	0.05

3. 假设企业正常的生产能力(100%)为 10 075 工时,试编制中华公司生产能力在 70%—110% 范围内的弹性制造费用预算(间隔为 10%)。

案例题

波特公司向政府机构销售办公设备。本季度初,公司的一些账户余额如下:

现　　金	$10 000
应收账款	$200 000
流动负债	$85 000

波特公司的管理层对公司这一季度的经营预测如下:

销售额(预测)	$500 000
总成本和费用(预测)	$400 000
债务清偿(预测)	$145 000
应付税费(预测)	$45 000

在公司的总成本和费用中,30 000 美元是每季度的折旧费用,20 000 美元是到期的预付费用。剩余的 350 000 美元将以流动负债的形式进行融资。公司期末的预付费用账户余额预计将等于期初预付费用账户余额。期末流动负债余额将比期初流动负债增加 20 000 美元。

波特公司的全部销售都是以赊销形式进行的。大约 65% 的销售收入在销售实现的季度被收回,剩余的 35% 在下一季度被收回。由于公司所有的销售都是销往政府机构,公司没有未收回账款。

波特公司最低的现金余额需求为 10 000 美元。如果余额低于这一数字,管理层就和当地一家银行协商进行短期贷款。公司的债务比率(负债÷资产)为 80%。

要求:

1. 计算波特公司本季度现金流入的预算数。
2. 计算波特公司本季度流动负债现金支付的预算数。
3. 计算波特公司本季度预付费用现金支付的预算数。
4. 编制波特公司本季度的现金预算。
5. 预测波特公司本季度的短期融资金额。

练习题及案例题参考答案

练习题

一、单项选择题

1. C　　　　2. A　　　　3. B　　　　4. C　　　　5. C

二、多项选择题

1. ABCD   2. ABD   3. ABC   4. ABC   5. ABCD

三、判断题

1. √   2. ×   3. ×   4. √   5. √

四、业务题

习题一

(1) 第一季度预计生产量=10 800(件)

     第二季度预计生产量=9 000(件)

     第三季度预计生产量=12 800(件)

     第四季度预计生产量=11 100(件)

(2) 第一季度预计材料采购成本=513 000(元)

     第二季度预计材料采购成本=507 000(元)

     第三季度预计材料采购成本=614 500(元)

     第四季度预计材料采购成本=398 500(元)

习题二

第一季度预计销售收入=75 000(元)   第二季度预计销售收入=112 500(元)

第三季度预计销售收入=150 000(元)   第四季度预计销售收入=112 500(元)

第一季度预计现金收入=54 000(元)   第二季度预计现金收入=90 000(元)

第三季度预计现金收入=127 500(元)   第四季度预计现金收入=135 000(元)

习题三

中山公司现金预算

2021年度   单位:元

项目	第一季度	第二季度	第三季度	第四季度
期初余额	3 200	3 700	3 580	3 080
现金收入	54 000	90 000	127 500	135 000
可动用的现金	57 200	93 700	131 080	138 080
现金支出	58 500	86 000	132 000	130 000
现金多余或不足	(1 300)	7 700	(920)	8 080
借入(期初)	5 000		4 000	
还款(期末)		4 120		4 150
期末现金余额	3 700	3 580	3 080	3 930

习题四

弹 性 预 算

单位:元

生产能力利用百分比		70%	80%	90%	100%	110%
生产能力(小时)		7 052.5	8 060	9 067.5	10 075	11 082.5

续表

变动制造费用:						
间接人工	1.00	7 052.50	8 060	9 067.5	10 075	11 082.5
间接材料	0.60	4 231.50	4 836	5 440.5	6 045	6 649.50
维修费用	0.15	1 057.875	1 209	1 360.125	1 511.25	1 662.375
水电费用	0.20	1 410.50	1 612	1 813.50	2 015	2 216.50
其他	0.05	352.625	403	453.375	503.75	554.125
变动制造费用小计	2.00	14 105	16 120	18 135	20 125	2 165
固定制造费用		12 000	12 000	12 000	12 000	12 000
合　计		26 105	28 120	30 135	32 123	34 165

案例题

1. 本季度现金流入的预算数＝$525 000

2. 本季度流动负债现金支付的预算数＝$330 000

3. 本季度预付费用现金支付的预算数＝$20 000

4. 期末现金余额＝ － $5 000

5. 预测公司本季度的短期融资金额＝$15 000

第十四章 短期经营决策

【本章要点】

- 决策的意义和重要作用
- 短期经营决策中应考虑的相关成本
- 确定产品价格应考虑的因素
- 定价决策的基本方法
- 生产决策的基本方法
- 不确定性问题的决策方法
- 确定存货的最佳订货批量

管理的重心在经营,经营的重心在决策。企业在生产经营的过程中需要进行各种各样的经营和投资决策,决策的成功与否直接关系到企业经济效益的高低,甚至关系到企业长期的生存和发展。决策失误将会导致企业经营偏离正确的轨道,此时企业经营效率越高,偏离的程度越大,企业的损失也就越大。所以,决策是否正确将决定着企业经营方向是否正确。在激烈的市场竞争中,企业掌握正确的经营方向是实现经营目标的最关键因素,企业在提高生产效率的同时,尤其要注意进行正确的决策。

第一节　短期经营决策概述

一、决策的意义及其分类

决策是企业经营管理的核心之一,在企业的生产经营活动过程中,决策渗透到企业的各个领域、各个环节和各个管理层次,小到零部件是自制还是外购、亏损产品停产或转产,大到是否追加投资扩大企业规模,都需要管理者根据企业内部环境和外部情况作出合理的决策。因为在市场经济环境中,决策合理与否将很可能关系到企业的兴衰存亡。

在企业决策过程中,需要管理者综合考虑经济因素和非经济因素,在考虑经济因素时,要把可计量因素和不可计量因素、财务计量和非财务计量相结合,以作出能使企业获得最大经济效益的决策。

企业决策一般可按以下五种标准分类。

(一) 按决策的重要程度分

(1) 战略决策。这类决策将决定企业未来的发展方向,是对经营活动中的事关全局重大问题所作的决策,因此需要综合考虑企业的长远规划和外部环境对企业的影响,如新产品的研发、经营规模的扩大等。

(2)战术决策。这类决策一般不会对企业未来的发展方向产生影响,它是为了达到预期战略决策的目标,合理、充分地利用企业现有的人、财、物资源,对日常经营活动所采用的方法和手段进行局部性的决策,如零部件是自制还是外购的决策,半产品、联产品是否进一步加工的决策等。

(二)按决策的时期长短分

(1)短期决策。通常是指对在一年以内或长于一年的一个营业周期以内所涉及的问题所作的决策,这类决策主要是使现有的资源得到最合理的配置,以获得最佳的经济效益和社会效益,通常只对当期的盈亏产生影响。

(2)长期决策。通常是指对一年以上或长于一年的一个营业周期以上的时期内所涉及的问题所作的决策,这类决策重点考虑如何在经济寿命期内使投资获得最佳投资报酬,通常对若干时期的盈亏产生影响。由于长期决策一般需要投入大量资金,且涉及的时间跨度长,因而必须考虑货币的时间价值和风险价值。

(三)按决策的层次分

(1)高层决策。这是指由企业最高层的管理者所作的决策,主要解决的是企业全局性的以及与外部环境有密切联系的战略性重大问题,如关系企业规模、增强企业竞争能力等方面的问题。这类决策属于战略性决策。

(2)中层决策。这是指由企业中层管理者所作的决策,主要是为保证高层决策的顺利实现,从较低层次、较短时间、较小范围内进行具体化,制定出现有资源的利用方案。这类决策属于战术决策。

(3)基层决策。这是指由企业基层的员工所作的决策。主要是解决日常作业任务中的业务问题,是对上一层决策付诸具体实施,以妥善解决所遇到的问题。这类决策属于执行性决策。

(四)按决策条件的可确定程度分

(1)确定型决策。与这类决策有关的客观条件和自然状态都是确定的,并且可用具体的数字表示,每个方案的结果也是明确的,只需对不同方案的结果进行比较,从中作出选择。

(2)风险型决策。与这类决策有关的客观条件和自然状态不能完全确定,每个方案预期会出现两种或两种以上的结果,但可根据有关数据大致估算出其概率。这类决策的结果有一定的不确定性,决策存在一定的风险。

(3)不确定型决策。这类决策的影响因素和自然状况不仅不能确定,预期结果的概率也无法可靠地估计。不确定型决策难度较大,需要决策者具有较高的理论水平和丰富的实践经验,决策存在较大的风险。

(五)决策的其他分类

决策除了按上述标准分类外,还有其他的分类方法。例如,按决策的重复程度,可分为程序化决策和非程序化决策;按决策的内容,可分为投资决策、筹资决策和经营决策;按决策方案之间的关系,可分为独立方案决策、互斥选择方案决策和最优组合方案决策等。

成本管理会计中一般将决策分为短期经营决策和长期投资决策。本章介绍短期经营决策,下一章介绍长期投资决策。

二、决策分析的一般程序

决策分析不是一个简单的选择结果的行为,而是一个提出问题、分析问题、解决问题的过程。一般来说,决策分析包括以下五个步骤。

(一) 确定决策的目标

任何决策都是为了实现预期的目标,决策目标是决策分析的出发点和归宿。确定决策的目标首先要明确决策分析所要解决的问题,如生产什么产品、固定资产是购置还是租赁、是否接受特殊订货等,针对具体问题,确定决策的目标。目标应力求具体明确,避免含混不清,为使方案的选择有确切的依据,目标应尽可能用可计量的数量指标表达,并具有现实可行性。

(二) 收集有关资料

确定了决策的目标,就要针对决策目标广泛地收集尽可能多的与之相关的信息,并进行必要的加工、整理,去粗取精、去伪存真,这是决策分析的重要步骤,并贯穿于决策分析的各步骤之间。由于经济活动的复杂性,所收集的信息除必须符合一定的质量要求外,还要注意定性信息与定量信息相结合、财务信息与非财务信息相结合。

(三) 拟定备选方案

根据决策目标收集资料后,充分考虑现实可能性,设计出实现决策目标的经济上和技术上都可行的各种备选方案,以便从中选择最优的方案。拟定备选方案是科学决策的基础和保证。

(四) 评价和选择方案

采用一定的决策分析方法,对各备选方案进行分析、评价,从中选择最佳的方案,这是决策分析程序中最重要的环节。在这个步骤中,必须充分考虑定性和定量、财务和非财务因素,全面权衡利弊,对各可行方案进行充分论证。

(五) 组织与监督方案的实施、反馈

决策方案选定后,就要纳入企业的经营计划,组织具体实施。在方案的实施过程中,可能会出现不曾预料的新情况、新问题,因此需要对方案的实施情况进行监督和检查,以揭示出偏离决策目标的原因及程度,做好信息反馈工作。决策者根据反馈的信息,采取相应的措施纠正偏差,必要时对决策方案的目标进行修改或调整,使之符合客观需要,保证决策目标的实现。

三、短期经营决策的理论基础

短期经营决策是指企业在现有的生产能力条件下,对通常仅影响当年经营效果的专门

业务所进行的决策。它的核心问题是如何使企业现有的资源得到最充分和最合理的利用,以便取得最佳经济效益。

与长期投资决策相比,短期经营决策具有如下三个方面的特点:其一,从性质上讲,短期经营决策一般不涉及大型固定资产投资,属于经营决策的范畴;其二,从时间上讲,短期经营决策只涉及一年以内的一次性专门业务,决策结果的影响较短;其三,从方法上讲,短期经营决策一般不考虑货币时间价值因素和风险因素,主要采用差量分析法、边际分析法、本量利分析法以及线性规划等方法。

为了有效地进行短期经营决策,首先必须正确划分相关成本与非相关成本。

相关成本是指与特定决策相关、决策时必须加以考虑的未来成本。例如,当决定是否接受一批订货时,生产该批订货所需发生的各种成本即为相关成本。相关成本通常随决策的产生而产生,随决策的改变而改变,从根本上影响着决策方案的取舍。属于相关成本的有差量成本、边际成本、机会成本、付现成本、专属成本、重置成本和可避免成本等。

非相关成本是指与特定决策不相关,决策时可不予考虑的成本。例如,接受特殊订货时,原有的固定成本就属非相关成本,因为即使不接受这批特殊订货,这些固定成本也照样发生。非相关成本不随决策的产生而产生,也不随决策的改变而改变,对决策不具影响力。属于非相关成本的有原始成本、沉没成本、共同成本和不可避免成本等。

相关成本对决策方案影响重大,是决策者在决策分析时必须考虑的成本,如果遗漏了相关成本,将会导致信息失实,决策失误。相关成本的主要特点有如下两方面。

(1) 相关成本是未来成本。决策是面向未来的,与之相关联的成本也只能是未来将要发生的成本。决策不能改变已经发生的沉没成本。

(2) 相关成本是有差别的未来成本。只有当未来的成本有差别时,才会对方案的选择产生影响。

在成本管理会计的决策中,应该注意正确选择决策的相关成本,而且由于决策的目的不同,考虑的相关成本也有所不同。

短期经营决策的内容较多,概括起来一般可分为定价决策、生产决策和存货决策等。

第二节 定价决策

一、定价决策概述

(一) 定价决策的意义

定价决策(pricing decision)是企业短期经营决策的重要内容之一。为企业产品制定合理的价格关系到企业能否实现利润目标和企业经济效益的高低,甚至影响到企业的生存和发展。一般来说,售价的高低与销售数量、单位成本直至销售利润之间存在着错综复杂的关系。在其他条件不变的情况下,提高销售价格将提高企业的销售利润,但提高售价的同时势必会降低产品的销售数量,而生产数量的减少将提高产品的单位成本,这又导致企业销售利润的降低。所以,如何制定最佳的销售价格,确定产品合理的销售数量,最终关系企业利润的高低,关系企业短期利益和长远利益的实现。

(二)影响价格的因素

影响产品价格的因素很多,在完全自由竞争的市场经济条件下,产品的价格是由市场上众多的供给者和需求者之间的供需竞争决定的。此外,一些与人民生活息息相关(如粮食、电、水等)、与社会生产有重大影响(如钢铁、煤矿等)的行业的产品价格常常受到政府的干预和管制,这些行业产品的价格显然不能由企业根据利润最大化的简单目标来决定。一般来说,企业在进行定价决策时,应充分考虑以下四个方面的因素。

1. 产品价值

产品价值是产品价格的基础,产品价格是产品价值的货币表现。产品价值的大小在很大程度上影响着产品价格的高低,它是影响产品价格发生变动的最重要的因素。由于市场供求关系的变动,产品价格围绕着产品价值上下波动。

2. 市场供求

市场供求是指一定时期市场上产品供应与需求之间的关系。市场供求影响产品价格,是买卖双方之间竞争的结果。一般来说,当市场供应量超过需求量时,产品价格降低;当市场需求量超过供应量时,产品价格上升。同时,产品价格降低会反过来刺激需求,使产品的需求量上升;产品价格上升会抑制对产品的需求,使产品需求量下降,最终的结果是产品的供给与需求趋于平衡。此外,不同产品的价格变动对需求量的影响程度也是不同的,即产品的需求弹性是不同的。需求量随价格的变动而变动较大(即需求弹性较大)的产品,适度降价可提高产品的销售额;需求量随价格的变动而变动较小(即需求弹性较小)的产品,适度提价可提高产品的销售额。

3. 价格政策

价格政策是国家管理价格的有关政策和措施,是国家经济政策的组成部分。价格在一定程度上影响着产品生产者和消费者的剩余价值,影响着生产者和消费者之间的利益分配和社会资源的配置。国家为了实现一定的宏观经济目标,调节资源配置,优化产业结构,有必要在自觉利用价值规律的前提下,对部分产品价格实行调节政策,从而鼓励或限制某些生产和消费。企业应在遵守国家价格政策的基础上自主决定产品价格。

4. 竞争态势

产品价格在一定程度上还受到其所处市场竞争状况的影响。不同的市场竞争态势将决定企业在定价时的"自由程度"。在完全自由竞争的市场中,买卖双方之间的供求竞争决定产品的市场均衡价格,众多的买者和卖者只是市场均衡价格的接受者,任何一个企业都没有动力制定偏离市场均衡价格的销售价格,因为那样会降低企业的销售额。

此外,还有很多其他影响产品价格的因素,如产品的成本消耗水平、产品质量、产品所处的寿命周期等。

二、定价决策的基本方法

产品定价的方法一般有以成本为基础的定价、以市场为基础的定价及目标成本定价等。

（一）以成本为基础的定价

以成本为基础的定价决策方法又称为按成本定价的方法，即以产品成本为基础，再加上一定的利润等因素来考虑制定产品价格的方法。产品定价的依据可以是单位成本指标，也可以是总成本指标；可以以完全成本为定价基础，也可以以变动成本为定价基础。

按成本定价的主要方法是成本加成定价法，其计算公式为：

$$产品价格＝预计(目标)单位成本×(1＋成本加成率)$$

其中：
$$成本加成率＝加成内容÷成本基础$$

1. 以完全成本为基础的定价

以完全成本为基础进行定价的成本基础和加成内容分别为：

（1）成本基础：单位产品制造成本；

（2）加成内容：期间费用和目标利润。

【例14-1】 大众制衣公司生产大衣，预计年产销量为 15 000 件，目标利润为 300 000 元，其有关成本资料如表 14-1 所示。

表 14-1 成本资料表

单位：元

成本项目	单位成本	总成本
直接材料	20	300 000
直接人工	10	150 000
变动制造费用	10	150 000
固定制造费用	20	300 000
销售及管理费用	10	150 000

以完全成本为基础确定产品价格。

单位制造成本＝20＋10＋10＋20＝60(元)

成本加成率＝(150 000＋300 000)/(60×15 000)＝50%

产品价格＝60×(1＋50%)＝90(元)

2. 以变动成本为基础的定价

以变动成本为基础进行定价的成本基础和加成内容分别为：

（1）成本基础：单位变动制造成本；

（2）加成内容：固定制造费用、期间费用和目标利润。

【例14-2】 接【例14-1】，以变动成本为基础确定产品价格。

单位变动成本＝20＋10＋10＝40(元)

成本加成率＝(300 000＋150 000＋300 000)/(40×15 000)＝125%

产品价格＝40×(1＋125%)＝90(元)

成本加成定价法计算简便,在市场诸因素基本稳定的情况下,可以保证企业获取正常的预期利润。然而,成本加成定价法也有明显不足,它只考虑产品本身成本的补偿和获取预期利润,而忽视了产品的社会价值、市场供求和竞争情况,也没有考虑消费者的心理因素等,仅仅是从保证卖方利益出发而去"保本求利"。因此,它是传统的生产观念和销售观念指导下的一种定价方法,根据此种方法确定的产品价格很难为客户所接受,或者缺乏市场竞争能力,最终很可能导致企业预期利润难以实现。

(二) 以市场为基础的定价

在一个完全竞争的市场上,供求之间的平衡关系将决定商品的价格,如果商品的供给大于需求,价格将会下降。然而,价格下降会刺激需求和抑制供给,直到供求关系达到再次平衡;如果商品的供给小于需求,价格会上升,而价格上升会刺激生产和抑制需求,在另一较高点上供求又会平衡。

在供求变化过程中,价格、销售量和利润有着密切的关系。例如,如果成本水平不变,产品售价高,企业的利润就多。但是,价格高要影响销售数量,而销售数量减少又会使成本增大,销售数量减少和成本增大都会影响利润。这就需要平衡售价、销售量和利润之间的关系,如图 14-1 所示。

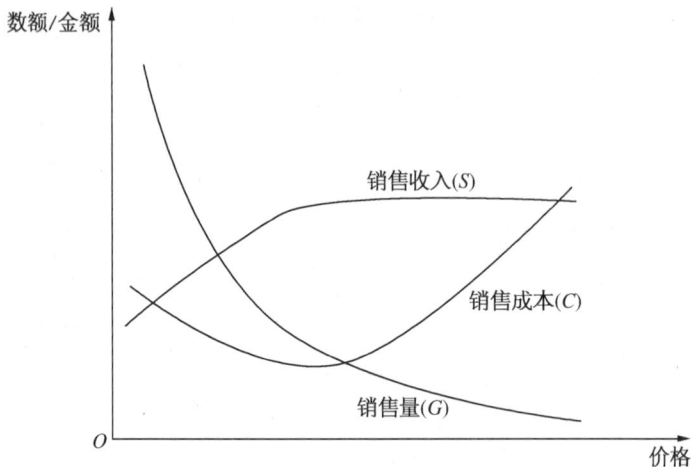

图 14-1 销售量、销售收入和销售成本关系图

图中,曲线(G)表示销售量。当售价提高时,销售量比较少,随着价格的下降,销售量相应增加。当价格降低到一定限度时,销售量增加就缓慢了。

曲线(S)表示销售收入。当价格较高时,由于销售量少,总的销售收入也比较少;当价格下降时,销售量增加。增加销售量后的销售收入大于价格下降的损失,所以总的销售收入是增加的,当价格下降到一定程度时,销售量增加缓慢,价格下降损失大于销售量增加的收入,总的销售收入反而呈下降的趋势。

曲线(C)表示销售成本。当销售量很低的时候,产品成本比较高。随着销售量增加,单位成本逐渐下降,但当成本下降超过一定限度时,单位成本又会提高,呈现一个下凹的曲线。在(S)和(C)曲线之间有一个距离最大的销售量,就是最佳利润点,与此点相适应的销售量和价格水平是最优的。

在以市场为基础的产品定价决策中,通常以边际收入等于或接近于边际成本时的价格作为选择最优价格的依据。这是因为,当边际收入等于或接近于边际成本时,企业实现的利润最多。

假定某产品的销售收入方程为 $S=106X-8X^2$

成本函数为 $C=\dfrac{X^3}{3}-8X^2+25X-400$

其中:X 表示销售量

利润函数为 $P=S-C=-\dfrac{X^3}{3}+81X+400$

边际收入是指相对于销售量的无限小变化时收入的变化量,可以通过销售收入函数对销售量求微分得到:

$$MS=\dfrac{dS}{dX}=106-16X$$

边际成本是指相对于销售量的无限小变化成本的变化量,可以通过成本函数对销售量求微分得到:

$$MC=\dfrac{dC}{dX}=X^2-16X+25$$

令边际收入等于边际成本,求出 X,即可得到最大利润的销售量:

$106-16X=X^2-16X+25$ 　　　　$X^2=81$ 　　　　$X=\pm 9$

因为产量不能为负,所以最佳利润点销售量为 9 件,其售价为:

$$\dfrac{S}{9}=\dfrac{106\times 9-8\times 9^2}{9}=34(元)$$

可实现利润为 $P=-\dfrac{9^3}{3}+81\times 9+400=886(元)$

【例 14-3】　大众制衣公司薄利多销生产的 A 款式服装因为单价的降低而对销售量、销售收入和销售成本的影响如表 14-2 所示。

表 14-2　产品资料表

单位:元

销售单价	销售数量(件)	销售收入	销售成本
20	800	16 000	15 000
19	900	17 100	15 500
18	1 000	18 000	16 000
17	1 100	18 700	16 500
16	1 200	19 200	17 000
15	1 300	19 500	17 500
14	1 400	19 600	18 000

要求确定销售单价为多少时,企业获得利润最多。

根据上述资料编制利润计算表,如表14-3所示。

表14-3 利润计算表

单位:元

销售单价	销售数量(件)	边际收入	边际成本	边际利润	利 润
20	800	—	—	—	1 000
19	900	1 100	500	600	1 600
18	1 000	900	500	400	2 000
17	1 100	700	500	200	2 200
16	1 200	500	500	0	2 200
15	1 300	300	500	−200	2 000
14	1 400	100	500	−400	1 600

表14-3的计算结果表明:随着销售单价的下降和销售数量的增加,边际收入逐渐减少,而边际成本固定不变。当边际收入大于边际成本时,边际利润为正数,说明降价有利,如本例中销售单价从20元降到17元范围内;如果边际收入等于边际成本,边际利润等于零,说明降价没有意义,既不增加利润也不减少利润,如本例中从17元降到16元;当边际收入小于边际成本时,边际利润小于零,说明降价是不利的,如本例中从16元降到14元。

由此可见,销售价格降低的最优幅度应是在最接近边际利润等于零的地方。本例中,销售单价为17元、销售数量为1 100件时,利润最大,为2 200元。

上述分析是假定销售成本中固定成本不变,变动成本与销售量成正比例。这样形成的边际成本也是固定不变的,它表现为销售量变动引起的单位变动成本的差额。在实际工作中,当产量超过一定水平后,由于市场竞争因素存在,企业可能以较高的价格购买追加原材料或支付较高的运费。同时,可能增加机器设备,增添管理人员、生产辅助人员以及增加广告和其他费用等,从而引起变动成本和固定成本的变化。在这种情况下,边际成本不再是固定不变的了,但定价决策的选优标准仍然是边际收入等于边际成本或者是边际收入最接近于边际成本之处。

【例14-4】 将【例14-3】的有关资料加以变化,编制利润计算表如表14-4所示。

表14-4 利润计算表

单位:元

销售单价	销售数量(件)	销售收入	销售成本	边际收入	边际成本	边际利润	利 润
20	800	16 000	15 000	—	—	—	1 000
19	900	17 100	15 300	1 100	300	800	1 800
18	1 000	18 000	15 600	900	300	600	2 400
17	1 100	18 700	15 900	700	300	400	2 800
16	1 200	19 200	16 300	500	400	100	2 900
15	1 300	19 500	16 900	300	600	−300	2 600
14	1 400	19 600	17 500	100	600	−500	2 100

从表 14-4 可以看出,当销售量超过 1 100 件时,边际成本呈递增状态;当边际收入接近于边际成本时,企业获得利润最大,在本例中,最优价格为 16 元。

必须注意的是,边际收入等于边际成本只是从理论意义上讲的,在实际工作中往往是以边际收入接近于边际成本作为选择最优销售价格的标准。

(三) 目标成本定价法

传统的定价决策方法首先确定产品的成本,然后在弥补成本的基础上,加上企业期望的利润从而确定产品的成本,这种定价法不利于企业降低成本,赢得市场。目标成本定价法是一种以价格为基础的成本计算。目标价格是指预计潜在客户愿意接受的价格,也是一种竞争性的市场价格;目标成本是可以为企业带来目标利润的产品或服务的预计长期成本。

目标成本定价法的具体步骤:首先确定所开发的某种新产品的期望实现的目标利润,并在目标利润的基础上,通过市场调研确定一个竞争性的目标销售价格,然后用目标销售价格减去目标利润,就得到制造该新产品的目标成本,用公式表示为:

目标成本＝目标销售价格－目标利润

由于产品开发、设计阶段决定了产品的绝大部分成本,要实现产品的目标成本,必须从产品的设计阶段就开始进行严格的成本控制,做好成本规划。价值工程是一种系统的方法,它以功能分析为核心,目的是以最低的成本来实现产品或作业应具备的必要功能。通过功能分析,能够引导产品设计的改进、材料选择的变化或者工艺方法的改进,在满足产品必要功能的前提下,降低成本,保证目标成本的实现。

三、市场定价策略

在现实的经济生活中,常常由于经济环境的瞬息万变,企业所面临的宏观经济环境、行业状况、市场的供需以及竞争对手的对策等方面都存在着诸多的不确定性,企业往往很难用精确的定价理论模型进行定价决策,需要企业根据实际情况,在借助理论模型的同时,依靠自己的实践经验和判断能力对有关问题进行定性的分析,制定合理的定价策略。

(一) 需求导向的定价策略

所谓需求导向的定价策略,是指根据消费者的不同消费心理,区别对待,采取不同的定价方法。

(1) 需求弹性定价策略。需求弹性较大的商品,适宜制定较低的价格,实行薄利多销;需求弹性较小的商品,应制定相对较高的价格,以获得较高的利润。

(2) 消费者心理定价策略。企业在进行定价决策时,常常可以利用消费者的某些心理特征制定合适的价格。例如,对某些常被消费者视为身份和地位象征的奢侈品,制定较高的价格更易被消费者接受,较低的价格往往适得其反;对中低档商品,很多厂商常使用尾数定价法,即让价格的尾数为非整数,以零头结尾,如9.98元、19.99元等。

(二) 竞争导向的定价策略

所谓竞争导向的定价策略,是指根据竞争对手的情况制定价格,区别对待,采用不同的定价方法。

(1) 根据竞争对手的实力定价。如果竞争对手实力较弱,一开始可以采取较低的价格挤走竞争对手后再行提价;如果竞争对手的实力较强,适宜制定稍低于竞争对手的价格紧紧跟随,即对手提价我也提价,对手降价我也降价;如果双方的实力不相上下,双方宜协议定价,以免两败俱伤。

(2) 根据双方产品的质量差异定价。如果竞争对手的产品质量较高,企业宜制定较低的价格,以低价吸引消费者,采取薄利多销;如果企业的产品质量较高,对手望尘莫及,企业应利用这一竞争优势,制定较高的价格以获取丰厚的利润。此外,双方还可以在交货时间、售后服务等方面展开竞争。

(三) 新产品的定价策略

企业推出新产品需要进行定价决策,但由于新产品存在诸多的不确定性,如消费者对新产品的接受程度、市场销售量有多少、市场上已有产品对新产品的替代程度、新产品的推销成本等方面有很多的未知数。所以,许多企业在推出一项新产品时,常常先选择在某些地区采用不同的价格进行试销,以获得新产品在不同的销售价格下有关销售量、销售价格与销售量的关系以及竞争对手的反应等信息,根据试销阶段收集的这些信息,为新产品制定能给企业带来最大经济效益、最适宜于企业长远发展的定价策略。一般来说,新产品的定价策略有撇脂定价策略和渗透定价策略。

1. 撇脂定价策略

撇脂定价策略是指在产品销售初期制定较高的价格,以获取高额的利润、迅速收回产品研发阶段的成本以及保障新产品在产销方面无法预知的成本得到弥补。随着新产品趋于成熟以及高额利润所引致的激烈的竞争,新产品的高价难以维持,再逐步降低价格,总之,这是一种先高后低的定价策略。撇脂定价策略是一种着眼于短期利益的定价策略,适用于市场上暂时没有类似的替代品、初期没有竞争对手且较容易开拓市场的新产品。

2. 渗透定价策略

渗透定价策略是在产品销售初期制定较低的价格招揽顾客,迅速开拓和占领市场,确立市场优势后再行提价,是一种先低后高的定价策略。这种定价策略尽管在销售初期利润不高,但其低价有利于排挤竞争对手,在市场确立长期的竞争优势,能持久地给企业带来长期利益,是一种着眼于企业长期利益的定价策略。

(四) 特殊订货的定价策略

所谓特殊订货的定价策略,是指订单的价格低于一般正常销售产品的售价,甚至低于产品的制造成本。特殊订货的定价往往发生在下列各种情况下。

1. 闲置生产能力

当企业存在闲置生产能力且闲置生产能力又无法转移、没有其他用途时,只要制定的产品价格略高于单位变动成本,便可以为企业带来边际贡献,以弥补部分固定成本,提高企业整体利润。

2. 市场需求变化

市场需求变化是指当市场对企业某种产品的需求量突然减少时,企业不得不削价销售。此时,企业只要将产品定价略高于单位变动成本,就能弥补部分固定成本。

3. 激烈的竞价

当企业面临激烈的市场竞争时,企业定价不应以完全成本为基础,为了战胜竞争对手,企业应以单位变动成本为价格下限,采取薄利多销,从扩大销售中获得较多的利润。

企业是否接受特殊订货的决策标准:当特殊订货能给企业带来边际贡献(即边际贡献大于零)且企业有剩余的生产能力时,就可以接受该项特殊订货;即便该项特殊订货的完全成本大于其售价,但由于其边际贡献可弥补部分固定成本,接受该特殊订货对企业来说依然是有利可图的,否则,企业不应该接受该特殊订货。

除此之外,企业在进行特殊订货决策时,还应该考虑接受较低价的特殊订货是否会影响企业正常渠道的销售、是否会招致其他客户的不满以及是否会失去潜在客户等,综合考虑相关因素后作出最优的决策。

【例 14-5】　逸仙公司现生产甲产品的单位直接材料成本为 7 元,单位直接人工成本为 5 元,单位变动制造费用为 3 元,单位固定制造费用为 4 元,甲产品的单位正常售价为 22 元。企业年生产能力为 10 000 件,利用率为 80%,现有一客户欲追加订货 2 000 件,每件出价 18 元。请考虑企业是否应接受该项特殊订货。

甲产品的单位完全成本为 19(7+5+3+4)元,大于特殊订货的出价 18 元,似乎不该接受该项特殊订货。但是,若考虑到企业是利用剩余生产能力进行生产,接受订货不会增加企业的固定成本,只需考虑相关成本 15(变动成本 7+5+3)元。因此,若接受该项特殊订货,企业将增加的边际贡献总额计算如下:

特殊订货的单位边际贡献=18-15=3(元)

特殊订货的边际贡献总额=3×2 000=6 000(元)

所以,在不考虑其他因素的情况下,企业接受该项特殊订货是有利可图的。

要注意的是,如果接受特殊订货需要企业追加专属成本或发生部分机会成本时,企业应将这部分成本加以考虑。

【例 14-6】　承【例 14-5】。如果逸仙公司接受特殊订货需要租入一项专用设备,租金为 1 500 元。试分析逸仙公司是否应该接受该项特殊订货。

该项特殊订货所增加的边际贡献总额为 6 000-1 500=4 500(元)

企业仍应接受该项特殊订货。

若逸仙公司不接受该项特殊订货,可将剩余的生产能力出租,租金为 5 500 元,此时该项特殊订货发生的机会成本大于所增加的边际贡献总额,企业不应接受该项特殊订货。

(五) 薄利多销的定价决策

所谓薄利多销,就是采取主动降低价格的措施,通过扩大产品的销售量来争取实现更多的利润。因此,薄利多销不是目的,而是手段。"薄利"是对单位产品而言,"多销"是对整个企业而言,其最终目的是使企业实现更多的利润。所以,薄利多销只是一个美名,其实质是降价、多销、增利。

企业要想使薄利多销能够取得好的效果,除了应该慎重考虑其产品的性质之外,还必须着重掌握好降价时机和降价幅度这两个关键性的环节。实行薄利多销时,一要考虑利润最优,二要考虑风险因素,三要考虑企业现有的生产能力。

1. 利润最优

薄利多销要求利润最优,也就是说,产品降价后销售量增加,因增加销售数量而增加的利润在抵偿降价带来的单位收入减少的损失后还绰绰有余,从而使所得的利润比降价前高。关于这一点,可采用前述的市场基础定价法加以解决。

2. 风险因素

如果预计销售量能够实现,预计利润就能得到保证,决策无疑是正确的。但是,如果预计销售量不能达到,利润也就不能实现,决策就成问题。因此,在决策中应该考虑预计销售量的实现可能性问题,即概率问题。

【例14-7】 沿用【例14-3】的资料。如果产品降价以后,销售量不增加的机会是0.1,销售量只达到预计增加销售量(预计销售量减去目前销售量)一半的机会是0.25,达到预计销售量的机会是0.5,超过预计销售量10%的机会是0.15。这样,原来的预计销售量要按照上述概率进行调整,计算出销售量的期望值,然后再按前面所讲的方法计算边际利润进行决策。因此,原来的预计销售量需要按照概率进行调整。现分别计算销售单价降至19元、18元和17元时的销售量,具体如下:

(1) 销售单价为19元时的预计销售量为:

$800 \times 0.1 + 850 \times 0.25 + 900 \times 0.5 + 990 \times 0.15 = 891$(件)

(2) 销售单价为18元时的预计销售量为:

$800 \times 0.1 + 900 \times 0.25 + 1\,000 \times 0.5 + 1\,100 \times 0.15 = 970$(件)

(3) 销售单价为17元时的预计销售量为:

$800 \times 0.1 + 1\,050 \times 0.25 + 1\,100 \times 0.5 + 1\,210 \times 0.15 = 1\,074$(件)

3. 企业现有生产能力

对每个企业来说,在一定时间内销售量不可能无限制地增加,因为它受到企业生产能力的约束。因此,在决策时应考虑企业的生产能力这一因素。

【例14-8】 大众制衣公司生产A款式服装,年产销量为1200件,年生产能力为2000件。A款式服装的售价为100元,单位变动成本为50元。固定成本共21000元。若销售价格降到80元,预计可销售2800件,但因超过现有生产能力,要满足降价后预计的销售量,必须扩大生产能力,从而要增加固定成本15000元。试为大众制衣公司作出A款式服装的定价决策。

根据本例资料,可以考虑三个方案:方案Ⅰ——维持原状;方案Ⅱ——扩大生产能力以满足降价后的预计销售量;方案Ⅲ——降价但不扩大生产能力。采用本量利分析法来计算三个方案的保本点和利润。计算结果如表14-5所示。

表 14-5　备选方案保本点及利润表

单位：元

方　案	销售量(件)	保本销售量(件)	利　润
Ⅰ	1 200	420	39 000
Ⅱ	2 800	1 200	48 000
Ⅲ	2 000	700	39 000

从三个方案的计算结果可作如下分析：仅从利润这个指标考虑，当然应首推方案Ⅱ。但是，方案Ⅱ的风险也是显而易见的：第一，保本销售量达到 1 200 件，一旦不能达到 2 800 件的预计销售量，利润会大幅下降，如果实际销售量只有 2 000 件，利润只有 24 000 元，下降 50%。第二，扩大生产能力并不仅仅是增加当年的固定成本，而是在整个固定资产使用年限内每年要增加的，这将是企业的长期负担，若销售量的增加仅是当年的，这将使第二年乃至以后数年的固定成本过高，生产能力过剩。针对此项风险，在扩大生产能力时应慎重考虑。由此可以看到，在短期经营决策中，若涉及固定资产投资的，均应慎重，因为它产生的影响不只是一年以内。对方案Ⅲ，虽然实现的利润与方案Ⅰ相同，但若考虑降价至 90 元，只要求销售量达到 2 000 件(这一要求应可以达到，因售价为 80 元时的销售量可达 2 800 件)。此时的利润可计算如下：

$$(90-50)\times 2\,000-21\,000=59\,000(元)$$

并且保本销售量也不高，仅 700 件。

所以，最优方案是不扩大生产能力，售价定在 80 元到 90 元之间。

(六) 赊销的定价策略

企业在制定商品价格时，往往同时要考虑货款的收款期和现金折扣。收款期的长短对商品销售量和企业财务状况有一定的影响。如果期限短，可以使货款早日收回，减少应收账款的余额，从而降低催账费用和可能发生的坏账损失，同时减少应收账款金额，就是减少应收账款投资，增加现金流量。从顾客的立场看，企业的收款期(即顾客的付款期)短就是价格相对贵，从而影响商品的销路。所以，企业在制定收款期时，必须权衡得失。

【例 14-9】　大众制衣公司为销售某款式 T 恤衫制定的收款期为 30 天。现在拟放长到 60 天，公司预测单价为 5 元时，销售量将为 100 000 件。按 100 000 件计算的单位成本为 4.50 元，其中，变动成本为 4.00 元。如果收款期延长到 60 天，将使销售量增加到 120 000 件，平均成本将降低，因为超额部分可以不分摊固定成本。但是，由于付款期延长，每年耗费的应收账款催收费用将从 3 000 元增加到 4 000 元，同时坏账损失从占销售收入的 1% 增加到 1.5%。大众制衣公司规定，增加的应收账款金额按投资报酬率的 20% 计算成本。试问收款期从 30 天增加到 60 天是否有利？

首先，计算和比较两种不同收款期的利润。

预计销售量 120 000 件的成本合计为 530 000(常规销售量×平均成本+增长销售量×变动成本＝100 000×4.5+20 000×4＝530 000)元。

单位成本为 4.42(530 000/120 000)元。

假定其他费用不变，两种不同收款期的利润如表 14-6 所示。

表 14-6　利润计算表

单位：元

收款期(天)	销售量(件)	销售收入	销售成本	毛 利	催账费	坏账损失	利 润
30	100 000	500 000	450 000	50 000	3 000	5 000	42 000
60	120 000	600 000	530 000	70 000	4 000	9 000	57 000

收款期为 60 天的预计销售利润比收款期为 30 天的预计销售利润多 15 000(57 000－42 000)元。

然后,计算应收账款投资报酬。

(1) 按 30 天收款期计算。

年平均应收账款投资额计算公式为：

$$年平均应收账款投资额 = \frac{年销售收入}{应收账款年周转次数} \times \frac{产品平均单位成本}{产品单位售价}$$

$$年平均应收账款投资额 = \frac{500\ 000}{12} \times \frac{4.50}{5.00} = 37\ 500(元)$$

(2) 按 60 天收款期计算。

$$年平均应收账款投资额 = \frac{600\ 000}{6} \times \frac{4.42}{5.00} = 88\ 400(元)$$

60 天收款期比 30 天收款期的应收账款投资额增加 50 900(88 400－37 500)元,利润增加 15 000 元。应收账款报酬率为 29.5%(15 000/50 900),超过预定的报酬率 20%,所以 60 天收款期获取的利润较多,为最优方案。

(七) 现金折扣的定价策略

现金折扣是为了加速应收账款的回收,从而减少应收账款投资额。现金折扣的定价策略就是指企业要比较提供现金折扣促使顾客提前付款而增加的收益是否超过提供折扣而发生的损失,如果前者大于后者,即为可取的方案。

【例 14-10】　承【例 14-9】。假定大众制衣公司规定收款期 60 天,现规定 10 天内付款者给予 2% 的折扣优待。公司预测有一半顾客将会在 10 天内付款,从而可以使收款期缩短到平均 30 天,试问提供 2% 的折扣是否可取?

因提供现金折扣而少收的销售收入 = 600 000 × 0.5 × 2% = 6 000(元)

因应收账款投资额减少而增加的收益 = (88 400 ÷ 2) × 20% = 8 840(元)

由于增加收益超过减少的销售收入,因此此项现金折扣策略是可行的。

专栏 14-1

价格决定苹果 iPhone SE 成败 需吸取 5c 惨败教训

美国时间周一,苹果公司将会在总部所在地举办 2016 年春季发布会,此次发布会上最大的主角,是型号为 iPhone SE 的新款四英寸手机,该手机是苹果若干年前发布的 iPhone 5s 和 5c 的第一个升级版本。新手机在外观、内部配置上非常类似于 iPhone 6s,

采用弧形玻璃等设计,内部采用最新版本的应用处理器,主摄像头高达 1 200 万像素。

许多分析师指出,苹果将会精心考虑新手机的定价。这一产品需要激发苹果用户中的中低端需求,但又不能在全球廉价智能手机市场中竞争。众所周知的是,定价低于200 美元的低端智能手机在印度等发展中国家呈现出爆发态势,市场快速扩大,也导致中国高性价比手机企业快速崛起。小米和华为两家公司靠高性价比手机成为中国市场的两大巨头。

科技市场研究机构 Creative Strategies 的分析师巴佳林(Ben Bajarin)表示,对于苹果周一发布的新产品,估计很难会带来更多出乎意料的消息,"最大的新闻是新手机的定价"。

外媒也指出,iPhone SE 未来是否会成功,定价将成为决定性因素。

在产品定价差异化方面,苹果曾经在 2013 年进行过一次尝试,当年第一次推出了两款手机,屏幕均为四英寸,分别是 iPhone 5s 和 iPhone 5c。在秋季发布会之前,媒体纷纷报道苹果将第一次进入低价手机市场,将推出一款价格仅为 350 美元的手机。

不过,iPhone 5c 的最终定价高达 550 美元,和作为高端的 iPhone 5s 手机并未拉开足够的价格差距。外界对于苹果这一定价感到十分失望,媒体纷纷发文进行批评。最终,iPhone 5c 的产品定位和价格制定遭到失败,由于销量惨淡,这款手机已经退出了历史舞台。

目前市场一般认为,苹果 iPhone SE 的起步价可能是 450 美元,和 iPhone 5s 目前的价位保持一致,将会和 650 美元的大屏手机拉开 200 美元的差距。另外,该手机也将成为苹果全新的入门级手机,苹果也会希望一些四寸手机的消费者未来成为高价位手机的买家。

(资料来源:腾讯科技,2016 年 3 月 21 日)

第三节 生 产 决 策

生产决策(production decision)是企业短期经营决策的重要内容之一。企业经常碰到的决策问题大多是生产方面的决策问题,如企业的生产布局、新产品的投产、几种产品生产的合理安排、材料的最佳利用、亏损产品的处理等。这些需要决策的问题往往有多种方案可以选择,不同的方案往往经济效益相差很多。通过生产决策,选取一个最佳方案,就能提高企业的经济效益。

本节着重介绍新产品开发的决策、零部件自制或外购的决策、产品进一步加工或直接出售的决策、亏损产品应否停产或转产的决策、生产能力约束下的产品组合的决策等内容。

一、新产品开发的决策

企业必须不断地开发新产品,促使产品更新换代,这样才能不断地满足社会需要,维护和扩大市场占有率,取得经营主动权。大量追加投资开发新产品属于长期投资决策的范围,这里介绍的新产品开发的决策,是指可以利用现有剩余生产能力开发某种在市场上有销路的新产品,而且已经掌握可供选择的多个新产品方案的有关资料。这种决策可以分为以下三种情况。

1. 不追加专属成本,也不存在机会成本

在新产品开发的决策中,如果有关方案均不涉及追加专属成本,并且也不存在机会成本,就可以用单位资源边际贡献分析法直接进行决策。

【例 14-11】 大众制衣公司拟充分利用数量有限的甲布料设计一种新款外套。经初步调查,市场上可供公司选择生产的款式有 A、B、C 三种。经分析,三种款式的外套相关资料如表 14-7 所示。试分析公司应选择哪一种新产品进行开发?

表 14-7 产品相关资料表

外套款式	A	B	C
单价	200 元/件	100 元/件	500 元/件
单位变动成本	160 元/件	70 元/件	400 元/件
甲布料的消耗定额	10 尺/件	6 尺/件	30 尺/件

根据上述条件可知,公司在开发新产品时没有追加固定成本,也没有压缩原有产品的生产,因此,可采用单位资源边际贡献法进行分析。

A 款式外套的单位边际贡献＝200－160＝40(元/件)

A 款式外套消耗单位甲布料提供的边际贡献＝40/10＝4(元/尺)

B 款式外套的单位边际贡献＝100－70＝30(元/件)

B 款式外套消耗单位甲布料提供的边际贡献＝30/6＝5(元/尺)

C 款式外套的单位边际贡献＝500－400＝100(元/件)

C 款式外套消耗单位甲布料提供的边际贡献＝100/30＝3.333(元/尺)

可见,三种新产品在消耗相同甲布料的情况下,B 款式外套提供的边际贡献最大,因此应选择 B 款式外套来开发。

2. 涉及追加专属成本

当开发新产品的决策方案涉及追加专属成本时,可以使用差量分析法或产品边际贡献分析法进行决策。

【例 14-12】 沿用【例 14-11】的资料。假若大众制衣公司剩余甲布料 30 000 尺,设计的三种新款式服装均需租赁专用设备进行生产,其中,A 款式需要每年支付租金 80 000 元,B 款式需要每年支付租金 90 000 元,C 款式需要每年支付租金 35 000 元。试问大众公司应选择开发哪种新产品?

根据上述条件,可以通过编制产品边际分析表(见表 14-8)进行分析。

表 14-8 产品边际分析表

单位：元

项 目	A 款式	B 款式	C 款式
产 销 量	30 000/10＝3 000(件)	30 000/6＝5 000(件)	30 000/30＝1 000(件)
销售收入	200×3 000＝600 000	100×5 000＝500 000	500×1 000＝500 000
变动成本	160×3 000＝480 000	70×5 000＝350 000	400×1 000＝400 000
边际贡献	120 000	150 000	100 000
专属成本	80 000	90 000	35 000
产品边际	40 000	60 000	65 000

由表 14-8 可知,这三种新产品中 C 产品的产品边际贡献最大,因此应选择 C 产品进行开发。

3. 需压缩现有产品的生产,从而产生机会成本

当需要压缩现有产品的产销量才能满足新产品开发需要时,被压缩的原有产品生产所能带来的边际贡献就构成了机会成本,也可使用产品边际分析法进行分析。

【例 14-13】 承【例 14-12】。假如大众制衣公司原来只生产 W 款式衣服,年产量为 2 000 件,单价为 400 元,单位变动成本为 250 元。若开发设计 A 款式服装 3 000 件,剩余甲布料足以保证生产,不需压缩现有产品生产;若开发设计 B 款式服装 5 000 件,需压缩 W 款式服装 10%的产量;若开发设计 C 款式服装 1 000 件,则需压缩 W 款式服装 15%的产量。试分析企业应选择哪种产品进行开发?

根据上述资料,编制产品边际分析表(见表 14-9)进行分析。

表 14-9 产品边际分析表

单位：元

项 目	A 款式衣服	B 款式衣服	C 款式衣服
销售收入	200×3 000＝600 000	100×5 000＝500 000	500×1 000＝500 000
变动成本	160×3 000＝480 000	70×5 000＝350 000	400×1 000＝400 000
边际贡献	120 000	150 000	100 000
专属成本	80 000	90 000	35 000
机会成本	0	2 000×(400－250)×10% ＝30 000	2 000×(400－250)×15% ＝45 000
产品边际	40 000	30 000	20 000

由表 14-9 可知,由于 A 款式服装的产品边际贡献最大,因此应选择生产 A 款式服装。

二、零部件自制还是外购的决策

随着生产专业化及产业分工协作的程度越来越高,企业常常面临着零部件自制还是

外购的决策问题。企业自制某些生产所需的零部件便于控制质量,但有时企业为了保持灵活适应市场需求的能力,以及保持与客户的长期互利关系,也可从外部购买某些零部件。在零部件自制还是外购的决策问题中,一般可采用差量分析法。当企业全年所需的零部件总量固定时,由于自制或外购的收入是相同的,所以只要通过比较其差量成本选择方案。

【例 14-14】 华南公司全年需要甲零部件 5 000 件,该零部件既可以自制,也可以从市场购买,若从市场购买,购价和运杂费为每件 8 元,自制的单位成本资料如下:直接材料 4 元,直接人工 2 元,变动制造费用 1 元,固定制造费用 2 元,单位生产成本 9 元。分别判断在下列情况下,企业应自制还是外购该零部件?

(1) 企业具有生产甲零部件 5 000 件的剩余生产能力,且企业剩余生产能力无法转移;

(2) 企业具有生产甲零部件 5 000 件的剩余生产能力,但生产所利用的空置厂房可对外出租,年租金预计为 6 000 元;

(3) 企业剩余生产能力只够生产甲零部件 3 500 件,为了自制 5 000 件甲零部件,企业需购入一台专用设备,预计该设备的年使用成本为 2 800 元;

(4) 若企业选择自制 5 000 件甲零部件,将影响企业的乙产品的正常生产,使乙产品的产量减少 1 000 件,已知乙产品的单位边际贡献为 6 元。

根据上述资料,分析如下:

(1) 企业的剩余生产能力无法转移,因而利用剩余生产能力不会增加企业的固定制造费用。自制甲零部件的单位变动成本为直接材料、直接人工、变动制造费用之和,即甲零部件自制的单位变动成本为 7 元,小于外购的单位成本 8 元,所以企业应选择自制该零部件。

自制零部件可节约的成本 = (8-7)×5 000 = 5 000(元)

(2) 若企业选择自制甲零部件,便无法获得空置厂房对外出租的租金,即年租金 6 000 元应作为自制甲零部件的机会成本。则

自制甲零部件的相关成本 = 7×5 000+6 000 = 41 000(元)

外购甲零部件的相关成本 = 8×5 000 = 40 000(元)

企业应选择外购甲零部件,可节约成本 1 000 元。

(3) 企业最多可自制 3 500 件甲零部件,且为自制甲零部件购入专用设备的年使用费应作为自制决策的专属成本。编制差量损益分析表 14-10 进行分析。

表 14-10 差量损益分析表

单位:元

项目 　　　　方案	自制 5 000 件甲零部件	外购 5 000 件甲零部件	差量成本
相关成本:			
变动成本	7×5 000 = 35 000	8×5 000 = 40 000	−5 000
专属成本	2 800	0	2 800
相关成本合计	37 800	40 000	−2 200

经分析可知,企业自制甲零部件 3 500 件的相关成本较低,相比外购该零部件,企业可节约成本 2 200 元。

（4）若甲零部件全部自制，损失的 1 000 件乙产品的边际贡献额应作为自制甲产品的机会成本。计算相关成本如表 14-11 所示。

表 14-11　相关成本计算表

单位：元

项目　　＼＼方案	自制 5 000 件甲零部件	外购 5 000 件甲零部件	差量成本
相关成本： 　变动成本 　机会成本	7×5 000＝35 000 6×1 000＝6 000	8×5 000＝40 000 0	−5 000 6 000
相关成本合计	41 000	40 000	1 000

通过比较可以看出，5 000 件甲零部件全部自制的成本为 41 000 元，高于外购成本 1 000 元，因此企业应选择外购 5 000 件的决策方案。

三、产品进一步加工或直接出售的决策

加工使产品增值这是不言而喻的，那么，加工到何种程度再出售才最有利呢？这是企业经营管理过程中经常遇到的决策问题。一般来说，是否进一步加工包括半成品、联产品、副产品三种情况。这类决策一般借助于差量分析法。不论哪种情况，进一步加工前的成本都是沉没成本，与决策无关，属非相关成本。因此，只需通过比较进一步加工后的增量收入和增量成本进行决策。

（一）半成品是否进一步加工的决策

半成品既可以直接出售，也可以加工后再出售。直接出售半成品，成本与售价相对低些；进一步加工后再出售，因售价升高可获得较高的销售收入，但须追加一定的成本。如何选择，须遵循下列原则：

进一步加工后的销售收入－半成品的销售收入＞进一步加工的追加成本　应进一步加工

进一步加工后的销售收入－半成品的销售收入＜进一步加工的追加成本　应出售半成品

在这里，"进一步加工后的销售收入－半成品的销售收入"是差量收入，"进一步加工的追加成本"为差量成本，此项包括追加的变动成本和专属固定成本。

【例 14-15】　大众制衣公司年产 A 布料 10 000 米，每米 A 布料的变动成本为 20 元，固定成本为 5 元，销售价格为 35 元。若对 A 布料继续加工，每米须支付追加变动成本 8 元；另需租入一台设备，年租金为 5 000 元，因此，售价会提高到 50 元。试对 A 布料应否进一步加工作出决策。

根据题意，分析如下：

进一步加工后的销售收入＝50×10 000＝500 000（元）

半成品的销售收入＝35×10 000＝350 000（元）

进一步加工的追加成本＝8×10 000＋5 000＝85 000（元）

因为进一步加工后的增量收入 150 000 元＞进一步加工的追加成本 85 000 元，所以大

众公司应选择进一步加工 A 布料的方案。

(二) 联产品是否进一步加工的决策

联产品是在同一生产过程中生产出来的若干种经济价值较大的产品。有些联产品既可在分离后立即出售,也可以在继续加工后再行出售。对这类联产品是进一步加工后出售还是直接出售?这也是企业经常遇到的决策问题。由于联产品分离前所发生的成本是联合成本,与决策无关,属非相关成本;而联产品在分离后继续加工所发生的追加变动成本和专属固定成本是可分成本,属相关成本,所以在决策时应按下列原则选择方案:

进一步加工后的销售收入－分离后即售的销售收入＞可分成本　　应进一步加工
进一步加工后的销售收入－分离后即售的销售收入＜可分成本　　应分离即出售

【例 14-16】　大众制衣公司在同一生产过程中生产出甲、乙两种布料,有关资料如表 14-12 所示。试分别为甲、乙两种布料作出是否进一步加工的决策。

表 14-12　大众公司产品产量、成本及售价

项目 产品	产量 (米)	联合成本 (元)	分离后立即销售的价格 (元/米)	分离后进一步加工的成本 (元)	加工后售价 (元/米)
甲	500	18 000	120	10 000	150
乙	300	9 600	150	5 600	165
合计	800	27 600	—	15 600	—

根据题意,分别编制甲、乙两种布料的差量分析表(见表 14-13 和表 14-14)。

表 14-13　甲布料差量分析表

单位:元

项目 方案	进一步加工	分离后即出售	差异
差量收入	150×500＝75 000	120×500＝60 000	15 000
差量总成本	10 000	0	10 000
差量利润	65 000	60 000	5 000

表 14-14　乙布料差量分析表

单位:元

项目 方案	进一步加工	分离后即出售	差异
差量收入	165×300＝49 500	150×300＝45 000	4 500
差量总成本	5 600	0	5 600
差量利润	43 900	45 000	−1 100

从以上差量分析表可知,甲产品继续加工后出售比分离后即出售多获 5 000 元的差量利润,乙产品分离后即出售比继续加工后再出售多获 1 100 元的差量利润。所以,大众公司应对甲布料进一步加工,对乙布料分离后即出售。

(三) 副产品是否进一步加工的决策

副产品是经济价值很低或没有经济价值的联产品。对副产品是否进一步加工的决策,与联产品大致相同。可以说,副产品是否进一步加工的决策是联产品是否进一步加工决策的特例。所不同的是,副产品如不继续加工而作废料须支付一定的处理费用;若进一步加工,则可节约这部分处理费用,相当于增加了收入。因此,在决策时只要分析副产品进一步加工后的销售额与节约的废料处理费之和是否超过可分成本即可。其选择方案的原则为:

进一步加工后的销售收入＋废料处理的费用＞可分成本　　　应进一步加工

进一步加工后的销售收入＋废料处理的费用＜可分成本　　　应作废料处理

四、亏损产品应否停产或转产的决策

在企业生产经营过程中,往往由于市场需求变化、产品过时、质量较次等原因导致产品滞销、积压,发生亏损。对于亏损产品,从财务会计的角度看,一般认为应停产或转产,以增加企业的营业利润,但事实往往并非如此。从成本性态的角度看,停产某一亏损产品,一般只能减少该产品的变动成本,如果该亏损产品的边际贡献大于零,能弥补部分的固定成本,就不应该停产该亏损产品。否则,该产品的边际贡献消失,全部的固定成本只能全部由其他产品的边际贡献来负担,其结果是反而降低了企业的经营利润。因此,亏损产品可分为"实亏损"产品和"虚亏损"产品两种。对于"实亏损"产品,由于其边际贡献为负数,生产得越多,亏损得越多,除非特殊需要,一般不应该继续生产。对于"虚亏损"产品,由于其边际贡献是正数,它对企业还是有贡献的。它之所以亏损是因为其边际贡献不足以弥补全部固定成本,如果停产,由于固定成本依然存在,亏损不仅不能减少,反而会增加,所以应该设法扩大该产品的生产。

【例14-17】 大众制衣公司现生产 A、B、C 三种款式服装,其中,B 款式服装是亏损产品。若让 B 款式服装停产,则其生产能力将闲置起来。该公司盈亏计算结果表明,A 款式服装获利 28 000 元,B 款式服装亏损 14 400 元,C 款式服装获利 38 400 元,如此,致使该公司净利总额为 52 000 元。假定三种款式服装的有关资料如表 14-15 所示,试对亏损产品应否停产进行决策。

表 14-15　大众制衣公司产品销量、售价及成本

单位:元

项　目	A 款式服装	B 款式服装	C 款式服装
销售量(件)	1 000	4 500	8 000
销售单价	300	80	30
单位变动成本	200	64	18
固定成本总额	216 000(按各种产品销售金额比例分摊)		

根据题中资料编制停产前的损益表(见表 14-16)。

309

表 14-16 停产前损益表

单位：元

项　目	A 款式服装	B 款式服装	C 款式服装	合　计
销售收入	300 000	360 000	240 000	900 000
销售变动成本	200 000	288 000	144 000	632 000
边际贡献	100 000	72 000	96 000	268 000
固定成本	72 000	86 400	57 600	216 000
利润	28 000	—14 400	38 400	52 000

由于无论 B 款式服装是否停产固定成本总额 216 000 元总要发生，所以如果 B 款式服装停产，则它所负担的 86 400 元固定成本就应由 A、C 两种产品负担(B 产品的变动成本当然随着停产而消失)。其盈亏结果如表 14-17 所示。

表 14-17 停产 B 款式服装后的损益计算表

单位：元

项　目	A 款式服装	C 款式服装	合　计
销售收入	300 000	240 000	540 000
销售变动成本	200 000	144 000	344 000
边际贡献	100 000	96 000	196 000
固定成本	120 000	96 000	216 000
利润	—20 000	0	—20 000

计算结果表明，大众制衣公司若把原有的 72 000 元边际贡献的 B 款式服装停产，不但失去了边际贡献，而且把原来由 B 产品弥补的固定成本交由 A、C 两种产品去负担，其结果反而造成原来盈利的 A 产品和 C 产品变成亏损产品和不盈不亏产品，从而导致整个企业由盈变亏。相差数额为亏损产品 B 提供的边际贡献额。

通过上例可以得出结论：当盈利产品不能增产，也无新产品代替亏损产品时，只要亏损产品提供的边际贡献总额大于零，亏损产品就不应停产。

另外，亏损产品不提供边际贡献时，也应慎重决定。首先要考虑是否尚有潜力可挖。若能通过改善经营管理，降低成本或在市场允许的范围内适当提高产品售价等手段可扭亏为盈，就应暂不停产。即使无潜力可挖，也应考虑亏损产品停产后是否影响其他产品的销售等因素。

【例 14-18】 大众制衣公司在 B 款式服装停产后，准备转产 D 款式服装，若其销售单价为 180 元，单位变动成本为 135 元，预计 D 款式服装一年可销售 2 000 件。试对停产 B 款式服装转产 D 款式服装的方案是否可行进行决策，并计算转产后大众制衣公司的利润额。

根据题意，可分两步进行计算分析。

(1) 计算判定转产方案是否可行。

对于转产方案是否可行，只要计算出 D 款式服装提供边际贡献总额是否大于 B 款式服装的边际贡献总额即可判定。

D 款式服装的销售收入=180×2 000=360 000(元)

D 款式服装的销售变动成本=135×2 000=270 000(元)

D 款式服装的边际贡献总额=90 000(元)

从计算结果可以看出,D款式服装提供的边际贡献总额比B款式服装提供的边际贡献总额多18 000(90 000−72 000)元,说明停产B款式服装转产D款式服装这一方案可行。

(2) 转产D款式服装后的利润总额可通过编制利润表求得(见表14-18)。

表14-18 转产D款式服装的利润表

单位:元

项　　目	A款式服装	C款式服装	D款式服装	合　　计
销售收入	300 000	240 000	360 000	900 000
销售变动成本	200 000	144 000	270 000	614 000
边际贡献	100 000	96 000	90 000	286 000
固定成本	72 000	57 600	86 400	216 000
利润	28 000	38 400	3 600	70 000

从表14-18的计算结果可以看出,停产B款式服装转产D款式服装后,可使整个企业利润额由52 000元增至70 000元,也表明转产方案可行。

五、生产能力约束下的产品组合的决策

如果企业同时生产两种或两种以上的产品,到底应怎样安排各种产品的生产量呢? 这是企业管理人员在生产决策中经常面临的一个问题。管理人员必须根据市场的需要和企业现有的资源,合理地安排各种产品的生产量,使各种产品的生产量达到最优组合,以取得最佳的经济效益。

【例14-19】 大众制衣公司生产甲、乙两种布料,每种布料都要经过部门Ⅰ和部门Ⅱ进行加工才能完成,其有关的资料如表14-19所示。

表14-19 加工资料表

	甲布料	乙布料
每米售价(元)	17	15
每米变动成本(元)	14	13
每米边际贡献(元)	3	2
每米布料在各部门加工的时间		
部门Ⅰ	2小时	1小时
部门Ⅱ	1.5小时	2小时

各部门可利用的生产能力是:部门Ⅰ为500小时,部门Ⅱ为480小时。

根据上述条件,应如何有效地利用企业现有的生产能力,确定甲、乙两种布料的最优组合,以争取为企业提供最多的边际贡献?

这类问题便于用线性规划法求解。其具体步骤如下。

首先,确定目标函数与约束条件,并用代数式表现。

设:以x_1代表甲布料的产量,x_2代表乙布料的产量,s代表可提供的边际贡献。

则约束条件表现为:

$$\begin{cases} 2x_1+x_2 \leqslant 500 \\ 1.5x_1+2x_2 \leqslant 480 \\ x_1 \geqslant 0, \ x_2 \geqslant 0 \end{cases}$$

目标函数为 $s=3x_1+2x_2$

其次,这一问题涉及的变量较少,可用图解法求解,为此,先确定产品组合的可行解区域。将约束条件化为等式,并在平面直角坐标系的第一象限内作图(见图14-2)。

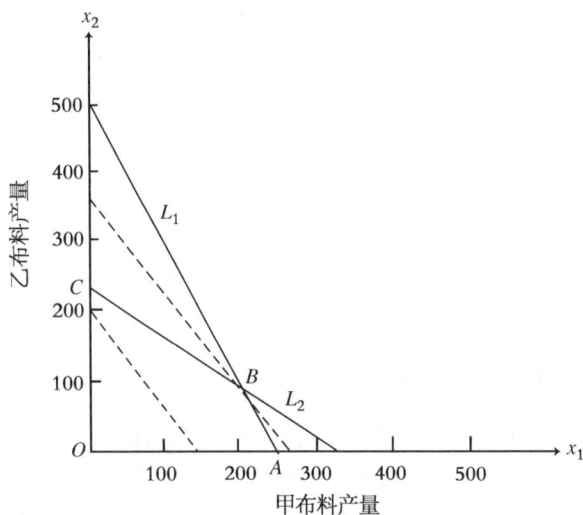

图14-2 线性规划图

其具体做法如下。

(1) 将部门Ⅰ生产能力约束条件在坐标图中画一条直线 L_1,即

$2x_1+x_2=500$

设 $x_1=0, x_2=500$ (0, 500)

$x_2=0, x_1=250$ (250, 0)

然后,在纵轴上取 $x_2=500$ 这一点,在横轴上取 $x_1=250$ 这一点,用直线连接这两点,即为直线 L_1。由于 $2x_1+x_2 \leqslant 500$,所以,可确定满足约束条件的解必定在直线 L_1 的下方(包括直线 L_1 上)的任何一点。

(2) 将部门Ⅱ的生产能力约束条件在坐标图上画一条直线 L_2,即

$1.5x_1+2x_2=480$

设 $x_1=0, x_2=240$ (0, 240)

$x_2=0, x_1=320$ (320, 0)

然后,在纵轴上取 $x_2=240$ 这一点,在横轴上取 $x_1=320$ 这一点,用直线连接起来,即为直线 L_2。由于 $1.5x_1+2x_2 \leqslant 480$,所以可确定满足约束条件的解必定在直线 L_2 的左下方(包括直线 L_2 上)的任何一点。

(3) 确定产品组合的可行解区域。

综合上述可见,满足全部约束条件的解必须在四边形 $OABC$ 的内部或其边界上的任何一点。

最后,确定产品的最优组合。

因为上述分析仅仅找出 x_1、x_2 的取值范围,还没有找到具体的解,即 x_1、x_2 要生产多少才能使目标函数取最大值。要找到这一点,就得将目标函数在图上表现。为确定目标函数的图像,可将目标函数 $s=3x_1+2x_2$ 改为下面形式:

$x_1=-(2x_2)/3+s/3$

然后,在图上作一族平行线(其斜率为 $-2/3$),称为等利润线,用虚线表示。在图 14-2 中,B 点是可行解区域四边形 $OABC$ 内的一个角点,也是直线 L_1 和 L_2 的交点。由于 B 点不仅在可行解区域里,而且通过这一点所作的等利润线的纵截距为最大,所以 B 点的坐标值 208 和 84 就是甲、乙两种布料的最优组合。也就是安排生产甲布料 208 米、乙布料 84 米既能使两个部门的生产能力得到充分利用,又能为企业提供 792($3\times208+2\times84$)元的边际贡献。

确定产品的最优组合的另一种方法是:首先,计算可行解区域里各个角点的坐标值(这些坐标值表示甲、乙两种布料的生产量)。其次,把各个角点的坐标值分别代入目标函数线性方程,计算各个角点生产甲、乙两种布料所取得的边际贡献总额。最后,选出使边际贡献最大化的那个角点,作为最优解。其具体计算如表 14-20 所示。

表 14-20　最优解计算图

单位:元

角　点	甲布料(x_1)	乙布料(x_2)	边际贡献 $s=3x_1+2x_2$
O	0	0	0
A	0	250	$3\times0+2\times250=500$
B	208	84	$3\times208+2\times84=792$
C	0	240	$3\times0+2\times240=480$

上述计算表明,应当生产和销售甲产品 208 件、乙产品 84 件,才能使边际贡献总额的最大值为 792 元。其计算结果与前面所计算的结果是一致的。这样来安排生产,符合上面所讲的约束条件,即部门Ⅰ所耗工时为 $208\times2+84\times1=500$,部门Ⅱ所耗工时为 $208\times1.5+84\times2=480$。其结果是既充分利用两个部门的生产能力,又使边际贡献总额达到最大值。

第四节　存　货　决　策

一、存货决策的意义

存货是指企业在生产经营过程中持有的以备出售的产成品或商品,或者为了出售仍然处于生产过程中的在产品,或者将在生产过程或提供劳务过程中耗用的材料、物料等。

存货是企业生产经营过程中不可缺少的重要物资,一般在制造企业中,存货的成本占流动资金的 50% 左右,而在零售企业中,这一比例超过 70%。由于存货管理在企业管理中已经起到举足轻重的作用,因此存货管理越来越受到企业管理者的重视。

在生产经营过程中,企业必须持有适当的存货,其主要原因有以下两个。

第一,企业利润最大化的经营目标要求与存货相关的成本最小化。然而,存货持有成本的最小化要求小批量的订货或生产;订货成本的最小化则要求订货批量大、次数少(生产准备成本最小化则要求批次少、时间长的大量生产)。这样,要想实现存货持有成本最低,就要求企业保持尽量少的存货甚至是零存货;要想使订货成本或生产准备成本最低,则要求企业保持尽量多的存货。所以,企业在选择存货水平时,要考虑的一个重要因素是在两类成本之间进行权衡,以使订货成本和存货持有成本的总和最小。

第二,企业持有一定的存货是为了满足不确定的存货需求。即使订货成本或生产准备成本可以忽略不计,但由于缺货成本的存在,企业仍然需要持有一定的存货。如果对产品或材料的需求量远远超出预期的需求量,存货可以作为一种缓冲器,使企业能够做到按时交货,从而使顾客满意。

企业的存货过多或存货不足都会增加企业的费用。存货过多,必然增加许多仓储保管费用和利息支出;存货不足,会造成生产经营中断,从而给企业带来有形的和无形的损失。寻求最佳存货数量,使库存存货总成本最小化,是存货决策的意义所在。

二、存货成本的构成要素

存货成本是指企业为取得并持有存货所发生的所有支出。在产品或材料等存货的市场需求量确定的情况下,与存货相关的成本主要有两项:如果企业的存货是外购的材料和商品,与存货相关的成本有订货成本和持有成本;如果企业的存货是自制的材料和商品,与存货相关的成本有生产准备成本和持有成本。在产品或材料等存货的市场需求量不确定的情况下,与存货相关的成本还有缺货成本。

1. 订货成本

订货成本是指企业为订购货物而支出的各种费用,包括办公费、差旅费、采购人员的工资薪酬和电话通信费等。订货成本分为变动订货成本和固定订货成本。变动订货成本与订货的次数成正比,固定订货成本与订货批次无关。在存货决策中,一般将固定的订货成本视作无关成本。

2. 生产准备成本

生产准备成本是指使生产某种特定产品或部件的设备和设施达到可以使用状态而发生的各种准备成本,包括闲置的生产工人工资、生产设备的闲置成本(丧失的收益)和生产试运行成本(包括人工成本、材料成本和间接成本等)。与订货成本相似,在存货决策中一般将固定的生产准备成本视作无关成本。

3. 持有成本

持有成本是指企业储存存货所发生的费用,包括仓储费用、保险费用、存货报废损失、财产税、年度检查费用、存货资金占用费用等。持有成本分为变动持有成本和固定持有成本。变动持有成本取决于存货数量及存储时间的长短,固定持有成本与存货数量及存储时间无关。在存货决策中,一般将固定持有成本视作无关成本。

4. 缺货成本

缺货成本是指由于存货的数量不能满足顾客的需求而发生的损失,包括销售额的减少

（包括现在的和未来的）、应急成本（增加的运输费、加班费等）、停产成本以及延期交货而支付的罚金、客户选择其他供应商而丧失的销售机会及带来的企业信誉方面的损失等。缺货成本多属于机会成本，一般可采用一定的方法估计缺货成本。缺货成本和存货的存储量有关：当存货充足时，缺货的可能性小，缺货成本小；当存货不充足时，缺货的可能性大，缺货成本大。

除了上述的四种成本外，存货成本还包括采购成本。采购成本是指取得存货所花费的成本，包括买价、运杂费、装卸费、运输中的合理损耗和入库挑选费。采购成本的高低取决于采购数量及采购的单位成本。在存货采购的批量是固定的情况下，单位成本不变，因此在存货管理的决策中，一般将存货的采购成本视作无关成本。只有当存在数量折扣时，采购成本才成为相关成本。

还应注意的是，订货成本和生产准备成本在本质上是相类似的，两者都表示为取得存货而必须发生的成本。它们之间的区别仅仅在于前期必要作业的性质不同：一个是填制和发出订单，另一个是调试设备和设施。下面将着重讨论外购材料和商品的经济订货量，因此如果涉及生产准备成本时，都可看作是订货成本。

三、经济订货批量的基本模型

所谓经济订货批量（economic order quantity，简称 EOQ），是指在保持企业正常生产经营活动的前提下，使企业存货的相关总成本最低的每次订货批量。

在一般情况下，订货批量减小，会使变动持有成本随着企业平均存货量下降而下降，但同时因订货次数增加而使变动订货成本增加；订货批量增大，会使变动持有成本随着企业平均存货量上升而上升，但同时因订货次数减少而使变动订货成本减少。所以，采用经济订货批量模型，就是为了寻找使企业的总存货成本（即年订货成本＋年持有成本）最低的经济订货批量。

经济订货批量的确定可采用公式法、逐次测试法和图示法三种方法。

（一）公式法

如果存货的需求量是已知的，在选择经济订货批量时只要考虑相关的订货成本和存货持有成本。订货成本和存货持有成本的总相关成本可用下面公式表示：

总相关成本＝每次订货成本×年订货次数＋单位存货年变动持有成本×平均库存量

为了便于分析，作以下假设：

T——年相关总成本；

R——全年存货需要量；

Q——每次订货数量，即订货批量；

S——每次订货的成本；

C——单位存货年持有成本。

年相关总成本可用公式表示如下：

$$T = \frac{R \times S}{Q} + \frac{Q \times C}{2} \tag{1}$$

图 14-3 列示了各变量之间的关系。

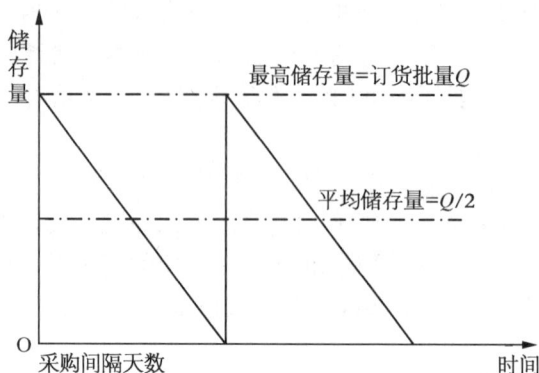

图 14-3 变量之间的关系

为了求得总相关成本最小时的经济订货批量,可以通过导数求解:

$$T' = -\frac{RS}{Q^2} + \frac{C}{2}$$

令

$$-\frac{RS}{Q^2} + \frac{C}{2} = 0$$

得:

$$Q = \sqrt{\frac{2RS}{C}} \qquad (2)$$

即当 $Q = \sqrt{\dfrac{2RS}{C}}$ 时,为最经济的订货批量。

将(2)式代入(1)式,得出年最低相关总成本:

$$T = \frac{RS}{\sqrt{\dfrac{2RS}{C}}} + \frac{C}{2} \times \sqrt{\frac{2RS}{C}}$$

$$T = \sqrt{2RSC} \qquad (3)$$

【例 14-20】 大众公司 2020 年全年需要甲材料 3 200 千克,该甲材料的单位采购成本为 10 元,单位变动持有成本每年为 25 元,订购甲材料一次的成本为 400 元。计算大众公司采购甲材料的经济订货批量以及相关的总成本。

由(2)式得出经济订货批量及相关总成本为:

$$Q = \sqrt{\frac{2RS}{C}} = \sqrt{\frac{2 \times 3\,200 \times 400}{25}} = 320 \,(千克)$$

$$T = \sqrt{2RSC} = \sqrt{2 \times 3\,200 \times 400 \times 25} = 8\,000 \,(元)$$

(二)逐次测试法

逐次测试法也称列表法,是通过列表的方式针对不同的经济订货批量逐次测试,以求得总相关成本最小时的订货批量,也即经济订货批量的方法。

【例 14-21】 沿用【例 14-20】的资料。采用逐次测试法分别测试每次采购 160 千克、320 千克、640 千克、1 280 千克和 3 200 千克时的总相关成本,并确定经济订货批量。测试过程如表 14-21 所示。

表 14-21 逐次测试法计算表

单位:元

每次订货量(Q)	订货费用(RS/Q)	储存成本($QC/2$)	合计(T)
160	8 000	2 000	10 000
320	4 000	4 000	8 000
640	2 000	8 000	10 000
1 280	1 000	16 000	17 000
3 200	400	40 000	40 400

从表 14-21 的测试可以看出,当每次订货批量为 320 千克时,总相关成本是最低的,因此 320 千克是经济订货批量。

(三)图示法

图示法是将订货成本、持有成本和总相关成本标示在坐标图上,从而可以清楚地揭示订货成本、持有成本和总相关成本之间的关系。现将【例 14-21】图示如图 14-4 所示。

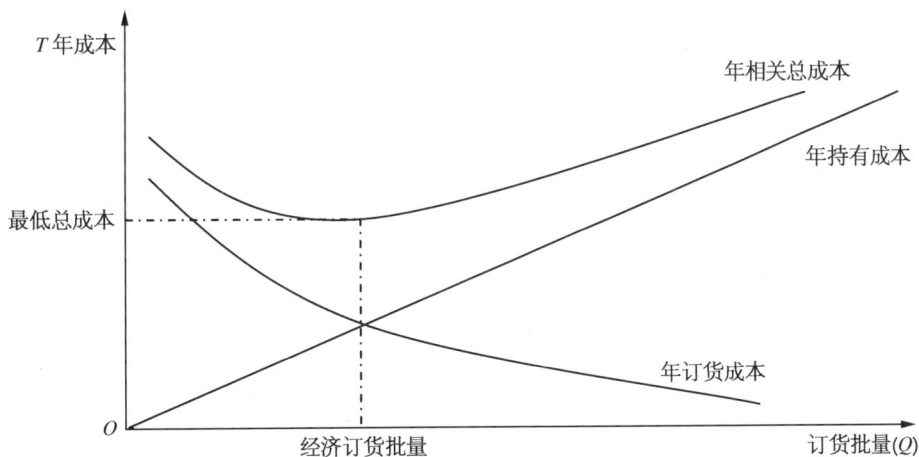

图 14-4 经济订货量

从图 14-4 可以看出,当订货成本与持有成本相等时,此时的批量是经济订货批量;也即经济订货批量在订货成本与持有成本的交叉处,此时的总相关成本是最低的。

四、基本模型的扩展

上述经济订货批量基本模型是建立在理想状态下的,在实际工作中很难达到。下面根据实际情况逐渐地放宽一些限制条件,通过对经济订货批量基本模型的扩展,以更好地适应不同情况的需要。

（一）存在数量折扣情况下的经济订货批量

在前面的经济订货批量基本模型中，假设企业的单位采购成本是固定的。在实际经济活动中，如果企业采购的数量达到一定的标准，销售方将给予企业相应的数量折扣，一般购买得越多，企业享受的数量折扣就越多。所以，在有数量折扣的情况下，采购成本是存货决策的相关成本。此时，存货的总相关成本由订货成本、持有成本和采购成本组成。

当享受折扣的订货起点低于或等于经济订货批量时，企业会选择享受数量折扣；当享受数量折扣的订货起点高于经济订货批量时，企业应该对是否享有数量折扣进行权衡。如果选择享有数量折扣：一方面，由于订货数量的增加，会使总相关成本增加；另一方面，由于享有数量折扣，采购成本会节约。因而，一般需要通过以下步骤进行选择。

（1）计算不享有数量折扣情况下的经济订货批量。

（2）如果该经济订货批量高于或等于享有数量折扣起点的订货批量，则该经济订货批量就是最优解。如果该经济订货批量低于享有数量折扣起点的订货批量，则应分别计算不享有数量折扣和享有数量折扣时的总相关成本。

（3）如果不享有数量折扣时的总相关成本低于享有数量折扣时的总相关成本，则不享有数量折扣时的经济订货批量就是最优解；否则，享有数量折扣时的经济订货批量是最优解。

【例 14-22】 大众公司 2020 年全年需要甲材料 3 200 千克，当一次订货量在 400 千克以下时，甲材料的单位采购成本为 10 元；当一次订货量在 400 千克及以上时，甲材料的单位采购成本可获 10% 的折扣。甲材料单位变动储存成本每年为 25 元，订购甲材料一次的成本为 400 元。计算大众公司的经济订货批量。

根据以上资料，可分为以下三个步骤计算。

（1）当不考虑数量折扣时，求得经济订货批量。因此，根据公式得出经济订货批量为：

$$Q = \sqrt{\frac{2RS}{C}} = \sqrt{\frac{2 \times 3\ 200 \times 400}{25}} = 320（千克）$$

由于不享有数量折扣时的经济订货批量 320 千克小于享有数量折扣起点 400 千克，因而要进一步计算其总相关成本。

（2）不享受数量折扣时的总相关成本 $= 10 \times 3\ 200 + 320 \times 25 / 2 + 3\ 200 \times 400 / 320 = 32\ 000 + 4\ 000 + 4\ 000 = 40\ 000$（元）

享有数量折扣，即当一次订货量在 400 千克时的总相关成本 $= 10 \times 3\ 200(1 - 10\%) + 400 \times 25 / 2 + 3\ 200 \times 400 / 400 = 37\ 000$（元）

（3）将以上两种情况进行比较，不考虑数量折扣时的总成本是 40 000 元，考虑数量折扣时的总成本是 37 000 元，所以以接受数量折扣时，将使总成本降低 3 000（40 000-37 000）元，因此将选择接受数量折扣，即以 400 千克作为经济订货批量。

（二）存货陆续入库情况下的经济订货批量

在上述基本模型中，是以企业的订货是一次同时入库为前提的，在实际工作中，由于企业本身的储备空间有限或者想要降低持有成本等原因，企业一次订货，但会陆续到达，并陆续地领用。为了便于计算，假设存货均匀地到达，同时入库的速度要大于领用的速度。图 14-5 表示经济订货批量基本模型中的存货储备和陆续入库情况下存货储备的区别。

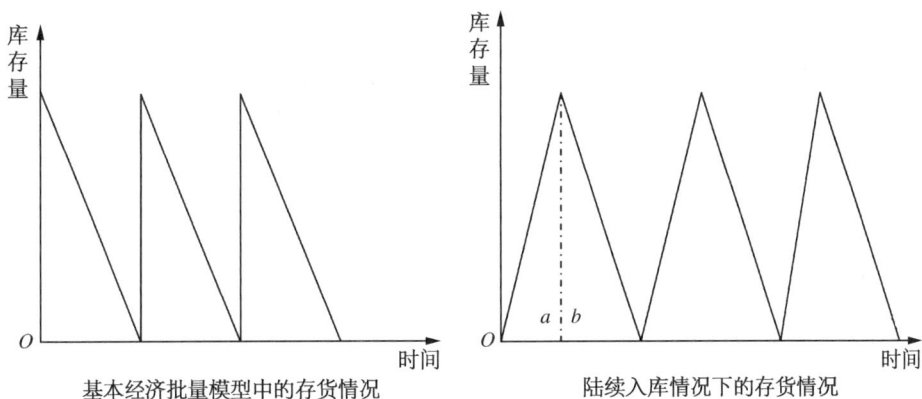

图 14-5　基本经济批量模型和陆续入库的存货情况比较

基本经济批量模型中的存货情况　　　　陆续入库情况下的存货情况

在陆续入库情况下的存货储备图中,a 段表示随着时间的推移,存货积累到全部入库时库存量的变化情况;b 段表示存货全部入库后随着时间的推移,直到库存全部被消耗,即下一次的采购前的库存量的变化情况。由分析可以得出,在存货陆续入库的情况下,与经济订货批量有关的年相关总成本如下:

每天的入库量以 P 表示;每天的领用量以 R' 表示;

则:

每次订货全部到达所需要的时间 $t=Q/P$;

存货最高的库存量 $=(P-R')t$

由此可以得出总相关成本为:

$T=RS/Q+(P-R')/2\times(Q/P)C$

对上式求关于 Q 的导数,得出存货陆续入库情况下的经济订货批量为:

$$Q=\sqrt{\frac{2RS}{C(1-R'/P)}} \tag{4}$$

当 Q 为经济订货批量时,总相关成本的计算公式为:

$$T=\sqrt{2RSC(1-R'/P)} \tag{5}$$

【例 14-23】　大众公司全年需要乙材料 36 000 千克,每日领用材料为 100 千克。该材料每隔 30 天采购一次,分 6 天送货,陆续到达,每日入库材料为 200 千克。每次订购费用为 100 元,单位变动持有成本每年为 10 元,求经济订购批量及总相关成本。

由上述公式得:

$$Q=\sqrt{\frac{2\times36\,000\times100}{10\times(1-100/200)}}=1\,200(千克)$$

由计算结果得知,乙材料陆续到达时的经济订货批量为 1 200 千克,此时全年的总相关成本为:

$$T=\sqrt{2\times36\,000\times100\times10\times(1-100/200)}=6\,000(元)$$

（三）允许缺货情况下的经济订货批量

在产品或材料的市场需求量不确定的情况下，企业还可能发生缺货。当企业的缺货成本较之增加安全存量的成本很小时，企业可以通过支付一些缺货成本来弥补因缺货而对企业的信誉、生产经营活动造成的损失，所以企业会允许一定数量的缺货。

在允许缺货的情况下，企业的最低存货数量将不是零，可能是负数。例如，企业的每次订货数量为 800 千克，而允许的缺货量为 70 千克。在下次订货 800 千克到达时，要将其中的 70 千克弥补前面的累积缺货，进货剩下的 730 千克再用于建立存货储备。因此，在允许缺货的情况下，最高库存量为订货量弥补缺货量后的余额。图 14-6 表示存货的库存情况和缺货情况。

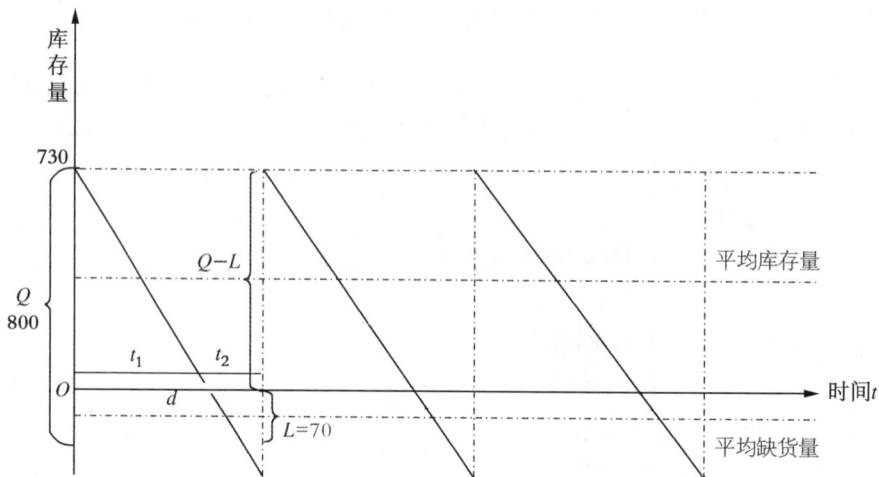

图 14-6　缺货情况下的经济批量

在图 14-6 中，t_1 表示有存货的时间，t_2 表示缺货的时间，$t=t_1+t_2$ 表示每次订货的间隔，d 表示存货的每日需要量，L 表示允许缺货量。因此，存在以下关系式：

$t=t_1+t_2=Q/d$

$t_1=(Q-L)/d$，t_1 期间平均库存量为 $(Q-L)/2$

$t_2=L/d$，t_2 平均缺货量为 $L/2$

在时间 t 内，企业的平均库存量、平均缺货量计算如下：

$$平均库存量=\frac{\frac{(Q-L)\times t_1}{2}+0\times t_2}{T}=\frac{(Q-L)^2}{2Q}$$

$$平均缺货量=\frac{0\times t_1+\frac{L}{2}\times t_2}{t}=\frac{0+\frac{L^2}{2d}}{\frac{Q}{d}}=\frac{L^2}{2Q}$$

上述是假定订货量和允许缺货量已知的情况下，求平均储存量和平均缺货量。在允许缺货的情况下，经济订货量与最大允许缺货量的确定过程如下。

设 T 代表与订货量(Q)及允许缺货量(L)有关的存货相关总成本(T)。在允许缺货的情况下,年相关成本应由订货成本、持有成本和缺货成本三部分构成。G 为单位存货的年缺货成本,则公式表示如下:

$$T = \frac{RS}{Q} + \frac{(Q-L)^2 C}{2Q} + \frac{L^2 G}{2Q}$$

分别求 T 关于 Q 与 L 的偏导数,并根据拉格朗日定理使偏导数为零,得:

$$Q = \sqrt{\frac{2RS}{C} \times \frac{(C+G)}{G}} \qquad (6)$$

$$L = Q \times \frac{C}{C+G} \qquad (7)$$

$$T = \sqrt{2RSC \times \frac{G}{C+G}} \qquad (8)$$

【例 14-24】 大众制衣公司每年的丙材料需求量为 20 000 千克,公司根据实际情况允许缺货。每批材料的订货成本为 20 元。单位存货的年变动持有成本为 5 元,单位材料的年缺货成本为 4 元。求经济订货批量、最大允许缺货量及最低相关总成本。

$$Q = \sqrt{\frac{2 \times 20\,000 \times 20}{5} \times \frac{(5+4)}{4}} = 600(千克)$$

$$L = 600 \times 5/(5+4) \approx 333.3(千克)$$

$$T = \sqrt{2 \times 20\,000 \times 20 \times 5 \times \frac{4}{(5+4)}} \approx 1\,333.3(元)$$

五、再订货点的确定

经济订货批量解决的是每次订购(或生产)多少存货的问题。除此之外,经济订货批量还要解决什么时候应该发出订单(或者开始准备生产)的问题,也即再订货点的问题。

前面已经比较完整地阐明了经济订货批量如何确定,当然经济订货批量的确定是建立在订货与到货并不存在时间间隔的假设基础上的,在企业的实际工作中,采购部门不能做到随时补充材料,因为从采购订单发出到所需的存货运进仓库通常需要一段时间,因此企业必须在用完全部材料之前就要订货,从而避免因企业库存不足造成的损失。

(一)需求确定情况下的再订货点

再订货点(recorder point)是指当企业的存货库存降到某一水平时,企业要立即发出订单的时点。再订货点是经济订货批量、订货提前期(交货周期)以及存货消耗速度的函数。

图 14-7 揭示了再订货点与库存量之间的关系。

在图 14-7 中,订货提前期是从发出订单到存货验收入库所需要的时间,包括订货时间、搬运时间、检验时间等。

为了避免缺货和尽量降低存货的持有成本,企业应该及时发出订单,以确保在最后一个

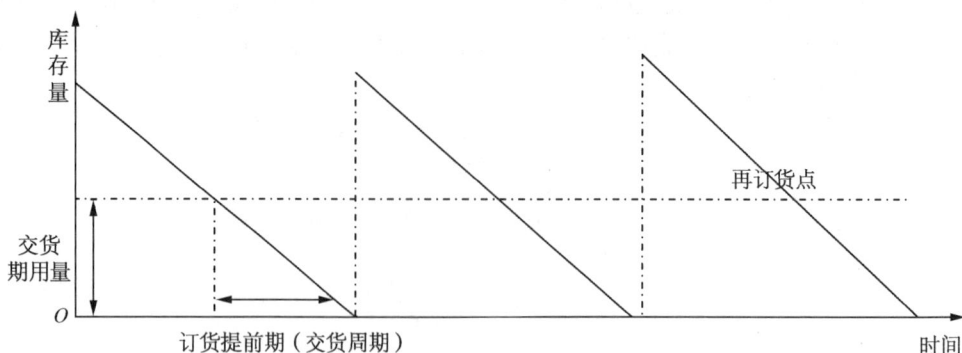

图 14-7 再订货点与库存量之间的关系

单位存货用完时,新订购的存货恰好到达。在存货需求确定的情况下,如果已经知道了存货每日的耗用量和交货周期,就可以按下列公式计算出再订货点:

再订货点＝存货平均每日的耗用量×订货提前期

【例 14-25】 飞燕公司 A 材料的全年需用量为 3 600 件,经济订货批量为 300 件。若全年按 360 天计算,平均每天耗用 A 材料 10 件,订货间隔期为 30 天。如果 A 材料的交货周期为 5 天,则其再订货点可计算如下:

再订货点＝10×5＝50(件)

从计算结果可知,当 A 材料的库存量降到 50 件的时候,就应该立即发出订单,也就是应该提前 5 天去订货。当 A 材料耗尽时,正好收到新订购的材料,A 材料的数量立即恢复到经济订货批量的水平。

要注意的是,在企业存货的每日需求量确定的情况下,当存货的库存量达到再订货点的时候,正好到达订货提前期。因此,按再订货点订货与按订货提前期订货是一致的。

(二) 需求不确定情况下的再订货点

在存货的需求不能确定的情况下,影响再订货点的要素除了经济订货批量、订货提前期以及存货消耗速度外,还有安全存量要素。

安全存量(safety stock)是指为了应付需求波动而额外多持有的存货。为了防止因其他不确定因素的影响而使在交货周期内存货耗用量超过正常水平以及因突发事件使交货周期延长导致库存不足以维持到存货入库情况的发生,企业通常都会保持一定的储备量。安全存量的多少取决于库存耗竭的程度。图 14-8 和图 14-9 分别表示以上两种库存耗竭的情况。

由于上面两种情况的存在,企业应当准备必要数量的库存,以保证生产的继续进行,在原有的基础上增加一些存货储备(即安全存量)。现将两种情况下的安全存量列示如图 14-10 和图 14-11 所示。

安全存量的计算公式如下:

安全存量＝(预计每天最大耗用量－平均每日正常耗用量)×订货提前期

在需求不确定的情况下,再订货点可按下列公式计算:

再订货点＝平均每日消耗材料量×订货提前期＋安全存量

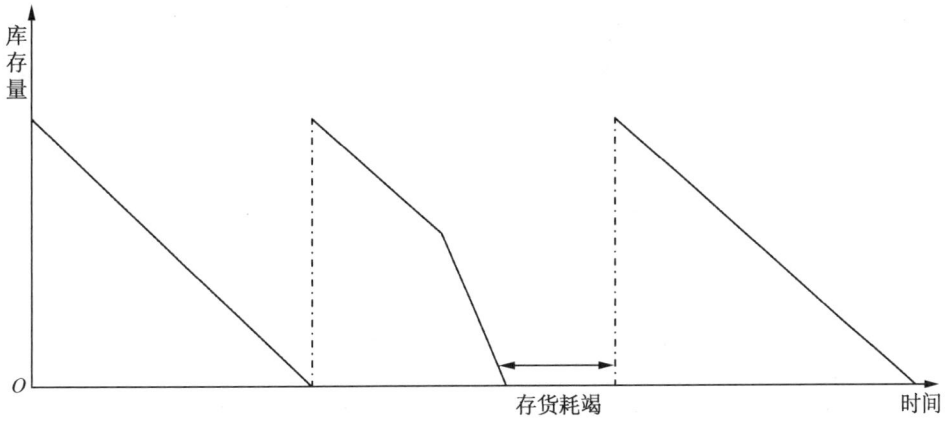

图 14-8 第一种情况的存货耗竭

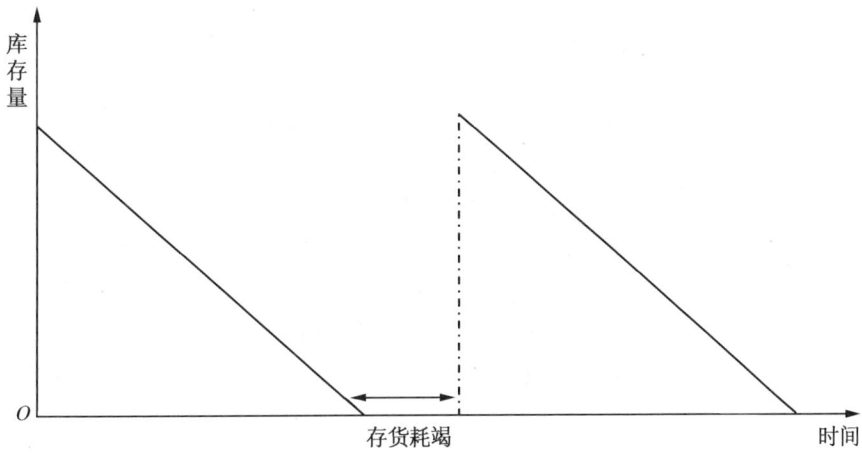

图 14-9 第二种情况的存货耗竭

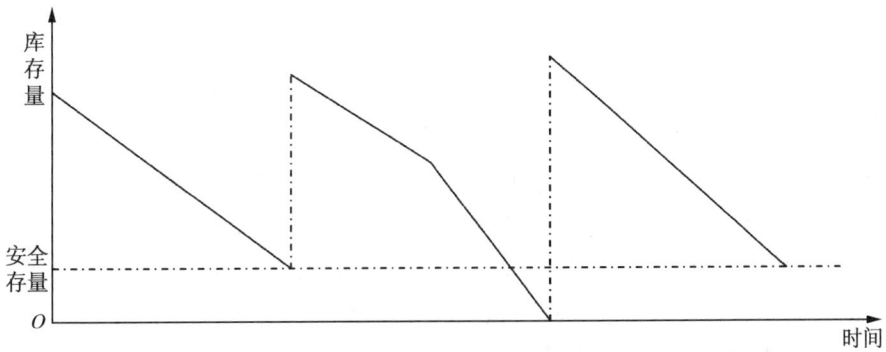

图 14-10 弥补第一种情况的安全库存量

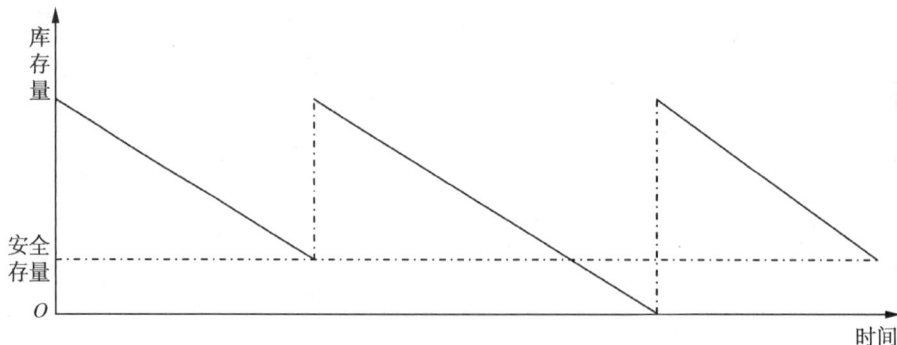

图 14-11　弥补第二种情况的安全库存量

【例 14-26】　飞燕公司 A 材料的全年需用量为 3 600 件,经济订货批量为 300 件。若全年按 360 天计算,平均每天耗用 A 材料 10 件,订货间隔期为 30 天。如果 A 材料的交货周期为 5 天,预计 A 材料每日最大的耗用量为 12 件。其安全存量和再订货点可计算如下:

安全存量＝(12－10)×5＝10(件)

再订货点＝10×5＋10＝60(件)

此时,飞燕公司 A 材料的最高储存量为 310 件。当 A 材料的库存量为 60 件时,就应该立即申请订货,要求补充新的存货。

应该注意的是,在增加安全存量的同时,企业相应的持有成本也会增加,因此必须权衡一下设置安全存量而增加的持有成本,以及没有设置安全存量而增加的库存耗竭所带来的成本,包括失去市场份额的成本、失去商业信用的成本等。

还应注意的是,在存货需求不确定的情况下,再订货点与订货提前期往往是不一致的。那么,什么时候应该发出订单呢? 在一般情况下,是看再订货点和订货提前期哪个先到达。如果是先到达再订货点,尽管此时还没有到达订货提前期,应该立即订货;如果先到达订货提前期,此时也可能还没有到达再订货点,同样应该立即订货。否则,存货就可能发生脱节,影响正常的生产经营过程。

专栏 14-2

上海大众:管理会计促成精细化财务团队

上海大众财务团队包括专业的零件定价团队、全面的项目测算团队、严格的工厂及费用控制团队以及高效的财务分析团队。

上海大众财务团队还建立了完善的决策体系。从部门层面到执行管理委员会,到董事会,再到股东会,完备的决策流程保证了及时而相关的管理信息层层深入地到达相应的决策部门,而且每个层面都能解决相应层次的问题,从而保证决策顺利实现。另外,管理信息系统化的实施也为决策的顺利实现提供了便捷渠道。

正是这种战略管理会计的有效实施,使得上海大众的决策系统更能兼顾企业内外部环境变化,也更为及时有效。这带来的绩效改善是很明显的。

同时,颇具上海大众特色的全面预算管理体系保证了企业的短期、中期、长期平稳运行。上海大众形成了五年中长期规划、一年预算和预算年度内十一次不间断的月度滚动预测环环相扣的完善的全面预算体系,从而提供一个良好的风险预警机制和目标管理模式。

上海大众还由此建立了精准的新产品、新工厂的项目计算控制体系。财务团队从新项目意向阶段就开始介入,通过专业的财务计算,为新项目的顺利落地出谋献策,确保企业能够抓住机遇,在市场竞争中立于不败之地。此外,严格的流程控制及绩效评估机制,完善的材料成本、变动费用、固定费用、投资及资金等控制流程,完善的 KPI(关键绩效指标)绩效评估机制,不仅保证了上海大众运营的规范性,也确保了战略目标的实现。风险管理工具的应用,则使上海大众在多变的市场环境下能够尽量锁定风险。

上海大众汽车有限公司财务部由五个既相互独立又相互联系的团队组成,即会计科、资金科、生产成本控制科、产品开发与控制科和中心控制科组成。每个团队都是公司正常运营的基石,团队间的成功合作保障了公司业绩的持续发展。

另外,在数据中提早发现公司运营中出现的隐患和危机,并能配合其他部门解决危机,为决策层提供完整客观的数据信息,是财务团队进行跨部门合作的使命。长期以来,财务团队不定期地对财务"客户满意度"进行内部讨论,采纳和吸收其他部门对财务工作的有效反馈,对财务工作不断进行改进和完善。

(资料来源:中国管理会计网,2015 年 10 月 12 日)

六、适时制存货管理

(一) 适时制存货管理的特点

适时制(just-in-time system,简称 JIT)也称即时制或需求拉动式,是一种全新的存货管理方法。在这种方式下,原材料和其他生产部件等存货仅在需要时才购买或生产,并且生产过程中的每一步都必须即时进行。采用适时制存货管理的目标是使库存存货达到最小化,甚至是零,以减少质量检验、储备、物料处理等非增值活动的成本,因此适时制存货管理也称为零存货(zero inventory)管理。适时制不仅仅是一个存货管理方法,它是要在整个生产经营过程中消除非增值作业并提高产品质量的哲学思想。本田汽车、宝丽来、西门子等实施适时制的公司都认为存货是一种浪费,因此必须通过仔细的规划使存货达到最小化,甚至是零。

适时制存货管理理念所包含的要素有加强价值链各方的合作、降低存货、缩短生产耗时、提高产品质量以及增加雇员的责任和授权等。因此,适时制的实施过程就是对生产过程永无休止的持续改善,通过增加资源利用效率,消除各种浪费,降低企业成本,提供满足市场需求的优质服务,达到企业增加利润及提升核心生产力的目的。

适时制存货管理的核心是降低存货,具体包括降低原材料存货、降低在产品存货和降低产成品存货等。

采用适时制系统,会对企业成本管理系统产生重大的影响。主要表现在以下三点。

1. 缩短产品的生产周期

在传统的产品生产中,企业的大多数时间都用在存货的运输、检验、等待等非增值的生产准备时间上。适时制认为生产准备时间不增加价值,是一种浪费。因此,适时制要消除这种浪费。适时制使库存存货达到最小化甚至是零的目标,要求企业寻求一条全新的、更加高效的途径来完成生产准备工作,以减少质量检验、储备、物料处理等非增值活动的成本,因而会大大缩短生产周期。

2. 需求拉动存货的采购和生产

传统产品生产采用推动式的生产系统。在该种系统下,计划部门根据计划生产量计算所需材料并发出生产和订货指令,每一生产车间将生产出的零件运到下一道工序,不论下一道工序是否需要。其结果是,库存的存货可能不断地累积。

适时制产品生产采用的是需求拉动式的生产系统,即企业根据市场的需求量安排生产的数量。每一道生产工序所生产产品的数量仅仅是下一道生产工序所需求的数量。所需要的材料或部件只要在生产开始时能够及时到达,就能够正好满足需要,从而使存货的库存达到最低。

3. 存货采购策略变化

传统存货采购策略建立在订货成本和持有成本基础之上,并据此来确定经济订货批量,其思想认为企业需要保存一定量的存货以备不足,或者成批量购买成本会降低。而且,传统的采购方式最关心的是价格问题,一般忽视质量和交货时间问题。

与传统存货管理方式不同,适时制存货管理的重点在于降低存货。然而,从管理理论的角度来看,它所带来的好处绝不仅仅是存货数量的减少,而且还在改进质量、提高生产力、改进生产流程等方面发挥着巨大的作用。适时制系统除了能够提高成本效率外,还可以增强公司的灵活性,以应付顾客对更高质量、更多品种的产品的需求。适时制系统所关注的产品质量、对顾客需求的反应的灵活性以及成本效率等正是企业参与全球竞争必须重视的三个基本因素。因此,适时制系统无疑是企业实现其获得竞争优势战略目标的强有力工具。

(二) 适时制存货管理的财务收益

采用适时制存货管理方式能产生诸多的财务收益,主要包括以下四个方面。

1. 降低产品成本

适时制存货管理系统的实施将大大地降低产品的成本。这是因为:首先,由于适时制追求零存货,因而可以将存货上的投资降到最低,最大限度地降低存货上的机会成本。其次,由于适时制下存货只有在需要时才到达,因而一般没有额外的库存,这样,不仅可减少存货的仓储空间、保管费用及其他仓储成本,而且可以减少存货过时及贬值的风险等持有成本。再次,适时制系统通过单元式制造、与供应商的密切联系等方式缩短生产准备时间,消除不产生增值的作业,从而减少生产准备成本和生产总成本。最后,适时制强调全面质量管理。通过全面质量管理,能够迅速发现缺陷,并从根源上消除缺陷,减少废品和废料成本。

2. 增加企业收入

适时制要求企业缩短向顾客的交付周期,以便提高对市场需求快速作出反应的能力;又由于采用适时制的企业所生产的产品是高质量的,因此为企业带来质量方面的信誉。快速的反应和高质量的产品均能提高顾客的满意度,顾客满意度的提高能使市场份额扩大,从而带来收入的增加。

3. 简化成本核算

在适时制环境下,企业几乎没有原材料、半成品等存货,且按制造单元组织生产。因此,许多过去或者采用动因追溯或者采用主观分配方法分配到产品成本中去的间接费用现在可直接按产品进行归集。这样,成本数据的收集和计算更加简单,既提高了间接成本的可追溯性,又简化了产品成本的核算过程。

4. 完善业绩评价指标

适时制存货管理的目标是降低存货,并尽可能地减少非增值时间,使生产周期缩短到加工时间,强调的是全面的效率。许多传统的业绩评价指标仅强调部门的成本节约及部门的效率。因此,传统的业绩评价指标导致评价结果的片面性。例如,为了获得数量上的折扣,采购人员可能会订购过量的存货,从而导致后续费用(如储存、报废和搬运成本)大幅度增加。适时制存货管理方式更有助于企业实现其战略目标。与适时制存货管理目标相一致,其业绩评价强调存货的周转率、生产周转的时间和生产周转效率。

存货周转率用来评价企业在降低存货方面所取得的成绩,存货周转率越高,降低存货的业绩就越好。其计算公式如下:

$$存货周转率＝年需求量÷年平均存货(用某一项存货的实物量计算)$$

或　　　　　$$存货周转率＝产品销售成本÷平均存货(用财务报表金额计算)$$

生产周转时间用来计量生产某一单位产品所花费的总时间。其计算公式如下:

$$生产周转时间＝准备时间＋加工时间＋搬运时间＋等待时间＋检验时间$$

在理想的环境下,生产周转时间只包括加工时间,并且这个时间越短越好。

生产周转效率用来反映生产时间的有效性。其计算公式如下:

$$生产周转效率＝加工时间÷生产周转时间$$

如果所有的非增值作业都被消除的话,生产周转效率应该为1。

(三) EOQ 存货管理与适时制存货管理的比较

经济订货批量法承认订货成本的存在,并试图通过找到一个合适的订货数量来使两类成本达到最优的平衡。适时制系统采用的是一种完全不同的途径来实现使存货持有成本与订货成本之和最小的目的。适时制系统不承认订货成本存在的合理性,因而试图将这些成本降低到零。如果订货成本小到可以忽略不计,唯一剩下的需要最小化的成本就是只有存货的持有成本了。存货持有成本的降低可以通过将存货降到一个非常低的水平来实现。这就是为什么在适时制系统中要求实现零存货的原因。

在适时制系统下,进货质量和供货的及时性是非常重要的。因为不合格的原材料、零部件和迟到的供货将使整个企业面临瘫痪。因此,采用适时制进行存货管理时,不仅要考虑订货成本、采购成本和储存成本等,还要考虑质量成本和缺货成本等因素。

【例 14-27】 长城公司经销甲商品,长城公司从江河公司以每件 80 元的价格购进甲商品,每次订货费用为 2 500 元,年需求量为 32 000 件,甲商品的年单位仓储费用为 10 元。长城公司的投资者期望每年的投资报酬率为 10%。长城公司最近与江河公司建立了电子数据交换系统,准备采用适时制的采购方式向江河公司采用甲商品。长城公司要求江河公司每年送货 80 次,江河公司愿意采用新的送货方式,但提出每件要加收 0.20 元的条件。长城公司预计在适时制的方式下,由于推迟进货每月甲商品可能发生 5 件短缺,一旦发生短缺,长城公司不得不采用紧急订货的方式,每件将发生 30 元的相关费用。假设其他的成本费用都不变,长城公司是否应该采用适时制采购方式?

首先,按照经济订货批量方法计算长城公司甲商品的最佳经济订货批量和相关的总成本:

经济订货批量 $Q = \sqrt{2RS/C} = \sqrt{2 \times 32\,000 \times 2\,500/10} = 4\,000$(件)

相关的总成本 $T = \sqrt{2RSC} = \sqrt{2 \times 32\,000 \times 2\,500 \times 10} = 40\,000$(元)

然后,比较新旧采购方式的成本和收益,见表 14-22。

表 14-22 EOQ 采购方式和 JIT 采购方式的成本比较表

单位:元

项　　目	EOQ 采购方式	JIT 采购方式
采购成本 　80 元×32 000 件 　80.20 元×32 000 件	2 560 000	2 566 400
最低的投资报酬 　80 元×10%×2 000 件 　80.20×10%×200 件	16 000	1 604
支出的仓储费用 　10 元×2 000 件 　10 元×200 件	20 000	2 000
缺货成本 　无 　30 元×5 件×12 月	0	1 800
年总成本	2 596 000	2 571 804
差异	24 196	

最后,根据表 14-22 的对比可以看出,采用适时制采购方式比采用经济订货批量方式节约成本 24 196 元,这正是适时制采购给企业带来的净收益。因此,应该选择新的采购方式。

在本例中,订货成本是无关成本,决策时无须考虑。因为无论长城公司是否采用适时制的采购方式,都会采用电子数据交换系统(EDI);此外,计算机系统收到购货单位购买订单的文件,根据送货的批次一次性支付,而不是分次支付,这种改变降低了订货成本,因而使订货成本可以忽略不计。

应该注意的是,质量成本和及时供货在适时制的采购方式下是至关重要的。

关键概念索引

短期经营决策 定价决策 完全成本加成法 变动成本加成法 目标成本定价法 生产决策 实亏损产品 虚亏损产品 存货决策 订货成本 生产准备成本 持有成本 缺货成本 采购成本 经济订货批量 再订货点 安全存量 适时制存货管理

复习思考题

1. 短期经营决策有什么特点?

2. 为什么区分相关成本与非相关成本对正确决策是至关重要的?

3. 如何进行特殊订货定价的决策?

4. 进行薄利多销的定价决策时,应该考虑哪些因素?

5. 如何进行亏损产品应否停产或转产的决策?

6. 存货决策有什么重要意义?

7. 什么是经济订货批量? 如何确定经济订货批量?

8. 与传统成本管理方式相比,适时制存货管理方式的主要特点是什么?

练习题

一、单项选择题

1. 在新产品开发的决策中,当单位产品资源消耗定额增加时,单位资源边际贡献( )。

    A. 增加   B. 减少   C. 不变   D. 不能确定

2. 在半成品是否进一步加工的生产决策分析中,当差量收入大于差量成本时,应当( )。

    A. 进一步加工   B. 出售半成品   C. 都可以   D. 不能确定

3. P公司全年需要甲材料4 000千克,单位变动储存成本每年为16元,订购甲材料一次的成本为80元。该公司的最优订货次数是( )。

    A. 10   B. 15   C. 20   D. 25

4. 当企业有剩余生产能力时,可接受客户追加订货的条件是( )。

    A. 出价大于单位完全成本   B. 出价大于单位变动成本

    C. 出价小于单位变动成本   D. 以上均错

5. 当持有成本与订货成本( )时的订货量为经济订货批量。

    A. 前者大于后者   B. 后者大于前者   C. 相等   D. 以上均错

二、多项选择题

1. 与长期投资决策相比,短期经营决策的主要特点有(　　　)。

    A. 从性质上讲,短期经营决策一般不涉及大型固定资产投资

    B. 从时间上讲,短期经营决策只涉及一年以内的一次性专门业务,决策结果的影响较短

    C. 从方法上讲,短期经营决策一般不考虑货币的时间价值

    D. 从决策者层次上讲,短期经营决策主要是较低管理层次的决策

2. 产品的售价与以下哪些因素有直接关系(　　　)。

    A. 销售量　　　　　　　　　　　　　B. 企业目标利润

    C. 单位销售成本　　　　　　　　　　D. 销售利润

3. 如果企业缩短货款的收款期,则会(　　　)。

    A. 销售量增加　　　　　　　　　　　B. 减少应收账款投资

    C. 对企业有利　　　　　　　　　　　D. 降低催账费用

4. 以下表述正确的是(　　　)。

    A. 持有成本与订货次数成反比　　　　B. 订货成本与订货次数成反比

    C. 平均库存量与订货次数成反比　　　D. 缺货成本与订货次数成反比

5. 企业的生产决策包括(　　　)。

    A. 零部件自制还是外购的决策　　　　B. 剩余生产能力利用的决策

    C. 产品最优组合的决策　　　　　　　D. 经济订货批量的决策

三、判断题

1. 企业在进行生产决策时,凡是亏损的产品都应当停产。(　　　)

2. 商品供大于求,价格将会下降。价格下降又会刺激需求和抑制供给。(　　　)

3. 短期经营决策一般不涉及固定资产投资。(　　　)

4. 用图解法安排两种产品的生产决策的最优解一定是在可行解区域的角点上。(　　　)

5. 生产何种产品的关键是看哪种产品提供的利润较多。(　　　)

四、业务题

习题一

1. 目的:练习定价决策。

2. 资料:M厂计划生产销售某产品10 000件,该产品预计单位变动成本为:直接材料10元,直接人工8元,变动制造费用7元,固定成本总额为75 000元,预计利润总额按完全成本总额的10%予以加成。

3. 要求:计算该产品的单位销售价格应为多少?

习题二

1. 目的:练习定价决策。

2. 资料:M厂生产的一种产品售价为2元,每月销售100件,单位变动成本为0.5元,固定成本总额为100元。如果销售单价逐步下降,预计其销售量将发生变化,如下表所示。

产品售价及销售数量表

销售单价(元)	销售量(件)
2	100
1.90	110
1.80	120
1.70	130
1.60	140
1.50	150
1.40	160

3. 要求：计算该产品销售价格应该定为多少元才能使企业获得最高的利润？

习题三

1. 目的：练习产品生产决策。

2. 资料：某企业现有生产能力 20 000 机器小时，利用率为 75%，企业决定用剩余的生产能力投产甲、乙两种产品，甲、乙产品的有关资料如下表所示。

甲、乙产品资料表

项目＼产品	甲产品	乙产品
销售单价(元)	40	26
单位变动成本(元)	25	14
单位产品耗用的机器小时	3	2

3. 要求：

(1) 企业应投产何种产品？

(2) 若投产乙产品，企业须追加投入某专用设备，若租用该设备，年租金为 3 000 元；若购入该设备，价格为 20 000 元，预计使用 5 年。企业该投产何种产品？若投产乙产品，企业应租入还是购入该设备？

习题四

1. 目的：练习生产决策。

2. 资料：M 公司本年度产销 A、B、C 三种产品，其相关资料如下表所示。

产品资料表

单位：元

项　目	A 产品	B 产品	C 产品
销售量(件)	7 000	3 500	2 800
销售单价	14	42	18
单位变动成本	6	32	10
固定成本总额	100 000(按各产品的销售额比例分摊)		

3. 要求：

(1) 编制各产品的利润表。

(2) 试作出 B 产品是否要停产的决策。

习题五

1. 目的：练习生产决策。

2. 资料：M 公司使用同一台设备既可生产甲产品，也可生产乙产品，两种产品均产销平衡。若该设备的生产能力为 20 000 小时，生产两种产品所需的加工能力及有关的售价和成本资料如下表所示。

甲、乙产品资料表

单位：元

项　目	甲产品	乙产品
销售单价	56 元	32 元
单位成本：		
变动成本	48 元	26 元
固定成本	7 元	5.6 元
加工能力	50 小时	40 小时

3. 要求：试根据上述资料，为 M 公司作出如何安排甲、乙两种产品的生产较为有利的决策。

习题六

1. 目的：练习经济订货批量的计算。

2. 资料：已知某公司全年需用某零部件 30 000 件(全年按 360 天计算)，该零部件的单价为 100 元，单位储存成本为买价的 0.3%，每次订购成本为 60 元，公司希望的安全储备量为 600 件，订货到货时间为 15 天。

3. 要求：

(1) 计算最优经济订货批量。

(2) 确定公司的再订货点。

(3) 存货平均占用多少资金？

习题七

1. 目的：练习存在数量折扣情况下的经济订货批量的计算。

2. 资料：R 企业全年需要 A 材料 4 800 千克，每件材料的单位成本为 15 元，每次订购费用为 300 元，每年单位材料的存储成本为 2 元，当企业订购 1 600 千克(含 1 600 千克)以上时，可享受 10% 的数量折扣。

3. 要求：计算经济订货批量。

习题八

1. 目的：练习允许缺货情况下的经济订货批量的计算。

2. 资料：M 公司每年的 J 材料需求量为 10 000 千克，公司根据实际情况允许缺货。每批材料的订货成本为 15 元。单位存货的年变动储存成本为 3 元，单位材料的年缺货成本为 2 元。

3. 要求：计算最优经济订货批量、最大允许缺货量及最低相关总成本。

案例题

进口分销注册有限公司(IDI)是一家进口设备并将其分销给落基山脉一些州的零售设备商。IDI 有 3 条庞大的商品线：音响设备(调音器、磁带录音座、CD 机等)、电视设备(包括录像机)和厨房设备(电冰箱、冷藏柜以及比美国产品更结实的烤箱)。每条商品线都占整个 IDI 销售收入的 1/3。尽管 IDI 的管理者将每条商品线视为一个"部门"，但直到 2020 年，公司仍没有部门的利润表。

2019 年年底，各部门为准备从 2020 年开始编制的季度利润表而建立了部门账目。2020 年 4 月初，第一份这样的报表分发到管理小组手中。尽管 2020 年第一季度 IDI 获得 4.3% 的毛利率，但电视部门显示的销售毛利尚不足弥补该部门的营业费用(如下表所示)。

电视部门利润表

(2020 年前三个月)

	金额($)	百分比(%)
净销售收入	1 612 403	100.0
销售成本	1 422 473	88.2
销售毛利	189 930	11.8
营业费用：		
人事费用①	10 140	
部门经理办公室	12 393	
房租②	50 107	
存货、税及保险	37 274	
设备③	3 006	
运输成本④	32 248	
销售佣金⑤	80 621	
管理费⑥	40 310	
存货融资费用⑦	23 708	
营业费用合计	289 807	18.0
所得税(贷方)	(34 957)	(2.2)
净损益(损失)	(64 920)	(4.0)

注：① 这些人员指仓库人员。尽管仓库中的商品由各部门安排，但这些人员在任何一个特定日子都为 3 个部门服务。
② 按照利用的占地面积分摊到各部门。
③ IDI 有一套不可取消的 5 年期租赁设备。
④ 按照销售金额分摊。从 IDI 到零售商店的运输通常包括 3 个部门的商品。
⑤ 推销人员以直销为基础取得佣金。每人推销的内容包括 3 个部门的商品。
⑥ 按照销售金额分摊。
⑦ 为激励部门经理不要持有过多存货，该数据以平均存货水平估计。这项费用大约是公司实际付息成本的 3 倍。

电视部门较差的表现促使公司的会计人员建议应该停止该部门的经营。"这正是为什么我提议准备部门报表的原因——看看每个部门是否承担了各自公平分配的责任。"会计师解释道。这个建议引起公司管理小组成员的广泛争议,尤其是在以下两个问题上:第一,在考虑取消电视部门的时候,该年第一季度的表现是否能代表一个足够长期的结果? 第二,取消电视部门是否会引起其他两个部门销售的下降? 一个经理说:"即使这个季度具有代表性,并且不会影响其他的销售,我仍然不能确信我们最好取消电视商品线。"

研讨问题:

对于电视部门应采取怎样的方案?

练习题及案例题参考答案

练习题

一、单项选择题

1. B   2. A   3. C   4. B   5. C

二、多项选择题

1. ABCD   2. ACD   3. BD   4. AC   5. ABC

三、判断题

1. ×   2. √   3. √   4. √   5. ×

四、业务题

习题一

$$产品单位销售价格 = \left(10 + 8 + 7 + \frac{75\,000}{10\,000}\right) \times (1 + 10\%) = 32.5 \times (1 + 10\%) = 35.75(元)$$

习题二

当价格在 1.70 — 1.80 元之间时,边际利润为 0,利润总额最大,因此,此时是最优价格。

习题三

(1) 甲产品提供的边际贡献总额 $= 20\,000 \times (1 - 75\%) \times 5 = 25\,000(元)$,乙产品提供的边际贡献总额 $= 20\,000 \times (1 - 75\%) \times 6 = 30\,000(元)$,企业应投产乙产品。

(2) 租入设备时,乙产品提供的边际贡献总额 $= 30\,000 - 3\,000 = 27\,000(元)$;购入设备时,乙产品提供的边际贡献总额 $= 30\,000 - 20\,000/5 = 26\,000(元)$。所以,企业应投产乙产品,且租入该设备。

习题四

(1) 略,(2) 停产 B 产品前的利润 $= 13\,400(元)$,停产 B 产品后的利润 $= -21\,600(元)$,所以,不应停产 B 产品。

习题五

应该将全部生产力用于生产甲产品。

习题六

(1) 最优经济订货批量 $Q = 3\,464(件)$,(2) 公司再订货点 $= 1\,850(件)$,(3) 存货平均占用资金 $= 233\,200(元)$

习题七

选择接受数量折扣,即以 1\,600 千克作为经济订货批量。

习题八

最优经济订货批量 $Q=500$(千克),允许的最大缺货量 $\hat{S}=300$(千克),所以,最低存货总成本=600(元)

案例题

1. 该年第一季度的表现并不能代表一个足够长期的结果。

2. 电视设备部门(包括录像机)与音响设备部门(调音器、磁带录音座、CD 机等)的某些商品之间存在一定的互补性(如录像机与音响设备),而且消费者可能会选择成套选购商品。

3. 倘若取消电视设备部门,其相关费用将由其他两个部门承担,就 IDI 整体来说,这些费用的发生不会减少。此外,在考虑是否取消电视设备部门的决策时,存货融资费用的相关成本应为实际付息成本,即 $1/3 \times 23\,708 = 7\,903$ 元。

电视设备部门的边际贡献为 $189\,930 - 10\,140 - 37\,274 - 32\,248 - 80\,621 - 7\,903 = 21\,744$ 元。可见,电视设备部门依然能为 IDI 提供正的边际贡献,IDI 不应取消电视设备部门。

第十五章
长期投资决策

📖 **【本章要点】**

- 长期投资决策的特点
- 长期投资决策需要考虑的相关因素
- 长期投资决策的静态分析法
- 长期投资决策的动态分析法
- 投资方案的对比和优选
- 长期投资决策在应用中的若干问题

　　长期投资是指企业为了适应今后生产经营上的长远需要而投入大量资金,并能在较长时间内获取报酬或收益,影响企业经营获利能力的投资。与长期投资项目有关的决策就叫长期投资决策。长期投资决策通常要投入大量资金,在较长时期内对企业有着持续影响,是企业具有长远意义的决策。因此,做好长期投资决策的关键是认真做好可行性研究,提高投资效益。

第一节　长期投资决策的特点

　　从广义上看,长期投资决策既包括将资金长期投向企业外部其他单位的决策,如购买债券、股票和基金或者实行联营投资的决策,也包括将资金长期投向企业内部的某些项目的决策,如购建厂房、设备、流水线等固定资产或对现有固定资产进行改建、扩建和更新改造的决策。成本管理会计中所讨论的长期投资决策是指企业增加固定资产,或对现有固定资产进行改建、扩建和更新等规划企业未来发展方向、规模的决策。

　　与短期经营决策相比,长期投资决策具有较大的风险,原因如下:

　　(1) 长期投资决策的金额大。固定资产具有单位价值较大、使用寿命较长等特点,因此固定资产投资经常须支付大量的资金,其结果是可能使大量财务资源长期处于风险之中。

　　(2) 长期投资决策涉及企业生产(或服务)能力的变动。由于固定资产投资项目一旦实施便会在较长的时间内影响企业,且其结果难以改变,当经营环境改变时,将会影响投资决策的实际效果。

　　(3) 长期投资决策的投资期长。固定资产投资一般要经过很长时间才能收回,固定资产投资的收益又取决于产品市场需求情况、原材料供求状况、通货膨胀水平及未来行业竞争的激烈程度等许多不确定的因素,瞬息万变的市场使固定资产投资面临着较高的风险。

　　可见,长期投资决策是战略性的决策,正确做好长期投资决策对企业的持续发展有着十分重要的意义。因此,在对投资方案进行选择时,不仅要考虑技术上的先进性,而且要考虑方法上的合理性。为了能够对长期投资决策方案进行客观的评价,通常不是以利润为基础,而是以现金流量为基础。以现金流量为基础的原因如下:

(1) 利润是以权责发生制计算的,不同的会计政策和会计方法将会影响投资项目收益的计算结果,从而影响对投资项目的客观评价。现金流量是以收付实现制为基础的,避免了人为因素的影响,从而使投资项目效益的计算建立在统一的基础上。

(2) 未收到现金的收益往往有较大的风险,特别是当整个投资及其回收期较长时,若不是以实际的现金流入作为收入对投资项目进行评价,容易过高地估计长期投资项目的投资收益。

(3) 由于现金流量是在一个较长时间内产生的,受到资金时间价值的影响,一定数额的现金在不同时期的价值是不同的。因此,为了正确地评价投资项目的效益,必须考虑货币的时间价值,而货币时间价值的计算是以现金流量为基础的。

第二节 长期投资决策的理论基础

一、货币的时间价值

长期投资决策中最基本和最重要的概念是货币的时间价值。货币的时间价值是指货币经过一定时间的投资和再投资所增加的价值,实质上就是在没有风险和通货膨胀条件下的社会平均资金利润率。正如我们所知道的,现在的 1 元钱比 1 年后的 1 元钱的经济价值要大些,即使不存在通货膨胀也是如此。我们在银行存钱所获得的利息就是货币时间价值的表现。

货币的时间价值在投资决策方面的运用主要有三个方面。

(1) 投资一定时间之后得到的价值。例如,如果每年投资 10 000 元,年利率为 6%。10 年后,能得到多少累积金额?

(2) 为在一定时期之后得到一定的金额,从现在起每期必须投资的金额。例如,为了在 20 年之后累积 50 万元,按每年 8% 的年利率计算,每年必须投资多少金额?

(3) 未来现金流的现值。例如,购入一台机器将使未来 10 年每年的人工成本减少 200 000 元,按 10% 的报酬率计算,现在将为这台机器投入多少?

可以看出,终值和现值是货币的时间价值应用在长期投资决策方面的两个重要工具。

所谓终值,就是指某一特定金额按规定利率折算的未来价值。所谓现值,就是指某一特定金额按规定利率折算的现在价值。现值随着时间的推移慢慢趋向于终值。

终值和现值的计算方法有复利和年金两种方法。

(一) 复利现值和终值的计算

复利的计算是从单利的基础上发展起来的。要了解复利的计算,首先必须了解单利的计算。

单利是指只对本金计算利息,而不将前期利息累加到本金中计算利息的方法。单利的利息和本利和的计算公式如下：

$$I = P \times i \times n$$

$$F = P + I = P + P \times i \times n = P \times (1 + i \times n)$$

式中：I——利息；

$\quad\quad P$——本金；

$\quad\quad i$——利率；

$\quad\quad n$——期数，通常以年为单位；

$\quad\quad F$——本利和。

【例 15-1】 大众制衣公司将 100 万元存入银行，期限 3 年，年利率为 2%，按单利计算，3 年后可得到的利息及本利和为：

$$I = P \times i \times n = 100 \times 2\% \times 3 = 6 \text{（万元）}$$

$$F = P \times (1 + i \times n) = 100 \times (1 + 2\% \times 3) = 106 \text{（万元）}$$

复利是指不仅对本金计算利息，而且还对以前累计利息总和也计算利息的方法，即所谓的"利滚利"。

1. 复利终值的计算

复利终值（future value）是指本金在约定的期间内按一定的利率计算出每期的利息，将其加入本金再计利息，逐期滚算到约定期末的本金和利息总值。

按单利终值的计算公式，各期的复利终值公式推算如下：

第一期：$F = P \times (1 + i)$

第二期：$F = P \times (1 + i) \times (1 + i) = P \times (1 + i)^2$

……

第 n 期：$F = P \times (1 + i)^n$

上式中的 $F = P \times (1 + i)^n$ 是计算复利终值的一般公式，其中，$(1 + i)^n$ 被称为复利终值系数，用符号 $(F/P, i, n)$ 表示。复利终值系数可以通过查找附录表一"1 元复利终值表"直接获得。

【例 15-2】 假定大众制衣公司准备分三次投资一个工程项目，第一年年初投资 10 万元，第二年年初投资 40 万元，第四年年初投资 15 万元。若三次投资款都是从银行以 12% 的年利率借入，工程在第四年年末竣工时，总投资额为多少？

$$F = 10 \times (F/P, 12\%, 4) + 40 \times (F/P, 12\%, 3) + 15 \times (F/P, 12\%, 1)$$

$$= 10 \times 1.574 + 40 \times 1.405 + 15 \times 1.120$$

$$= 88.74 \text{（万元）}$$

此外，复利的计息方式不同，计算的结果也不相同。

【例 15-3】 大众制衣公司现将 100 万元存入银行，若年利率为 12%。

(1) 一年复利一次，10 年后的本利和是多少？

(2) 半年复利一次，10 年后的本利和是多少？

(1) $F = P \times (1 + i)^n = 100 \times (1 + 12\%)^{10} = 100 \times 3.106 = 310.6 \text{（万元）}$

(2) $F = P \times \left(1 + \dfrac{i}{2}\right)^{2n} = 100 \times \left(1 + \dfrac{12\%}{2}\right)^{2 \times 10} = 100 \times 3.207 = 320.7(万元)$

由此可见,每年计息次数越多,计息周期越短,计算的复利终值就越大。

2. 复利现值的计算

复利现值(present value)是指未来一定时间的特定资金按复利计算到现在的价值,即本金。现值是从本利和求本金的过程,是终值计算的逆运算。复利现值的计算公式可以由复利终值的计算公式推出。

已知:

$F = P \times (1 + i)^n$

可推出复利现值的计算公式为:

$P = F \times (1 + i)^{-n}$

上式中的 $(1 + i)^{-n}$ 称为复利现值系数,用符号 $(P/F, i, n)$ 表示。复利现值系数可以查找附录表二"1元复利现值表"直接获得。

【例15-4】 大众制衣公司拟在5年后获得本利和10 000元,假设投资报酬率为10%,现在应投入多少元?

$P = 10\,000 \times (P/F, 10\%, 5) = 10\,000 \times 0.621 = 6\,210(元)$

从上述计算可以看出,计算现值与折现率有密切关系,折现率越高,折算的现值就越小。折现率可以被视为投资者的期望报酬率,由于实际的终值可能低于期望终值,所以所有的投资都涉及一定的风险,投资者需要一个与风险相对应的收益率。

(二)年金终值和现值的计算

年金是指企业在未来若干均等间隔期所发生的等额收入或支出。例如,分期付款赊购、分期偿还贷款、发放养老金、分期支付工程款、计提折旧、支付租金等通常都采用年金的形式。

很多投资机会不是在未来发生一次现金流,而是未来期间连续产生等额的现金流。此时,就要计算年金的终值和现值。根据每年收入或支出的不同,年金可以有普通年金、预付年金、递延年金、永续年金等形式,但任何一种年金都是建立在复利基础上的。尽管在实际工作中,每一个项目的每年现金流入和现金流出是在不同的时间点上发生的,但为了便于货币时间价值的具体运用,通常采用普通年金形式来计算年金的终值和现值。

普通年金(ordinary annuity)又称后付年金,是指在一定时期的每期期末发生的等额收入或支出。为了简化起见,本教材所涉及的年金均为普通年金。

1. 年金终值的计算

年金终值(the future value of an annuity)就是每期期末等额收入或支出的复利终值之和。按复利计算的年金终值等于各年的本利和的加总,因此年金终值的计算可以从复利终值的计算公式中推出。若以 A 代表年金数额,则年金终值的计算公式如下:

$$F = A \cdot (1+i)^0 + A \cdot (1+i)^1 + \cdots + A \cdot (1+i)^{n-2} + A \cdot (1+i)^{n-1}$$

$$F = A \cdot \frac{(1+i)^n - 1}{i} = A \cdot (F/A, i, n)$$

上式中的 $\dfrac{(1+i)^n-1}{i}$ 称作年金终值系数,用符号 $(F/A, i, n)$ 表示。年金终值系数可以通过查找附录表三"1元年金终值表"直接获得。

【例15-5】 大众制衣公司每年年末在银行存入10 000元,连续存5年。假定银行存款的年利率为6%,可以根据上述的计算公式计算5年后的本利和如下:

$$F = 10\,000 \times (F/A, 6\%, 5) = 10\,000 \times 5.637 = 56\,370(元)$$

2. 年金现值的计算

年金现值(the present value of annuity)是指为在每期期末取得或支出等额款项的复利现值之和。按复利计算的年金现值等于各年现值的加总,因此年金现值的计算公式也可以从复利现值的计算公式中推出。若以 P 代表年金的现值,则年金现值的计算公式如下:

$$P = A \cdot (1+i)^{-1} + A \cdot (1+i)^{-2} + \cdots + A \cdot (1+i)^{-(n-1)} + A \cdot (1+i)^{-n}$$

$$P = A \cdot \frac{1-(1+i)^{-n}}{i} = A \cdot (P/A, i, n)$$

上式中的 $\dfrac{1-(1+i)^{-n}}{i}$ 称作年金现值系数,用符号 $(P/A, i, n)$ 表示。年金现值系数通过查找附录表四"1元年金现值表"直接获得。

【例15-6】 大众制衣公司准备自今年起在今后的5年内每年年末预提200 000元的等额偿债基金,并交给信托银行运作,以备偿还5年后到期的应付公司债券。假定信托银行的投资报酬率为8%,则大众制衣公司相当于第一年年初一次性支付多少金额?

根据上述计算公式可计算该笔年金的现值如下:

$$\begin{aligned}P &= 200\,000 \times (P/A, 8\%, 5) \\ &= 200\,000 \times 3.933 \\ &= 786\,600(元)\end{aligned}$$

二、现金流量

现金流量(cash flow)是指一个投资项目引起的未来一定时期内现金流出量和现金流入量的总称。现金流出量和现金流入量两者之间的差额称为现金净流量。这里的现金不仅包括各种货币资金,还包括项目需要投入企业拥有的非货币资源的变现价值。

(一) 现金流入

现金流入量是指一项投资引起的现金收入的增加额,是整个投资及其回收过程中所发生的实际现金收入,包括项目投产后每年的营业收入、固定资产报废时的残值收入,以及项目结束时收回的原垫付的流动资金。

(1) 营业收入现金。项目投入使用后每年的销售收入扣除付现成本后所引起的现金净增加额。付现成本是指用现金支出的各种成本和费用,如材料费用、人工费用、设备维修费用等。

（2）固定资产报废时的残值收入。资产出售或报废时的残值收入，是由于当初购置该固定资产引起的，应作为投资方案的一项现金流入。

（3）垫支的营运资金的收回。项目寿命期终了时投放在与它相关的各项流动资产上的投资收回。

（二）现金流出

现金流出量是指一项资本投资引起的现金支出的增加额，是整个投资及其回收过程中所发生的实际现金支出，包括固定资产投资支出、流动资金投资支出、各种税款及项目投产后每年的营业支出中的付现部分。

（1）直接资本投资。形成生产经营能力的各种直接支出，包括固定资产的购入或建造成本、运输成本、安装成本，以及其他有关支出，如生产设备的购入、技术购入支出等。在会计上一般表现为固定资产、长期待摊费用和无形资产的增加。

（2）垫支的流动资金。投资形成的生产经营能力要投入使用，必然引起对流动资产的需求，包括正常的原材料、产成品、在产品、存货的占用等，还包括货币资金的支出。这部分现金流出属于垫支性质，一般在投资项目投入使用时发生，结束时收回。

（3）其他投资费用，是指与长期投资项目有关的谈判费、注册费、职工培训费等筹建费用。

（三）净现金流量

净现金流量是指一定期间现金流入量和现金流出量的差额。流入量大于流出量时，净流量为正值；反之，净流量为负值。各年的现金流入和现金流出可计算如下：

现金流入量＝营业收入＋固定资产残值收入＋回收的流动资金

现金流出量＝固定资产投资＋流动资金投资＋营业成本＋营业税金＋销售费用
＋管理费用－固定资产折旧

整个投资期的现金流量可计算如下：

净现金流量＝现金流入量－现金流出量
＝∑（各年营业收入－各年营业成本－各年营业税金－各年销售费用
－各年管理费用＋各年折旧）－固定资产投资－流动资金投资
＋固定资产残值＋回收流动资金
＝∑（各年营业利润＋各年折旧）－固定资产投资－流动资金投资
＋固定资产残值＋回收流动资金

【例15-7】 大众制衣公司某个项目的投资总额为1 500万元，分两期投入，第一年年初和第二年年初分别投入1 000万元和500万元，第二年年末投入500万元的流动资金，第三年年初该项目投入运营。预计该项目的收益期为5年，每年可取得营业收入1 000万元，发生营业成本900万元。假定该投资项目采用使用年限法提取折旧，期满时无残值。试计算该投资项目的现金流量。

该项目各年净现金流量计算如表15-1所示。

表 15-1　现金流量计算表

单位：万元

年　次	1	2	3	4	5	6	7	合计
投资	(1 000)	(500)						(1 500)
流动资产			(500)				500	0
营业收入			1 000	1 000	1 000	1 000	1 000	5 000
营业成本			900	900	900	900	900	4 500
营业利润			100	100	100	100	100	500
折旧			300	300	300	300	300	1 500
现金净流量	(1 000)	(500)	(100)	400	400	400	900	500

三、投资项目的计算期

投资是为了期望在未来一定时期内能获得效益而投入的资源，这里所指的一定时期是指项目的经济寿命期而不是项目的有效使用年限。经济寿命期指的是在这一时期，项目在技术上具有一定的竞争力，在经济上可以获取相当的收益而不必支付很大的代价，这就要求正确地确定期限的开始和项目及时更新期。因此，在一般情况下，投资项目的计算期指的是从项目投资开始到项目最佳的更新时刻为止的期间。

> **专栏 15-1**
>
> ### 中国企业在发展中遭遇哪三大现金流难题？
>
> 中国企业主要遭遇三大现金流难题。
>
> 第一种情况：企业为了实现销售收入，以应收账款来交换订单、交换营业额，导致企业中大量现金被客户占用，现金流出现问题。例如，2002年，四川长虹电器股份有限公司通过 APEX 向美国市场出口彩电高达 320 万台，连同 DVD 销售额一同超过 7 亿美元。但是，紧随其后的是，APEX 使用惯用拖欠货款的伎俩来对付四川长虹电器股份有限公司的催款——不是不付款，而是你的产品质量有问题。2003年3月，四川长虹电器股份有限公司年报中出现 APEX 拖欠长虹应收账款 44.466 亿元。
>
> 第二种情况：企业业务规模扩大后，经营管理水平落后，周转率下降，存货加大，现金流问题就凸显出来。例如，中兴通讯的"大国大 T"战略自 2010 年加快实施脚步，按照中兴通讯总裁史立荣当时的解释，"大国大 T"背后的逻辑就是牺牲短期利润，尽可能从大市场和大客户手里拿到最多的订单。中兴通讯许多海外订单不仅是毛利率低的问题，有许多根本挣不到钱。同时，企业自身对市场能力、管理效率的提高力度不够。2012年，国际经济不景气，国外项目回款困难，这重重因素叠加起来，最终导致中兴通讯 2012年前三季度的巨额亏损。
>
> 第三种情况：企业进行多元化投资，导致对主营业务投资不足。国有企业与民营企

业都在战略上犯过错误,战略问题与现金流问题直接衔接起来。企业如果不能正确衡量经营状况而盲目扩大投资,一旦投资金额超过企业现金的承受能力,就会拖累正常的经营活动,现金在经营和投资两者之间被抽干。

(资料来源:中国管理会计网,2016 年 4 月 12 日)

第三节　长期投资决策的基本方法

长期投资决策的方法有静态分析法和动态分析法两种。

一、静态分析法

长期投资决策的静态分析法主要是指不考虑货币的时间价值而直接按投资项目形成的现金流量计算,借以分析评价投资经济效益的各种方法的总称。静态分析法的主要指标有投资回收期和报酬率等。

(一) 投资回收期

静态投资回收期是指以投资项目经营净现金流量抵偿原始总投资所需要的全部时间。一般说来,回收期越短,表明该项投资的效果越好,所需冒的风险程度也越小。静态投资回收期的计算方法分两种情况:一种是各年现金净流量相等的情况,另一种是各年现金净流量不等的情况。

在各年现金流量相等的情况下,投资回收期可按下列公式计算:

$$投资回收期 = \frac{原始投资总额}{年现金净流量}$$

在各年现金流量不等的情况下,投资回收期可根据各年年末累计的现金净流量与各年年末尚未回收的投资金额进行计算。其计算公式如下:

$$投资回收期 = 累计净现金流量出现正值年份 - 1 + \frac{上年累计净现金流量的绝对值}{当年净现金流量}$$

【例 15-8】 大众制衣公司有两个投资方案,投资支出均为 50 000 元,都在投产后一年开始有回报,投资项目的经营有效期限为 5 年。A 方案预计每年可实现 10 000 元的利润,B 方案每年的利润分别为 0、5 000 元、10 000 元、10 000 元和 20 000 元。假定大众制衣公司的投资项目采用使用年限法计提折旧,且期满时无残值。试计算 A 项目和 B 项目的投资回收期。

由于 A 方案各年的利润相等,且每年折旧 10 000 元,则 A 项目每年的现金净流量为20 000 元。其投资回收期可计算如下:

A 方案的投资回收期 = 原始投资支出/年现金净流入量

$$= 50\,000/20\,000$$

$$= 2.5(年)$$

由于 B 方案各年的现金净流量不等,可先通过编制 B 方案的现金流量表(见表 15-2)计算累计现金净流量,然后再据以计算投资回收期。

表 15-2　B 方案的现金流量表

单位:元

年　份	现金流出	现金流入		净现金流量	累计净现金流量
		利　润	折　旧		
0	50 000			—50 000	—50 000
1		0	10 000	10 000	—40 000
2		5 000	10 000	15 000	—25 000
3		10 000	10 000	20 000	—5 000
4		10 000	10 000	20 000	15 000
5		20 000	10 000	30 000	45 000
合　计	50 000	45 000	50 000	45 000	

B 方案的投资回收期＝4－1＋5 000/20 000＝3.25(年)

从上面的计算结果可以看出,A 方案的投资回收期短于 B 方案,如果仅从投资回收期指标评价,A 方案优于 B 方案。

投资回收期指标的优点:

(1) 计算简便,容易为决策者正确理解。回收期法不需要十分准确地估算方案的盈利能力,使用投资回收期法很方便。

(2) 强调投资项目的流动性,在同等条件下,管理者总是偏爱投资回收期短的项目,可以较快地收回资金供其他项目使用,从而提高组织的灵活性。

投资回收期指标的缺陷:

(1) 忽略了计划方案的经济寿命时间。

(2) 没有考虑货币的时间价值,把不同年限的现金流入量等同起来,实际上人为地缩短了投资方案的回收期间。

(3) 不能提供获利性的指标。

(4) 由于没有考虑投资项目的所有收益,其结果可能导致放弃长期成功的方案。

(二) 报酬率

在静态分析法下,反映投资项目获利能力的报酬率通常有投资报酬率和年平均报酬率两个指标。

1. 投资报酬率

投资报酬率是指投资项目达到设计生产能力后的一个正常生产年份的年平均利润与项目总投资的比率,投资报酬率指标反映项目正常生产年份每 1 元投资带来的年利润。其计算公式如下:

$$投资报酬率=\frac{年平均利润}{原始投资额}\times100\%$$

【例 15-9】 沿用【例 15-8】的资料,计算大众制衣公司 A 方案和 B 方案的投资报酬率。

A 方案的投资报酬率=10 000/50 000×100%=20%

B 方案的投资报酬率=[(0+5 000+10 000+10 000+20 000)/5]/50 000×100%
$$=18\%$$

2. 年平均报酬率

年平均报酬率是指投资项目达到设计生产能力后的一个正常生产年份的年平均利润与平均投资额的比率。年平均报酬率指标反映在整个项目计算期内年平均占用 1 元投资所带来的年平均利润。由于折旧被看作是投资的收回,因而各年的投资额呈递减趋势。如果投资项目报废时无残值,并采用使用年限法计提折旧,则年平均投资额就等于总投资额的二分之一。其计算公式如下:

$$年平均报酬率=\frac{年平均利润}{年平均投资额}\times100\%$$

【例 15-10】 沿用【例 15-8】的资料,计算大众制衣公司 A 方案和 B 方案的年平均报酬率。

A 方案的年平均报酬率=10 000/(50 000/2)×100%=40%

B 方案的年平均报酬率=[(0+5 000+10 000+10 000+20 000)/5]/(50 000/2)×100%=36%

从上述的举例可以看出,投资报酬率与年平均报酬率的主要区别仅在分母上,前者的分母是投资总额,后者的分母是平均投资额。两个指标从不同的角度说明投资与收入之间的关系。

综上所述,静态分析法下的评价指标计算简单、明了,易于理解和掌握。但是,无论是投资回收期指标还是报酬率指标,由于都没有考虑货币的时间价值,只能用于投资项目方案的初选。

二、动态分析法

长期投资决策的动态分析是指以现金流量为基础并考虑货币的时间价值,对长期投资项目作出分析和评价的方法。动态分析法的主要指标有投资回收期、净现值、净现值率和内含收益率等。

(一) 投资回收期

动态分析法下的投资回收期是以折现后的现金流量为基础计算的完全收回项目全部投资所需要的时间。它是以部门、行业的基准收益率或设定的折现率折现的现金流量作为计算基础,当累计折现的净现金流量为零时所需要的时间。

如果投资方案的每年净现金流量相等,可以根据年金现值系数,运用内插法计算动态投资回收期。具体方法如下:

由　　　　　　　**每年的现金净流量×年金现值系数=投资额**

得:　　　　　　　$$年金现值系数=\frac{原始投资}{每年现金净流量}$$

通过查年金现值表确定动态回收期的区间,然后采用插值法求得动态回收期的近似值。

如果投资方案的每年净现金流量不相等,则可按下列公式计算动态投资回收期:

动态投资回收期＝累计折现的净现金流量开始出现正值的年份数－1

$$+\frac{上年累计折现的净现金流量的绝对值}{当年的折现的净现金流量}$$

【例 15-11】 沿用【例 15-8】的资料,假定折现率为 10%,计算 A、B 方案的动态投资回收期。

由于 A 方案的各期净现金流量相等,则可求得年金现值系数如下:

年金现值系数＝50 000/20 000＝2.5

然后,查年金现值系数表,因为设定折现率为 10%,在 i 为 10% 这一栏找 2.5,以确定 n 的值,但没找到相应的值,只能查到最接近的两个数 2.487 和 3.170。

$(P/A,10\%,3)=2.487$

$(P/A,10\%,n)=2.5$

$(P/A,10\%,4)=3.170$

由此,可以确定 A 方案的动态回收期在 3 年到 4 年之间。再用插值法求投资回收期的近似值:

投资回收期＝3＋(2.5－2.487)/(3.170－2.487)＝3.02(年)

由于 B 方案的各年现金流量不等,因此可先编制 B 方案的现金流量计算表(见表 15-3),计算折现后的累计现金净流量。

表 15-3 现金流量计算表

单位:元

年　序	年现金净流量	折现系数(10%)	折现的现金净流量	累计折现后的现金净流量
0	−50 000	1	−50 000	−50 000
1	10 000	0.909	9 090	−40 910
2	15 000	0.826	12 390	−28 520
3	20 000	0.751	15 020	−13 500
4	20 000	0.683	13 660	160
5	30 000	0.621	18 630	18 790
合　计	45 000		18 790	

从表 15-3 得知,B 方案从第四年开始累计现金净流量为正数,所以投资回收期应该在 3 年到 4 年之间。运用前述公式计算动态回收期如下:

投资回收期＝4－1＋13 500/13 660＝3.99(年)

从上面的计算结果可以看出,A 方案的动态投资回收期短于 B 方案。因此,仅从动态投资回收期指标评价,A 方案优于 B 方案。

动态投资回收期考虑了货币的时间价值,优于静态投资回收指标,但仍有片面性,它不能说明投资项目的经济效益,只考虑投资的期限长短,容易使管理者追求短期效益。

(二) 净现值

所谓净现值(net present value,简称 NPV),是指特定方案未来现金流入的现值与未来现金流出的现值之间的差额,它反映的是一项投资的获利能力。通过净现值指标,可以判断一项投资项目是否可行。计算净现值指标,所有未来现金流入和现金流出都要按预定折现率折算为现值,然后再计算它们的差额。其计算公式如下:

$$NPV = \sum_{t=1}^{n} (C_I - C_O)_t (1+r)^{-t}$$

式中:C_I——现金流入量;

$\quad\quad C_O$——现金流出量;

$\quad\quad (C_I - C_O)_t$——第 t 年的净现金流量。

其中的折现率是一个可取的投资项目所应达到的最低收益率。NPV 越大,说明该项目的经济效益越好。若 NPV 大于零,说明该投资项目的报酬率大于预定的折现率,该方案可行;若 NPV 小于零,说明该投资项目的报酬率小于预定的折现率,该方案不可行。

【例 15-12】 沿用【例 15-8】的资料,假设折现率为 10%,试计算 A、B 方案的净现值。

由于 A 方案每年的现金流量相等,可以按年金现值的计算方法计算其净现值:

A 方案的净现值 $=20\,000 \times 3.791 - 50\,000 = 75\,820 - 50\,000 = 25\,820$(元)

由于 B 方案每年的现金流量不相等,可以按复利现值的计算方法计算其净现值:

B 方案的净现值 $=10\,000 \times 0.909 + 15\,000 \times 0.826 + 20\,000 \times 0.751 + 20\,000 \times 0.683 + 30\,000 \times 0.621 - 50\,000 = 68\,790 - 50\,000 = 18\,790$(元)

A、B 两个方案的净现值为正数,说明 A、B 两个方案的报酬率都超过 10%。如果企业的资金成本率或要求的投资报酬率是 10%,则 A、B 方案都是有利的,可以接受。

净现值法以现金流量为基础,充分考虑了货币的时间价值。净现值法具有广泛的适用性,在理论上也比较完善。当两个方案的投资额相同时,净现值越大,说明投资的收益率越高。当不同方案的投资额不同时,单纯地以净现值的绝对数不能作出正确的评价,必须用净现值率来衡量。

(三) 净现值率

净现值率(net present value rate,简称 NPVR)是投资项目的净现值与全部投资现值之比,也即单位投资现值的净现值。

净现值率的计算公式如下:

$$NPVR = \frac{NPV}{I_p}$$

式中:I_p——投资的现值。

【例 15-13】 根据【例 15-8】的资料,计算 A、B 方案的净现值率。

A 方案的 $NPVR = 25\,820/50\,000 = 51.64\%$

B 方案的 $NPVR = 18\,790/50\,000 = 37.58\%$

净现值率指标用以说明每 1 元投资的现值未来可获得的净现值有多少。净现值率指标是相对数指标,以现金流量为计算基础,并考虑了货币的时间价值,而且以比率的方式表现出来,适用于不同规模投资方案的比较。

净现值和净现值率两个指标之间存在着如下的关系:

净现值>0,净现值率>0

净现值<0,净现值率<0

净现值=0,净现值率=0

尽管净现值指标在投资决策分析中具有广泛的运用,但它是一个绝对数指标,只能反映某个单独的投资方案的成本和效益关系。净现值率是个相对数指标,用以说明每1元投资的现值未来可以获得的净现值有多少,并使投资规模不同的方案具有共同的可比基础。但是,两者都有一个共同的缺陷,就是不能揭示方案本身实际能达到的投资报酬率。

(四) 内含收益率

内含收益率(internal rate of return,简称 IRR)是通过计算投资方案本身的实际报酬率来评价方案优劣的一种方法。内含收益率是使一个投资项目的未来现金流入量现值等于未来现金流出量现值的折现率,也即使投资方案净现值为零的折现率。通过内含收益率指标,可以判断项目的实际收益是否高于资金成本。从而确定投资方案是否可行。若内含收益率大于资金成本,方案可行;反之,则不可行。

根据各期现金流量的不同,内含收益率的计算分两种情况。

(1) 若每期现金流入量相等,可利用年金现值表计算确定投资项目的内含收益率。

具体步骤如下:

首先,以原始投资额除以年金金额,计算其年金现值系数。其计算公式如下:

$$年金现值系数 = \frac{原始投资}{各年现金净流量}$$

其次,从年金现值表中找出在相同期数里与上述现值系数相邻的折现率。

最后,依据两个相邻的折现率和已计算出的现值系数,采用内插法计算出投资方案的内含收益率。

【例 15-14】 沿用【例 15-8】的资料,计算 A 方案的内含收益率。

A 方案的年金现值系数=50 000/20 000=2.5

查"1 元年金现值表",在第 5 期这一行中找出与 2.5 接近的两个年金现值系数及其相应的折现率在 25% 与 30% 之间。

$(P/A, 25\%, 5) = 2.689$

$(P/A, X, 5) = 2.5$

$(P/A, 30\%, 6) = 2.436$

A 方案的内含收益率 IRR=25%+(30%-25%)×(2.689-2.5)/(2.689-2.436)=28.74%

(2) 若每期现金流量不相等,则可采用逐次测试法计算投资项目的内含收益率。

具体步骤如下:

首先,估计一个折现率,并以此折现率来计算各年现金流入量的累计现值。

其次,计算项目的净现值。如果净现值为正数,则表示估计的折现率小于该方案可能达到的内含收益率,这时应提高估计的折现率再进行测算,直到测算的净现值正数下降到接近于零为止。如果净现值为负数,则表示估计的折现率大于该方案可能达到的内含收益率,这时应降低估计的折现率再进行测算。如此经过逐次测算,即可求出由正到负的两个相邻的折现率。

最后,依据正负相邻的折现率,采用内插法找到使净现值为零的折现率,即为方案本身的内含收益率。其计算公式如下:

$$IRR = r_1 + (r_2 - r_1) \times \frac{|NPV_1|}{|NPV_1| + |NPV_2|}$$

式中:r_1——试算用的净现值为正数的较低的折现率;

$\qquad r_2$——试算用的净现值为负数的较高的折现率;

$\qquad |NPV_1|$——以 r_1 折现的净现值的绝对值;

$\qquad |NPV_2|$——以 r_2 折现的净现值的绝对值。

【例 15-15】 沿用【例 15-8】的资料,B 方案的内含收益率可采用逐次测试法计算。具体测试过程见表 15-4。

表 15-4　逐次测试计算表

单位:元

年　份	各年现金净流量	第一次测试(25%)		第二次测试(20%)	
		现值系数	现　值	现值系数	现　值
1	10 000	0.800	8 000	0.833	8 330
2	15 000	0.640	9 600	0.694	10 410
3	20 000	0.512	10 240	0.579	11 580
4	20 000	0.410	8 200	0.482	9 640
5	30 000	0.328	9 840	0.402	12 060
未来报酬总现值			45 880		52 020
原投资额			50 000		50 000
净现值			(4 120)		2 020

第一次测试的结果,净现值为负数 4 120 元,说明应降低折现率进行第二次测试,若改用20%,其净现值为正数 2 020 元。

通过上述两次测试,可以得知 B 方案的内含收益率在 20% 和 25% 之间,现应用插值法进行计算。

B 方案的内含收益率 $IRR = 20\% + (25\% - 20\%) \times \dfrac{2\,020}{2\,020 + 4\,120} = 21.62\%$

从以上计算可以看出,A 方案的内含收益率大于 B 方案的内含收益率,所以,A 方案优于 B 方案。

内含收益率法以现金流量为基础,并充分考虑了货币的时间价值,而且不需要事先确定折现率。但是,这种方法的计算手续比较复杂,而且这种方法有一个假定,即流入的现金在进行再投资时,其收益率和所计算的内含收益率是一致的,这个假定在实际情况下是很难做到的,这也造成了在有些情况下内含收益率法的选择结果与净现值法是不一致的。

专栏 15-2

跻身全球 500 强的京东是如何进行现金流管理的？

如果根据净利润和经营性现金流的盈亏来划分企业发展类型，京东显然属于蓄势待发型，即处于前期战略布局阶段，净利润小于 0，但现金储备与现金流表现健康。作为国内规模最大的自营式电商企业，近期跻身《财富》全球 500 强的京东，其体量增速以及战略性亏损都让人印象深刻。京东集团是如何实现精细化现金流管理，并有效提升资金使用效率的？

营业收入高速增长　高效运营保障充裕现金流

近年来，京东集团长期保持着远高于行业平均增速的高增长态势，营业收入从 2013 年的 693 亿元猛增至 2015 年的 1 813 亿元。收入端的快速增长和高效的运营为京东带来充沛的经营性现金流及充足的现金储备。2016 年第一季度，京东的经营性现金流达到 23.6 亿元人民币，现金储备达到 345 亿元人民币。据国际评级机构穆迪的预测，2016 年和 2017 年京东零售业务将产生经营性现金流 200 亿～250 亿元人民币，基于京东核心零售业务的稳定财务状况，规模不断扩大、现金流强劲、运营资本管理高效以及良好的净现金状况，穆迪在此前债券评级报告中给出投资级的理想评级。

实现京东健康的现金流及充沛的现金储备，一方面得益于其持续快速增长的营业收入，另一方面也体现了京东商城良好的运营管理能力。京东 2015 年在库房管理的产品品种数已经超过了 200 万种，远超传统零售商，而存货管理效率却远超同行业其他竞争对手。2015 财年，京东存货周转天数仅为 37 天，同期苏宁存货周转天数为 46 天，国美为 67 天。这意味着京东在保证顾客订单需求的前提下，存货周转顺畅，极大地降低了对自身资金的占用。

重视运营效率　账期表现优于行业平均水平

值得强调的是，京东现金流的充裕主要来自提高自身运营效率，而非简单粗暴地拉长账期去占用供应商资金。根据公开的财报数据，京东商城 2015 财年应付账款周转天数（账期）仅为 45 天，同期苏宁应付账款（含应付票据）周转天数（账期）为 99 天，国美为 132 天，而 2016 年一季度的亚马逊的账期为 71 天，也长于京东同期的 46 天。这意味着京东较少占用了供应商的资金，使供应商伙伴可以更迅速地回笼资金。年初，京东家电还宣布了"战略合作品牌三年不涨合同点位"的供应商战略，与供货商建立了良性的合作关系。

合理管理现金流　快速布局新产业

根据财报，2013～2015 年京东的自由现金流分别达到 23.5 亿元人民币、8.6 亿元人民币、70.6 亿元人民币（自由现金流量，即企业产生的、在满足了再投资需要之后剩余的现金流量）；2016 年第一季度京东 GAAP 下经营性亏损为 8.65 亿元人民币（Non-GAAP 下 2.96 亿元），然而经营性现金流达到 23.6 亿元人民币。近年来，京东逐步从一家大型综合型电商平台向全产业链延伸，在金融、O2O、物流等领域持续发力。快速布局新产业的背后,精细化现金流管理起到了保驾护航的作用。

金融业务(如赊销给用户和贷款给供货商)的激增会对京东的现金流带来不小的考验,贷款的增加将会减少当期现金的流入。目前,京东金融已实现自筹自支,并且在2016年年初完成A轮融资66.5亿元人民币,交易后估值为466.5亿元人民币。在京东金融实现自筹自支后,京东未来的现金流表现会更加理想。京东集团正在用高效精细的现金流管理能力平稳地渡过战略布局阶段,未来前景值得期待。

(资料来源:中国经济网,2016年7月28日)

第四节　投资方案的对比和优选

如前所述,投资项目的主要经济评价指标是净现值、净现值率和内含收益率等。这些指标是从不同的角度对投资项目进行评价的,各有其优缺点。因此,必须区别不同的目的和用途,正确使用不同的评价指标,对投资方案进行对比与优选。

正确计算评价指标的目的就是要运用这些指标,通过对比和分析正确选择投资方案。为了正确运用投资项目的经济评价指标,首先要从不同投资方案之间的关系着眼,将投资方案区分为独立方案和互斥方案两类,然后根据不同的评价目的,采用不同的评价指标和评价方法。

一、独立方案的投资决策

对独立方案而言,其投资决策的目的是评价其在经济上是否可行。独立方案投资决策的常用的评价指标是净现值和内含收益率。

(一) 单个独立项目的投资决策

在资金总量允许的情况下,一个独立方案的净现值如果为正值,说明该方案可实现的投资收益率大于设定的折现率,经济上可行;如果其净现值为负值,说明该方案可实现的投资收益率小于设定的折现率,经济上不可行。由于没有其他竞争方案,只要投资方案本身可行,就可以接受。

【例15-16】　大众公司投资2 000 000元购建一套设备,预计该项目的有效经济使用年限为10年,无残值。该设备每年可生产甲产品20 000件,每件售价100元,单位变动成本为60元,固定成本总额为400 000元。假定资金成本为10%,试分别采用静态分析法和动态分析法评价该项目是否可行。

首先,计算该投资项目每年的现金流量。

年利润=(100-60)×20 000-400 000=400 000(元)

年折旧额=2 000 000÷10=200 000(元)

年现金净流量=400 000+200 000=600 000(元)

然后,以该现金流量为基础,分别采用静态分析法和动态分析法计算评价指标。

1. 静态分析法

静态投资回收期＝2 000 000/600 000＝3.33(年)

投资报酬率＝400 000÷2 000 000＝20％

年平均报酬率＝400 000÷(2 000 000÷2)＝40％

2. 动态分析法

动态投资回收期计算如下：

年金现值系数＝2 000 000÷600 000＝3.33

查表得：$(P/A, 10\%, 4)＝3.170, (P/A, 10\%, 5)＝3.791$

动态投资回收期＝4＋(3.33－3.170)/(3.791－3.170)＝4.26(年)

净现值＝600 000×$(P/A, 10\%, 10)$－2 000 000＝600 000×6.145－2 000 000

　　　＝1 687 000(元)

净现值率＝1 687 000÷2 000 000＝84.35％

内含收益率计算如下：

年金现值系数＝2 000 000÷600 000＝3.33

查表得：$(P/A, 25\%, 10)＝3.571, (P/A, 30\%, 10)＝3.092$

内含收益率＝25％＋(30％－25％)×$\dfrac{3.571-3.33}{3.571-3.092}$＝27.52％

由此可见，无论从静态分析法还是从动态分析法来分析，该项目的经济效益是比较好的。如果各项指标都不低于当时的平均水平，可以投资。

从以上计算可以看出，对于一个独立方案，无论采用净现值指标、净现值率指标，还是内含收益率指标进行评价，得出的结论是相同的。这就是说，当净现值大于零，或净现值率大于零或内含收益率大于设定的折现率，则该投资项目可行。

（二）多个独立项目的投资决策

如果有多个投资方案且相互之间是独立的，经过各种分析法的考查，证明在经济上具有可行性的，就有必要对这些投资方案进行排队。排队又分两种情况：（1）在资金总量不受限制的情况下，可按净现值的大小对各项目进行排队，确定先后顺序；（2）在资金总量受限制的情况下，则按净现值率的大小来排序。不同的投资方案可能需要的原始投资额不会完全相等，所以一般还要按净现值指标对选定方案进行调整。

【例 15-17】 假定甲公司计划投资总额 400 万元，现有 A、B、C、D、E 五个投资方案可供选择。它们的原始投资额及净现值率的资料如表 15-5 所示。

表 15-5 各项目投资额及现值系数表

单位：万元

投资项目	A	B	C	D	E
原始投资额	180	260	170	140	100
净现值率	15％	20％	11％	25％	18％

要求为甲公司作出投资方案的最优组合决策。

根据给定的净现值率按高低顺序重新排列如表 15-6 所示。

表 15-6　各项目投资额及现值系数表

单位：万元

按现值系数高低顺序排列	1	2	3	4	5
投资项目	D	B	E	A	C
原始投资额	140	260	100	180	170
净现值率	25％	20％	18％	15％	11％

根据各方案排列的顺序，结合投资定量 400 万元，选择 D、B 两个方案。因为，它们的现值指数相对其他方案比较高，每 1 元投资在未来所获得的现金流入量的现值数高。

二、互斥方案的投资决策

所谓互斥方案，是指有取必有舍、不能同时并存的方案。互斥方案的决策目的是通过方案的对比和分析，从中选出最佳方案。对互斥方案的比较，如果同时使用净现值、净现值率和内含收益率，可能得出相互矛盾的结论。因此，互斥方案的决策一般可分别采用净现值法或差额投资收益率法进行对比和优选。

（一）净现值法

采用净现值法，就是应用净现值与净现值率指标对互斥方案进行比较，决定其取舍，选择最优方案。在采用净现值法时，对投资额相同的互斥方案，可通过比较净现值指标，选取净现值大的投资方案为最优方案；对投资额不同的互斥方案，应通过比较净现值率指标，选取净现值率最大的投资方案为最优方案。

【例 15-18】　大众公司拟投资 100 000 元购建一条生产线，该生产线的期末净残值为零。现有 A、B 两个方案可供选择，经济寿命期均为 5 年。A 方案每年的现金流量均为 30 000 元，B 方案各年的现金流量分别为 0、20 000 元、20 000 元、50 000 元和 90 000 元。假定企业的资本成本为 15％。试采用净现值法选择最优方案。

由于 A、B 方案的投资额相同，因此可通过比较两个方案的净现值选择最优方案。

A 方案的净现值＝30 000×3.352－100 000＝560（元）

B 方案的净现值＝20 000×0.756＋20 000×0.658＋50 000×0.572＋90 000×0.497－100 000＝1 610（元）

由于 B 方案的净现值大于 A 方案的净现值，所以 B 方案为最优方案。

【例 15-19】　若【例 15-18】中的 B 方案的投资额为 101 100 元，其他资料不变。试采用净现值法选择最优方案。

由于 A、B 两个方案的投资额不同，因此可通过比较两个方案的净现值率选择最优方案。

A 方案的净现值率＝560÷10 000＝5.60％

B 方案的净现值率＝510÷101 100＝5.04％

由于 A 方案的净现值率大于 B 方案的净现值率，所以 A 方案为最优方案。

(二)差额投资内含收益率法

差额投资内含收益率是以两个初始投资额不同方案的差额现金净流量为基础计算的内含收益率,它是两个方案各年现金净流量差额的现值之和等于零时的折现率。若以 ΔIRR 表示差额投资的内含收益率,则其必须满足以下等式:

$$\Delta IRR = \sum_{t=0}^{n} \left[(C_I - C_O)_2 - (C_I - C_O)_1 \right]_t \cdot (P/F, \Delta IRR, t) = 0$$

式中:C_I——现金流入量;

C_O——现金流出量;

$(C_I - C_O)_2$——投资金额大的方案的现金净流量;

$(C_I - C_O)_1$——投资金额小的方案的现金净流量;

$\left[(C_I - C_O)_2 - (C_I - C_O)_1 \right]_t$——第 t 年两个方案的差额现金净流量。

两个方案的差额投资内含收益率可以用逐次测试法求得。当差额投资内含收益率大于或等于基准收益率时,投资金额大的方案较优;当差额投资内含收益率小于基准收益率时,投资金额小的方案较优。

【例 15-20】 大众公司决定提高该公司的产品质量,经过研究,研发部宣布可以再造生产流程以提高产品质量,降低生产成本。现有 A、B 两种方案可供选择,A、B 方案的基本情况如表 15-7 所示。

表 15-7　A、B 方案基本情况表

	A	B
年收入(元)	179 460	239 280
年运营成本(元)	155 460	211 280
原始投资总额(元)	180 000	210 000
经济寿命期(年)	5	5

假定公司的资金成本为 12%,并假定 A、B 两种方案的经济寿命期满时无残值且均采用直线法计提折旧。根据上述资料,对 A、B 方案作出选择。

首先,计算 A、B 方案的净现值。A 方案的原始投资额为 180 000 元,每年的现金净流入为 60 000(179 460−155 460+36 000)元。B 方案的原始投资额为 210 000 元,每年的现金净流入为 70 000(239 280−211 280+42 000)元。根据这些现金流量信息,可以计算 A、B 方案的净现值:

A 方案的净现值=60 000×(P/A, 12%, 5)−180 000=36 300(元)

B 方案的净现值=70 000×(P/A, 12%, 5)−210 000=42 350(元)

然后,进行差额投资内含收益率分析。

由(60 000−70 000)×(P/A, ΔIRR, 5)+(180 000−210 000)=0

得:(P/A, ΔIRR, 5)=3

查年金现值系数表,得 $\Delta IRR \approx 20\%$

根据以上分析,A 方案的净现值低于 B 方案的净现值,且 ΔIRR 大于 12%,因此应选择

B方案。

总之,对于原始投资额相等的多方案进行比较,一般可采用净现值指标进行评价选择;对于原始投资额不等的多方案进行比较,一般可采用净现值率或差额投资内含收益率进行评价和选择。

除了新建项目外,企业还往往面临着老项目的改建、扩建与更新改造等方面的决策。在计算这些项目的经济评价指标时,是以改、扩建与不改、扩建相对应的增量现金流入和增量现金流出(即增量的净现金流量)为计算基础的。增量的现金流出是改、扩建和更新改造项目的新增投资,而增量的现金流入随项目的具体情况而异:有些增量的现金流入可以单独计算,有些增量的现金流入难以单独确定;有些增量的现金流入表现为因增加产量而增加的收入,而有些增量的现金流入则表现为成本降低额。对于此类决策,往往是以增量的现金流量为基础来评价各个方案的可行性的。

【例15-21】 大众公司拟投资250 000元对一产品生产线进行改建。该生产线是三年前投资300 000元购建的,预计其经济寿命期为5年,使用期满无残值。该生产线每年生产甲产品10 000件,每件售价为100元,单位变动成本为60元,固定成本总额为300 000元。改建后可继续使用5年,每年产量、成本(除折旧外)、销售量均无变动。假定折现率为10%,试用动态分析法对改建项目进行评价。

由于改建生产线实际上是将其经济寿命从原来的5年延长至8年,尽管改建后项目还可以使用5年,但由于前两年是原有生产线尚可使用的年限,即使不改建也是有收入的,对新的改建项目来说,是一种机会成本,所以在对改建项目评价时,应该将其扣除。原投资项目与改建项目的关系如图15-1所示。

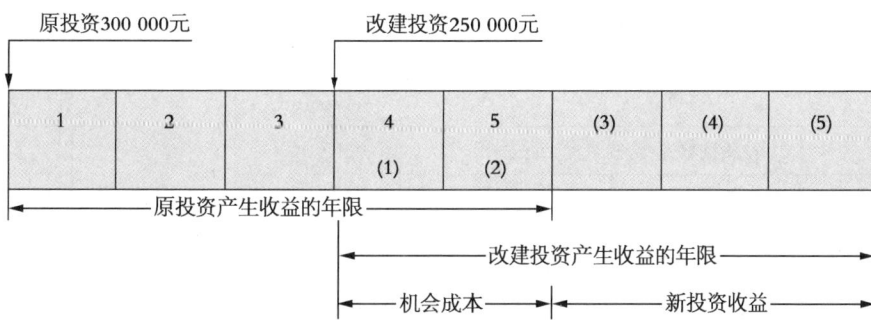

图 15-1 原投资项目与改建项目关系图

投资回收期的计算如下:

每年现金流量=$(100-60)\times10\ 000-300\ 000+300\ 000\div5=160\ 000$(元)

编制改建方案的现金流量表(见表15-8),计算折现后的累计现金净流量。

表 15-8 改建项目的现金流量表

单位:元

年 序	年现金净流量	折现系数(10%)	折现的现金净流量	累计折现后的现金净流量
0	−250 000		−250 000	−250 000
1	0		0	−250 000

年　序	年现金净流量	折现系数(10%)	折现的现金净流量	累计折现后的现金净流量
2	0		0	−250 000
3	160 000	0.751	120 160	−129 840
4	160 000	0.683	109 280	−20 560
5	160 000	0.621	99 360	78 800
合　计		2.055	788 000	

投资回收期 $=5-1+\dfrac{20\,560}{99\,360}=4.21$ (年)

净现值 $=160\,000\times(3.791-1.736)-250\,000=78\,800$ (元)

内含收益率的计算如下：

由于改建项目的年现金流量不等，所以采用逐次测试法进行测试，见表15-9。

表15-9　逐次测试计算表

年　份	各年现金净流量	第一次测试(16%)		第二次测试(18%)	
		现值系数	现值(元)	现值系数	现值(元)
1	0				
2	0				
3	160 000	0.641	102 560	0.609	97 440
4	160 000	0.552	88 320	0.516	82 560
5	160 000	0.476	76 160	0.437	69 920
未来报酬总现值			267 040		249 920
原投资额			250 000		250 000
净现值			17 040		(−80)

从表15-9的测试结果可以看出，改建项目的内含收益率≈18%。

从上述计算的各项指标看，改建后项目的效益不如改建前项目的效益。

第五节　影响投资决策的若干问题

一、所得税对投资决策的影响

如前所述，评价投资效益是以现金流量为基础的，而现金流量是以利润加折旧为依据的。利润又有税前利润和税后利润之别。到目前为止，一直没有考虑税收对投资决策的影响。然而，在实际工作中，企业要根据实现的利润总额和规定的所得税税率计算上交所得税，所以投资者应该从税后利润的角度来考虑投资项目的投资效益。在这种情况下，所得税是现金流量的一个抵减项目,在投资决策中必须考虑所得税对投资决策产生的重要影响,也即税金减除数的影响。所谓税金减除数,就是由于某种原因国家同意减免所得税的数额。

【例15-22】 大众公司三年前投资 300 000 元购建一套设备,预计其经济寿命期为 5 年,使用期满无残值。该设备每年生产甲产品 10 000 件,每件售价为 100 元,单位变动成本为 60 元,固定成本总额为 300 000 元。现大众公司拟以 80 000 元将旧设备出售,并购买一套效率更高的设备,价款为 400 000 元,预计其经济寿命期也为 5 年,期满无残值,每年生产甲产品 11 000 件,除折旧之外的固定成本不变。如果折现率为 10％,所得税税率为 25％,试评价购买新设备方案是否可行。

在以税后利润为基础计算的现金流量进行投资决策时,应考虑税金减除数的影响。具体可以增量的现金流量为基础计算的净现值来评价购买新设备方案的可行性。计算过程如表 15-10 所示。

表 15-10 净现值计算表

单位:元

投资收入			
新设备每年收入	(税后利润 90 000① +折旧 80 000)	170 000	
10％年金现值系数	(5 年)	3.791	
现值			644 470
减机会成本:			
旧设备每年收入	(税后利润 75 000② +折旧 60 000)	135 000	
10％年金现值系数	(2 年)	1.736	234 360
净现金流入			410 110
投资支出			
新设备售价		400 000	
旧设备出售收入		80 000	
现金流出		320 000	
税金减除数:			
旧设备出售损失	40 000③		
所得税税率	25％	10 000	
净现金流出			310 000
净现值			100 110

注:① [(100−60)×11 000−(300 000＋20 000)]×(1−25％)＝90 000;
② [(100−60)×10 000−300 000]×(1−25％)＝75 000;
③ 300 000−60 000×3−80 000＝40 000。

从表 15-10 的计算结果可以看出,新设备的投资方案是可行的。

要注意的是,在以税后利润为基础评价投资方案时,税金减除数实质上减少了现金流出的数额,因此必须加以考虑。

二、折旧模式对投资决策的影响

如前所述,现金流量的估算是具体评价投资方案经济效益的基础,而一定期间内现金流量的大小又受各年利润和折旧大小两个因素的影响。企业的折旧方法除了平均年限法外,还有工作量法、双倍余额递减法和年数总和法等。尽管从投资的整个有效期来看,采用任何折旧方法提取的折旧总额相同,但每年计提的折旧额不同。

如果是以税前利润为基础计算的现金流量作为评价投资方案的依据,折旧额的变化对现金流量的计算是没有影响的。因为现金流量等于利润加折旧,折旧额多了,利润就少了。折旧额的增加与利润额的减少是相等的。所以,在以税前利润作为评价投资方案依据的情况下,折旧模式的改变对投资效益的评价没有影响。

如果是以税后利润为基础计算的现金流量为评价投资方案的依据,折旧方法可以改变不同期间的折旧额,从而影响不同期间税后现金流量的数额。特别是在考虑货币时间价值的情况下,会改变投资的实际效果。所以,在以税后利润作为评价投资方案依据的情况下,折旧模式的改变对投资效益的评价有着一定的影响。

【例 15-23】　大众公司正在考虑购买一台价格为 20 000 元的新设备,使用期限为 5 年,估计设备报废时残值为 2 000 元,使用该设备每年可多创造 20 000 元营业收入,销售成本为 8 000 元(不含折旧)。假设所得税税率为 40%,资金成本为 10%。试分别采用平均年限法和年数总和法比较以税前利润和税后利润为基础对评价投资效益的影响。

(1)采用平均年限法计提折旧,按税前利润和税后利润计算的现金流量如表 15-11 所示。

表 15-11　现金流量计算表

单位:元

项　目	税 前 利 润	税 后 利 润
销售收入 销售成本 折旧	20 000 8 000 3 600	20 000 8 000 3 600
税前利润 所得税	8 400	8 400 3 360
税后利润 折旧	3 600	5 040 3 600
每年现金净流量	12 000	8 640
投资收入总额	46 734 (12 000×3.791+2 000×0.621)	33 996.24 (8 640×3.791+2 000×0.621)

(2)采用年数总和法计提折旧,按税前利润和税后利润计算的现金流量如表 15-12 和表 15-13 所示。

表 15-12　现金流量计算表

(按税前利润计算)

单位:元

项　目	第一年	第二年	第三年	第四年	第五年
营业收入	20 000	20 000	20 000	20 000	20 000
营业成本	8 000	8 000	8 000	8 000	8 000
折旧	6 000	4 800	3 600	2 400	1 200

续表

项　目	第一年	第二年	第三年	第四年	第五年
税前利润	6 000	7 200	8 400	9 600	10 800
折旧	6 000	4 800	3 600	2 400	1 200
每年现金净流量	12 000	12 000	12 000	12 000	12 000
投资总收入	46 734　（12 000×3.791＋2 000×0.621）				

表 15-13　现金流量计算表

（按税后利润计算）　　　　　　　　　　　　单位：元

项　目	第一年	第二年	第三年	第四年	第五年
营业收入	20 000	20 000	20 000	20 000	20 000
营业成本	8 000	8 000	8 000	8 000	8 000
折旧	6 000	4 800	3 600	2 400	1 200
税前利润	6 000	7 200	8 400	9 600	10 800
所得税	2 400	2 880	3 360	3 840	4 320
税后利润	3 600	4 320	5 040	5 760	6 480
折旧	6 000	4 800	3 600	2 400	1 200
每年现金净流量	9 600	9 120	8 640	9 160	7 680
投资总收入	35 015.72 [9 600×0.909＋9 120×0.826＋8 640×0.751＋9 160×0.683＋(7 680＋2 000)×0.621]				

从上述的计算比较可以看出，在以税前利润为基础计算的现金流量作为评价投资方案的依据时，折旧额的变化对投资效益的评价没有影响；在以税后利润为基础计算的现金流量作为评价投资方案的依据时，折旧额的变化对投资效益的评价有影响。必须注意的是，这种差异是由折旧计提方法不同引起的，并不反映投资方案的内在经济效益。

三、通货膨胀对投资决策的影响

通货膨胀对决策有着一定的影响，尤其是在通货膨胀率高的情况下，对长期投资决策有着很大的影响，如果没有剔除通货膨胀的影响，一些投资方案的净现值可能很大或者内含收益率可能很高，而实际情况并非如此。

考虑通货膨胀的情况，资金成本由实际内含收益率和通货膨胀率两部分组成。假定以 i 表示名义内含收益率，f 表示通货膨胀率，r 表示实际内含收益率，则它们之间的关系如下：

$$i=(1+f)(1+r)-1=f+r+rf$$

根据上述公式，可计算实际收益率如下：

$$r=(i-f)/(1+f)$$

【例 15-24】　大众公司正在考虑一项 100 000 元的投资项目，该项目预计在未来 3 年内的收入分别为 52 000 元、55 600 元和 66 000 元。假设年通货膨胀率为 10%,计算该项目的实际内含收益率。

根据上述资料,首先要求出名义内含收益率。根据测试,名义内含收益率为 32%,可核对如表 15-14 所示。

表 15-14　名义内含收益率测试表

年　份	现金流入(元)	32%的现值系数	现值(元)
1	52 000	0.757 6	39 395
2	55 600	0.573 9	31 908
3	66 000	0.434 8	28 697

然后,根据上述公式计算实际内含收益率。

实际内含收益率 $=(0.32-0.1)/1.1=0.2=20\%$

可核对如表 15-15 所示。

表 15-15　实际内含收益率测试表

单位:元

年　份	现金流入 (1)	通货膨胀系数 $(f=10\%)$ $(2)=(1+f)^n$	剔除通货膨胀因素后的现金流入 $(3)=(1)/(2)$	现值系数 $(r=20\%)$ $(4)=(1+r)^{-n}$	现值 $(5)=(3)\times(4)$
1	52 000	1.1	47 272.73	0.833	39 394
2	55 600	1.21	45 950.41	0.694	31 910
3	66 000	1.331	49 586.78	0.579	28 696

关键概念索引

长期投资决策　货币的时间价值　终值　现值　年金　现金流量　经济寿命期动态法　静态法　回收期　净现值　净现值率　内含收益率　独立方案　互斥方案　税金减除数　名义收益率　实际收益率

复习思考题

1. 为什么在长期投资决策中要采用现金流量而不是会计利润指标来衡量投资项目?

2. 在长期投资决策中,为什么要考虑货币的时间价值? 如何计算货币的时间价值?

3. 为什么要以投资项目的经济寿命期作为投资项目的计算期?

4. 什么是静态分析法? 静态分析法有什么局限性?

5. 什么是动态分析法? 动态分析法有何特点?

6. 为什么在进行长期投资决策分析时,要根据不同的评价目的采用不同的评价指标和评价方法?

7. 所得税对长期投资决策有何影响?

8. 折旧模式是如何影响长期投资决策的?

练习题

一、单项选择题

1. 成本管理会计中的长期投资决策是指企业(　　)的决策。
   A. 对外股权投资　　　　　　　　B. 对外债权投资
   C. 涉及固定资产投资　　　　　　D. 对外联营投资

2. 在采用评价指标分析长期投资决策项目财务上的可行性时,如果(　　),投资项目一般可以接受。
   A. 净现值率小于零　　　　　　　B. 净现值小于零
   C. 设定的折现率小于内含收益率　D. 设定的折现率大于内含收益率

3. 以下各项中不属于现金流入量的是(　　)。
   A. 营业收入　　　　　　　　　　B. 固定资产残值
   C. 流动资金回收　　　　　　　　D. 固定资产投资

4. 假设企业以12%的年利率取得贷款400 000元,要求在5年内每年末等额偿还,每年的偿付金额为(　　)元。
   A. 100 875　　　B. 80 000　　　C. 110 957　　　D. 120 000

5. 企业购入一台生产设备,成本为20万元,年折旧率为10%。预计投产后每年可获利润1.5万元。如果不考虑货币的时间价值,则投资回收期为(　　)。
   A. 13.33年　　　B. 5.71年　　　C. 10年　　　D. 无法确定

二、多项选择题

1. 长期投资决策的评价指标主要有(　　)。
   A. 净现值　　　B. 投资报酬率　　　C. 投资回收期　　　D. 内含收益率

2. 以下各项评价指标中,需要考虑货币时间价值的有(　　)。
   A. 净现值　　　B. 年平均报酬率　　　C. 内含收益率　　　D. 净现值率

3. 在计算投资项目的净现值时,需要考虑的因素有(　　)。
   A. 折现率　　　B. 投资额　　　C. 回收期　　　D. 每年现金流量

4. 净现值与净现值率的共同之处在于(　　)。
   A. 都考虑了货币的时间价值因素
   B. 都必须按预定的折现率折算现金流量的现值
   C. 都不能反映投资方案的实际投资收益率
   D. 都是相对数指数,反映投资的效率

5. 回收期指标的主要缺点是(　　)。

A. 不能测定投资方案的流动性

B. 没有考虑资金的时间价值

C. 没有考虑回收期后的现金流量

D. 不能衡量投资方案投资报酬率的高低

三、判断题

1. 采用不同的折旧方法,对长期投资内含收益率的评价会有不同的结果。（　　）

2. 在考虑通货膨胀的情况下,实际内含收益率一定小于名义内含收益率。（　　）

3. 如果投资项目的净现值大于零,说明该项目的内含收益率大于设定的折现率,所以该方案一般是可行的。（　　）

4. 一般情况下,使某投资方案的净现值小于零的折现率一定小于该投资方案的内含收益率。（　　）

5. 对于固定资产的改、扩建项目,往往是以增量的现金流量为基础来评价方案的可行性的。（　　）

四、业务题

习题一

1. 目的：练习净现值和内含收益率的计算。

2. 资料：江海公司准备购建一条生产线,投资额为 20 万元,有 A、B 两个方案可以选择。A 方案每年的现金流入为 8 万元,B 方案每年的现金流入分别为 10 万元、9 万元、7.5 万元、7 万元和 6 万元。假设期望的报酬率为 12%,项目的经济寿命期为 5 年。

3. 要求：用净现值法、内含收益率法进行方案评价。

习题二

1. 目的：练习独立方案的投资决策。

2. 资料：大众公司计划从银行借款 430 000 元购置一台新设备,预计可使用 5 年,期末残值为 30 000 元,使用该设备可以使大众公司每年增加收入 360 000 元,每年的付现营业成本为 200 000 元,企业采用直线法计提折旧,银行借款利率为 16%。

3. 要求：试用净现值法分析该投资方案是否可行。

习题三

1. 目的：练习互斥方案的投资决策。

2. 资料：大众公司拟投资 250 000 元对一产品生产线进行改建。该生产线是三年前投资 300 000 元购建的,预计其经济寿命期为 5 年,使用期满无残值。该生产线每年生产甲产品 10 000 件,每件售价为 100 元,单位变动成本为 60 元,固定成本总额为 300 000 元。改建后的生产线可继续使用 5 年,并且每年产量增加 2 000 件,除折旧外的成本无变动。

3. 要求：假定折现率为 10%,试采用动态分析法对改建项目进行评价。

习题四

1. 目的：练习所得税对投资决策的影响。

2. 资料：大众公司以 80 000 元购入 A 机器,预计经济寿命期为 6 年,期末残值为 2 000 元,使用该机器每年可实现税前利润 20 000 元,已使用 3 年。现拟以 25 000 元出售 A 机器,另外以 100 000 元购买 B 机器。B 机器的预计经济寿命期为 5 年,无残值,使用 B 机器每年可实现税前利润25 000元。假定行业的基准收益率为 12%,所得税税率为 25%。

3. 要求:试评价购买新机器的方案是否可行。

习题五

1. 目的:练习通货膨胀对投资决策的影响。

2. 资料:三星公司拟投资 22 500 元购置一台机器,预计经济寿命期为 4 年,预计每年的现金流入分别为 15 000 元、7 500 元、5 000 元和 3 950 元。假定通货膨胀率为 5%。

3. 要求:计算该项目的实际内含收益率。

案例题

蒙科蒂葡萄酒公司酿酒厂总经理吉诺·蒙科蒂最近与帝国装瓶公司(Empire Glass Co.)的设备销售代表詹尼弗·莫蒂默进行了一次谈话。詹尼弗·莫蒂默向他详细演示了公司的新产品、一种叫作 Rapid Stick 的新标签设备可以替代吉诺公司现有的、较为低效的旧设备。新设备的成本(包括安装成本在内)为 120 000 美元。

蒙科蒂葡萄酒公司生产经理分析了新机器设备的特征,经过估算,他认为公司每年可因此节约 30 000 美元的人工成本和材料成本。新设备的使用年限为 6 年,残值为零。旧设备预计可继续使用 6 年。吉诺·蒙科蒂认为,新设备每年至少带来 18% 的投资回报才能使投资变得有利可图。

研讨问题:

1. 分别下列两种情况作出是否购买新设备的决策:(1)假设现有旧设备的账面价值和残值均为零,蒙科蒂葡萄酒公司应否购买新设备;(2)假设现有旧设备的账面价值为 42 000 美元,现有残值为 25 000 美元,6 年后的残值为零,蒙科蒂葡萄酒公司应否购买新设备?(注:在决策(1)、决策(2)中忽略纳税的影响。)

2. 假设蒙科蒂葡萄酒公司已购买了 Rapid Stick 设备。一年后,詹尼弗·莫蒂默再次与吉诺·蒙科蒂联系,并告诉他,公司又可以提供一种名为 Super Stick 具有更先进的标瓶技术的设备。Super Stick 设备的全部安装及运营成本为 170 000 美元,经济使用年限为 5 年。遗憾的是,尽管原有的 Rapid Stick 设备仍可在剩余的 5 年使用期限内继续结转其先期原始投入,但 Super Stick 新设备带来的技术革新将使 Rapid Stick 设备变得一文不值,即使得 Rapid Stick 设备的现行市价为零。生产经理在分析了 Super Stick 设备的特征之后,发现在 Rapid Stick 设备带来的成本节约额基础上,Super Stick 设备每年还可以进一步节约人工成本和材料成本 60 000 美元。试问:蒙科蒂葡萄酒公司将作出何种决策?

3. 吉诺·蒙科蒂要求詹尼弗·莫蒂默描述一种叫作 Quick Flow 的新型装瓶设备的特征。一段时期以来,生产经理一直在说服吉诺安装 Quick Flow 设备以替代现有的设备。很久以来,现有旧设备的账面价值早已被抵销,而且实际残值也已为零。尽管 Quick Flow 设备的全部安装和运营成本需要 450 000 美元,但生产经理强调,新设备(在整个 10 年的经济使用年限内)每年可减少税前人工成本及废品损失 100 000 美元。目前还无法预测新设备的最终残值,如果资本成本为 20%,边际税率为 40%,蒙科蒂葡萄酒公司是否应当购买 Quick Flow 设备?

练习题及案例题参考答案

练习题

一、单项选择题

1. C   2. C   3. D   4. C   5. B

二、多项选择题

1. ABCD   2. ACD   3. ABD   4. ABC   5. CD

三、判断题

1. ×   2. √   3. √   4. ×   5. √

四、业务题

习题一

(1) A 方案的净现值＝8.84(万元)

    B 方案的净现值＝9.297(万元)

(2) A 方案的内含收益率＝28.68%

    B 方案的内含收益率＝31.47%

因此,B 方案更好。

习题二

净现值＝108 120(元)

该方案的净现值为正数,故方案可行。

习题三

投资回收期＝2.62(年)

净现值＝382 000(元)

净现值率＝152.8%

内含收益率＝47.62%

从上述计算的各项指标看,改建后项目的效益要比改建前项目的效益好。

习题四

净现值＝13.75(元)

由于净现值大于 0,购买新机器合算。

习题五

名义内含收益率≈20%

实际内含收益率＝14.29%

案例题

1.

(1) $NPV＝-1\ 506$(元)

结论:不应购买新设备。

(2) $NPV＝23\ 494$(元)

结论：购买新设备。

2. $NPV = 17\,620$(元)

结论：购买新设备。

3. $NPV = 103\,476$(元)

结论：购买新设备。

第十六章
分权管理和责任会计

📖 **【本章要点】**

- 分权管理的必要性
- 责任会计制度的意义及实施条件
- 责任会计制度的特点
- 责任中心的建立及其特点
- 内部转移价格的意义及制定原则
- 内部转移价格的制定方法
- 内部转移价格的选择

现代化企业由于经营方式和所有制形式向多元化方向发展,企业的规模不断扩大,使得一个管理层次众多的集中管理企业无法达到有效的信息传递、控制和协调;同时,由于企业组织规模的扩大和复杂性的增加,企业高层管理者既不可能具体了解企业正在进行的生产经营活动情况,也不可能为企业未来的生产经营活动作出决策;更重要的是,依靠企业高层的少数几个人来经营管理一个庞大的企业,已显得越来越力不从心。由于传统的集权制管理已不能满足现代化企业管理的需要,于是分权管理就应运而生了。

第一节　分权管理和责任会计概述

分权管理在当今国际经济环境中具有明显的优越性,并正成为企业管理的一种国际发展趋势。

分权管理就是企业把一定的日常经营管理的决策权随同相应的责任下放给基层管理人员,许多关键性的经营决策由这些问题的管理者作出。分权管理的主要表现形式是部门化,即在企业中建立一种具有半自主权的组织结构,通过由企业管理中心向下或向外的层层授权,使每一部门都拥有一定的积极性、权力和责任。

企业组织越大、越复杂,分权管理的优点就越明显。其主要有五个方面的优点。

(1) 有利于企业作出正确的决策。分权管理特别适用于跨国公司,它们在许多国家都设有广泛的分支机构,受不同法律体系和风俗的影响。由于置身于经营环境的较低层管理人员可以更好地了解当地的一些实际信息,因此实施分权管理更有利于企业作出正确的决策。

(2) 有利于提高企业的应变能力。企业通过分权管理,能够更快地对环境的变化作出迅速的反应,从而作出正确的经营决策。如前所述,企业的经营规模日趋庞大,信息的传递要经过多道环节,如果再采用集权制进行经营决策,无疑会影响决策信息的时效性。因此,采用分权管理,让基层管理人员参与决策,由于他们更了解具体情况,他们能更迅速、有效地制定经营决策,以适应市场变化的需要。

(3)有利于高层管理者关注重点问题。企业通过分权管理,使高层管理人员能将有限的时间和精力放在企业最重要的战略决策上,以保证企业始终有一个明确的、正确的发展目标。高层管理部门通常在高层的重大决策方面比中层管理部门更具优势,如果他们的时间都花费在日常经营决策上,就会分散他们的精力,从而忽略了重要的战略决策。

(4)有利于提高企业的竞争能力。在一个高度集权的企业,高额的总体利润可能掩盖下属分部的无效率。分权管理则可以使企业组织能够确定每个分部对企业利润所作的贡献,并使每个分部直接面对市场。

(5)有利于激励基层管理人员。企业通过分权管理,能有效地调动各级管理人员的积极性和创造性,从而群策群力,使全体管理人员既能为提高企业经济效益作出贡献,又能实现自身的价值;同时有利于锻炼、评价和激励基层管理人员。

然而,采用分权管理的结果往往是:一方面,使各分权单位之间具有某种程度的相互依存性,主要表现为各分权单位间的产品或劳务的相互提供;另一方面,又不允许各分权单位在所有方面像一个独立的组织那样经营。某一分权单位的行为不仅会影响其自身的经营业绩,有时各分权单位为了其自身的业绩,还会采取一些有损于其他分权单位经营业绩甚至有损于企业集体利益的行为。因此,在实行分权管理时,就要建立一种制度来协调各分权单位之间的关系,使各分权单位之间及企业与分权单位之间在工作和目标上达成一致,防止各个部门为了片面地追求局部利益而致使企业整体利益受到损害的行为的发生。由此可见,在分权管理使企业日常的经营决策权不断下放,从而使决策达到最大限度的有效性的同时,企业经营管理的责任也应随着经营决策权的下放一起层层落实到各级管理部门,使各级管理部门在充分享有经营决策权的同时,也对其经营管理的有效性承担经济责任。这种根据授予基层单位的权力和责任,以及对其业绩的计量、评价方式,将企业划分成各种不同形式的责任中心,并建立起以各个责任中心为主体,以责、权、利相统一的机制为基础,通过信息的积累、加工和反馈而形成的企业内部的严密的控制系统即为责任会计制度。

专栏 16-1

阿米巴落地生根:企业管理会计新思路

阿米巴是日本京瓷在20世纪60年代开始创立的一种经营管理方式,相关的理论研究最早也出现在日本,并逐渐影响到全世界的理论界与实务界。与管理会计理念天然契合的阿米巴经营模式正在为我国企业管理所借鉴。

以人为本理念特质鲜明

"阿米巴模式的目的是让企业中与市场直通的部门参与核算制的建立。企业要让每一个部门都能感受到市场的压力,然后培养具有经营意识的人才,全员参与经营管理。"日本大阪市立大学商学院教授卜志强说。

阿米巴组织是企业细分的独立小集团,卜志强认为阿米巴经营模式有三个特点:必须作为利润中心独立核算,有收入和支出;企业领导者、负责人要参与企业经营全过程;必须符合企业的大政方针,小集体服从大集体。

　　　　宝钢金属有限公司副总经理兼财务总监范松林认为,阿米巴是把成本或费用中心转化为利润中心的一种经营模式,其实质是划小核算单元,除了关注利润、成本之外,还关注单位时间产生的利润。成本中心和利润中心有较大区别,阿米巴注重全方位关注差异。

模式创新促本土化进程

　　　　阿米巴经营模式中的管理会计概念,是国内传统管理会计相关理论与国外先进管理模式的相互融合。卜志强表示,除了人工成本的特殊处理以外,阿米巴将激励、预算和绩效管理等理论融会贯通,促进了管理会计理论框架的形成。

　　　　对于阿米巴经营模式,企业仅仅拥有令其落地生根的新鲜土壤是不够的,还要注意方式方法。范松林认为,企业首先要把理念导入,学习阿米巴模式,通过网络平台等信息化手段宣传成功案例;随后试点推进,由点至面,全面推进;最后需划分阿米巴和内部定价,设计核算表。通过这三个关键性步骤让阿米巴经营模式更好地落地生根,还要在此基础上进行模式创新,使它本土化。

　　　　　　　　　　　　　　　　　　　(资料来源:中国管理会计网,2015 年 12 月 10 日)

第二节　责任会计制度

　　如前所述,责任会计(responsibility accounting)制度是在分权管理的条件下,为适应经济责任制的要求,在企业内部建立若干责任单位,并对它们分工负责的经济活动进行规划、控制、考核与业绩评价的一整套会计制度。它实质上是企业为了加强内部经营管理责任而实施的一种内部控制制度,是把会计资料同各级有关责任单位紧密联系起来的信息控制系统。

一、责任会计制度的基础和条件

进行责任会计核算必须具备一定的基础和条件,具体包括如下内容。

(一)明确规定权责范围

实施责任会计,首先要根据企业的具体情况和内部管理的实际需要,合理地划分各责任中心。责任中心按其授权范围的大小分为成本中心、收入中心、利润中心和投资中心四种形式,由于各责任中心所承担的责任都不一样,因此必须首先依据各个责任中心的具体特点,明确规定其权责范围,从而正确地确定其核算内容。

(二)正确编制责任预算

企业应根据全面预算所确定的生产经营总目标和任务,按责任中心进行层层分解、落实,并为每个责任中心编制责任预算,作为今后控制各责任中心经济活动的依据,也作为评价其工作成果的基本标准。

（三）制定业绩考核标准

业绩考核标准应当具有可控性、可计量性和协调性等特点，即其考核的内容只能是责任中心能够控制的因素；考核指标的实际执行情况要能比较准确地计量和报告，并能使各个责任中心在完成企业总的目标中明确各自的目标和任务，以实现局部和整体的统一。

（四）制定内部转移价格

为了分清经济责任，正确地评价各责任中心的工作业绩，对各责任中心之间相互提供的产品和劳务都应该进行结算，这就需要根据各责任中心的特点，对企业内所转移的各种产品和劳务合理地制定内部转移价格。由于内部转移价格的合理与否直接关系到与之相关的各责任中心的利益，因此内部转移价格的确定要讲究科学性与合理性，既有助于调动各责任中心的积极性，又有助于实现局部和整体之间的目标一致。

（五）建立健全信息系统

责任预算一经确定，就要按责任中心建立相应的一套完整的日常记录、计算和积累有关责任预算执行情况的信息跟踪系统，对实际执行情况进行跟踪反映，并定期编制业绩报告。企业应根据各责任中心的业绩报告，分析预算执行差异发生的原因，及时通过信息反馈，控制并调节它们的日常经营活动；同时，还要督促它们迅速采取有效措施，纠正缺点，巩固成绩。因此，责任会计的信息系统必须满足相关性、及时性和准确性等要求。

（六）制定合理而有效的奖惩制度

企业应制定一套既完整、合理，又切实有效的奖惩制度，根据各责任中心的实际工作业绩的好坏进行奖惩，鼓励先进，鞭策落后。如果一个责任中心的工作业绩因其他责任单位的过失而受到损害，应由责任单位赔偿。该制度应有助于实现权、责、利的统一。

二、责任会计制度的特点

与财务会计相比，责任会计制度具有以下特征。

（一）责任会计的核算对象

为了准确地核算各责任中心的经营业绩，就必须首先明确各项业务的责任对象。财务会计是以企业实体的经济活动为核算对象的，而责任会计是以企业中的各责任中心的经济责任为核算对象的，责任会计所要反映和评价的是每一个责任中心的工作业绩。当企业建有全面的责任中心时，企业所发生的每一项经济业务都由特定的中心负责。所以，一切与该责任中心相关的业务和事项都可归属到某一责任中心，都是责任会计所需核算的内容。

（二）责任会计的核算程序

（1）为各责任中心制定责任预算或确立目标。这是为各责任中心确立一个履行职责的目标，同时也为评价各责任中心的工作确立一个标准。

（2）准确地核算各责任中心的经营业绩。这是责任会计核算的重要环节，它包括原始凭证的填制、费用的归集和分配、内部产品或劳务转移的结算、收入的确认及最终经营业绩的确定等。

（3）评价和考核各责任中心经济责任的履行情况。通过核算环节，已对各责任中心的实际经营情况作了客观的反映，接着就应将实际执行结果与预定的责任目标或责任预算进行比较，揭示其差异，并对其经营业绩作进一步的评价。

（4）通过调查和分析，编制责任会计报告。责任会计报告是对责任中心经营绩的全面考核和评价。责任会计报告的内容包括责任目标（或预算）和实际执行情况及其差异的揭示，并根据重要性原则对差异进行调查和分析，找出其原因，提出改进工作的建议等。

（三）责任会计报告

责任会计报告是责任会计提供信息的媒介，也是责任会计的工作成果。责任会计报告由于是为企业内部提供信息，因此与财务报告相比，在报告对象、报告内容、报告时间等方面都有其特点。

（1）报告对象。不同责任中心所包含的责任内容、范围不一样，因此应根据具体的对象确定报告的内容。

（2）报告形式。将责任目标、实际履行情况及其产生的差异用报表予以列示是责任报告的基本形式，但在揭示差异的同时，必须对重大差异予以分析，查找其产生原因，并作出说明或提出改进建议。所以，责任报告的形式除报表外，还必须采用数据分析和文字说明方式。

（3）报告时间。责任报告的编制时间一般是定期的，但由于各责任中心的特点不一样，为各责任中心所定的报告期可能不尽一致。

（4）报告内容。由于各责任中心的性质不一样，各责任中心的报告内容也不尽一致，但基本的要求是必须报告其责任目标或预算及其实际执行结果和产生的差异，以便各责任中心进行自我控制及上层责任中心对下属责任中心予以控制。除此之外，应根据重要性原则对重大差异作进一步的定量分析和定性分析。

三、责任会计的核算原则

建立责任会计制度应当遵循以下六个原则。

（一）目标一致性原则

责任中心是一个企业的各个局部，为了保证企业整体目标的实现，在为各责任中心确定责任目标或进行责任预算时，应始终注意与企业的整体目标保持一致。在进行责任控制时，同样应注意各个责任中心的业绩与企业整体目标的一致性，以避免因片面追求局部利益而影响整体利益。

（二）责权利相结合原则

拥有与责任相当的权力和相应的经济利益是责任落实及其目标完成的保证。企业在落实责任目标的同时必须明确相应的权力和利益。在责、权、利三者关系中，责是核心，权是落实完成责的前提条件，利是激励因素。

（三）激励原则

实现经济责任制的目的就是为了最大限度地调动企业全体职工的积极性和创造性，因此所确立的目标或预算应相对合理。目标过高，会挫伤职工的工作积极性；目标太低，不利于企业整体目标的实现。同时，各种奖惩措施也应注意适当与合理，既要奖惩分明，又要给人以希望，这样就能不断激励全体职工为实现目标而努力奋斗。

（四）可控性原则

由于各责任中心的利益直接与其业绩挂钩，对其工作业绩的考评必须以可控性为原则，也就是说，对各责任中心的收入或费用的核算都必须以各责任中心可予控制为原则。

（五）反馈性原则

各责任中心在执行预算的过程中，对各项经济活动发生的信息，要及时、可靠地进行计量、记录、计算和反馈，以便发现问题，迅速采取有效的措施加以控制，达到强化管理的目的。责任预算执行情况的信息反馈，既是一个经济信息的运用过程，也是责任会计真正发挥其管理作用的一个重要步骤，通过层层反馈并由层层控制而形成的一个反馈控制网络，保证整个企业的生产经营活动正常、有序地进行。

（六）及时性原则

为了保证各责任中心对其经营业绩的有效控制，责任会计的核算和信息反馈要遵循及时性原则。现代管理的发展，已将事后控制发展到事前控制和事中控制。目标的确定和预算的编制是事前控制的基本方法；事中控制就是在目标和预算的实施过程中，通过不断掌握其实施情况，并不断反馈信息，纠正偏离目标或预算的差异。因此，各责任单位在编制业绩报告后，应迅速据以作出反应，把有关信息反馈给责任者，以便他们迅速据以调整自己的行为。

第三节 责任中心

实行责任会计制度的企业，为了实行有效的内部控制，通常采用统一领导、分级管理的原则，在其内部合理地划分责任单位，承担相应的经管责任，并赋予相应的权限，促使企业内部各单位各尽其责并协调配合。这种权责范围就是各个责任单位能够对其经济活动进行严格控制的区域，也即责任中心。

责任中心实际上是指企业内部按各自生产经营的特点和一定的控制范围，由其主管人员对其可控的生产经营活动负责并拥有相应权力的内部单位。就企业内部单位而言，生产经营活动通常具有自身的特点及相应的控制范围。例如，生产车间的生产经营活动特点是进行产品的生产，控制的对象是产品的生产成本；而一个分厂的生产经营活动除了产品生产外，还包括产品销售等，因此控制的对象不仅有产品的生产成本，还有收入和利润等。因此，不同的内部单位因生产经营活动的特点及相应的控制范围不同，可以成为不同的责任中心。划分责任中心的目的是为了充分调动一切积极因素,使各中心在其权责范围内恪尽职守,努力工作;然后按成绩优劣进行奖惩,从而真正提高企业整体的经济效益,增强企业的竞争能力。

责任中心根据其控制区域和权责范围的大小,一般可分为成本中心、收入中心、利润中心和投资中心四种类型。

一、成本中心

成本中心(cost center)是指那些只能控制成本从而只对成本负责的责任中心。成本中心有狭义和广义之分。狭义的成本中心是指对产品生产或劳务提供资源的耗费负责的责任中心,主要指生产产品或提供劳务的责任中心;广义的成本中心除狭义的成本中心外,还包括那些非生产性的以控制经营管理费用为主的责任中心,也即费用中心。

成本中心没有经营权或销售权,无法控制收益,其责任只是对其在职权范围内发生的成本或费用负责,成本中心的目标就是在保质保量完成生产任务或搞好管理工作的前提下控制和降低成本和费用。企业中的某一生产部门,如组装或精加工部,就是成本中心的实例。生产部门的管理人员不制定价格或作出营销决策,但他(她)可以控制生产成本。因此,成本控制的好坏是对成本中心管理者评价的主要依据。

成本中心是应用较广泛的一种责任中心形式,上至工厂一级,下至车间、工段、班组甚至个人都可划分为成本中心。由于成本中心的规模大小不一,各成本中心控制、考核的内容也不一样。为了正确地确定成本中心的责任对象,提高成本中心控制的有效性,首先必须将成本划分为可控成本和不可控成本。可控成本是相对于不可控成本而言的。凡是责任中心能控制的各种耗费称为可控成本,凡是责任中心不能控制的耗费则为不可控成本。对某一个成本中心来说,可控成本应具备以下三个条件:

(1) 成本中心能预知将发生什么样性质的耗费;

(2) 成本中心有办法计量它的耗费;

(3) 成本中心有办法控制并调节它的耗费。

属于某个成本中心的各项可控成本之和,即为该中心的责任成本。

必须注意的是,一项费用是否为可控成本,不是由费用本身确定的,而是对成本中心而言的。因为一个成本中心的不可控成本可能是另一个成本中心的可控成本;下一级成本中心的不可控成本对上一级成本中心来说往往是可控的。例如,材料的价格对供应部门来说是可控的,但对生产部门来说就是不可控的;又如,制造费用中的固定费用对生产小组来说是不可控的,但对车间来说却是可控的。

二、收入中心

收入中心(revenue center)是指对收入负责的责任中心。收入中心不须考虑产品的成本,而只须考虑如何在企业许可的售价浮动范围内更多地推销企业产品,更多地占领市场,因为推销越多,收入也就越多,在市场中所占的份额越大,对企业的贡献也就越大。

收入中心的特点是对收入负责,不对成本负责,因此为了评价其经营业绩,必须首先为其确定目标收入,作为其考核依据。企业中的营销部门是收入中心的实例,营销部门的管理者确定价格并对销售作出预测。因此,营业收入的实现情况是评价收入中心管理者的重要指标。

随着市场经济的发展和产品销售竞争的日趋激烈,营销工作越来越重要,尤其是在将新产品打入市场的过程中更为明显。因此,以推销产品为主要职能的责任中心将不断增多。

三、利润中心

利润中心(profit center)是对利润负责的中心。由于利润等于收入减去成本和费用,所以利润中心实际上既要对收入负责,又要对成本和费用负责。利润中心有以下两种形式。

1. 自然形成的利润中心

这种利润中心虽然是企业内部的一个责任单位,但它既可向企业内部其他责任单位提供产品和劳务,又可直接向外界市场销售产品和提供劳务,获得收入并赚取利润。分公司、分厂就是自然利润中心的实例。

2. 人为划分的利润中心

这种利润中心一般不直接对外销售,只对本企业内部各责任单位提供产品或劳务,但需按内部转移价格进行内部结算,实行等价交换,并确认其成本、收入和利润。企业中的各个成本中心只要对它们提供的产品或劳务制定内部转移价格,就是人为的利润中心。

建立"人为"利润中心的主要目的是为了明确划分经济责任,正确评价各责任中心的业绩。由于能够为各个成本中心相互提供的产品或劳务规定一个适当的内部转移价格,使得这些成本中心可以"取得"收入进而评价其业绩,因此大多数成本中心总能转化为"人为"的利润中心。

一个部门或责任中心是否为利润中心,关键的因素是要有独立的经营决策权,即生产何种产品、生产多少、用什么材料等都可由利润中心决定,否则就无法对其收入和成本负责。所以,与成本中心相比,利润中心往往处于较高的层次,其权力更大,但责任也更重。对利润中心来说,营业利润是评价其管理者业绩的一项重要指标。

建立利润中心的主要目的是,通过授予必要的经营权和确立利润这一综合性指标来推动和促进各责任中心扩大销售、节约成本,努力实现自己的利润目标,使企业有限的资金得到最有效的利用。同时,通过利润这一综合性指标的考核,将各利润中心的经营业绩与其经济效益紧密挂钩,有效地调动全体职工的积极性,从而形成从上到下、群策群力地为实现企业目标而共同努力的风气。

四、投资中心

投资中心(investment center)是既对成本、收入和利润负责,又对其投资及其利用效益负责的责任中心。投资中心在责任中心中处于最高层次,它具有最大的决策权,也承担最大的责任。

投资中心实质上也是利润中心,但它的控制区域和职权范围比一般的利润中心要大得多。它与利润中心的主要区别是:利润中心没有投资决策权,因而它是在企业确定投资方向后进行的具体的经营;投资中心则拥有投资决策权,即当企业总部将一定数额的资本交给投资中心后,应投资什么行业、生产什么产品等都是投资中心的职责,企业总部一般不予干涉,但投资中心必须对其投资的收益负责。所以,投资中心不仅包括利润中心的特点,而且比利润中心范围更大,特别是要更多地考虑长期的效益,如企业的分部经常被认为是投资中心。投资中心的管理者除了控制成本和进行价格决策外,还有权进行投资决策,如开设或关闭一家工厂、保留或停产某一生产线等。因此,营业利润和投资报酬率都是评价投资中心管理者的重要指标。

为了准确地计算出各投资中心的经济效益,必须对各投资中心共同使用的资产进行清楚划分;对共同发生的成本应按适当的标准进行分配;各投资中心之间相互调剂使用的现金、存货、固定资产等均应计息清偿,实行有偿使用。只要这样,才符合责任会计的要求,才能正确计算、评价与考核各投资中心的经济效益和工作业绩。

应该注意的是,责任中心的管理者只对本中心的作业负责,但其作出的决策可能会影响其他责任中心。例如,某公司的营销部门按惯例在年末时为顾客提供现金折扣,销售量大幅度上升,同时公司也不得不要求生产部门的工人加班满足需要。

综上所述,责任会计要求设置的责任中心根据其控制区域和权责范围的大小分为成本中心、收入中心、利润中心和投资中心四种类型。但是,它们并非各自孤立存在,每个责任中心必须对其分工负责的指标向其上一级责任中心承担经管责任。例如,最基层的成本中心(如班组)应就其经管的可控成本向其上层的成本中心(如车间)负责;上层的成本中心(如车间)则就其本身的可控成本和下属转来的责任成本一并向利润中心(如分厂)负责;利润中心(如分厂)则就其本身经管的收入、成本(包括下属单位转来的责任成本)和边际贡献(或税前利润)向投资中心(如事业部)负责;投资中心(如事业部)则就其经管的投资报酬率和剩余收益向总经理或董事会负责。这样,企业的各种类型和层次的责任中心就形成一个"连锁责任"网络,促使每个责任中心为保证经营目标一致性的实现而协调工作。

专栏 16-2

丰田对管理会计的大范围应用

基于丰田管理哲学的管理会计,是对企业各作业过程进行分析,将作业过程中无用的、多余的东西精简,降低成本,对企业资源进行有效的整合与利用,使企业用最少投入实现最大产出。丰田管理哲学对现代管理会计的浸润,主要体现在以下方面。

构建拉动式管理会计,减少内部失调和损耗。基于丰田管理哲学的管理会计以最终用户的需求为生产起点,强调物流平衡,追求零库存,要求上一道工序加工完的零件立即进入下一道工序,即实行拉动式准时制(Just in Time, JIT)生产。在该模式中,各个生产单元看似独立,但实则需要各部门的相互协调运作,以减少内部职能的失调和损耗,最终使企业的内部活动和外部顾客需求达到统一。

建立全面质量管理会计,实现零瑕疵。根据丰田管理哲学,要对每一道工序进行检验与控制,及时发现质量问题。例如,通过风险成本管理,尽量消除该生产活动中存在的质量风险,以及可能对企业造成损失而发生的潜在成本,并及时对成本进行披露、报告。

建立并行管理会计模式。根据丰田管理哲学,企业需要将概念设计、结构设计、工艺设计、最终需求等建立并行管理会计模式,以最快的速度完成客户要求。依据管理会计信息系统,企业要对整个项目进行定期的信息反馈和协调。例如,在成本效益上,就需要挖掘成本降低的机会,缩短生产周期,从而达到效益最大化。

建立敏捷配合型管理会计团队。根据丰田管理哲学,在生产中,需要按照业务的关系进行组织划分,每位员工要积极地与其他工作人员协调配合,起到决策与辅助决策的作用。这就要求人事组织管理进行优化,实行扁平化组织管理。

将丰田管理哲学引入到质量流程管理,产生了"六西格玛质量管理法"。它以"零缺陷"的完美商业追求带动质量成本的大幅度降低,最终实现财务成效的提升与企业竞争力的突破。同时,丰田管理哲学着眼于制定企业的长期发展战略与规划,为经营者改善决策提供信息,不断消除浪费,为企业与客户创造价值,使企业能保持持续的竞争优势。

丰田管理哲学对现代管理会计的浸润,使企业能够以最优品质、最低成本和最高效率对市场需求作出最迅速的响应。

（资料来源：中国管理会计网,2016 年 1 月 20 日）

第四节 内部转移价格

内部转移价格是企业对中间产品内部转让计价的一种标准。一个责任中心的产出经常可以作为另一个责任中心的投入,例如,一个部门生产出来的集成电路可以被另一个部门用来生产视频录像机。企业内部各责任中心之间相互提供的产品和劳务都应该按内部转移价格进行结算,其目的是正确地评价和考核内部责任中心的经营业绩。制定内部转移价格是建立责任会计制度所必须配套的一种机制。

一、内部转移价格的作用及制定原则

内部转移价格(internal transfer pricing)是指企业内部各责任中心因相互提供产品或劳务所采用的一种结算价格。

内部转移价格为各责任中心之间的"买卖"活动制定了一个科学合理的计算标准。内部转移价格给"卖方"提供一个尺度,表明在目前的经营水平下,"卖方"所能获得的内部利润的幅度;同时,由于这个尺度的存在,促使"卖方"不断改进经营管理,从各个方面来降低经营成本,从而获得更多的内部利润。内部转移价格给"买方"也提供一个尺度,因为"买方"耗用了中间产品或劳务后,他们的成本开支中就有为这中间产品或劳务的支出部分。为了能在收入中补偿支出并获得更多的利润,"买方"就会千方百计地降低物料消耗,减少人工和机器工时等各方面的支出。这样,内部转移价格就能促使"买卖"双方加强经营管理,提高经济效益。

内部转移价格主要有以下三个作用。

(1) 有助于经济责任的合理落实。内部转移价格利用它的调节手段,通过内部交易的形式在各责任中心之间调节"买卖"双方的收入和支出,可使各责任中心的经济责任合理化,从而使这些经济责任易于落实。

(2) 使管理当局对各责任中心的评价和考核建立在客观、公正和可比的基础上。内部转移价格不仅对责任中心的激励提供一个公正和易于使用的计量基础,而且提供反映责任中心综合成果的内部利润数,便于具体利益的计算和分配。

(3) 保证各责任中心与整个企业经营目标的一致性。内部转移价格使企业能根据各责任中心提供的相关信息,结合最优化生产计划,使企业的资源得到最佳利用,从而使企业整体达到最佳的经济效益。

制定内部转移价格一般应遵循以下三条原则。

(1) 一致性原则。一致性原则是制定内部转移价格的最基本原则。在制定内部转移价格时,应强调企业利益高于分部利益。一致性原则要求内部转移价格不仅对"买卖"双方责任中心有利,还必须符合企业的整体利益。

(2) 激励性原则。内部转移价格应具有激励作用,有利于调动各责任中心的工作积极性。它要求使"买卖"双方均有利可图,能够客观公正地反映各责任中心的工作业绩。

(3) 自主性原则。承认各责任中心相对独立的物质利益,就必须给各责任中心以自主权。因此,制定的内部转移价格必须以"买卖"双方自愿接受为前提,只要一方不同意,就不能成立。

可见,内部转移价格就是要找到一种机制,使它能同时满足这三个目标。通过考虑内部转移产品的机会成本,就能估计出内部转移价格满足定价机制中三个目标的程序。

二、制定内部转移价格的方法

在制定内部转让价格时,一般有三种方法可供选择。它们分别是以市场价格为基础的转移价格、以成本为基础的转移价格和协商决定的转移价格。

(一) 以市场价格为基础的转移价格

以市场价格为基础的内部转移价格就是直接以市场价格作为责任中心之间中间产品或劳务的内部转移价格。这种方法假定企业内部各部门都立足于独立自主的基础上,它们可以自由地决定从外界或内部进行购销。同时,产品或劳务处于完全的市场竞争条件下,并有客观的市价可供采用。

一般认为,市场价格是制定内部转移价格的最好依据。因为市场价格比较客观,对买卖双方无所偏袒,而且能激励卖方努力改善经营管理,不断降低成本。同时,市场价格也最能体现利润中心的基本要求,在企业内部创造一种竞争的市场环境,让每个利润中心都成为名副其实的独立生产经营单位,以利于相互竞争,最后再通过利润指标来评价和考核它们的经营成果和工作业绩。

在以市场价格作为计价基础时,为了保证各责任中心的竞争建立在与企业的总体目标相一致的基础上,企业内部的买卖双方都应遵守这样一条基本原则:各责任中心之间应尽可能地进行内部转让,除非责任中心有充分的理由说明进行外部交易比内部转让更为有利。

在利润中心或投资中心之间相互提供产品或劳务,在有客观的可供利用的市场价格的情况下,其内部转移价格按市价计价,这是使它们能形成"部门利润"的一个必要条件。

以市场价格作为内部转移价格的优点:"买方"责任中心可以同外部市场相比,如内部转移价格高于现行市场价格,它可以舍内而求外,不必为此而支付更多的代价;"卖方"责任中心也是如此,市场价格迫使它不能获得高于市场价格的收入。这是正确评价各个利润中心和投资中心的经营成果并充分发挥其生产经营主动性的一个重要条件。

实际上,以市场价格作为内部转移价格也有其局限性。由于企业内部相互转让的产品或提供的劳务手续简单,往往比对外销售节约较多的销售费用和管理费用,如仍直接按正常的市场价格计价,这方面的节约将全部表现为"卖方"的经营业绩,"买方"却得不到任何好处,因而其结果不太合理。

(二)以成本为基础的内部转移价格

以成本为基础的内部转移价格就是在各中间产品或劳务成本的基础上加上一定比例的内部利润作为内部转移价格的方法,也称成本加成法。此法主要适用于各责任中心之间转让的产品或劳务处于不完全市场竞争条件下,即中间产品或劳务没有正常市场价格的情况。

从理论上说,成本加成可在各种成本基础上进行。但是,由于加成制定的内部转移价格是一种管理手段,它应与其他各种有效的管理方法相结合,因此成本加成一般按中间产品或劳务的标准成本加成。以标准成本为基础进行成本加成具有以下优点:第一,定价基础相对稳定,因而易于操作;第二,避免将"卖方"的成本节约或浪费转嫁给"买方",不仅有利于激励"卖方"努力降低成本,而且又便于正确考核"买方"的工作业绩。

成本加成法通常有按完全成本加成和按变动成本加成两种做法。

1. 完全成本加成法

完全成本加成法就是根据中间产品或劳务的完全成本加上按合理的利润率计算的利润作为内部转移价格的方法。

在实务中,在计算产品对外销售价格时,加成的基础是该产品的完全成本。在制定内部转移价格时,如果加成的基础仍选用中间产品或劳务的完全成本,"买方"就会在计算内部利润中占便宜,"卖方"就会吃亏。因为"买方"产品的完全成本中包括前面责任中心转来的成本,这些转移的成本在企业范围内重复计算利润,从而使价值链越后的责任中心越有利。中间产品内部转移的次数越多,这种重复计算就越严重。

可见,采用完全成本加成法能保证"买方"责任中心有利可图,充分调动他们的工作积极性。其不足之处在于把"卖方"的功过全部转嫁给"买方"承担,从而削弱了各责任中心降低成本的责任感;另外,确定加成的利润率往往带有很大程度的主观随意性,它的偏高或偏低都会影响双方业绩的正确评价。

2. 变动成本加成法

变动成本加成法就是根据中间产品或劳务的变动成本加上按合理的利润率计算的利润作为内部转移价格的方法。

变动成本加成法的主要问题:(1)这种内部转移价格会使"买方"过分有利;(2)由于对责任中心只计算变动成本,因而不能用投资利润率和剩余收益对责任中心进行业绩考核;(3)如果无限制地将一个责任中心的变动成本转移给另一责任中心,将不利于激励成本中心控制成本。

总之,成本加成法是一种较简单但不完善的方法。对于无外部市场的中间产品以及某种便于整体决策目的来说,它仍不失为一种行之有效的和必要的制定内部转移价格的方法。

（三）协商决定的转移价格

为了避免直接以市场价格作为内部转移价格所存在的缺点，也可以协商的市场价格作为内部转移价格。

协商决定的内部转移价格是责任中心的"买卖双方"以正常的市场价格为基础，定期共同协商，确定一个双方都愿意接受的价格作为中间产品或劳务的内部转移价格。协商的市场价格又称"议价"。采用这种价格的前提条件是责任中心相互转让的中间产品或劳务应有非竞争性的市场可以买卖，在这个市场内，"买卖双方"有权决定是否买卖这种中间产品。协商定价应该由每个部门所面临的机会成本来指导，只有当"卖方"的机会成本比"买方"的机会成本低时，才能达成协商价格。因此，协商价格通常要比市场价格稍低一些，这是因为：

（1）内部转移价格中所包含的销售费用和管理费用一般要低于外部市场供应的市场价格；

（2）内部转让的中间产品一般数量较大，故单位成本较低；

（3）"卖方"大多拥有剩余的生产能力，因而只要"议价"略高于单位变动成本即可。

可见，协商价格的上限是市价，下限是单位变动成本，具体价格应当由责任中心的"买卖双方"在其上下限范围内协商议定。在各责任中心之间相互提供的产品或劳务没有适当市价的情况下，也可以采用议价的方式来确定，即通过"买卖双方"的协商，确定一个"卖方"愿卖、"买方"愿买的"公允市价"作为计价基础。

协商价格的缺陷：在各责任中心的协商过程中，不可避免地要花费很多人力、物力和时间；另外，当"买卖双方"难以确定内部转移价格时，往往需企业高层管理人员进行裁定。在这种情况下，不仅与分权管理的初衷相违背，同时也很难起到激励作用。

三、内部转移价格的运用

下面以南海石油公司为例，对各种内部转移价格方法的具体运用进行探讨。

【例16-1】 南海石油公司有三个分公司，每个分公司都是利润中心。其中，生产分公司从事油田的原油生产，运输分公司负责原油的管道输送工作，精炼分公司专门将原油加工成汽油。假设每个分公司的变动成本随着单一的成本动因变化。生产分公司和运输分公司的成本动因分别是其生产和运送的原油桶数，精炼分公司的成本动因是其加工的汽油桶数。每单位产品的固定成本则是根据预算年产量，即生产的原油产量、运送的原油产量及生产的汽油产量来计算的。

生产分公司可以以每桶104元的价格将原油卖给公司的外部客户；运输分公司从生产分公司"买入"原油，然后将它们运到精炼分公司，并"卖给"精炼分公司。输油管道每天可以承运40 000桶原油。精炼分公司已经达到其生产能力，每天加工15 000桶汽油（生产1桶汽油需耗用2桶原油），平均每天耗用从运输分公司运来的10 000桶原油和向当地其他产油商购买（每桶144元）的20 000桶原油。精炼分公司以每桶416元的价格出售汽油。

图16-1概括了南海石油公司下属各分公司单位产品的固定成本和变动成本以及购买、销售原油、销售汽油的外部市价。

根据上述资料，分别采用以市场价格为基础、以完全成本的110%加成率和协商决定的

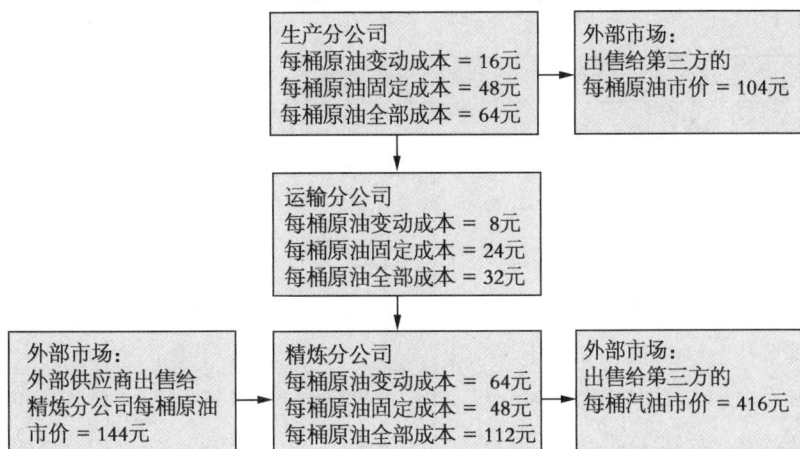

图 16-1 南海石油公司的经营数据

方法制定内部转移价格。

（1）以市场价格为基础的内部转移价格：

从生产分公司到运输分公司＝104（元）

从运输分公司到精炼分公司＝144（元）

（2）以完全成本的110％加成率的内部转移价格：

从生产分公司到运输分公司＝（16＋48）×110％＝70.40（元）

从运输分公司到精炼分公司＝（70.40＋8＋24）×110％＝112.64（元）

（3）协商决定的内部转移价格：

如前所述，协商定价应该由每个部门所面临的机会成本来指导，只有当"卖方"的计划成本比"买方"的机会成本低时，才能达成协商价格。假定经协商，内部转让价格确定如下：

从生产分公司到运输分公司＝80（元）

从运输分公司到精炼分公司＝134（元）

【例 16-2】 续【例 16-1】。假设南海石油公司生产分公司每天生产 10 000 桶原油，精炼分公司不再向其他产油商购买原油，分别考虑三种不同的转移定价方法对各分公司业绩的影响。

根据上述资料，编制各分公司经营利润表，如表 16-1 所示。

表 16-1 是根据三种不同方法计算的每 10 000 桶原油带给各分公司的经营利润。可以看出，内部转移价格为"卖方"带来了收入，为"买方"增加了相应的成本，而所有分公司的经营成果合并时，收入和成本就全抵销了。采用不同的内部转移价格得出的各分公司的利润是不同的，若以方法 1 为基础，可计算最大差异如下：

生产分公司利润的差异＝4 000－640＝3 360（百元）

运输分公司利润的差异＝800－2 200＝－1 400（百元）

精炼分公司利润的差异＝800－3 936＝－3 136（百元）

如果各分公司都以其利润最大化为唯一目标，毫无疑问，各分公司都会选择最有利于本分公司的定价方法：生产分公司会选择以市场价格为基础的定价方法，运输分公司会选择协商决定的定价方法，精炼分公司会首选按完全成本加成率110％的定价方法。

表 16-1　各分公司经营利润表

单位:百元

	方法 1	方法 2	方法 3
1. 生产分公司			
收入:104 元,70.40 元,80 元×10 000	10 400	7 040	8 000
减:本分公司变动成本 16 元×10 000	1 600	1 600	1 600
本分公司固定成本 48 元×10 000	4 800	4 800	4 800
生产分公司经营利润	4 000	640	1 600
2. 运输分公司			
收入:144 元,112.64 元,134 元×10 000	14 400	11 264	13 400
减:转入成本:104 元,70.40 元,80元×10 000	10 400	7 040	8 000
本分公司变动成本 8 元×10 000	800	800	800
本公司固定成本 24 元×10 000	2 400	2 400	2 400
运输分公司经营利润	800	1 024	2 200
3. 精炼分公司			
收入:416 元×5 000	20 800	20 800	20 800
减:转入成本 144 元,112.64 元,134 元×10 000	14 400	11 264	13 400
本分公司变动成本 64 元×5 000	3 200	3 200	3 200
本分公司固定成本 48元×5 000	2 400	2 400	2 400
精炼分公司经营利润	800	3 936	1 800

虽然内部转移价格对公司整体来说并不会因此盈利,但如果它能影响各个责任中心的行为,它就可能影响公司的盈利水平。各个责任中心可能会选择使它利润达到最大的内部转移价格,但这可能对整个公司的利润造成不利影响,损害企业的整体利益。

【例 16-3】续【例 16-2】。采用以完全成本的 110% 加成率的内部转移价格时,运输分公司每一桶原油的内部转移价格是 112.64 元,成本是 102.40 元。如果精炼分公司可以从外部供应商处以每桶 108 元的价格购入原油,它就会拒绝从运输分公司购买。假设运输分公司没有外部市场,原油只能在公司内部销售。试比较精炼分公司的利益和总公司的损失。

精炼公司每桶原油可节约成本＝112.64－108＝4.64(元)

总公司每桶原油的损失＝108－102.40＝5.60(元)

可见,如何制定内部转移价格对公司的总体利润是至关重要的。因此,必须针对各责任中心业务活动的具体特点及科学合理的经济依据制定内部转移价格。合适的内部转移价格应该是可以使各个责任中心的管理者作出的决策对整个企业而言都是最优的。例如,"卖方"应该有动力设法降低产品或服务的供应成本,"买方"则应该致力于得到并使用高效率的产品。

四、机会成本法与内部转移价格

机会成本法(opportunity cost approach)就是找出"卖方"愿意接受的最低价格和"买方"愿意支付的最高价格的方法。最高价格和最低价格就相当于内部转移的机会成本。机会成本法可以广泛地应用于内部转移价格的制定。

最低内部转移价格或底价,就是"买方"按此价格将产品卖给内部其他部门,不会因此而使业绩变得更差的内部转移价格。对于"卖方"来说,可以按照下列公式计算出最低转让价格:

最低内部转让价格＝截至转让时点承担的单位增量或实支成本＋单位机会成本

其中,增量(或实支成本)是指与中间产品的生产和转让直接相关的现金流出量;机会成本是指因中间产品在企业内部转让而放弃对外销售所损失的单位边际贡献。

最高内部转移价格或顶价,就是"买方"按此价格购买内部其他部门的产品,不会因此而使业绩变得更差的内部转移价格。对于"买方"来说,可以按下列公式计算出最高转让价格:

最高内部转让价格＝最终产品的市场售价－后续工序加工过程中发生的费用

机会成本法可表明什么时候通过内部转移价格可能提高公司的整体利益。应该指出的是,只要"卖方"的机会成本(最低价格)比"买方"的机会成本(最高价格)低,就应该在内部转移产品。这就意味着,公司总体的利益不会因内部转移产品而降低。

【例16-4】　假定三门公司一分厂所生产的甲部件既可以对外销售,也可以销售给第二分厂加工成甲产成品对外销售。两个分厂的有关收入、成本和利润资料如表16-2所示。

表16-2　一、二分厂收入、成本和利润资料

一分厂		二分厂	
甲部件的市场售价	200 元	甲产成品的市场售价	350 元
单位变动成本	160 元	甲部件的单位成本	160 元
单位边际贡献	40 元	进一步加工的成本	170 元
销售数量	1 000 单位	边际贡献	20 元
边际贡献	40 000 元	销售数量	10 000 单位
		边际贡献	20 000 元

(1) 一分厂无闲置生产能力,且一致性原则要求必须先满足内部转让的需要。

此时,不存在因放弃对外销售而产生的机会成本,因此一分厂的最低内部转让价格就是其发生的变动成本160元。对于二分厂而言,它所能支付的最高内部转让价格计算如下:

最高内部转让价格＝350－170＝180(元)

由于一分厂的最低转让价格160元低于二分厂的最高转让价格180元,甲部件的内部转让是可行的。但是,如果一分厂按照最低内部转让价格进行定价,则其利润为零,不利于其业绩考核,因此具体的转让价格可以通过协商决定。

(2) 一分厂无闲置生产能力,且有选择对外销售或内部转让的自主权。

此时,对一分厂而言,内部转让甲部件的机会成本是由于不把甲部件卖给外部市场而放弃的40元的边际贡献。一分厂的最低内部转让价格可计算如下:

最低内部转让价格＝160＋40＝200(元)

由于一分厂要求的最低内部转让价格200元高于二分厂所能支付的最高内部转让价格180元,因此甲部件的内部转让是不可行的。

从表 16-2 还可以看出,一分厂直接对外销售甲部件可产生边际贡献 40 000 元,而将甲部件内部转让给二分厂,生产出甲产品后再对外销售可产生边际贡献 20 000 元。所以,从公司的整体利益看,甲部件内部转让要比直接对外销售减少边际贡献 20 000 元。因此,无论是从公司整体利益还是从各个部门的利益考虑,在一分厂的生产能力充分运用的情况下,进行甲部件的内部转让都是不经济的。

（3）一分厂有闲置生产能力。

由于一分厂有闲置生产能力,其内部转让甲部件的机会成本为零,因为一分厂没有因为内部转让而放弃任何边际贡献。

假设一分厂的闲置生产能力可以生产 10 000 单位的甲部件,此时,可以计算甲部件的最低内部转让价格如下:

最低内部转让价格＝160＋0＝160(元)

由于一分厂要求的最低内部转让价格 160 元低于二分厂所能支付的最高内部转让价格 180 元,因此甲部件的内部转让是可行的。

关键概念索引

分权管理　责任会计制度　责任中心　成本中心　收入中心　利润中心　投资中心　内部转移价格　以市场价格为基础的转移价格　以成本为基础的转移价格　协商决定的转移价格　机会成本法　最低内部转让价格　最高内部转让价格

复习思考题

1. 分权管理是怎么产生的? 分权管理有什么特征?
2. 分权管理与责任会计有什么关系?
3. 什么是责任会计制度? 实施责任会计制度应具备哪些基础和条件?
4. 责任会计制度有什么特点? 建立责任会计制度应遵循哪些基本原则?
5. 什么是责任中心? 责任中心有几种形式? 它们之间的关系如何?
6. 责任成本有什么特点?
7. 为什么要制定内部转移价格? 制定内部转移价格应遵循哪些原则?
8. 内部转移价格有哪几种? 它们的适用范围和适用条件是什么?

练习题

一、单项选择题

1. 一个责任中心如果只着重考核其所发生的成本或费用,而不考核可以用货币计量的收入,这一类责任中心称为(　　　)。

    A. 利润中心　　　　B. 成本中心　　　　C. 收入中心　　　　D. 投资中心

2. 成本中心的业绩评价是以(　　)为重点,其目的是提高成本中心控制的有效性。

    A. 不可控成本　　　B. 可控成本　　　　C. 变现成本　　　　D. 沉没成本

3. 在责权利三者关系中,权是(　　)。

    A. 核心　　　　　　B. 前提条件　　　　C. 激励因素　　　　D. 基本条件

4. 不是制定内部转移价格所应遵循的原则的是(　　)。

    A. 一致性原则　　　B. 可控性原则　　　C. 激励性原则　　　D. 自主性原则

5. 产品或劳务处于完全的市场竞争条件下,并有客观的市价可供采用,各责任中心之间
转让的产品或劳务应(　　)。

    A. 以市场价格为基础确定转移价格　　　　B. 以完全成本为基础确定转移价格

    C. 协商确定转移价格　　　　　　　　　　D. 以变动成本为基础确定转移价格

二、多项选择题

1. 分权制的主要优点有(　　)。

    A. 有利于企业作出正确的决策　　　　　　B. 有利于提高企业的应变能力

    C. 有利于提高企业的竞争能力　　　　　　D. 有利于激励基层管理人员

2. 责任中心根据其控制区域和权责范围的大小,一般可分为(　　)。

    A. 成本中心　　　　B. 收入中心　　　　C. 利润中心　　　　D. 投资中心

3. 与财务报告相比,责任报告的特征主要表现在(　　)等几个方面。

    A. 报告对象　　　　B. 报告内容　　　　C. 报告时间　　　　D. 报告形式

4. 建立责任会计制度应遵循的原则有(　　)。

    A. 一致性原则　　　B. 可控性原则　　　C. 重要性原则　　　D. 反馈性原则

5. 制定内部转移价格的主要作用是(　　)。

    A. 有助于经济责任的合理落实

    B. 为管理的评价和考核提供客观、公正和可比的基础

    C. 保证各责任中心与整个企业经营目标的一致性

    D. 有助于进行成本控制

三、判断题

1. 一个部门或责任中心是否为利润中心的关键因素是要有独立的经营决策权。(　　)

2. 一个成本中心的不可控成本往往也是另一个成本中心的不可控成本。(　　)

3. 制定内部转移价格是建立责任会计制度所必须配套的一种机制。(　　)

4. 建立"人为"利润中心的主要目的是为了明确划分经济责任和正确评价各责任中心的
业绩。(　　)

5. 对于无外部市场的中间产品来说,协商确定的转移价格不失为一种行之有效的和必
要的内部转移价格。(　　)

四、业务题

1. 目的:熟悉内部转移价格的制定方法。

2. 资料：某公司有甲、乙两个投资中心。甲投资中心的年最大生产量为 100 000 件，生产的甲产品既可以作为乙投资中心的原材料，也可以直接在市场上出售，目前的市场价格是每件 40 元。乙投资中心每年需要甲产品 40 000 件，可以从甲投资中心或市场购入。其他资料如下：

乙投资中心乙产品的市场单价	100 元
单位变动成本：	
甲投资中心	30 元
乙投资中心	60 元
固定成本：	
甲投资中心	600 000 元
乙投资中心	200 000 元

3. 要求：

(1) 该公司应采用何种内部转移价格？

(2) 假设甲投资中心的甲产品最多能对外销售 60 000 件，在这种情况下，应采用何种内部转移价格为宜？

(3) 假设甲投资中心对外销售甲产品，每件需支付 0.3 元的销售费用，而内部转移不需支付销售费用。乙投资中心从外部市场购买甲产品也不需支付运杂费。在这种情况下，宜采用何种内部转移价格？

案例题

三星公司的零部件车间为成品车间生产零部件。其中，A 零件的单位生产成本如下（单位：元）：

直接材料	50
直接人工	10
变动制造费用	15
固定制造费用＊	25
单位生产成本	100

＊根据实际产量 200 000 个计算。

零部件车间发生的其他费用如下：

固定销售和管理费用	2 500 000
变动销售费用	5 元/单位

A 零件在市场上的价格为 140 元至 150 元。目前，零部件车间以每个 145 元的价格对外销售 A 零件。零部件车间每年可生产 200 000 个 A 零件，但预计明年只能卖出 150 000 个 A 零件。如果把 A 零件销售给成品车间，变动销售费用就可以避免。

预计成品车间明年 A 零件的需用量为 50 000 个，除了向零部件车间购买之外，还可以 140 元的单价从外部供应商处购买。成品车间的经理已经承诺以每个 90 元的价格从零部件车间购买 50 000 个 A 零件。

研讨问题：

(1) 确定零部件车间转移 A 零件能够接受的最低转移价格。

(2) 确定成品车间的经理能够支付的最高转移价格。

(3) 你认为应该进行内部交易吗？为什么？

(4) 如果你是零部件车间的经理,你会接受以每个 90 元的价格将 50 000 个 A 零件转移给成品车间的方案吗？为什么？

练习题及案例题参考答案

练习题

一、单项选择题

1. B   2. B   3. B   4. B   5. A

二、多项选择题

1. ABCD   2. ABCD   3. ABCD   4. ABD   5. ABC

三、判断题

1. √   2. ×   3. √   4. √   5. ×

四、业务题

(1) 应采用市场价格。

(2) 应采用协商价格。

(3) 应采用协商价格。

案例题

(1) 零部件车间能够接受的最低转移价格是 75 元。

(2) 成品车间能够接受的最高转移价格是 140 元。

(3) 应该进行内部交易。

(4) 会的。因为零部件车间将可多赚 750 000($15 \times 50\,000$)元。

第十七章
业绩评价

【本章要点】

- 业绩评价的意义
- 成本中心的业绩评价方法
- 收入中心的业绩评价方法
- 利润中心的业绩评价方法
- 投资中心的业绩评价方法
- 平衡计分卡的意义

当公司分散决策时,它们就会通过组建责任中心、为每个责任中心建立评价指标,以及根据责任中心管理者个人的业绩好坏进行奖惩等,以保持公司对每一个责任中心的控制。业绩评价(performance appraisal)意味着要对管理人员进行业绩评价,这也就意味着实际产出必须和预期或预算产出相比较,以评价管理者的业绩。

第一节　成本中心的业绩评价

由于责任会计是围绕责任中心来组织,以各个责任中心为对象进行有关资料的收集、整理和分析对比,因此成本中心责任成本的核算制度与传统的产品成本的核算制度相比有很大的不同,其主要区别有以下四个方面。

(1) 成本核算的对象不同。产品成本以一定种类或批次的产品为核算对象;责任成本以各个责任中心为核算对象。

(2) 成本核算的原则不同。产品成本的核算原则是"谁受益,谁承担";责任成本的核算原则是"谁负责,谁承担"。

(3) 成本核算的内容不同。产品成本既包括可控成本又包括不可控成本,只要应归属于产品的,都是产品成本;责任成本的核算只包括可控成本,不可控成本只作为参考指标。

(4) 成本核算目的不同。产品成本核算能为考核成本计划完成情况及计算利润、制定产品价格提供依据,是实施经济核算制的重要手段;责任成本核算则是为了评价和考核责任预算的执行情况,是进行成本控制和考核成本责任的重要手段。

责任成本与产品成本虽有区别,但两者又有密切的联系。首先,两者核算的原始成本信息是相同的,只是加工整理的主体不同;其次,两者归集的成本都是企业生产经营过程中实际发生的耗费,因此就整个企业来说,一定时期的责任成本总额和一定时期的产品成本总额是相等的。分清产品成本与责任成本的区别,是责任中心核算的一个基本前提。

由于成本中心只对成本负责,职责比较单一,因此对其业绩进行评价和考核的重点是责任成本。成本中心的考核指标主要包括目标成本降低额和目标成本降低率,其计算公式如下:

$$目标成本降低额 = 目标(或预算)成本 - 实际成本$$

$$目标成本降低率 = \frac{目标成本降低额}{目标成本} \times 100\%$$

在对成本中心进行考核时,应注意区分可控成本和不可控成本,不可控成本不应计入责任成本。还须注意的是,如果预算产量与实际产量不一致时,应先按弹性预算的方法调整预算指标,然后再进行考核。

【例17-1】　马丁公司的一车间生产 A 产品,预算产量 500 件,其成本预算资料如表 17-1 所示。

表 17-1　A 产品成本预算表

成本项目	标准单价	标准用量	标准成本
直接材料	3 元/千克	5 千克/件	15 元
直接人工	8 元/小时	1 小时/件	8 元
合　计			23 元

当年实际生产 A 产品 550 件,实际发生的成本资料如表 17-2 所示。

表 17-2　A 产品实际成本表

成本项目	实际单价	实际用量	实际单位成本	实际总成本
直接材料	3.50 元/千克	4.80 千克/件	16.80 元	9 240 元
直接人工	8.20 元/小时	1.1 小时/件	9.02 元	4 961 元
合　计			25.82 元	14 201 元

从上述资料可知,一车间 A 产品的预算总成本为 11 500(23 元×500 件)元,实际总成本为 14 201 元,实际成本超支 2 701 元。然而,对一车间来说,由于材料单价和人工单价是其不可控成本,因此应该按标准单价和实际用量计算确定一车间的责任成本,作为其考核业绩的依据。

一车间的责任成本 = (3×4.80+8×1.10)×550 = 12 760(元)

在评价该成本中心的业绩时,还应按弹性预算的方法,根据实际产量对预算成本进行调整,从而作出合理的评价。

调整后的预算成本 = 23×550 = 12 650(元)

目标成本降低额 = 12 650 - 12 760 = -110(元)(超支)

目标成本降低率 = -110/12 650 = -0.87%(超支)

第二节　收入中心的业绩评价

收入中心是只对产品或劳务的营业收入负责的责任中心。应注意的是,收入中心的收入实际上是整个企业的收入,因此各收入中心的目标营业额是否能够实现,直接影响企业的整体经营目标,尤其是利润目标的实现,所以加强对各收入中心的营业收入目标控制非常重要。

收入中心的主要职能是实现营业收入,所以其业绩评价以营业收入的实现为主。然而,收入中心的职能不仅包括将产品或劳务推向市场,而且包括及时地收回货币资金和控制坏账。因此,收入中心的业绩评价指标包括营业收入目标完成百分比、营业货款回收平均天数和坏账发生率等。

一、营业收入目标完成百分比

营业收入目标完成百分比是将实际实现的营业收入与目标营业收入相比较,以考核营业收入的目标完成情况。其计算公式如下:

$$营业收入目标完成百分比 = 实际实现的营业收入 / 目标营业收入 \times 100\%$$

对收入中心来说,这一指标是最主要的业绩评价指标。

二、营业货款回收平均天数

营业货款回收平均天数是评价收入中心回收营业款项是否及时的指标。销售过程是企业的成品资金向货币资金转化的过程,在这一过程中,营业收入的资金能否及时收回对企业资金的正常周转将产生重要影响。在市场经济的条件下,一个企业的经营能否顺利进行和发展,资金是一个重要因素。因此,确保营业货款的及时回收是收入中心的又一重要职责。营业货款回收平均天数指标能促进收入中心加速资金回收,提高资金使用效率。其计算公式如下:

$$营业货款回收平均天数 = \sum(营业收入 \times 回收天数) / 全部营业收入$$

将实际的营业货款回收平均天数与计划天数相比较,能反映该收入中心的营业款项回收的及时情况。

三、坏账发生率

坏账发生率指标主要是用来评价收入中心在履行其职责过程中所发生的失误情况。销售产品或提供劳务的企业发生坏账的情况是不可避免的。尽管如此,管理者仍然有责任来控制坏账的发生,以使企业尽量避免损失。对收入中心来说,正确判断客户的付款能力是其经营业务中的基本职责。控制坏账的发生自然又是收入中心的重要职责。坏账发生率的计算公式如下:

$$坏账发生率 = 某年坏账发生数 / 某年全部营业收入 \times 100\%$$

以坏账发生率来评价收入中心的业绩能促进收入中心在经营过程中保持认真谨慎的作风。

第三节 利润中心的业绩评价

利润中心业绩的评价和考核主要是通过一定期间实现的利润与"责任预算"所确定的预

计利润数进行比较,并进而对差异形成的原因和责任进行具体剖析,借以对经营上的得失和有关人员的功过作出全面而正确的评价。

利润中心业绩评价的主要指标是"责任利润",而责任利润又有多种含义或多种选择(见表17-3),主要的评价指标包括可控边际贡献、部门边际贡献和税前部门利润等。

表17-3　某利润中心利润表

单位:万元

营业收入	3 000
减:变动成本	1 450
边际贡献	1 550
减:可控固定成本	950
可控边际贡献	600
减:不可控固定成本	132
部门边际贡献	468
减:分配的企业共同费用	250
税前部门利润	218

一、可控边际贡献

可控边际贡献也称部门经理可控边际,是部门经理在其权责范围内有能力控制因而应对其负责的全部边际贡献,是最符合"责任利润"概念的指标。可控边际贡献通常是考核利润中心业绩最主要的指标。其计算公式如下:

可控边际贡献=营业收入总额-变动成本总额-部门经理可控的可追溯固定成本

=边际贡献-部门经理可控的可追溯固定成本

上述公式可看作严格意义上的边际贡献在利润中心业绩评价中的自然延伸,是可控性原则的具体体现。

可控边际贡献指标主要用于评价利润中心(分部)负责人的经营业绩,因而必须就经理人员的可控成本进行评价、考核。为此,必须在各部门可追溯固定成本基础上,进一步将之区分为部门经理可控成本和不可控成本,并就经理人员可控成本进行业绩评价、考核。这是因为有些成本尽管可追溯到部门却不为部门经理所控制,如广告费、保险费等。部门经理贡献反映的是部门经理对其控制的资源的有效利用程度。

二、部门边际贡献

部门边际贡献又称部门毛利,该指标反映利润中心为整个企业实际作出的贡献,对评价其在企业中所具有的重要性,确定其应有的客观地位具有重要意义。其计算公式如下:

部门边际贡献=营业收入总额-变动成本总额-部门经理可控的可追溯固定成本

-部门经理不可控但高层管理部门可控的可追溯固定成本

=部门经理贡献-部门经理不可控但高层管理部门可控的可追溯固定成本

部门边际贡献指标主要用于对利润中心(分部)的业绩评价和考核,因而将仅为分部所控制的可追溯固定成本从边际贡献中扣除,其所反映的是部门为补偿共同性固定成本及提供企业利润所作的贡献。但是,由于该指标中包含部门不可控的因素,与"责任利润"概念不完全相符,因而只能作为利润中心业绩评价的参考指标。

三、税前部门利润

税前部门利润是将部门边际贡献调整到与整个企业税前利润相一致的指标,其意义在于提醒部门经理企业中还有共同成本存在,只有当各个利润中心都产生了足够的边际贡献来弥补这些共同成本时,整个企业才有可能获利。以税前部门利润指标评价利润中心的业绩,能够促使各个利润中心自觉地为实现企业整体目标而努力。其计算公式如下:

税前部门利润＝部门边际贡献－分摊的企业共同费用

应该注意的是,以税前部门利润指标评价利润中心的业绩具有其局限性。其一,企业共同费用的分摊具有主观性,这一分配数会因共同费用实际发生数的改变而改变,也会因共同费用分配方法的改变而改变。其二,企业发生的共同费用对部门管理人员来说往往是不可控的。如果企业管理当局希望各个利润中心的获利能力足以弥补他们的费用,包括企业的共同费用,最好建立一个能够补偿企业发生共同费用的部门贡献标准。这样,利润中心的管理人员可以集中精力来提高收入和减少其所能控制的成本支出,而无需关心其不能控制的主观分配的成本。

总之,采用"责任利润"评价利润中心的业绩有两个缺陷:一是利润只是一个概括性的指标,它只能概括地反映该利润中心对企业所作的贡献,无法直接让员工了解如何才能提高本部门的业绩;二是利润是一个短期指标,而且容易被操纵,从而导致部门管理人员注重部门的眼前利润而牺牲企业的长期利益,如不注重员工的培训、不注重质量管理等。

专栏 17-1

<h2 align="center">中央企业业绩考核三大新看点</h2>

国务院国资委 16 日发布《国资委关于认真做好 2014 年度中央企业负责人经营业绩考核工作的通知》(以下简称《通知》),对新一年度中央企业经营业绩考核工作提出新的更高要求。进一步深化经济增加值考核、逐步完善分类考核、抓好全员考核工作,成为中央企业业绩考核工作的三大新看点。

深化经济增加值考核——更加重视价值创造

2007 年,国资委开始在中央企业中试行经济增加值考核。自 2010 年起,中央企业经济增加值考核全面推行,当年中央企业经济增加值突破 3 000 亿元。根据国资委预测,2013 年,中央企业经济增加值将继续保持在 3 000 亿元以上。

《通知》提出,2014 年,中央企业业绩考核将进一步加大经济增加值考核力度,探索以经济增加值为基础,以管理团队、核心业务骨干为主要对象,依据考核目标完成情况和价值贡献大小,实施专项奖励和中长期激励;对损毁价值的,将建立健全严格的约束机制。这些举措,无疑将引导中央企业更加重视价值创造,并根据创造出的"真正的利润"论功行赏。

完善分类考核——更好发挥企业功能

《通知》提出，将进一步明确各中央企业的功能定位，在国资委核定的主业范围内，根据企业业务链条和经营领域，抓紧对政策性业务和经营性业务进行梳理，合理划分业务类型和考核分类。在具体考核办法中，将根据所属企业的功能作用和不同特点，在保持基本指标大体统一的基础上，进一步完善分类指标设置，提高指标的针对性和科学性。"对于政策性业务较重的企业，可将政策性业务作为分类指标纳入考核，并适当提高考核权重。"

《通知》也特别强调，要在确保国有资本保值增值的前提下，针对所属企业的不同类型及不同发展阶段，确定不同的考核目标。

抓好全员考核——确保考核不留死角

全员考核是实现企业经营压力层层传递、经营责任层层落实的重要举措之一。《通知》在继续强调坚持考核全覆盖的同时，要求任何股权形式包括混合所有制经济的中央企业，都要明确国有资本保值增值的责任主体，积极探索与之相适应的考核方式，确保考核不留死角。

此外，《通知》还要求不断完善短板考核，紧紧抓住企业发展短板和管理薄弱环节，特别是在投资决策、经营规模、成本控制、风险防范等方面，加强考核引导，着力提升发展质量。

（资料来源：中央政府门户网站，2014年1月16日）

第四节　投资中心的业绩评价

投资中心的业绩评价和考核除了使用利润指标外，还通常以投资报酬率、剩余收益和经济附加值作为评价和考核其业绩的主要指标。

一、投资报酬率

投资报酬率（return on investment，简称 ROI）是一个常用的投资中心业绩评价指标。它对外对内都有较高的价值。从外部来说，投资报酬率是股东用来衡量公司是否健康运转的指示器，因为投资报酬率的提高会使公司的股票价格升高。从内部来说，投资报酬率被用来评价各分部的相对业绩。

投资报酬率是投资中心所获得的利润与其经营资产之间的比率，其计算公式如下：

$$投资报酬率 = \frac{利润}{经营资产（或投资额）} \times 100\%$$

上述公式中的利润是指扣减利息费用和所得税之前的利润。这是因为投资报酬率所要反映的是企业如何有效地运用其资产以获得利润，而利息与所得税及资产的使用无关，故将这两者排除在外。另外，由于营业利润是期间性指标（即利润是在整个预算执行期内获得的),故上述公式分母的"经营资产"应按平均占用额或投资额计算,即采用期初数加期末数除以2。

【例17-2】 某投资中心报告期年初数全部资产为250 000元,年末数为150 000元。报告期的税后净利润为37 500元,发生的利息费用为8 000元。假定所得税税率为25%。根据资料,可计算投资报酬率如下:

$$ROI = \frac{37\,500 \div (1-25\%) + 8\,000}{(250\,000 + 150\,000) \div 2} = \frac{50\,000 + 8\,000}{200\,000} = 29\%$$

根据杜邦利润分析的方法,投资报酬率还可按其构成因素分解为如下的计算公式:

$$投资报酬率 = \frac{销售收入}{经营资产} \times \frac{利润}{销售收入} \times 100\% = 经营资产周转率 \times 销售利润率$$

从上述公式中还可以了解到,有两个基本方法可以提高企业的投资报酬率,即提高经营资产周转率或提高销售利润率。

【例17-3】 某投资中心报告期的有关资料如下:

销售收入	300 000元
营业利润(税前)	36 000元
经营资产(期初)	140 000元
经营资产(期末)	160 000元

假定报告期没有发生利息费用。

该投资中心的投资报酬率可计算如下:

$$ROI = \frac{300\,000}{(140\,000 + 160\,000) \div 2} \times \frac{36\,000}{300\,000}$$
$$= 2 \times 12\% = 24\%$$

从上述投资报酬率的计算过程可以看出,提高投资报酬率的途径不外乎以下三条。

(1) 扩大销售量。若该投资中心计划期的销售可增加20%,营业利润可增加30%,其他因素不变,则该投资中心的投资报酬率可计算如下:

$$ROI = \frac{300\,000 \times (1+20\%)}{(140\,000 + 160\,000) \div 2} \times \frac{36\,000 \times (1+30\%)}{300\,000 \times (1+20\%)}$$
$$= 2.4 \times 13\% = 31.2\%$$

上述计算结果表明,销售收入增加20%,使该投资中心的资产周转率由原来的2次提高到2.4次;销售利润率由原来的12%提高到13%,从而使投资报酬率由原来的24%提高到31.2%。

(2) 降低成本。若该投资中心计划期将降低成本6 000元,其他因素不变,则该投资中心的投资报酬率可计算如下:

$$ROI = \frac{300\,000}{(140\,000 + 160\,000) \div 2} \times \frac{36\,000 + 6\,000}{300\,000}$$
$$= 2 \times 14\% = 28\%$$

上述计算结果表明,由于成本降低6 000元,使投资中心的销售利润率由原来的12%提高到14%,从而使投资报酬率从原来的24%提高到28%。

(3) 减少营业资产。若该投资中心的经营资产的平均余额从原来的150 000元降为120 000元,其他因素不变,则该投资中心的投资报酬率可计算如下:

$$ROI = \frac{300\,000}{120\,000} \times \frac{36\,000}{300\,000}$$
$$= 2.5 \times 12\% = 30\%$$

上述计算结果表明,由于营业资产的平均余额从原来的 150 000 元降为120 000元,使该投资中心的资产周转率由原来的 2 次提高到 2.5 次,从而使投资报酬率从原来的 24% 提高到 30%。

投资报酬率是全面评价投资中心各项经营活动的综合性质量指标。它既能揭示投资中心的销售利润水平,又能反映资产的使用效果。利用投资报酬率指标不仅能够使不同经营规模的责任中心的业绩具有可比性,从而对各利润中心的业绩作出客观公正的评价和考核,而且为企业合理调整资金布局和进行新的投资提供了决策依据。

然而,使用投资报酬率评价投资中心也有其局限性。

首先,由于投资报酬率重视投资中心的短期业绩,因而容易导致投资中心短期行为的发生,也就是投资中心管理者常常以牺牲企业的长远发展为代价来获取短期利益。投资中心的管理者为了提高投资报酬率,常常通过直接削减可选择的成本来达到降低费用的目的,如解雇较高工资的雇员、故意延迟雇员的提升和员工的培训等。虽然这些举措在短期内提高了利润和投资报酬率,但由于这些措施可能会挫伤员工的积极性,这反过来又有可能降低生产率和降低顾客满意度,因此它们有着长远的不利影响,也可能导致将来的投资报酬率下降。

其次,它不利于投资中心开发新项目。由于项目开发初期的投资报酬率相对较低,尽管会提高公司整体的利润率,但可能会降低投资中心的投资报酬率。因此,投资中心往往会拒绝开发投资报酬率较低的项目。

【例 17-4】　大众制衣公司下的一个投资中心目前拥有资产 5 000 万元,所产生的经营利润为 750 万元,投资报酬率为 15%。假定该投资中心的资金成本为 10%,该投资中心有机会再投资一个新项目,投资所需的支出为 1 000 万元,预计可得经营利润 130 万元,则该项目的投资报酬率为 13%。

如果投资这个项目,该投资中心的投资报酬率将降为:

投资报酬率=(750+130)/(5 000+1 000)×100%=14.67%

尽管新项目产生的投资报酬率高于资金成本,但由于该投资降低了部门的投资报酬率,投资中心的管理者显然不会进行此项投资。由此可见,尽管有许多项目是有利于公司整体发展的,且是有利可图的,但由于其投资报酬率低于投资中心目前的投资报酬率,造成投资中心管理人员放弃许多有利可图的投资机会,从而导致投资中心的局部目标偏离企业的整体目标。

为了弥补投资报酬率的这一缺陷,对投资中心还应考核剩余收益指标。

二、剩余收益

剩余收益(residual income)是指投资中心的营业利润减去其经营资产按规定的最低报酬率计算的投资报酬后的余额。规定的最低报酬率一般是指各投资中心的平均报酬率或企业预期的报酬率。这一指标的含义是只要投资收益超过平均或期望的报酬额,对企业和投资中心都是有利的。剩余收益的计算公式如下:

剩余收益＝营业利润－(经营资产×规定的最低报酬率)

应该指出的是,上述公式中从投资中心营业利润中所扣除的并非是其实际发生的资本成本,而是机会成本。

【例17-5】 沿用【例17-4】的资料,计算比较该投资中心投资新项目前后的剩余收益(见表17-4)。

表17-4 剩余收益计算表

单位:万元

项　目	投资前	投资后
投入资本	5 000	6 000
营业利润	750	880
按10%的资本成本计算的期望报酬额	500	600
剩余收益	250	280

从上述计算可以看出,如果以投资报酬率评价该投资中心的业绩,这个投资项目可能不会予以接受。但是,如果用剩余收益这个指标来评价该投资中心的业绩,由于其剩余收益从原来的250万元增加到280万元,该投资中心则会接受这个投资方案。

以剩余收益来评价和考核投资中心的业绩有两个优点:一是可以消除利用投资报酬率进行业绩评价所产生的缺陷,促使管理当局重视对投资中心业绩绝对金额的评价;二是可以鼓励投资中心乐于接受比较有利的投资,使部门目标和企业整体目标趋于一致。

但是,剩余收益指标也有其缺点:首先,与投资报酬率一样,以剩余收益指标评价业绩会导致短期行为的发生;其次,剩余收益是一个绝对数指标,使用该指标很难直接比较各个责任中心的业绩。

【例17-6】 A和B为某公司下的两个投资中心,其规定的最低报酬率为8%。A和B的有关指标如表17-5所示。

表17-5 A、B投资中心资料表

单位:万元

	A投资中心	B投资中心
平均经营资产	1 500 000	250 000
营业利润	150 000	30 000
最低报酬	120 000	20 000
剩余收益	30 000	10 000

从表面上看,A投资中心的经营业绩比B投资中心的好,因为它的剩余收益是B投资中心的3倍。然而,如果再仔细观察一下就会发现,A投资中心使用6倍于B投资中心的资产才产生了这些收益。显然,B投资中心的经营效率更高。

三、经济附加值

为了避免以投资报酬率和剩余收益指标评价业绩所产生的短期行为,一个较好的方法就是使用经济附加值指标。

经济附加值(economic value added,简称EVA)是一种特殊形式的剩余收益,它是税后利润减去全年资金使用的总成本的差额。其计算公式如下：

经济附加值(EVA)＝税后利润－(加权平均资本成本×资金总额)

如果 EVA 是正数,表示该公司是盈利的;如果 EVA 是负数,则表示该公司的资金正在减少。从长期看,只有不断地创造资本或财富的公司才能生存。可口可乐、通用电气和英特尔等公司就是 20 世纪 90 年代 EVA 不断增加的公司。以 EVA 指标评价投资中心的经营业绩,能够激励管理者使用现有的和新增的资金去获得更大的利润。EVA 指标的重要特征就在于它强调税后利润和资金的实际成本。

使用经济附加值指标的关键是如何计算资金成本。一般来说,计算资金成本需要下列两个步骤。

1. 确定资金的加权平均成本

为了计算资金的加权平均成本,首先必须明确各种投资资金的来源。典型的资金来源是负债和权益资本。其次,确定不同来源资金的成本。负债的资金通常有一个规定的利率,由于利息成本是免税的,因此这个利率可以根据相关的所得税税率进行调整。例如,公司借入 10 年期的年利率为 8％的长期借款,所得税税率为 25％,这笔借款的税后成本就是 6％[0.08－(0.25×0.08)]。权益资金的成本是指投资者不投资于该项目而转投与其风险类似的其他项目的机会成本,股权成本无须作税后调整。例如,长期以来,股东的平均收益率比国债利率高 4％,如果国债的利率是 6％,股权的平均成本就是 10％。最后,根据每种融资方式占总融资的比例与它的资金成本率,就可以计算出资金的加权平均成本。其计算公式如下：

资金的加权平均成本＝∑(某种融资在总融资中所占的比例×该项融资的资金成本)

2. 确定资金总额

计算资金使用成本所需的第二个数据就是资金总额。一般来说,资金总额不仅包括购买厂房建筑物、机器设备和土地使用权等投资的资金数额,还应包括那些预期可能会有一个长期回报的其他支出,如研究开发费用、雇员的培训费等(实际上它们本身也是投资)。

【**例 17-7**】　大众制衣公司去年的税后利润为 250 万元。该公司有三个融资来源：300 万元年利率为 8％的长期借款;400 万元年利率为 9％的企业债券;1 300万元的普通股,普通股的资金成本是 10％。大众制衣公司的资金总额是2 000万元,所得税税率为 25％。计算该公司的 EVA 并对其业绩进行评价。

大众制衣公司的资金加权平均成本计算如表 17-6 所示。

表 17-6　大众制衣公司加权平均成本计算表

	金额(元)	百分比	税后成本	加权成本
长期借款	3 000 000	15％	6％	0.009
企业债券	4 000 000	20％	6.75％	0.0135
普 通 股	13 000 000	65％	10％	0.065
合　　计	20 000 000			0.0875

由于大众制衣公司的资金总额为 2 000 万元,资金成本为 175(2 000×8.75%)万元,大众制衣公司的 EVA 可计算如表 17-7 所示。

表 17-7　大众制衣公司的 EVA 计算表

单位:元

税后利润	2 500 000
减:资金的加权平均成本	1 750 000
EVA	750 000

从表 17-7 的计算结果可以看出,EVA 为正数,表明大众制衣公司在扣除资金成本后,仍有盈利,大众制衣公司正在创造财富。

现在,越来越多的公司都已发现使用 EVA 有助于鼓励它们的分部以一种正确的方式经营,即不能只注重营业利润。在许多公司由于投资决策的责任往往是由公司管理当局来承担的,结果是资金成本被认为是一项公司费用,投资对于分部来说好像是免费的,因此他们希望投资越多越好。为此,必须计量公司各分部资产的 EVA。

专栏 17-2

稳定的进步　严峻的挑战

——进入 2016 年《财富》世界 500 强公司的中国企业

2016 年最新的《财富》世界 500 强企业排行榜发布了。我们从中不仅可以了解过去一年全球企业的发展状况,也可以了解中国企业的经营发展状况。

1. 2015 年度世界 500 强公司经营状况不甚理想

2015 年,西欧、北美和东亚三大经济体都遭遇了困难。中国经济进入转型期,西欧经济还没有走出金融危机带来的困难,美国经济也受累于全球市场的不景气。

今年的世界 500 强公司榜单反映出,全球企业在 2015 年的经营状况不甚理想。世界 500 强公司的总营业收入为 276 340 亿美元,比上年下降 11.5%,净利润也下降 11% 左右。

在世界 500 强公司中,仅有 137 家企业在 2015 年度实现营业收入正增长,其他 363 家企业则出现负增长。如此大面积企业负增长反映了全球企业经营陷入困境。

2. 中国企业在排行榜中的地位稳步增强

全球企业经营状况不佳,但是中国企业在世界 500 强公司排行榜中的地位却进一步上升。

在今年的排行榜上,中国两岸三地一共有 110 家企业上榜(含台湾企业 7 家)。这一数量创下历史新高,在榜上仅次于美国而稳居全球第二位。

今年的世界 500 强上榜公司的平均营业收入为 553 亿美元,平均利润为 30 亿美元;上榜中国企业的平均营业收入和利润分别为 571 亿美元和 32 亿美元,略超过世界 500 强公司的平均水平。

3. 中国企业的竞争力尚须进一步提升

尽管 2016 年上榜中国企业在一些主要数据上达到甚至超过世界 500 强公司的平均水平。但是，与先进企业特别是与美国企业相比，上榜中国企业还存在差距。

与上榜的美国企业相比，中国企业的盈利能力还不强。上榜美国公司的平均营业收入 632 亿美元，平均利润达到 51 亿美元，远远高于上榜的中国企业。

在上榜的中国传统产业里的企业盈利能力低下特别明显。进入 2016 年榜单的中国企业中有 6 家金属行业企业，包括有色金属和钢铁企业，它们总计亏损 21 亿美元。

上榜中国企业中有 6 家汽车制造企业，即上汽、一汽、东风、北汽、广汽和吉利，一共盈利 114 亿美元。上榜的通用与福特两家美国汽车企业的利润 171 亿美元。中国 6 家企业不及美国两家企业的利润，原因在于现代企业的竞争已经上升到全球价值链的竞争，两家美国企业具有整合与影响全球价值链的能力，而中国 6 家公司缺乏这个能力。

4. 中国面临产业转型升级的严峻挑战

从产业角度看，上榜中国企业反映的产业结构也存在缺陷。例如，上榜中国企业中有相当数量集中在煤炭、钢铁等传统产业，而这类行业的上榜美国企业比较少。上榜美国企业中有 12 家企业与食品行业相关，上榜中国企业中只有万洲国际一家。上榜美国企业中有 8 家在医疗保健行业，5 家在制药业。上榜中国企业中只有一家在制药业，即中国医药集团。

从上榜企业所处产业，我们可以看到中美两国产业结构的差异。改革开放以来，中国全面实现工业化和推进城市化，因此钢铁、煤炭以及房地产业迅速发展，从而造就了大批特大型煤钢企业以及房地产企业。现在这些传统产业面临转型升级的压力，而中国经济可持续发展也面临着严峻的产业转型升级的挑战。

（资料来源：财富中文网，2016 年 7 月 20 日）

第五节　平衡计分卡

一、传统业绩评价体系的缺陷

传统的业绩评价主要是建立在财务指标基础上的，通过编制预算，对企业的经营过程进行控制、分析和评价。在相当长的一段时间里，传统的业绩评价方法适合了管理者重视生产和经营的观念，产生了较好的效果。但是，随着高科技条件下生产手段的日益自动化、电脑化，以及消费需求的日益多样化、个性化，企业面临的经济环境正在发生巨大的变化。在新的经济环境下，传统的业绩评价体系的局限性越来越明显，主要表现在以下三个方面。

（1）传统的以财务业绩为主的业绩评价体系，只能衡量过去的事件，但无法很好地预测企业的未来。由于这种评价指标的滞后性，因而只能对短期经营活动进行控制，对企业的长期发展不具有完全的指导作用。

（2）传统的业绩评价系统过于重视财务指标，忽略了对企业发展有重要影响而又不能以货币计量的一些非财务指标，如市场份额、顾客满意度等，而这些指标恰恰是企业在激烈的竞争环境中取胜的关键因素。企业要想获得持续的竞争优势，单靠优良的财务业绩是远远不够的，它还必须依仗众多的非财务指标。

（3）传统的业绩评价体系往往将管理人员的业绩与财务指标挂钩，从而导致管理人员过分地重视短期财务业绩，其结果就可能使公司急功近利，在短期业绩方面投资过多，而在长期的价值创造方面，特别是在使未来的增长得以实现的无形的知识资产方面投资过少。

综上所述，传统的财务衡量方法所讲述的是过去的故事，这对工业时代的公司来说是足够的，因为以投资提高公司的长期能力及改善与顾客的关系对这些公司能否获得成功来说并不重要。然而，信息时代的公司要投资于顾客、供应商、雇员、工艺、技术和革新，只有这样，企业才能完成创造未来价值的行程，对指导和评价这一行程来说，财务指标的衡量方法是捉襟见肘的。一方面是要求提高长期竞争力的不可抗拒的力量，另一方面是传统的财务会计模式的雷打不动，这两者之间的碰撞产生了一种新的合成物——平衡计分卡。

二、平衡计分卡的战略过程及特点

平衡计分卡（balanced scorecard）的研究设计者是著名的管理会计学家、哈佛商学院教授卡普兰和美国复兴全球公司总裁诺顿。他们通过对 12 家在业绩评价方面比较优秀的公司进行研究，发现通过将财务指标与非财务指标相结合，可以弥补传统业绩评价体系的不足，并能将业绩评价与企业战略发展联系起来，由此形成了平衡计分卡。

（一）平衡计分卡的战略过程

平衡计分卡提供了一个将来源于战略的各种衡量方法一体化的框架。它在保留以往财务方法衡量绩效的同时，引进了未来财务绩效的驱动因素，作为对以往的业绩财务衡量方法的补偿。平衡计分卡的目标及衡量方法来源于企业的远景和战略。这些目标和衡量办法从财务、顾客、内部流程和学习与成长四个方面来考察企业的业绩。这四个视角的目标和指标由一系列因果假设联系起来，产生一个可向管理者提供战略反馈的可检验战略（见图 17-1）。

图 17-1 清楚地说明了平衡计分卡不是关键业绩指标的单纯的集合。业绩指标是由公司的蓝图、战略和目标决定的。这些指标表现在结果指标和导向指标之间、客观指标和主观指标之间、外部指标和内部指标之间、财务指标和非财务指标之间进行平衡。

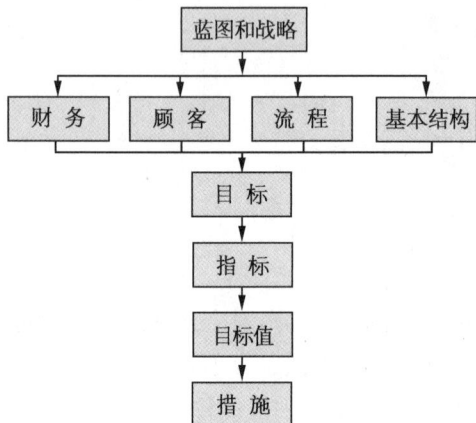

图 17-1 战略阐述过程

（二）平衡计分卡的特点

与传统的业绩评价体系相比，平衡计分卡更加强调创造长期竞争优势的因素，如顾客、内部流程和企业的学习与成长等。平衡计分卡的主要特点如下。

（1）强调以顾客为焦点。在目标市场分类中满足并留住已有的顾客，争取新顾客。

（2）重视商业运作。平衡计分卡通过产品和服务创新、高质、灵活和反应灵敏的操作程序以及优质的售后服务为目标顾客提供价值方案。

（3）重视组织的学习和成长。平衡计分卡强调通过组织的学习，从而培养技术熟练、积极肯干的员工，并提供战略信息接触渠道，以使组织不断地成长。

总之，平衡计分卡是注重财务指标和非财务指标综合平衡的战略性业绩评价体系。正如《哈佛商业评论》所评价的那样，平衡计分卡是一种能够推动业绩表现的测量工具。由于平衡计分卡所具有的优点，现在平衡计分卡已被超过50%的财富500强公司所采用。

三、平衡计分卡的目标和指标

平衡计分卡将一个组织的使命和战略阐述为四个不同视角的具体目标和业绩指标，这四个视角是财务视角、顾客视角、内部流程视角，以及学习与成长视角。

平衡计分卡的四个方面使一种平衡得以建立，这就是兼顾短期和长期目标、理想的结果和结果的绩效驱动因素、硬的客观目标和较软的主观目标。因为所有业绩的衡量方法都旨在实现一项一体化的战略。

（一）财务视角

财务视角主要关注从顾客视角、内部流程视角，以及学习与成长等三个视角采取的措施所产生的经济结果。

财务视角建立企业的长期和短期财务业绩目标，并关注其他三个视角的综合财务结果。因此，其他三个视角的目标和指标必须与财务目标相联系。财务视角有收入增长、成本降低和资产利用率三个战略主题。这三个主题成为具体的经营目标和指标体系的三个构成部分。

（1）收入增长。收入增长的目标主要包括增加新产品的数量、为现有产品开发新用途、开发新顾客和市场，以及采用新的定价战略等。一旦确定了经营目标，就可以设计业绩指标。

（2）成本降低。成本降低的目标主要包括降低单位产品成本、降低每个顾客或每个分销渠道的成本等。对于上述的几个目标，适当的指标是特定成本对象的单位成本。单位成本的趋势将会说明成本是否正在降低。对这些目标来说，成本分配的准确性尤为重要。

（3）资产利用率。资产利用率的目标主要是提高资产利用率。其适当的指标是投资报酬率和经济附加值。

应该注意的是，如果公司不分青红皂白地对其所有部门和经营单位都采用相同的财务目标，其结果可能是适得其反。例如，要求公司的每个经营单位都要实现公司统一规定的10%的投资回报率；或者要求对公司的每个经营单位都采用经济附加值指标评价其业绩。虽然这种做法可以使衡量业绩的指标具有一致性的特点，从某种意义上讲还是"公平的"，但它没有考虑到不同的经营单位所遵循的战略可能是不同的。因此，不同的经营单位采用同一项财务计量方法，特别是同一个财务计量目标，这显然是不合适的。财务目标和衡量方法必须起双重作用：它们不仅可以用来确定战略的预期财务业绩，它们还是平衡计分卡所有其他方面的目标和衡量标准的最终目标。

（二）顾客视角

顾客视角主要关注企业将参与竞争的目标顾客和市场。

顾客视角是财务目标的收入部分的来源。该视角明确和选择了公司欲参与竞争的目标顾客和市场。一旦确定了目标顾客，就可确定核心目标和指标。顾客视角有五大核心目标，即增加市场份额、提高顾客保留率、增加顾客获得率、增加顾客满意度和增加顾客盈利能力。

（1）增加市场份额。增加市场份额的主要目标是在利润目标的基础上追求市场份额的最大化。市场份额（市场占有率）反映一个企业在目标市场上的占有情况，是评价该目标实现情况的主要指标。

（2）提高顾客保留率。提高顾客保留率是为了在目标客户群中增加现有顾客并能够保持或提高市场占有率。其主要的评价指标是现有顾客业务增长率和顾客回头率，反映企业保留或维持同现有顾客关系的比例。

（3）增加顾客获得率。增加顾客获得率是为了促使企业获得更多的新顾客或新业务，从而增加市场份额。新顾客的数量是其主要的评价指标。

（4）增加顾客满意度。增加顾客满意度是保持现有顾客并获得更多新顾客的前提。只要当顾客对所购买的产品特别满意时，他们才有可能再次购买企业的产品。因此，增加顾客满意度对企业是至关重要的。顾客满意度是用来评价顾客对企业产品或服务满意程度的主要指标。

（5）增加顾客盈利能力。企业不仅希望获得更多的顾客，更希望获得有利可图的顾客。增加顾客的盈利能力是保证企业生存和发展的前提条件。单个顾客和顾客群的盈利能力是其主要的评价指标。

除了核心目标和指标，顾客视角还包括驱动顾客价值从而驱动核心结果的指标。例如，增加顾客价值，以建立顾客忠诚度（提高保留率）和增加顾客满意度。

与顾客价值实现相关的目标主要包括改进产品的功能、改进产品的质量、增强交货可靠性、改进产品形象和声誉。与这些目标相对应的指标分别是产品特性满意率、产品退回率、准时交货率和产品认知率。

顾客视角的目标使各公司能够把自己的核心顾客结果衡量标准——满意、忠诚、回头率、购买率和获利能力——同其所选中的顾客群体和市场部分相衔接。顾客视角还能够明确地确认和衡量企业将使客户获得价值的建议。这些建议标志着有关衡量顾客结果的重要方法的驱动因素和先行指标，这也将成为制定关于顾客视角的目标和衡量指标的关键。

（三）流程视角

内部流程视角主要关注为顾客和企业股东提供价值所需要的内部流程。

内部流程是创造顾客和股东价值的手段。因此，内部流程视角要求识别实现顾客和财务目标所必需的流程。内部流程价值链由创新流程、经营流程和售后流程三个部分组成。

（1）创新流程。创新流程的目标是通过市场调查预测顾客现有的和潜在的需求，从而开发新产品和服务以满足这些需求。创新流程代表长期的价值创造。企业只有及时、迅速地捕捉到顾客的需要，不断地寻找并开拓出新的市场，才能获得持久的竞争能力。创新流程的指标包括增加新产品的数量、专利产品收入的百分比和新产品开发周期等。

（2）经营流程。经营流程为顾客生产和交付现有产品和服务,经营流程开始于顾客订单,结束于产品和服务的交付。这一流程强调向顾客及时、有效、连续地提供产品和服务。经营流程的目标主要是提高流程质量、提高流程效率和缩短流程时间。经营流程中的质量指标主要包括质量成本、有效产出率与合格品率等。流程效率指标主要涉及流程成本和流程生产率。流程时间的指标主要有生产周期、生产速度和生产循环效率。

（3）售后服务流程。售后服务流程在产品或服务交付后,为顾客提供必要的、反应迅速的服务。售后服务流程包括提供担保、对产品进行修理和帮助顾客完成结算过程等服务。售后服务流程的目标包括提高质量、提高效率以及缩短流程时间。其相应的业绩考核指标包括一次解决问题比率、成本趋势、投入产出率和周期等。

为企业内部流程制定目标和业绩指标是平衡计分卡制度同传统的业绩评估制度之间最显著的区别之一。目前,很多公司都试图在内部流程中改善产品质量、缩短生产周期、增加回报率、最大限度地扩大生产能力和降低生产成本,但是仅注意改善生产周期、生产能力、质量和成本不足以使公司形成独一无二的竞争能力,除非公司在所有上述领域都超过竞争对手,如质量、时间、生产能力和成本等。应该注意的是,这种竞争能力只有助于企业的生存,而不能形成独特的、可持续存在的竞争优势。

（四）学习与成长视角

学习与成长视角主要关注组织创造长期成长力和改进所需的能力。

学习与成长视角是其他三个视角的目标得以实现的源泉。学习与成长视角必须包括三个主要目标:提高员工能力;增加激励、授权与合作;提高信息系统能力。

（1）提高员工能力。提高员工能力的三种核心指标是员工满意等级、新员工百分比和员工生产率。关于员工能力的导向指标或业绩动因包括培训时间和适合战略性工作的员工比例。当产生新的流程时,经常需要新技术。培训和招聘是新技术的来源。而且,特定关键领域所需的、具备必备技术的员工百分比可以反映组织实现其他三个视角目标的能力。

（2）增加激励、授权与合作。员工不仅必须具备必要的技术知识,还必须拥有有效使用这些技术知识的自由、动机和积极性。每个员工提出建议的次数和每个员工的建议被采纳次数都可作为激励和授权的指标。每个员工提出建议的次数衡量员工参与的程度,每个员工的建议被采纳次数则反映员工参与的质量,同时还向员工表明他们的建议是否得到重视。

（3）提高信息系统能力。提高信息系统能力意味着向员工提供更准确、更及时的信息,使他们能够改进内部流程,并有效地执行新的流程。提高信息系统能力的指标关注获取信息的难易程度,主要包括具有实时反馈能力的流程的百分比、通过在线获取顾客和产品数据来与顾客交流的员工百分比等。

越来越多的企业已经注意到,一旦以短期财务标准来衡量他们的业绩,他们就难以获得新的投资以加强他们的员工、系统和内部经营过程的改进。削减这类投资对企业来说是增加短期财政收入的轻而易举的手段。平衡计分卡制度强调要实现长期的财政目标,企业必须对其基础设施——员工、系统和经营过程——进行投资。

（五）四个视角之间的具体关系

与传统的业绩评价方法不同,使用平衡计分卡,管理者可以从财务、顾客、内部流程,以及学习与成长四个重要方面来评价企业。在平衡计分卡的评价体系中,财务、顾客、内部流程,以及学习与成长四个部分紧密联系,相互作用。财务指标说明已采取的行动所产生的结果,同时它又通过对顾客的满意度、内部流程及学习与成长活动进行测评的业务指标来补充财务衡量指标。这些指标是未来财务业绩的驱动因素。学习与成长直接决定着其他三个因素,内部流程对顾客和财务有着制约作用,财务指标受其他三个因素的直接影响。

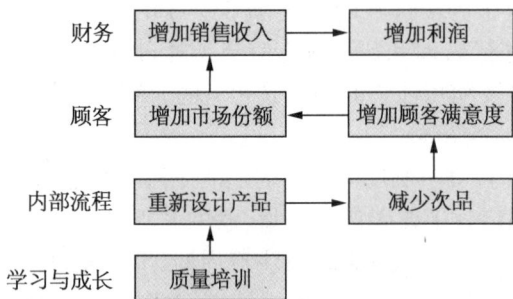

图 17-2　平衡计分卡四个方面之间的联系

例如,如果对设计人员进行质量培训,他们就能改进产品的工艺流程,以减少废品的数量;由于产品质量提高了,顾客的满意度就会增加;由于企业的信誉度上升,市场份额就会增加;由于市场份额增加,营业收入就会增加;由于营业收入增加了,也就使利润增加。在上述的质量改进战略中,平衡计分卡四个方面之间的关系如图 17-2 所示。

从图 17-2 可以看出,四个视角都通过假设的因果关系联系起来。学习与成长视角是通过对员工的培训体现的;流程视角是通过重新设计产品和生产流程体现的;顾客视角是通过顾客满意度和市场份额体现的;财务视角是由营业收入和利润体现的。从图 17-2 还可以得知,战略的切实可行性是可以检验的,质量改进战略的实施结果最终可以通过财务指标得到反馈,从而便于管理者检验战略的合理性。

关键概念索引

业绩评价　目标成本降低额　目标成本降低率　营业收入目标完成百分比　营业货款回收平均天数　坏账发生率　责任利润　可控边际贡献　部门边际贡献　税前部门利润　投资报酬率　剩余收益　经济附加值　平衡计分卡

复习思考题

1. 为什么要进行业绩评价?

2. 如何进行成本中心的业绩评价?

3. 利润中心的业绩评价指标有哪些? 如何进行利润中心的业绩评价?

4. 为什么要以剩余收益指标评价投资中心的业绩?

5. 为什么要以经济附加值指标评价投资中心业绩? 如何进行评价?

6. 以单一的财务指标考核业绩有什么缺陷?

7. 为什么说平衡计分卡具有战略意义?

8. 简述平衡计分卡的框架及主要评价指标。

练习题

一、单项选择题

1. 利润中心业绩评价的主要指标是(　　)。

A. 可控成本　　　　B. 责任利润　　　　C. 投资报酬率　　　　D. 剩余收益

2. (　　)是最符合责任利润概念的指标。

A. 税后利润　　　　B. 可控边际贡献　　C. 经济附加值　　　D. 投资报酬率

3. (　　)是全面评价投资中心各项经营活动的综合性质量指标。

A. 经济附加值　　　B. 剩余收益　　　　C. 投资报酬率　　　D. 税后利润

4. 以(　　)指标评价投资中心的经营业绩,能够激励管理者使用现有的和新增的资金去获得更大的利润。

A. 投资报酬率　　　　　　　　　　B. 剩余收益

C. 经济附加值　　　　　　　　　　D. 边际贡献

5. (　　)是财务目标的收入部分的来源。

A. 财务视角　　　　　　　　　　　B. 顾客视角

C. 内部流程视角　　　　　　　　　D. 学习与成长视角

二、多项选择题

1. 成本中心责任成本的核算制度与传统的产品成本的核算制度相比有很大的不同,其主要区别表现在(　　)。

A. 成本核算的对象不同　　　　　　B. 成本核算的原则不同

C. 成本核算的内容不同　　　　　　D. 成本核算的目的不同

2. 收入中心的业绩评价指标主要包括(　　)。

A. 营业收入目标完成百分比　　　　B. 营业货款回收平均天数

C. 可控边际贡献　　　　　　　　　D. 坏账发生率

3. 责任利润有多种含义或多种选择,其主要的评价指标包括(　　)。

A. 可控边际贡献　　　　　　　　　B. 部门边际贡献

C. 税前部门利润　　　　　　　　　D. 税后利润

4. 投资中心业绩的评价和考核除了使用利润指标外,通常还使用(　　)等指标。

A. 投资报酬率　　　　　　　　　　B. 剩余收益

C. 经济附加值　　　　　　　　　　D. 边际贡献

5. 平衡计分卡从(　　)方面来考察企业的业绩。

A. 财务视角　　　　　　　　　　　B. 顾客视角

C. 内部流程视角　　　　　　　　　D. 学习与成长视角

三、判断题

1. 分清产品成本与责任成本的区别是责任中心核算的一个基本前提。(　　)

2. 在对成本中心考核时,当预算产量与实际产量不一致时,应先按弹性预算的方法调整预算指标,然后再进行考核。(　　)

3. 凡是可追溯到部门的成本,均为部门经理的可控成本。(　　)

4. 某项投资的投资报酬率低于投资中心目前的投资报酬率,就应该放弃该项投资。(　　)

5. 平衡计分卡将公司的憧憬和战略转变成连贯的一系列绩效衡量方法。(　　)

四、业务题

习题一

1. 目的:熟悉业绩报告的编制方法。

2. 资料:寰宇公司下属的电器事业部是投资中心,其2020年第一季度的有关资料列示如下(单位:元):

摘　　要	预 算 数	实 际 数
销售收入	120 000	150 000
营业利润	9 500	12 700
营业资产	42 000	56 000
长期负债	14 000	15 800

寰宇公司2020年第一季度的预期投资报酬率为14%。

3. 要求:根据上述资料,为寰宇公司电器事业部编制2020年第一季度的财务成果报告,并作出适当的评价。

习题二

1. 目的:熟悉投资中心业绩评价的指标。

2. 资料:来福公司有A和B两个事业部(投资中心),2020年的营业利润和投资额资料如下:

	A 事业部	B 事业部
营业利润	55 000 元	131 250 元
投 资 额	250 000 元	750 000 元

假如来福公司为投资中心规定的最低报酬率为14%。

3. 要求:

(1) 以剩余收益指标来评价A、B两个事业部的业绩,你认为哪个事业部较优?

(2) 以投资报酬率指标来评价A、B两个事业部的业绩,你认为哪个事业部较优?

(3) 结合两个事业部的投资情况,你认为哪个指标的评价结果比较正确? 为什么?

习题三

1. 目的:熟悉投资中心的业绩考核方法。

2. 资料:三勤公司第一分公司2020年6月的预算数据如下(单位:元):

流动资产	400 000
长期资产	600 000
总资产	1 000 000
每月产量	200 000 个
目标 ROI	30%
固定成本总额	400 000
单位变动成本	4

3. 要求：

(1) 计算为达到 30% 的目标 ROI 的最小单位售价。

(2) 根据(1)的计算结果,采用杜邦利润分析的方法分析影响 ROI 的两个因素。

(3) 分公司经理的奖金占其剩余收益的 5%,试用(1)中的售价计算该经理 2020 年 6 月的奖金。三勤公司规定的最低报酬率为 12%。

习题四

1. 目的：熟悉 EVA 指标的计算。

2. 资料：福特公司在过去几年的有关资料如下(单位：元)：

净利润	500 000
资金总额	2 000 000
长期负债(利率为 9%)	200 000
所有者权益	1 800 000
所得税税率	35%

3. 要求：

(1) 假定所有者权益的成本等于普通股平均成本的 12%,计算资本的加权平均成本。

(2) 计算福特公司去年的总资本成本。

(3) 计算福特公司的 EVA。

案例题

Pike 公司有三个分公司。各分公司经理的经营业绩根据他们所创造的营业利润来衡量。但在计算他们的营业利润时要扣除所分配的总公司间接费用,分配方法是根据销售收入的高低按比例分配。2020 年第一季度的利润表如下(单位：万元)：

	Andorian 分公司	Orion 分公司	Tibble 分公司	合 计
销售收入	2 000	1 200	1 600	4 800
销售成本	1 050	540	640	2 230
销售毛利	950	660	960	2 570
分公司间接费用	250	125	160	535

	Andorian 分公司	Orion 分公司	Tibble 分公司	合　计
总公司间接费用	400	240	320	960
分公司营业利润	300	295	480	1 075

Andorian 分公司的经理对他的部门的销售收入远高于其他两个分公司,而营业利润却仅与 Orion 分公司相当及远低于 Trihhle 分公司的现象感到不满意。他开始认为这是因为他所经营的产品的利润率很低造成的,所以,开始努力寻找利润率更高的替代产品。但同时,为避免现有生产能力闲置,他仍然继续经营微利产品。最近,他突然认识到,由于公司目前所采用的间接费用的分配方法,他所努力的结果是分配了大量的公司间接费用,而他的微利产品也因此变成亏损产品。

上述微利产品在最近一个季度的财务数据如下(单位:万元):

销售收入	800
销售成本	600
分公司间接费用	100

要求:

1. 编制 Pike 公司 2020 年第二季度的利润表。假设销售收入与经营结果均与第一季度相同,唯一不同的是,Andorian 分公司放弃了对微利产品的生产与销售。

2. Andorian 分公司的行动对 Pike 公司是有利还是不利?

3. Andodan 分公司的经理是否会从放弃微利产品的生产与销售中获益?

4. 提出一个激励分公司经理的方案,使之有利于实现 Pike 公司的整体利益,并讨论你提出的方案的潜在不利因素。

练习题及案例题参考答案

练习题

一、单项选择题

1. B　　　　2. B　　　　3. C　　　　4. C　　　　5. B

二、多项选择题

1. ABCD　　2. ABD　　3. ABC　　4. ABC　　5. ABCD

三、判断题

1. √　　　　2. √　　　　3. ×　　　　4. ×　　　　5. √

四、业务题

习题一

根据所给资料,为寰宇公司电器事业部编制的业绩报告如下:

| | 2020 年第一季度 | | 单位:万元 |
摘 要	预算数	实际数	差 异
① 销售收入	120 000	150 000	30 000(F)
② 销售成本	110 500	137 300	26 800(U)
③ 营业利润(①—②)	9 500	12 700	3 200(F)
④ 营业资产平均占用额	42 000	56 000	14 000(F)
⑤ 销售利润率(③/①)	7.92%	8.47%	0.55%(F)
⑥ 投资周转率(①/④)	2.86 次	2.68 次	0.18 次(U)
⑦ 投资报酬率(⑤×⑥)或(③/④)	22.62%	22.68%	0.06%(F)
⑧ 机会成本(④×14%)	5 880	7 840	1 960(U)
⑨ 剩余收益(③—⑧)	3 620	4 860	1 240(F)

由上表可知,无论是投资报酬率还是剩余收益,其实际数都超过预算数,足以证明该投资中心的经济效益是比较好的。

习题二

(1) A 事业部的剩余收益=20 000(元)

  B 事业部的剩余收益=26 250(元)

所以,B 事业部的业绩优于 A 事业部。

(2) A 事业部的投资报酬率=22%

  B 事业部的投资报酬率=17.5%

所以,A 事业部的业绩优于 B 事业部。

(3) 结合投资报酬率进行评价。

习题三

(1) 售价=7.50(元)

(2) 经营资产周转率=1.5

  销售利润率=20%

(3) 分公司经理的奖金=9 000(元)

习题四

(1) 资本的加权平均成本=0.113 9

(2) 去年的资本成本=227 800(元)

(3) EVA=272 200(元)

案例题

1. 假如 Andorian 分公司放弃对微利产品的生产与销售,则各分公司第二季度的利润表如下:

Pike 公司利润表

单位：万元

	Andorian 分公司	Orion 分公司	Tibble 分公司	合　计
销售收入	1 200	1 200	1 600	4 000
销售成本	450	540	640	1 630
分公司间接费用	150	125	160	435
分公司边际贡献	600	535	400	1 535
总公司间接费用	288	288	384	960
分公司经营利润	312	247	416	975

2. Andorian 分公司的行动对 Pike 公司是不利的。

3. Andodan 分公司的经理会从放弃微利产品的生产与销售中获益。

4. 可以选择一个有利于总公司整体目标实现的、不受分公司经理人为操纵的指标作为分配基础来分配总公司的间接费用。

表一　1 元复利终值表

$$F = (1+i)^n = (F/P, i, n)$$

n	1%	2%	3%	4%	5%	6%
1	1.010	1.020	1.030	1.040	1.050	1.060
2	1.020	1.040	1.061	1.082	1.102	1.124
3	1.030	1.061	1.093	1.125	1.158	1.191
4	1.041	1.082	1.126	1.170	1.216	1.262
5	1.051	1.104	1.159	1.217	1.276	1.338
6	1.062	1.126	1.194	1.265	1.340	1.419
7	1.072	1.149	1.230	1.316	1.407	1.504
8	1.083	1.172	1.267	1.369	1.477	1.594
9	1.094	1.195	1.305	1.423	1.551	1.689
10	1.105	1.219	1.344	1.480	1.629	1.791
11	1.116	1.243	1.384	1.539	1.710	1.898
12	1.127	1.268	1.426	1.601	1.796	2.012
13	1.138	1.294	1.469	1.665	1.886	2.133
14	1.149	1.319	1.513	1.732	1.980	2.261
15	1.161	1.346	1.558	1.801	2.079	2.397
20	1.220	1.486	1.806	2.191	2.653	3.207
25	1.282	1.641	2.094	2.666	3.386	4.292
30	1.348	1.811	2.427	3.243	4.322	5.743

n	7%	8%	9%	10%	12%	14%
1	1.070	1.080	1.090	1.100	1.120	1.140
2	1.145	1.166	1.188	1.210	1.254	1.300
3	1.225	1.260	1.295	1.331	1.405	1.482
4	1.311	1.360	1.412	1.464	1.574	1.689
5	1.403	1.469	1.539	1.611	1.762	1.925
6	1.501	1.587	1.677	1.772	1.974	2.195
7	1.606	1.714	1.828	1.949	2.211	2.502
8	1.718	1.851	1.993	2.144	2.476	2.853
9	1.838	1.999	2.172	2.358	2.773	3.252
10	1.967	2.159	2.367	2.594	3.106	3.707

n	7%	8%	9%	10%	12%	14%
11	2.105	2.332	2.580	2.853	3.479	4.226
12	2.252	2.518	2.813	3.318	3.896	4.818
13	2.410	2.720	3.066	3.452	4.363	5.492
14	2.579	2.937	3.342	3.797	4.887	6.261
15	2.759	3.172	3.642	4.177	5.474	7.138
20	3.870	4.661	5.064	6.728	9.646	13.743
25	5.427	6.848	8.623	10.835	17.000	26.462
30	7.612	10.063	13.268	17.449	20.960	50.950

n	15%	16%	18%	20%	24%
1	1.150	1.160	1.180	1.200	1.240
2	1.323	1.346	1.392	1.440	1.538
3	1.521	1.561	1.643	1.728	1.907
4	1.749	1.811	1.939	2.074	2.364
5	2.011	2.100	2.288	2.488	2.932
6	2.313	2.436	2.700	2.986	3.635
7	2.660	2.826	3.185	3.583	4.508
8	3.059	3.278	3.759	4.300	5.590
9	3.518	3.803	4.435	5.160	6.931
10	4.046	4.411	5.234	6.192	8.594
11	4.652	5.117	6.176	7.430	10.657
12	5.350	5.936	7.288	8.916	13.215
13	6.153	6.886	8.599	10.699	16.386
14	7.076	7.998	10.147	12.839	20.319
15	8.137	9.266	11.974	15.407	25.196
20	16.367	19.461	27.393	38.338	73.864
25	32.919	40.874	62.669	95.396	216.542
30	66.212	85.850	143.371	237.376	634.820

n	28%	32%	36%	40%	50%
1	1.280	1.320	1.360	1.400	1.500
2	1.638	1.742	1.850	1.960	2.250
3	2.097	2.300	2.515	2.744	3.375
4	2.684	3.306	3.421	3.842	5.062
5	3.436	4.007	4.653	5.378	7.594
6	4.398	5.290	6.328	7.530	11.391
7	5.630	6.983	8.605	10.541	17.086
8	7.206	9.217	11.703	14.758	25.629
9	9.223	12.166	15.917	20.661	38.443
10	11.806	16.060	21.647	28.925	57.665

续表

n	28%	32%	36%	40%	50%
11	15.112	21.199	29.439	40.496	86.498
12	19.343	27.983	40.037	56.694	129.746
13	24.759	36.937	54.451	79.371	194.620
14	31.691	48.757	74.053	111.120	291.929
15	40.565	64.359	100.712	155.568	437.894
20	139.380	257.916	468.574	836.683	3 325.260
25	478.905	1 033.590	2 180.080	4 499.880	25 251.000
30	1 645.504	4 142.070	10 143.000	24 201.400	191 750.000

表二 1元复利现值表

$$P=\frac{1}{(1+i)^n}=(P/F,\ i,\ n)$$

n	1%	2%	3%	4%	5%	6%	7%	8%	9%	10%	12%
1	0.990	0.980	0.971	0.962	0.952	0.943	0.935	0.926	0.917	0.909	0.893
2	0.980	0.961	0.943	0.925	0.907	0.890	0.873	0.857	0.842	0.826	0.797
3	0.971	0.942	0.915	0.889	0.864	0.840	0.816	0.794	0.772	0.751	0.712
4	0.961	0.924	0.889	0.855	0.823	0.792	0.763	0.735	0.708	0.683	0.636
5	0.951	0.906	0.863	0.822	0.784	0.747	0.713	0.681	0.650	0.621	0.567
6	0.942	0.888	0.838	0.790	0.746	0.705	0.666	0.630	0.596	0.565	0.507
7	0.933	0.871	0.813	0.760	0.711	0.665	0.623	0.584	0.547	0.513	0.452
8	0.924	0.854	0.789	0.731	0.677	0.627	0.582	0.540	0.502	0.467	0.404
9	0.914	0.837	0.766	0.703	0.645	0.592	0.544	0.500	0.460	0.424	0.361
10	0.905	0.820	0.744	0.676	0.614	0.558	0.508	0.463	0.422	0.386	0.322
11	0.896	0.804	0.722	0.650	0.585	0.527	0.475	0.429	0.388	0.351	0.288
12	0.887	0.789	0.701	0.625	0.557	0.497	0.444	0.397	0.356	0.319	0.257
13	0.879	0.773	0.681	0.601	0.530	0.469	0.415	0.368	0.326	0.290	0.229
14	0.870	0.758	0.661	0.578	0.505	0.442	0.388	0.341	0.299	0.263	0.205
15	0.861	0.743	0.642	0.555	0.481	0.417	0.362	0.315	0.275	0.239	0.183
20	0.820	0.673	0.554	0.456	0.377	0.312	0.258	0.215	0.178	0.149	0.104
25	0.780	0.610	0.478	0.375	0.295	0.233	0.184	0.146	0.116	0.092	0.059
30	0.742	0.552	0.412	0.308	0.231	0.174	0.131	0.099	0.075	0.057	0.033

n	14%	15%	16%	18%	20%	24%	28%	32%	36%	40%	50%
1	0.877	0.870	0.862	0.847	0.833	0.806	0.781	0.758	0.735	0.714	0.667
2	0.769	0.756	0.743	0.718	0.694	0.650	0.610	0.574	0.541	0.510	0.444
3	0.675	0.658	0.641	0.609	0.579	0.524	0.477	0.435	0.398	0.364	0.296
4	0.592	0.572	0.552	0.516	0.482	0.423	0.373	0.329	0.292	0.260	0.198
5	0.519	0.497	0.476	0.437	0.402	0.341	0.291	0.250	0.215	0.186	0.132

n	14%	15%	16%	18%	20%	24%	28%	32%	36%	40%	50%
6	0.456	0.432	0.410	0.370	0.335	0.275	0.227	0.189	0.158	0.133	0.088
7	0.400	0.376	0.354	0.314	0.279	0.222	0.178	0.143	0.116	0.095	0.059
8	0.351	0.327	0.305	0.266	0.233	0.179	0.139	0.108	0.085	0.068	0.039
9	0.308	0.284	0.263	0.226	0.194	0.144	0.108	0.082	0.063	0.048	0.026
10	0.270	0.247	0.227	0.191	0.162	0.116	0.085	0.062	0.046	0.035	0.017
11	0.237	0.215	0.195	0.162	0.135	0.094	0.066	0.047	0.034	0.025	0.012
12	0.208	0.187	0.169	0.137	0.112	0.076	0.052	0.036	0.025	0.018	0.008
13	0.182	0.163	0.145	0.116	0.093	0.061	0.040	0.027	0.018	0.013	0.005
14	0.160	0.141	0.125	0.099	0.078	0.049	0.032	0.021	0.014	0.009	0.003
15	0.140	0.123	0.108	0.084	0.065	0.040	0.025	0.016	0.010	0.006	0.002
20	0.073	0.061	0.051	0.037	0.026	0.014	0.007	0.004	0.002	0.001	0.000
25	0.038	0.030	0.024	0.016	0.010	0.005	0.002	0.001	0.000	0.000	
30	0.020	0.015	0.012	0.007	0.004	0.002	0.001	0.000	0.000		

表三　1元年金终值表

$$F = \frac{(1+i)^n - 1}{i} = (F/A, \, i, \, n)$$

n	1%	2%	3%	4%	5%	6%
1	1.000	1.000	1.000	1.000	1.000	1.000
2	2.010	2.020	2.030	2.040	2.050	2.060
3	3.030	3.060	3.091	3.122	3.152	3.184
4	4.060	4.122	4.184	4.246	4.310	4.375
5	5.101	5.204	5.309	5.416	5.526	5.637
6	6.152	6.308	6.468	6.633	6.082	6.975
7	7.214	7.434	7.662	7.898	8.142	8.394
8	8.286	8.583	8.892	9.214	9.549	9.897
9	9.369	9.775	10.159	10.583	11.027	11.491
10	10.462	10.950	11.464	12.006	12.578	13.181
11	11.567	12.169	12.808	13.486	14.207	14.492
12	12.683	13.142	14.192	15.026	15.917	16.870
13	13.809	14.680	15.618	16.627	17.713	18.882
14	14.947	15.974	17.086	18.292	19.599	21.051
15	16.097	17.293	18.599	20.024	21.579	23.276
20	22.019	24.297	26.870	29.778	33.066	36.786
25	28.243	32.030	36.459	41.646	47.727	54.865
30	34.785	40.568	47.575	56.085	66.439	79.058

n	7%	8%	9%	10%	12%	14%
1	1.000	1.000	1.000	1.000	1.000	1.000
2	2.070	2.080	2.090	2.100	2.120	2.140
3	3.215	3.246	3.278	3.310	3.374	3.440
4	4.440	4.506	4.573	4.641	4.779	4.921
5	5.751	5.867	5.985	6.105	6.353	6.610
6	7.153	7.336	7.523	7.716	8.115	8.536
7	8.654	8.923	9.200	9.487	10.089	10.730
8	10.260	10.637	11.028	11.436	12.300	13.233
9	11.978	12.488	13.021	13.579	14.776	16.085
10	13.816	14.487	15.193	15.937	17.549	19.337
11	15.784	16.645	17.560	18.531	20.655	23.044
12	17.888	18.977	20.141	21.384	24.133	27.271
13	20.141	21.495	22.953	24.523	28.029	32.089
14	22.550	24.215	26.019	27.975	32.393	37.581
15	25.129	27.152	39.361	31.772	37.280	43.842
20	40.995	45.762	51.160	57.275	72.052	91.025
25	63.249	73.106	84.701	98.347	133.334	181.871
30	94.461	113.283	136.308	164.494	241.333	356.787

n	16%	18%	20%	24%	28%	32%
1	1.000	1.000	1.000	1.000	1.000	1.000
2	2.160	2.180	2.200	2.240	2.280	2.320
3	3.506	3.572	3.640	3.778	3.918	4.062
4	5.066	5.215	5.368	5.684	6.016	6.362
5	6.877	7.154	7.442	8.048	8.700	9.398
6	8.977	9.442	9.930	10.980	12.136	13.406
7	11.414	12.142	12.916	14.615	16.534	18.696
8	14.240	15.327	16.499	19.123	22.163	25.678
9	17.518	19.086	20.799	24.712	29.369	34.895
10	21.321	23.521	25.959	31.643	38.592	47.062
11	25.733	28.755	32.150	40.238	50.399	63.122
12	30.850	34.931	39.580	50.895	65.510	84.320
13	36.786	42.219	48.497	64.110	84.853	112.30
14	43.672	50.818	59.196	80.496	109.61	149.24
15	51.660	60.965	72.035	100.815	141.30	197.99
20	115.380	146.628	186.688	303.601	494.21	802.86
25	249.214	342.603	471.981	898.092	1 706.8	3 226.8
30	530.312	790.948	1 181.882	2 640.916	5 873.2	12 941.0

n	36%	40%	50%
1	1.000	1.000	1.000
2	2.360	2.400	2.500
3	4.210	4.360	4.750
4	6.725	7.104	8.125
5	10.146	10.946	13.187
6	14.799	16.324	20.781
7	21.126	23.853	32.172
8	29.732	34.395	49.258
9	41.435	49.153	74.887
10	57.352	69.814	113.33
11	78.998	98.739	170.99
12	108.44	139.24	257.49
13	148.48	195.93	387.24
14	202.93	275.30	581.86
15	276.98	386.42	873.78
20	1 298.8	2 089.20	6 648.5
25	6 053.0	11 247.2	50 500.3
30	28 172.2	60 501.1	583 500

表四 1元年金现值表

$$P=\frac{1}{i}\left[1-\frac{1}{(1+i)^n}\right]=(P/A, i, n)$$

n	1%	2%	3%	4%	5%	6%	7%
1	0.990	0.980	0.971	0.962	0.952	0.943	0.935
2	1.970	1.942	1.914	1.886	1.859	1.833	1.808
3	2.941	2.884	2.829	2.775	2.723	2.673	2.624
4	3.902	3.808	3.717	3.630	3.546	3.465	3.387
5	4.853	4.713	4.580	4.452	4.330	4.212	4.100
6	5.796	5.601	5.417	5.242	5.076	4.917	4.766
7	6.728	6.472	6.230	6.002	5.786	5.582	5.389
8	7.652	7.326	7.020	6.733	6.463	6.210	5.971
9	8.566	8.162	7.786	7.435	7.108	6.802	6.515
10	9.471	8.983	8.530	8.111	7.722	7.360	7.024
11	10.368	9.787	9.253	8.761	8.306	7.887	7.499
12	11.255	10.575	9.954	9.385	8.863	8.384	7.943
13	12.134	11.348	10.635	9.986	9.394	8.853	8.358
14	13.004	12.106	11.296	10.563	9.899	9.295	8.746
15	13.865	12.849	11.938	11.118	10.380	9.712	9.108
20	18.047	16.351	14.878	13.590	12.462	11.470	10.594
25	22.023	19.524	17.413	15.622	14.094	12.783	11.654
30	25.808	22.397	19.600	17.792	15.373	13.765	12.409

n	8％	9％	10％	12％	14％	16％	18％
1	0.926	0.917	0.909	0.893	0.877	0.862	0.847
2	1.783	1.759	1.736	1.690	1.647	1.605	1.566
3	2.577	2.531	2.487	2.402	2.322	2.246	2.174
4	3.312	3.240	3.170	3.037	2.914	2.798	2.690
5	3.993	3.890	3.791	3.605	3.433	3.274	3.127
6	4.623	4.486	4.355	4.111	3.889	3.685	3.498
7	5.206	5.033	4.868	4.564	4.288	4.039	3.812
8	5.747	5.535	5.335	4.968	4.639	4.344	4.078
9	6.247	5.995	5.759	5.328	4.946	4.607	4.303
10	6.710	6.418	6.145	5.650	5.216	4.833	4.494
11	7.139	6.805	6.495	5.938	5.453	5.029	4.656
12	7.536	7.161	6.814	6.194	5.660	5.197	4.793
13	7.904	7.487	7.103	6.424	5.842	5.342	4.910
14	8.244	7.786	7.367	6.628	6.002	5.468	5.008
15	8.559	8.060	7.606	6.811	6.142	5.576	5.092
20	9.818	9.129	8.514	7.469	6.623	5.929	5.353
25	10.675	9.823	9.077	7.843	6.873	6.097	5.467
30	11.258	10.274	9.427	8.055	7.003	6.177	5.517

n	20％	24％	28％	32％	36％	40％	50％
1	0.833	0.806	0.781	0.758	0.735	0.714	0.667
2	1.528	1.457	1.392	1.332	1.276	1.224	1.111
3	2.106	1.981	1.868	1.776	1.674	1.589	1.407
4	2.589	2.404	2.241	2.096	1.966	1.849	1.605
5	2.991	2.745	2.532	2.345	2.181	2.035	1.737
6	3.326	3.020	2.759	2.534	2.339	2.168	1.824
7	3.605	3.242	2.937	2.678	2.455	2.263	1.883
8	3.827	3.421	3.076	2.786	2.540	2.331	1.922
9	4.031	3.566	3.184	2.868	2.603	2.379	1.948
10	4.193	3.682	3.269	2.930	2.650	2.414	1.965
11	4.327	3.776	3.335	2.978	2.683	2.438	1.977
12	4.439	3.851	3.387	3.013	2.708	2.456	1.985
13	4.533	3.912	3.427	3.040	2.727	2.469	1.990
14	4.611	3.962	3.459	3.061	2.740	2.478	1.993
15	4.675	4.001	3.483	3.076	2.750	2.484	1.995
20	4.870	4.110	3.546	3.113	2.772	2.497	1.999
25	4.948	4.147	3.564	3.122	2.776	2.499	2.000
30	4.979	4.160	3.569	3.124	2.778	2.500	2.000

参考书目

1. 王又庄.《现代企业成本会计》.立信会计出版社,2000.

2. 王振华.《成本会计学》.西南财经大学出版社,2001.

3. 陈云.《成本会计学》.中国物价出版社,2001.

4. 欧阳清,杨雄胜.《成本会计学》.首都经济贸易大学出版社,2003.

5. 乐艳芬,杨忠莲,甘兆志,冯兆中.《成本会计》.上海财经大学出版社,2006.

6. 潘飞,陈振婷,乐艳芬,甘兆志.《管理会计》.高等教育出版社,上海社会科学院出版社,2000.

7. 乐艳芬.《管理会计》.上海财经大学出版社,2004.

8. Charles T. Horngren, George Foster, Srikant M. Datar, *Cost Accounting: A Managerial Emphasis* (10th Edition), Prentice Hall, Inc., 2000.

9. Don R. Hansen, Maryanne M. Mowen, *Cost Management: Accounting and Control*, South-Western College Publishing, 2000.

10. Ray H. Garrison, Eric W. Noreen, G. R. Chesley, Raymond F. Carroll, *Managemerial Accounting: Concepts for Planning, Control, Decision Making*, McGraw-Hill-Ryerson Limited, 1999.

11. Macher, M., *Cost Accounting: Creating Value for Management* (5th Edition), The McGraw-Hill Companies, Inc., 1997.

12. Robert S. Kaplan, Anthony A. Atkinson, *Advanced Management Accounting*, Prentice Hall, Inc., 1998.

13. Jan R. Williams, Susan F. Haka, Mark S. Bettner, *Financial and Managerial Accounting: The Basis for Business Decisions*. (13th Edition), The McGraw-Hill Companies, Inc., 2004.

14. Ronald W. Hilton, Michael W. Maher, Frank H. Selto, *Cost Management: Strategies for Business Decisions*. (2nd Edition), The McGraw-Hill Companies, Inc., 2003.

15. Edward J. Blocher, Kung H. Chen, Thomas W. Lin, *Cost Management: A Strategic Emphasis*, The McGraw-Hill Companies, Inc., 2002.

图书在版编目(CIP)数据

新编成本管理会计/王悦,乐艳芬主编. —上海:复旦大学出版社,2021.2(2025.1重印)
创优·经管核心课程系列
ISBN 978-7-309-15336-1

Ⅰ.①新… Ⅱ.①王… ②乐… Ⅲ.①成本会计-高等学校-教材 Ⅳ.①F234.2

中国版本图书馆 CIP 数据核字(2020)第 170075 号

新编成本管理会计
王 悦 乐艳芬 主编
责任编辑/鲍雯妍

复旦大学出版社有限公司出版发行
上海市国权路 579 号 邮编:200433
网址:fupnet@ fudanpress.com http://www.fudanpress.com
门市零售:86-21-65102580 团体订购:86-21-65104505
出版部电话:86-21-65642845
上海新艺印刷有限公司

开本 787 毫米×1092 毫米 1/16 印张 26.75 字数 650 千字
2025 年 1 月第 1 版第 5 次印刷

ISBN 978-7-309-15336-1/F·2745
定价:60.00 元